Sexueller Mißbrauch im Spiegel
von Zeichnungen

Hans-Günther Richter

Sexueller Mißbrauch im Spiegel von Zeichnungen

Interpretationsansätze – Interpretationsversuche

PETER LANG
Frankfurt am Main · Berlin · Bern · Bruxelles · New York · Wien

Die Deutsche Bibliothek - CIP-Einheitsaufnahme

Richter, Hans-Günther:

Sexueller Mißbrauch im Spiegel von Zeichnungen : Interpretationsansätze-Interpretationsversuche / Hans-Günther Richter. - Frankfurt am Main ; Berlin ; Bern ; Bruxelles ; New York ; Wien : Lang, 1999
ISBN 3-631-34977-7

ISBN 3-631-34977-7

Ich habe schon gedacht, als könnten wir von
Verleugnung leben, als machte vielleicht auch
dies uns stark, daß wir entschieden der
Hoffnung Lebewohl sagten.

Friedrich Hölderlin 1799 in einem Brief
an Susette Gontard

INHALT

ERSTER TEIL
FORMEN MOTIVE SINN

1. Zur Entwicklung von Darstellungsmöglichkeiten und Sinn in der Bildnerei von Heranwachsenden und Erwachsenen

2. Zum Problem der Interpretation nicht-professioneller Bildnerei

Zweiter Teil
INTERPRETATIONSVERSUCHE

VORWORT

Die nachfolgende Darstellung ist aus dem Vortrag *Kinderzeichnung als Ausdrucksmedium schwerer Traumata* hervorgegangen, den der Verfasser im Oktober 1997 auf dem Kongreß der **I**nternationalen **G**esellschaft für **K**unst, **T**herapie und **G**estaltung in Bremen gehalten hat; sie hat aber mit der dort vorgetragenen Fassung des Themas nur noch wenig Ähnlichkeiten. Allerdings konzentrierte ich mich schon bei den Vorarbeiten zu diesem Referat auf das (engere) Problem *Kinderzeichnung als Ausdrucksmedium für sexuellen Mißbrauch*, aber mir wurden während der Arbeit an diesem Thema erst die Schwierigkeiten im Umgang mit diesen bildnerischen Ereignissen bewußt: Ich hatte zwar in einigen meiner Lehrveranstaltungen zur *Struktur und Interpretation von Kinderzeichnungen* o.ä. auch bildnerische Ereignisse behandelt, die im Zusammenhang mit Mißbrauchserfahrungen entstanden sind, und auch in meinem Buch *Leidensbilder* (1997) habe ich Beispiele für die bildnerischen Reaktionen auf diese besondere Form von *Seelenmord* präsentiert und auf ihre strukturellen und inhaltlichen Besonderheiten hin untersucht. Aber erst während der Arbeit an dem o.g. Vortrag begann ich zu verstehen, wie unübersichtlich das Gelände ist, in das man sich mit dieser Themenstellung begibt, weil jeder Bildner/jede Bildnerin eine eigene Bildersprache formuliert, die dem Verstehen immer neue und immer andere Widerstände entgegensetzt. Ich mußte bei der gründlichen und systematischen Auswertung der Bildsequenzen und Einzelbilder von mißbrauchten Menschen lernen, mit vielen Widersprüchen, scheinbaren und wohl auch unauflösbaren, umzugehen. Diese Widersprüche sind das Ergebnis der Grenzerfahrungen, die diesen Bildern zugrunde liegen und die schon George Orwell in seiner Charakterisierung der Überlebensstrategien in totalitären Regimen als *Doppeldenk*-Systeme bezeichnet hat - und um totalitäre Herrschaft und Gewalt geht es ja auch im Mißbrauchsgeschehen.

Mißbrauchserfahrungen, auch wenn sie in Bildern geäußert werden, verstören die Therapeuten/Therapeutinnen, aber ebenso den Interpreten. Es gibt sicher einige Möglichkeiten, diese Verstörungen zu bewältigen; meine Möglichkeit bestand in dem Versuch, die theoretischen Grundlagen zum Verstehen dieser verbildlichten Grenzerfahrungen so weit und so sicher wie möglich - im Rahmen eines Buches - zu überdenken und abzusichern. Da man in den psychologischen/psychoanalytischen Theorien kaum Unterstützung bei dem Versuch findet, bildnerische Ereignisse zu interpretieren, es sei denn, es handelt sich um „große" Kunst oder Literatur, ging ich von einem theoretischen Konzept aus, welches von der Morphologie der Kinderzeichnung über die Motivanalyse bis zur Psychoanalyse reicht. Im zweiten Teil der Untersuchung werden dann die Bildsequenzen mit den erarbeiteten theoretischen Positionen konfrontiert, soweit eine solche Konfrontation mit einzelnen Bildbeispielen nicht schon in den vorangehenden, grundlegenden Überlegungen zum Verstehen bildnerischer Dokumente erfolgt ist. Im Schlußkapitel werden die wichtigsten Ergebnisse dieser Auseinandersetzung zusammengefaßt und zu einem pragmatischen Konzept vereinigt, das den Weg zum Verstehen bildnerischer Ereignisse von hoch traumatisierten Menschen - und dazu gehören ja nicht nur Mißbrauchsopfer - offenlegen soll.

Die nachfolgende Untersuchung stützt sich auf die Bilder/Bildsequenzen von etwa 23/25 Menschen, bei denen der sexuelle Mißbrauch belegt ist. Dies mag angesichts der hohen Zahlen in den sog. Dunkelfelduntersuchungen (z.B. GLOOR/PFISTER 1996) als niedrige Anzahl von Opfern erscheinen, kann aber im Vergleich mit kleinen empirischen Studien mit Mindestzahlen von n = 30 o.ä. (vgl. BANGE/DEEGENER (1996) doch als eine relativ hohe Anzahl von mißbrauchten Bildnern und Bildnerinnen angesehen werden, besonders, wenn man bedenkt, daß in den nachfolgenden Erörterungen immer von den Werken/Werkreihen einzelner Personen ausgegangen wird, über die dem Autor ein Mindestmaß an biographischen Informationen vorgelegen hat. In der Analyse dieser Werke stand das Problem der Diagnostik, also der Blick auf besondere, auffällige Merkmale in den Zeichnungen/Bildern, anhand derer sich Mißbrauchserfahrungen aufdecken lassen, nicht im Mittelpunkt, es wird aber in der Zusammenfassung im Kapitel 14 angesprochen. Eine Antwort auf diese Frage nach der Identifizierung solcher bestimmten Indizes erweist sich als äußerst schwierig, weil die *bildnerischen Biographien* (RICHTER 1997) in der Regel unvollständig sind oder bloß aus Fragmenten bestehen

- im zweiten Teil können „nur" drei recht vollständige vorgestellt werden -, und weil diese Art der Biographie sich auch nicht nachträglich vervollständigen, rekonstruieren läßt, wie das in anderen (verbal formulierbaren, „narrativen") Ausdrucksbereichen möglich sein dürfte.

Der Autor hat vielen Menschen zu danken, vor allem denjenigen, die ihm Einblicke in ihre Werke und ihre Biographien gestattet haben. Selbstverständlich muß der herzliche Dank an diese Menschen auch anonym erfolgen - Anonymität ist das Problem der Interpretation von Bildbiographien, und der Autor hätte manche Feststellung bei der Analyse bildnerischer Ereignisse deutlicher belegen können, wenn damit nicht die Anonymität in Gefahr geraten wäre. Er dankt auch all den Helfern/Helferinnen und Therapeuten/Therapeutinnen, die ihm Einsicht in anamnestische Daten gewährt haben. Ungeschützt kann er Frau Dipl. Heilpäd. SARA ROSNER-ZIMMERMANN für ihre Mithilfe bei der Beschaffung der Literatur und bei der Korrektur der Texte danken und seinen Söhnen ULRICH (für die Gestaltung des Buches) und LUDWIG (für die Endkorrektur).

Die Textgestaltung der vorliegenden Untersuchung weist zwei Besonderheiten auf: Einmal werden alle zitierten Passagen kursiv gesetzt, damit für "Anspielungen" o.ä. die Anführungszeichen genutzt werden konnten, und zum zweiten wird die Literatur, die nur für einzelne Passagen in Anspruch genommen worden ist, in den Endnoten angegeben; damit bleibt das Literaturverzeichnis für die Werke reserviert, die den Gang der Untersuchung wesentlich befördert haben.

Hans-Günther Richter

ERSTER TEIL

FORMEN MOTIVE SINN

1. Zur Entwicklung von Darstellungsmöglichkeiten und Sinn in der Bildnerei von Heranwachsenden und Erwachsenen

1.1. Skizze der Entwicklung von Formen und Konfigurationen

Das Kind wünscht sich Farbe, Phantasie, Bewegung, Leben; es werden ihm Kopien vorgesetzt, gefühllos, tot. Es fragt nach Brot, es werden ihm Steine gegeben. Korrektes Zeichnen ist die Basis für die Wissenschaft, Zeichnen aus der Phantasie die natürliche Quelle der Kunst.

E. COOKE 1885/1886[1]

Der vorangestellte „aufrührerische" Text stammt aus einem Gutachten, das E. COOKE 1885/1886(!) für eine internationale Konferenz über den verkrusteten Zustand des Zeichenunterrichtes in Großbritannien und anderen Staaten vorgelegt hat und in dem die notwendigen Reformen zum ersten Mal auch mit Hinweisen auf den Charakter des kindlichen Zeichnens begründet worden sind. War dieses Zeichnen vorher in den Dienst der Ausbildung von handwerklichen und technologischen Fertigkeiten (durch Kopieren und Netz-Zeichnen) gestellt worden, so wird es nun auch unter dem Blickwinkel der ästhetischen Bildung und der individuellen Ausdrucksmöglichkeiten gesehen. Schon in diesem Gutachten, dem eine Befragung von Lehrern/Lehrerinnen aus verschiedenen europäischen Ländern zugrunde lag, wird auf die Erfahrungen in belgischen Kindergärten verwiesen, welche das Kopieren abgeschafft hätten - oder positiv gewendet: das freie Zeichnen pflegten -, und es wird eine *Stufentheorie* der zeichnerischen Entwicklung beschrieben. Sie beginnt (1.) mit einer Kritzelphase, umfaßt (2.) Phänomene vorschematischen Zeichnens und geht dann (3.) zu einer Phase über, in der die Gegenstände aus der *Erinnerung oder der Vorstellung* gezeichnet und nicht vor dem Objekt bzw. der Kopie entwickelt werden. Sie endet (4.) mit einer Phase, in der das Kopieren möglich und sinnvoll wird.

In dieser Beschreibung des Anfanges und der Entwicklung der *zeichnerischen Darstellung* liegen uns wohl die ersten veröffentlichten Hinweise auf Beobachtungen über die Entwicklung des zeichnerischen Geschehens in der Kindheit vor - naturgemäß unvollständig und an den zeitgenössischen Auffassungen von der (künstlerischen) Zeichenfähigkeit entwickelt. Seit dieser Zeit der Entdeckung bzw. Wiederentdeckung[2] des Mediums *Kinderzeichnung* hat die Wissenschaftler/Wissenschaftlerinnen, die sich mit diesem neuen Forschungsgegenstand beschäftigt haben, auch die Frage umgetrieben, wie sich das zeichnerische Geschehen in den verschiedenen Altersphasen entwickelt hat und wie sich die Entwicklungsabschnitte benennen lassen.

Schon von dem italienischen Kunsthistoriker C. RICCI, der 1882/1883[3] als erster die freien Zeichnungen von Kindern in Form von Kreide-Graffiti an Hauswänden o.ä. bemerkt hatte und der sich durch seine Forschungen positiv von solchen „Zeitgenossen" abhob, die den Spruch kreierten: *Kinderhände beschmieren Tisch und Wände*, stammt die Bezeichnung Spurformen/Spurkritzeln für die frühen graphischen Aktivitäten, die heute als prä-figurative Ereignisse bezeichnet werden (vgl. SCHOENMACKERS 1996; dort auch eine Übersicht über die internationale Literatur mit ihren Begriffsbildungen). Auch Beschreibungen von solchen bildlichen Aktivitäten, die wir heute als Ereignisse der *Schemaphase* bezeichnen würden, stammen aus seiner Schrift *L'arte dei bambini* (1887; deutsch 1906). Allerdings haben seine Untersuchungen und die Darstellungen vieler seiner Nachfolger (z. B. G. KERSCHENSTEINER 1905[4]) zu einem Mißverständnis beigetragen, das sich bis heute in der Literatur über den Gegenstand hartnäckig gehalten hat, obwohl sein Referenz-Rahmen seit langem obsolet geworden ist: Es geht dabei um die Behauptung, daß sich die Entwicklung der Kinderzeichnung in ihrer Schlußphase der realistischen Darstellungsweise bzw. der naturalistischen Kunst annähern müsse. Diese Auffassung, auf dem Hintergrund der zeitgenössischen Kunstentwicklung um 1880 verständlich, hat spätestens zu dem Zeitpunkt ihre Grundlage verloren, an dem die realistische (eher: historistische) Kunst abdankte und durch die wechselnden künstlerischen „Bewegungen" der sog. Moderne ersetzt wurde. Wir versuchen in den folgenden Abschnitten mit Blick auf unseren speziellen Untersuchungsgegenstand die Phasen/Stufen in der Entwicklung der kindlichen Bildnerei zu skizzieren und dabei schon in der Betrachtung der einzelnen Stufen/Sequenzen auch auf das regressive bildhafte Material hinzuweisen, das sich in den Bildern von schwer traumatisierten Heranwachsenden und Erwachsenen zeigt.

1.1.1. Frühe Spurereignisse: Schmieren, Sudeln, Kritzeln

Wir können die frühen zeichnerischen (graphischen) Aktionen der Kinder nicht würdigen, ehe wir nicht dem Schmieren (und Sudeln) als frühesten Ausdrucksformen von Kindern die notwendige Aufmerksamkeit geschenkt haben. Auf solche Aktivitäten hat zwar P. NAVILLE[5] schon 1950 hingewiesen, aber nach ihm hat u.W. erst wieder 1982 J.J. GIBSON[6] nachdrücklich auf diese Manifestationen aufmerksam gemacht und formuliert:

> *Das Kleinkind praktiziert den fundamentalen graphischen Akt im Sand, im Schlamm oder auf einem vollen Teller - sehr zum Mißfallen seiner Eltern. Gibt man ihm ein Schreibgerät, dann betätigt es sich, sobald es den Stift halten kann, an erlaubten Oberflächen.*

Ob diese Oberflächen in jedem Falle erlaubt sind, darf bezweifelt werden, zählen doch zu den bevorzugten Flächen auch Tapeten und weiße Wände. Die Schmieraktivitäten gehören jedoch zu den basalen Ausdrucks- und Selbstbewertungsmöglichkeiten, deren individuelle Ausprägungen sich noch bis in die künstlerischen Realisationen und in die nicht-professionellen Objektivationen, mit denen Pädagogen/Pädagoginnen und Therapeuten/Therapeutinnen es zu tun haben, verfolgen lassen. Von einer Stichprobe befragter Eltern (n=60) in den *Kölner Untersuchungen zur Entwicklung und Struktur der Kinderzeichnung*[7], die hier noch häufiger angesprochen werden wird, gaben über die Hälfte an, daß ihre Kinder vor den kritzelartigen Aktivitäten mit den Händen geschmiert hätten und daß diese Schmieraktivitäten kurz nach dem ersten Lebensjahr begonnen und bis zum Ende des vierten Lebensjahres angedauert hätten (vgl. SCHOENMACKERS 1996; 130ff.). Allerdings lag der Beginn der Aktivitäten, wie er von den Eltern beobachtet wurde, zeitlich weit auseinander (zwischen 4 und 30 Monaten), im Durchschnitt bei 13,3 Monaten. Damit bestätigte sich eine Beobachtung (vgl. RICHTER 1987, S. 24f.), wonach Spurschmieren und Kritzel-Aktivitäten relativ lange Zeit nebeneinander existieren können. In diese frühen Aktivitäten mit ihren weitreichenden Wirkungen auf das Materialgefühl und den bildnerischen Duktus des Heranwachsenden und Erwachsenen gehen dabei Erlebnisinhalte und Affektqualitäten ein, die in einer unmittelbaren Beziehung zum Körpererleben des Säuglings und des Kleinkindes stehen, wobei die Skala der Affektäußerungen von Freude und Glück - z. B. über die Dauerhaftigkeit dieser Spuren - bis zu Wut und Angst reichen können. Über den Affektgehalt dieser präfigurativen Aktivitäten läßt sich mit M. DORNES (1992, S. 129) feststellen,

> *daß Affekte und ihre Veränderungen schon vom kleinsten Säugling als differentielle Gefühle gespürt und wahrgenommen werden und daß die Integration sensorischer und perzeptueller Daten im Gehirn, die zum Gefühl führt, auf dieser elementaren Ebene kein kognitiver Prozeß ist.* (Unterstr. Passagen i. Original kursiv[8])

Betrachtet man die psychoanalytischen Auffassungen vom Körper-Ich[9] bzw. *Haut-Ich* (ANZIEU), die den Anfängen des Selbstempfindens in den sensorischen Erlebnissen und Erfahrungen nachgehen und die in einer gestörten Entwicklung dieses körpernahen Selbstempfindens die Quelle für lebenslange Wiederherstellungsversuche sehen, so wird das therapeutische Potential sichtbar, das besonders mit diesen frühen Formen von Selbstrepräsentation verbunden ist.

Wenn trotz dieser Hinweise auf die Bedeutung früher Schmier- und Sudelaktivitäten in den letzten Jahrzehnten offensichtlich keine Untersuchungen über diesen Gegenstandsbereich vorgelegt wurden, so liegt das nicht nur an der scheinbaren Banalität dieses Ausdrucksgeschehens - Spinatflekken auf Tischen, Speichelreste auf Spiegeln oder Fensterscheiben, Handabdrücke in Sand usw. -, sondern auch an der Schwierigkeit, Differenzierungen in diesen Verhaltensweisen zu erkennen, die so „natürlich" erscheinen wie Essen und Trinken. Wie bei den frühesten Kritzelereignissen lassen sich in den Schmier- und Sudelaktivitäten selbst kaum organisierte Formen entdecken, die eine Art von motorischer Performanz darstellen und die dabei auf spezielle psychomotorische Muster und Affektqualitäten verweisen würden, sondern als frühe aktionale Repräsentationen verweisen sie eher auf allgemeine (sog. diskrete, primäre oder fundamentale) Affekte und damit auf Gefühlsqualitäten, die in dieser Zeit ausgeformt werden. Die ausgewählten Bildbeispiele sollen eher illustrierend als analysierend die g. Merkmale der frühesten aktionalen und gestischen Repräsentationen veranschaulichen. Wir beginnen mit der fotografischen Dokumentation (Abb. 1)

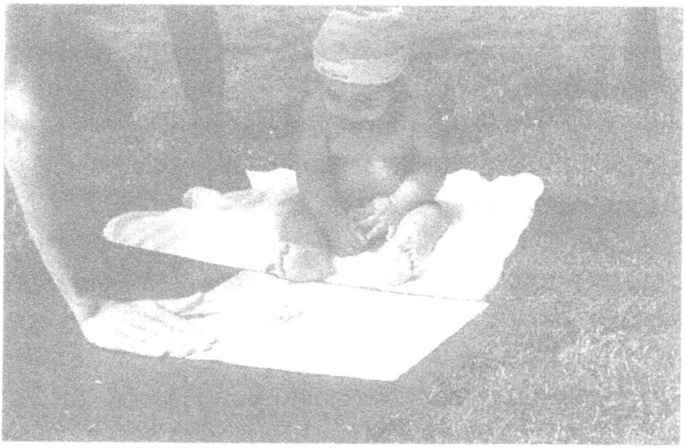

Abbildung 1

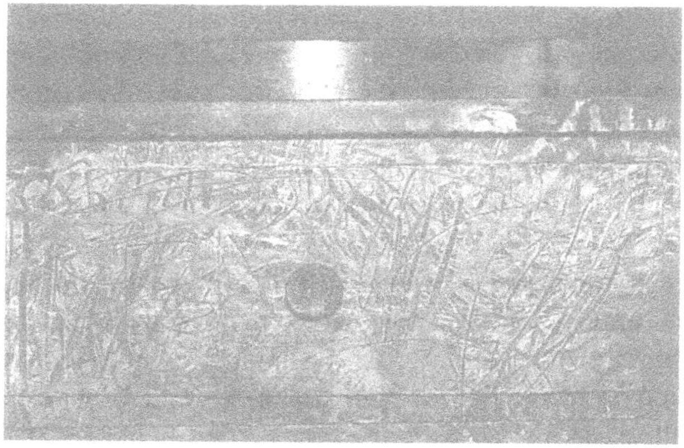

Abbildung 2

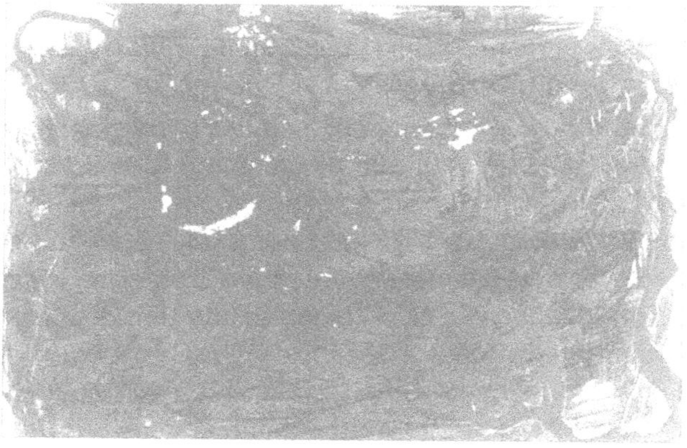

Abbildung 3

einer Schmieraktion des Jungen PHILIPP, der zu dieser Zeit acht Monate alt war. Das Foto verdeutlicht sehr ausdrucksvoll den zurückhaltenden und vorsichtigen Umgang des Kindes mit dem Schmiermaterial, der aber im nächsten Moment in eine heftige Aktivität umschlagen kann, - eine Aktivität, wie sie mit dem Schmier-Ereignis eines älteren Kindes (Abb. 2) auf einem Schrank dokumentiert werden konnte.

Unser drittes Beispiel (Abb. 3) zeigt die bildnerischen Reaktionen einer Frau, die zum Zeitpunkt der vorliegenden Gestaltung über zwanzig Jahre alt war. Es führt uns den entlastenden, selbsttherapeutischen Charakter des Schmierens bzw. Sudelns[10] deutlich vor Augen. Es stammt aus der Reihe von Bildern, die dem Verfasser von Frau M. zur Verfügung gestellt wurden (vgl. Bildreihe im Kapitel 9) und zeigt eine ausgegossene, das Format umgreifende rote Farbspur auf einem blauen Grund, die sich in der rechten Bildhälfte verdichtet und zusammen mit schwarzen Kritzelereignissen und Kratzspuren ein Zentrum bildet. Das Bild entstammt der Lebensphase, in der Frau M. wegen einer psychotischen Symptomatik klinisch behandelt werden mußte und ist wohl als (kunsttherapeutisch initiierter?) Ausdruck der aktuellen Behandlungssituation anzusehen. In dieser Lage wurden ihr, so ihre Erläuterungen, die internen Bilder des Mißbrauchsgeschehens erst allmählich zugänglich, konnten aber noch nicht als szenische Darstellungen präsentiert werden. Versucht man, diese bildnerische Aktivität mit ihrer inhärenten Symbolik, auf deren Charakter wir noch eingehen werden, in eine sprachnahe Metapher zu übertragen, dann könnte man von der Bestürzung und der Wut über eine besudelte zentrale, empfindsame Körperregion sprechen, die in der bildnerischen Aktion aufgerissen und zugedeckt werden soll. Für diese und andere regressive Momente der Bildgestaltung, die bis zu den basalen bildnerischen Formen von Sudeln, Kratzen und Schmieren reichen, können natürlich auch Anregungen aus der Aktionskunst (POLLOCK) Pate gestanden haben.

Neben diesen Schmieraktivitäten entwickeln sich nach dem ersten Lebensjahr Kritzelereignisse, die man mit Blick auf die Literatur im angelsächsischen Sprachraum als *vor-repräsentational* (SCHOENMACKERS 1996) bezeichnen könnte. Diese Kennzeichnung führt aber zu Mißverständnissen: Zwar werden somit die manifestierenden Ereignisse vor den ersten Zeichnungen mit (erkennbaren) Beziehungen zu internen Repräsentationen und deren äußeren Referenten charakterisiert, und der Begriff der *Repräsentation* wird daher den zeichnerischen Ereignissen vorbehalten, welche schon Analogien zu den äußeren Gegebenheiten aufweisen, aber die Bezeichnung *vor-*

repräsentational enthält keinen Hinweis darauf, daß die Ergebnisse der psycho-motorischen „Entladungen" ebenfalls repräsentationalen Charakter haben: Sie stehen einmal für die motorischen und noch nicht visuell kontrollierten Bewegungsabläufe (*Bewegungsperformances*), die aber durchaus individuelle Züge haben können - z. B. in der Strichfolge, Strichdicke, Art der Ansätze, Dynamik, Dauer usw. Mit J. MATTHEWS (1984) lassen sich aber diese aktionalen Ereignisse (*action representations*) darüber hinaus auch als frühe Repräsentationen für körpernahe, *amodale* (= unspezifische, aber mehrere Wahrnehmungsformen umfassende) Perzeptionen und Empfindungen (vgl. D. STERN 1992, S. 91ff.) verstehen. Wir heben diesen Aspekt der Auffassungen über die frühen repräsentationalen Phänomene besonders hervor, weil wir es in der Bildnerei der mißbrauchten/mißachteten Persönlichkeiten häufig mit bildnerischen Strukturen zu tun haben, die einen hohen Anteil an Schmier- und Kritzelformen enthalten, auch wenn die Zeichner/Zeichnerinnen dem „eigentlichen" Kritzelalter längst entwachsen sind. Somit behält Kritzeln auch in den Bildern älterer Heranwachsender/Erwachsener eine therapeutische und - für unsere Überlegungen besonders wichtig - eine diagnostische Funktion. Zu Recht zählt E.M. KOPPITZ (1972, S. 91) Kritzelformen, die sie allerdings in einer Anlehnung an die kunsthistorische Terminologie als *Schattierungen* bzw. *Schraffuren* bezeichnet, zu den Auffälligkeiten (*emotionalen Faktoren*) in den Zeichnungen älterer Kinder. Dies gilt natürlich auch und besonders für die Artefakte von Heranwachsenden und Erwachsenen.

Die beiden Bilder des Jungen SEBASTIAN, in denen die Entwicklung der skizzierten graphomotorischen Fähigkeiten veranschaulicht werden soll, liegen zeitlich relativ eng beieinander, zeigen aber dennoch eine gewisse Veränderung der Kritzelzeichen: So sind im ersten Bild (Abb. 4) die „klassischen" Hin-und-Her-Schwünge (*Schwing- oder Schwungkritzel*) zu erkennen, die sich in diesem Falle zu einem Zentrum zusammenfügen. SEBASTIAN, zu dieser Zeit ein Jahr und sieben Monate alt, hat zu dem Bild sprachlich die Formulierung *wauwau* geäußert, was in diesem Alter als Bezeichnung für Hund, aber auch für andere schnelle und „bellende" Tiere, die ihm u. U. aus dem Fernsehen bekannt waren, stehen kann. Diese (sinnunterlegende) Bedeutungsgebung ist in diesem Alter noch relativ willkürlich und entspricht in der Regel einer situativen Erfahrung, die zur Selbstdeutung des Bildes herangezogen wird. Das zweite Bild (Abb. 5) dieses Jungen vor dem Ende des zweiten Lebensjahres vermittelt schon den Eindruck einer gewissen Organisation, der durch die parallele Führung der dominanten (schwarzen) Striche, die auf dem (roten) Linienknäuel liegen, erzeugt wird. Im nächsten Abschnitt werden wir uns diesen neuen Organisationsformen, die in die Darstellungen der sog. *Kopffüßler* einmünden, zuwenden; zuerst wollen wir aber die Funktion und Bedeutung früher Kritzelereignisse in Bildern von Heranwachsenden und Erwachsenen veranschaulichen.

Das Bild (Abb.6) eines Heranwachsenden, das wir als Beispiel für solche morphogenetisch frühen bildnerischen Aktivitäten in einer ansonsten „realistischen" Darstellung ausgewählt haben, entstammt einer Serie von etwa zehn Zeichnungen eines elf/zwölf Jahre alten Jungen aus einer Künstlerfamilie. In ihnen dominieren Gewaltdarstellungen, so z. B. die Wiedergabe von Fesselungen des Vaters und der Mutter. An bestimmten, vom Verfasser gelöschten Merkmalen war zu erkennen, daß tatsächlich die Eltern mit diesen szenischen Wiedergaben dargestellt werden sollen. Zu diesen Zeichnungen, die durch mehrfaches Kopieren etwas an Brillianz verloren haben - so sind in der vorliegenden Reproduktion die angstvollen (lustvollen?) Augen der weiblichen Person und ihre übergroßen Lippen nicht mehr so deutlich zu erkennen wie in der ursprünglichen Fassung -, gehören mehrere Wiedergaben, in denen an einen Stuhl gefesselte, weibliche Personen in spitze, nagelbrettartige Gebilde stürzen/gestürzt werden und von den Spitzen durchbohrt werden. Im vorliegenden Bild wird die Frau einmal im Brustbereich durch Stricke/Bänder und zum zweiten durch Handschellen, die wie grob geschmiedete Ketten aussehen, gefesselt. Der Bereich der Scham ist durch kräftige Linienbündel geschwärzt und damit „verdeckt", seiner Kraft (Anziehung?) beraubt worden. Auch in diesem Falle dürfen wir annehmen, daß Videos, Sexmagazine o.ä. den Phantasien des Jungen das realisierende Material vermittelt haben - so sind einige Zeichnungen als durchgepauste Wiedergaben von Fesselungen aus solchen Magazinen zu erkennen -, aber vor dem biographischen Hintergrund gelesen, verraten die Bilder auch etwas von der Wut des Jungen über ein „schrankenloses" Sexualleben der Eltern, bei dem offensichtlich die beteiligte Frau die Schamgrenzen nicht respektiert. Ihr wird in den szenischen Darstellungen mit Schmerzen, Strafen, ja mit der Auslöschung gedroht.

1.1.2. Gestische Repräsentationen

Mit zunehmender motorisch-visueller Kontrolle über den Bewegungsakt entwickelt sich eine frühe Form des (symbolisierenden) Darstellens, in dem die Bewegungsabfolgen (als *gestische Repräsentationen*) für erlebte und/oder visuell-taktil wahrgenommene (vielleicht auch schon: als Bilder in-

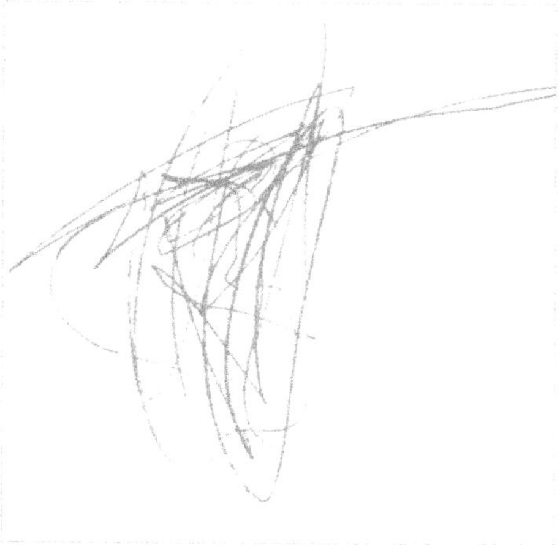

Abbildung 4

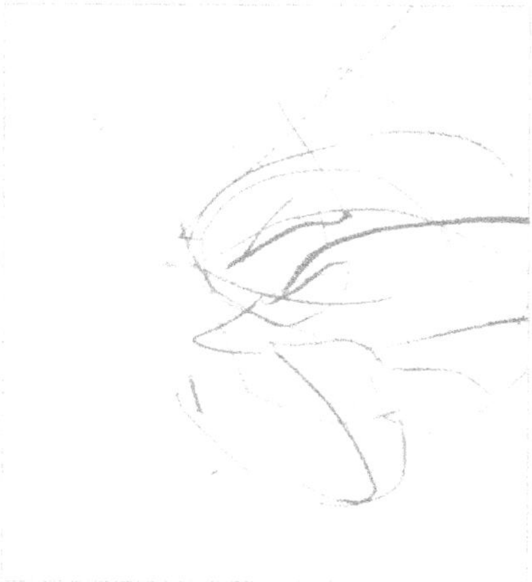

Abbildung 5

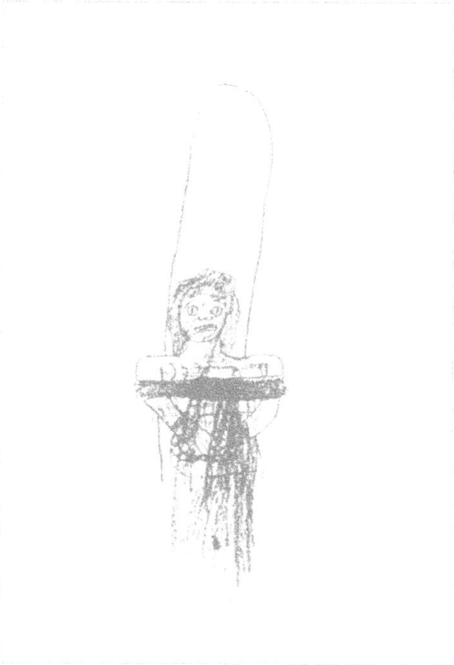

Abbildung 6

ternalisierte, imaginierte) Ereignisse stehen. Diese Ereignisse werden aber nicht abgebildet, sondern es werden charakteristische Bewegungselemente der Geschehnisse durch den Zeichenakt repräsentiert. Für diese Bildnereien kann damit ohne Bedenken der Begriff der *Repräsentation* in Anspruch genommen werden, weil sie erste bildhafte Aussagen über die Erfahrungen mit Personen und Dingen aus der vorgegebenen Welt der Zeichnenden enthalten. Gleichzeitig, d.h. ab ca. 24 Monaten, entwickelt sich allmählich eine Ausrichtung der gestischen Repräsentationen an der spurtragenden Fläche: Das Kind beginnt also, sich an der angebotenen Zeichenfläche zu orientieren, ihre Dimensionen oben-unten, links-rechts im Zeichenakt zu respektieren. Diese Plazierung von gestischen Repräsen- tationen auf dem Blatt ist mit einer Minimalisierung der Zeichenereignisse verbunden, die sich damit von graphischen Spuren zu organisierten, bildartigen Setzungen entwickeln. Der Sinngehalt dieser Setzungen ist in einer Beziehung zu den „angezeigten" Referenten zu suchen und kann während des Zeichenaktes sprachlich verdeutlicht und bildnerisch verändert werden. Mit den genannten bildnerischen Ereignissen lassen sich die Ergebnisse der empirischen Untersuchungen und der theoretischen Überlegungen in Zusammenhang bringen, die von H. HECKHAUSEN (1985) der Ontogenese des selbstbewertenden Erlebens und des Leistungshandelns gewidmet worden sind:

> *Im ersten Abschnitt bis 1 1/2 Jahren ist die Tätigkeit des Kindes offensichtlich vom Gewahrwerden der Kontingenz zwischen eigener Aktivität und Aktivitätseffekten motiviert.* [...] *Im zweiten Abschnitt zwischen 1 1/2 und 2 1/2 Jahren kann die Tätigkeit auch schon ergebniszentriert sein.* [...] *Das Kind erlebt sich als Initiator seiner Aktivität und als Verursacher von deren Effekten.* [...] *Eine produkt-orientierte Tätigkeit wird nun möglich* (S. 118f.).

Während sich in der Phase der aktionalen Repräsentationen der schrittweise Aufbau eines (medienspezifischen) Kontingenzerlebens verfolgen läßt, das für H. HECKHAUSEN noch nicht von einem *Erleben des Selbst als einem* (produzierenden) *„Objekt"* begleitet ist, gelingen dem Kind in der zweiten Phase Zeichnungen, die zunehmend als Ergebnisse von *werkhaften Operationen* (so schon H. HETZER 1931) angesehen werden können. Diese *ergebniszentrierte* Phase beginnt im zeichnerischen Ausdruck mit der *Minimalisierung, Isolierung* und *Diskriminierung* von Formen mit gestischrepräsentativen Bedeutungen und mündet ein in Ereignisse mit isolierten kreisartigen Formen - mit oder ohne abstehende Arm-/Beinzeichen -, die deutliche Hinweise auf zielgerichtetes Handeln (Absetzen, Neubeginn u.ä.) aufweisen. Im Hinblick auf die genannte Entstehung des selbstbewertenden Erlebens hat das Kind sich in dieser Zeit von einem *existentiellen Urheberselbst* in Richtung auf ein *kategoriales Selbst mit einem rudimentären Attribut eigener Tüchtigkeit* entwickelt (HECKHAUSEN 1985, S. 121). Mit der Beschreibung dieser zeichnerischen Entwicklung und der Skizze einer Auffassung über die Entstehung von Urheberschaft und selbstbewertenden Emotionen bewegen wir uns jedoch schon auf die Vielfalt der figurativen Repräsentationen unweit jenseits des zweiten Lebensjahres zu, deren charakteristischen Ausbildungen im Folgenden dargestellt werden sollen.

1.1.3. Von den frühen Menschzeichen zu den ersten Darstellungsereignissen

Frühe Menschdarstellungen entwickeln sich immer dann, wenn den runden, kreisnahen (minimalisierten und diskreten/unterscheidbaren) Ereignissen besondere Markierungen eingeschrieben oder angefügt werden, die deutliche Beziehungen zu identifizierbaren Referenten - z. B. in der objektanalogen Darstellung von visuellen Phänomenen wie Kopf, Augen, Armen, Beinen usw. - aufweisen. So besteht das früheste Menschzeichen in der Regel aus einer kreisartigen, geschlossenen oder nicht-geschlossenen Form mit zentrifugalen Beinzeichen (SCHOENMACKERS 1996) und ist häufig am Rande von Zeichnungen zu entdecken, die noch Kritzelereignisse aufweisen, also einem früheren Repräsentationsmodus entsprechen[11]. Die in der älteren deutschen Literatur häufig anzutreffende Auffassung (MEYERS 1957/71; MÜHLE 1955/71 u.a.), daß diesem Menschzeichen in jedem Falle ein diskretes (unterscheidbares) kreisartiges Zeichen (MEYERS: *isoliertes Kreiskritzel*) vorausgehen müsse, hat sich in den Untersuchungen von H. SCHOENMACKERS (1996, S. 130ff.) nicht bestätigt.

Mit C. GOLOMB (1992, S. 25ff.) darf man davon ausgehen, daß es sich schon bei diesen frühen Menschzeichen nicht um eine Wiederholung oder Kopie (*replication*) des Wissens um die Objektmerkmale handelt, sondern um jeweils produktive Lösungen von Darstellungsproblemen in graphisch-strukturellen *Äquivalenten*. Das sich entwickelnde objektanaloge, figurative Gefüge der kindlichen Bildnereien unterliegt allerdings noch ziemlich lange Umstrukturierungen in seinem graphisch-formalen Aufbau und in den ersten dargestellten Gegenständen: So entwickeln sich während des vierten und fünften Lebensjahres die Binnendifferenzierungen der Menschdarstellungen (vgl. SCHOENMACKERS 1996) und, so darf man annehmen, auch die kompositionelle Struktur des gesamten Bildes ungefähr analog zum Lebensalter. Für das zeichnende Kind bestehen dabei aber immer noch große Spielräume in der Organisation der selbstentwickelten Bildkonzepte, wie die selbstdeutenden Beschreibungen der bildhaften Manifestationen nachweisen (vgl. FREEMAN 1987/93, S. 37f. und KOEPPE 1993, S. 228ff.).

Wir wollen anhand zweier Bilder die Spannbreite und die Variationsmöglichkeiten der Entwicklungsstufe verdeutlichen, die nach der Ausbildung von ersten analogen Bildphänomenen einsetzt. Beim ersten Bild (Abb. 7), das von REBEKKA stammt und um das vierte Lebensjahr entstanden ist, wird geschildert, wie ihre Mutter mit dem kleinen Bruder im Kinderwagen ausgeht/ausfährt. Der Bruder war zu diesem Zeitraum etwa ein Jahr alt. Sein Kopf sieht noch so eben aus dem Wagen heraus, dessen schützende Hülle mit vielen Strichen zugekritzelt ist, und die Hände der Kopffüßler-Mutter drücken gegen die hervorstehenden Griffe des Buggys. Sie trägt ein Kleid, dessen Kritzelspuren auch noch etwas von der Bewegungsenergie vermitteln, die in dem Vorgang aufgebracht wird. Was auf uns Erwachsene eher komisch wirkt und den Eindruck von der fröhlichen Art früher Kinderzeichnungen (MEYERS: *fröhliche Kinderkunst*) hervorruft, zeigt in Wirklichkeit das Bemühen des Kindes, repräsentierende, Gegenstände und Szenen bezeichnende, Realisationsmittel einzusetzen, um ein möglichst getreues Bild seiner Absichten und seiner Vorstellungen von dieser Geschichte sowie der Emotionen, die damit verbunden sind, zu vermitteln. Im anderen Bild (Abb. 8) eines gleichaltrigen Jungen wird die menschliche Gestalt differenzierter dargestellt, aber die Hände und Arme stellen (noch) Aktionsrepräsentationen dar; bei diesem Bild kann aber auch der ausgreifende, blattfüllende Strich, der für die „Greiffunktionen" keinen Platz mehr ließ, zu einer Einschränkung der schon vorhandenen Darstellungsfähigkeiten geführt haben.

Neben die Bilder, welche die Formen der Umstrukturierung des bildnerischen Materials von den frühen Menschzeichen zu den ersten kompositionell organisierten Darstellungsschemata illustrieren sollen, stellen wir wiederum die Zeichnung eines älteren Kindes, eines Mädchens von ca. sechs Jahren[12], dessen Bild (Abb. 9) regressive Tendenzen aufweist. Bei dem Mädchen mußte zu dieser Zeit eine Heimunterbringung angeordnet werden, weil in ihrem Verhalten deutliche Anzeichen für einen Mißbrauch durch ein männliches Familienmitglied zutage traten. Die Bewältigung der Flächenkoordinaten unten-oben bzw. die Ausrichtung der Gegenstände an der sog. Standlinie, von der im nächsten Abschnitt ausführlicher die Rede sein wird,

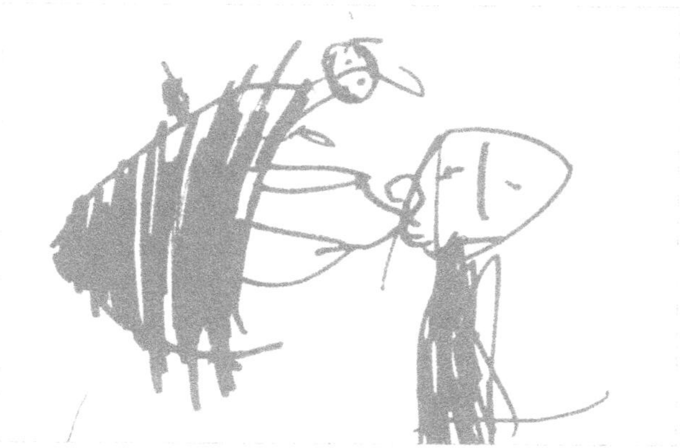

Abbildung 7

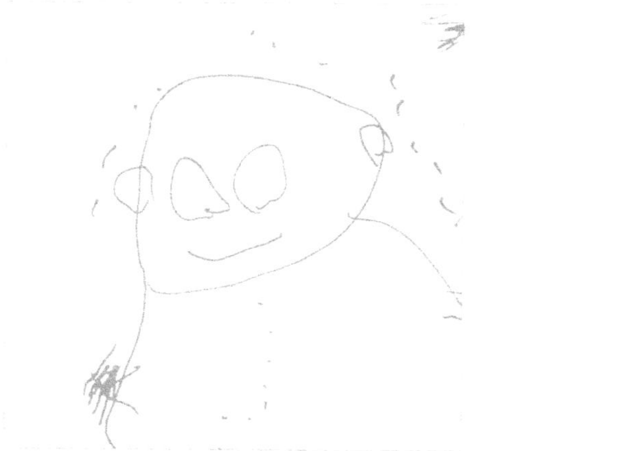

Abbildung 8

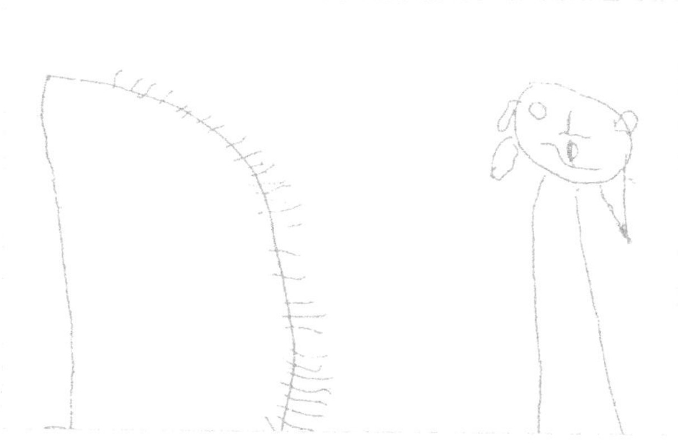

Abbildung 9

sowie die Binnendifferenzierung des Kopfzeichens verweisen das Bildkonzept morphogenetisch in eine Zeit nach der Minimalisierung und nach dem ersten Auftreten von Kopffüßlern. Bei zureichenden soziokulturellen Rahmenbedingungen, von denen in diesem Falle aber nicht mit der notwendigen Sicherheit auszugehen ist, ließe sich das bildnerische Konzept einem Zeichenalter zwischen vier und fünf Jahren zuordnen, und die vorliegende zeichnerische Lösung wäre etwa um ein Jahr retardiert. Eine solche Retardierung kann aber viele Ursachen haben - eine davon könnte z. B. in einer leichten Form von Intelligenz-Entwicklungsverzögerung bestehen - und muß nicht auf sexuelle Traumata hindeuten. So sind es eher die auffälligen Gesichtsmerkmale wie der geschlossene Mund und die schwer zu deutende Figuration über dem Mund (Zunge?), die Diskrepanz zwischen dem ausführlich gekennzeichnetem Mund und den fehlenden Armzeichen, besonders auch die Baumgestalt, die auf bestimmte Konfliktsituationen hinweisen. Diese Art der Objektdarstellung „Baum" o.ä., die im weiteren Verlauf der Untersuchung als symptomatisches Anzeichen für ein Mißbrauchsgeschehen herausgestellt werden soll, gehört zu den phallusartigen Konfigurationen, die verdeckt auf eine sexuelle Form der Traumatisierung hinweisen können. In diesem Zusammenhang hätten auch die abstehenden „Stacheln" - in der regulären Entwicklung Vorläufer von ast-/blätterartigen Gebilden - einen besonderen Sinn: Sie würden die Schmerzen symbolisieren, welche die Penetrationen dem Kind zufügen, und den Widerstand und den Ekel anzeigen, den sie bei ihm auslösen.

1.1.4. Bildentwürfe in der mittleren Kindheit oder Wie man sich eine Kinderzeichnung vorstellt

Gegen Ende des vierten Lebensjahres lernt das Kind, die erworbenen bildhaften Figurationen auf der vorgegebenen Zeichenfläche so zu organisieren, daß man von der Erschaffung einer bildhaften Welt (Golomb: *Creation of a pictural world*) sprechen kann. Nach dieser sog. *Vorschemaphase* zeichnen sich in der darauffolgenden Phase des Darstellungsschemas die Bilder durch mehr Reichtum in den figurativen Details und durch die zunehmende Verknüpfung der Bildelemente zu figurativ-kompositionellen Strukturen aus. Diese Entwicklungen in der mittleren Kindheit, die unsere Vorstellungen von einer „richtigen" Kinderzeichnung bestimmen, lassen sich anhand folgender Merkmale übersichtsartig charakterisieren:

Von der Respektierung der Flächenkoordinaten zur Raumkonstruktion: Der entscheidende Wechsel in der Raumorganisation des Bildes -

und damit auch in der kompositionellen Struktur - vollzieht sich durch die Ausrichtung der Bildelemente an den Blattkanten und an den Richtungsrelationen „oben", „unten", „links", „rechts". Das Kind lernt also, seinen Bildern die Flächenkoordinaten zu unterlegen, die in unserem Kulturkreis (bei der Organisation gegenständlicher Wiedergaben) geläufig sind (SCHÜTZ 1990). Anfangs läßt es den figurativen Elementen einen Freiraum/Umraum (MEYERS: *Neutralzone*), die eine Überlappung der Bildelemente verhindern soll. Überlappungen und Verschmelzungen in diesem Zeichenalter weisen daher auch häufig auf Konflikte und emotionale Besonderheiten hin, die im bildnerischen Geschehen ausagiert werden. Im Verlaufe der Schemaphase verliert sich diese Darstellungsstrategie zugunsten einer relationaleren Wiedergabe; d.h. die Bildelemente werden so zueinander *in Beziehung gesetzt,* wie es die Darstellungsintentionen und der Mitteilungsgehalt erfordern. Dabei kommt es auch zunehmend zu einer Auflösung des frühen Raumkonzeptes - Standlinie unten (u. U. Blattkante); Gegenstandsbereich im mittleren Bildstreifen; Himmelslinie oben - zugunsten eines Konzeptes, das raumschaffende bzw. tiefenräumliche Elemente aufweist - z. B. diagonal, in den Raum hineinlaufende Wege und Zäune, kubische Formen bei der Darstellung von Häusern, Autos, gestaffelten Wolkenketten u.ä. In dieser Phase werden dabei aber in der Regel einzelne Bildelemente wie Mensch, Baum usw. noch nicht plastisch ausgebildet. Dieses Modell der Raumorganisation, dessen Ausformung sich bis in die späte Kindheit verfolgen läßt, kann als „Flächentiefe" bezeichnet werden. Diese Formulierung würde veranschaulichen, daß sich das Koordinatensystem in die Tiefe staffelt, ohne daß perspektivische Verkürzungen (PIAGET: *projektive Beziehungen* zwischen den Gegenständen) schon voll ausgebildet wären. Projektive Beziehungen gehören zu den erlernten, erlernbaren künstlerischen Verfahren, die in unserem Kulturkreis in der späten Kindheit/im frühen Jugendalter adaptiert werden (PIAGET/INHELDER 1971, S. 510ff.; RICHTER 1987, S. 87ff.).

Bedeutungsgröße, Bedeutungsraum: Als Ergänzung zu den Erörterungen über die Raumkonstruktionen in der Bildnerei der Heranwachsenden muß das Phänomen der Bedeutungsgröße angesprochen werden, das häufig das intendierte Raumkonzept zu durchbrechen scheint, weil an die Stelle von analogen (auf die Größenverhältnisse der empirischen Gegenstände bezogenen) Formen übergroße bildnerische Figurationen treten. Die Bezeichnung *Bedeutungsgröße* verdeutlicht schon, daß diesen Elementen im Gesamtzusammenhang des Bildes eine „herausragende" Be-

deutung zukommt. Bedeutungsgröße kann - auf dem Hintergrund der übrigen Raumkonstruktion des Bildes - häufig als Einstieg in eine sinnaufdekkende Interpretation des Formgefüges und der Motivstruktur benutzt werden. Als Bedeutungsraum lassen sich u.a. auch die vielen Leerstellen in den Bildern von psychisch/somatisch gestörten Persönlichkeiten bezeichnen, die z. B. dazu führen, daß die „bedeutungsvollen" Personen und Gegenstände in einer Bildecke zusammengedrängt werden und die übrigen Bildflächen leer bleiben. Leere ist als ein sinntragendes, wenn auch manchmal schwer deutbares kompositorisches Phänomen anzusehen.
Exemplarische Details: Dieses Merkmal ist eng mit dem vorhergehenden verwandt und hat wie dieses auch Analogien in vielen archaischen und mittelalterlichen Kunststilen. Zur deutlichen Charakterisierung einer Person, eines Gegenstandes oder eines Motivs benutzt der Bildner/die Bildnerin ein besonders hervorgehobenes (häufig vergrößertes) figuratives Detail, so z. B. eine Pfeife zur Bestimmung des Zeichens für Mann bei einer ansonsten geschlechtsunspezifischen Darstellung. Wie in der Kunst können solche Details auch Abstrakta bzw. allegorisch verfestigte Inhalte wie „Liebe" (Herz), Schmerz (Tränen) u.a. ausdrücken. In jüngster Zeit hat sich ein solches allegorisch-symbolisches Detail in den Landschaftsdarstellungen oder auch als singuläres Bildereignis herausgebildet: der Regenbogen. Er versinnbildlicht - durchaus in Anknüpfung an seine Bedeutung im Alten Testament und in Anspielung auf seine Verwendung als Symbol für eine „heile", ökologische Welt - den Wunsch nach Frieden und nach Konstanz in den familiären Beziehungen. Es ist also durchaus möglich, daß der Regenbogen in Bildern auftaucht, die ansonsten eine „heillos" konfliktreiche Familienkonstellation widerspiegelt (RICHTER 1997). Charakteristische Details lassen sich aber auch auf der formalen Ebene der bildnerischen Ereignisse entdecken: Sie bestehen dann z. B. aus Schwärzungen, Doppelkonturen, Radierungen, Schmierstellen o.ä.
Röntgenbild, Transparenz, Durchdringung: Diese Merkmale haben besonders die frühen Theoretiker verblüfft, weil sie in den zeitgenössischen realistischen Kunststilen keine Parallelen zu diesen bildnerischen Ereignissen fanden, und in der Tat gehören diese Phänomene zum besonderen Stil der kindlichen Bildnerei, der, sicher nicht zuletzt durch den Einfluß des Medienkonsums, z.Z. starken Wandlungen unterworfen ist. In den Bildern von gestörten/behinderten Heranwachsenden lassen sich diese Phänomene aber immer noch verfolgen, und sie haben dann auch in der Regel schwerwiegende Bedeutungen. So läßt das Motiv der „leeren

Stühle" in den Zeichnungen von Kindern und Heranwachsenden, ein Motiv also, das den röntgenartigen Blick in ein geschlossenes Zimmer gestattet, in dem z. B. trotz eines gedeckten Tisches keine Menschen auf den Stühlen sitzen, auf schwere Beziehungsstörungen schließen. Die oft vielschichtigen Bedeutungen dieses Phänomens und anderer, ähnlich gestalteter Motive, die wir auch aus Bildern von VINCENT VAN GOGH und anderen Künstlern kennen, lassen sich in der Regel nur im Kontext mit biographischen Ereignissen der Bildner/innen verstehen. Wir werden im nächsten Abschnitt in der Analyse eines der Bilder von Frau M. an einer Röntgendarstellung von zwei spitzgiebeligen Häusern aus dem neunten Lebensjahr herauszuarbeiten versuchen, wie in einem raffinierten Wechselspiel von Innen- und Außenansichten besondere Elemente ihrer Leidensgeschichte thematisch zusammengefaßt werden.

Wir entnehmen einer amerikanischen Untersuchung von J.-R. CINICOLA 1990[13], die sich mit der kunsttherapeutischen Förderung von *pre-delinquent Youth* befaßt und sich dabei vor allem mit dem Widerstand beschäftigt, den diese Jugendlichen jeglichen pädagogischen und therapeutischen Maßnahmen entgegensetzen, die Darstellung eines Vulkans (Abb. 10) - das Resultat einer beliebten therapeutisch ausgerichteten Themenstellung, die darauf abzielt, daß der Klient/die Klientin sich mit dem „Ausbruch" (von Affekten und Emotionen) identifiziert. Dieser Themenstellung werden wir auch im Verlauf unserer Untersuchung in den Bildern von Frau A. (Abb. 48-54) wieder begegnen. Gegenüber vielen bekannten Feuer speienden Bergen, die uns als Ergebnisse von therapeutischen Aktivitäten gegenwärtig sind, zeigt die Darstellung des 15jährigen Jungen eine Form von Transparenz, die es dem Betrachter möglich macht, in den Vulkanausbruch und zwar in das kochende, brodelnde Zentrum hineinzusehen. Die bildnerische Charakterisierung dieses Zentrums erfolgt durch hieb- und kreiskritzelartige Graphismen, welche dem Betrachter (in diesem Falle: der Therapeutin) sehr anschaulich die ansonsten versteckten/verdeckten dynamischen „Kräfte" vor Augen führen. Es ist auch sicher nicht zufällig, daß die Linienbündel, welche die Eruption kennzeichnen sollen, nur wenig über den Kraterrand hinausgehen: und daß damit die eigentlichen, dynamischen Potentiale im transparent gemachten Dunkeln bleiben. Die Zeichnung stammt von einem Jungen, der durch seinen Vater mißbraucht wurde, verwahrlost und vernachlässigt war. Mit den Mitteln von Transparenz und (regressiven) Kritzelereignissen, die einer frühen Phase kindlicher Bildnerei entstammen, macht der Jugendliche das verborgene Geschehen von analen Penetrationen offenbar, und das gelingt ihm

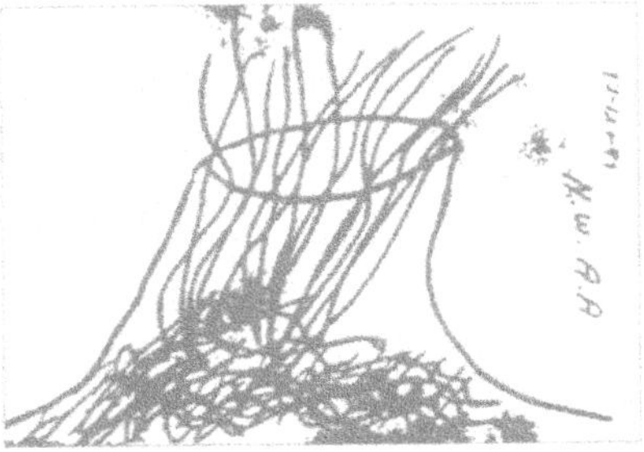

Abbildung 10

wohl auch deswegen, weil die Aufgabenstellung einen symbolisch sicheren Rahmen bot, über das Verbotene zu berichten.

Zum „Darstellungsprinzip" der Bildnerei von Heranwachsenden: Wir haben das einführende Stichwort dieses Abschnittes in Anführungszeichen gesetzt, um eine gewisse Skepsis auszudrücken, ob sich eine Art Oberbegriff für die verschiedenen Kennzeichen des bildnerischen Geschehens finden läßt. Dieses Darstellungsprinzip müßte sich ja auf die Gesamtheit der formalen wie motivartigen ästhetischen Materialien in ihrer jeweiligen Entwicklung beziehen bzw. sie regieren. Als ein solch umfassendes Prinzip könnte man mit H. PIEPER (1958) das Bemühen um eine Bildorganisation verstehen, welche die einzelnen Motive und die Gesamtstruktur des Bildes wiederholbar und identifizierbar (lesbar) macht. Erst diese *Wiedererkennungstendenz*[14] oder die *Verständigungstendenz* (KORZENIK 1972) bezieht ja den angesprochenen oder virtuellen Betrachter und „Leser" des Bildes in die Kommunikation ein. Diese Gesamttendenz könnte als ein Resultat (Kompromiß, Synthese?) aus Formverdeutlichungen (*Prägnanztendenzen*) und Erzählabsichten verstanden werden. Allerdings zeigen neuere Untersuchungen (KOEPPE 1993; KOEPPE-LOKAI 1996), bei denen der Prozeß der Bildentstehung mittels Videoaufzeichnung dokumentiert und gleichzeitig die selbsterläuternden Kommentare des Kindes zu den einzelnen Bildsequenzen aufgezeichnet wurden, daß diese Verständigungstendenz auf sehr komplizierten Mechanismen beruht. Einmal werden z. B. die schon erworbenen zeichnerischen Fähigkeiten mit intendiertem formalen und motivartigen Material, das seine Quellen in der jeweiligen (in unseren Fällen: konflikthaften) Lebenssituation hat, „aufgeladen" und dabei regressiv wie progressiv verändert. In den „endgültigen/letztgültigen" Zustand, der auch von einer gewissen Erschöpfung in der Auseinandersetzung mit den Figurationen und Motiven gekennzeichnet sein kann, gehen zum anderen auch Erfahrungen und Erlebnisse ein, die auf langfristigen *thematischen Strukturierungen in Handlung und Lebenslauf* (THOMAE 1987, S. 15) beruhen. Die bildhaften Repräsentationen dieser internen *Episoden*, wie wir im Verlauf der Überlegungen mit einer Formulierung von D. STERN u.a. solche internen thematischen Konzepte nennen werden, enthalten aber sicher auch (verdrängtes) Material, das aus den verschiedenen Epochen der persönlichen Konfliktgeschichte stammt (FILIPP 1990; RICHTER 1997).

Wir wollen an einem Beispiel (Abb. 11) zeigen, wie in einem Bild eines Mißbrauchsopfers, dessen umfangreiche Bilderserie noch Gegenstand ausführlicher Erörterungen sein wird, im neunten Lebensjahr das Darstellungsmittel *Röntgenbild/Transparenz* angewandt wird, um eine geheime, „verborgene" Szene „transparent" zu machen. Gleichzeitig wird an diesem Beispiel deutlich, wie das skizzierte Darstellungsprinzip *Wiedererkennungstendenz* darauf abzielt, das Lebensthema (besser: das Lebenstrauma) appellativ (K. BÜHLER) zu veröffentlichen, d.h. um mit der Aussage den (einen möglichen) Betrachter zu erreichen. In diesem Bild mit dem *Zwei-Haus-Motiv*, einem Motiv, das uns noch beschäftigen wird, sind die beiden spitzgiebeligen Häuser so miteinander verschmolzen, daß sie als Doppelhaus angesehen werden könnten, umschließen aber wohl „getrennt" zwei szenische Ereignisse von ungewöhnlicher darstellerischer Qualität, die sich in *einem* Haus abzuspielen scheinen: Links sieht man in einen hoch gelegenen Raum über einem bunten Eingangsbereich, in dem eine menschenleere[15] Speisezimmer-Situation zu erkennen ist, eine „Leere-Stühle-Tisch"-Darstellung, wie sie aus den Bildern von verhaltensgestörten Heranwachsenden bekannt ist (vgl. RICHTER 1984, S.156) und deren Bedeutung kaum Rätsel aufwirft; rechts wird die Szene personifiziert und zeigt auf einem realistischeren, altersadäquaten Darstellungsniveau die Verfolgung des Kindes durch einen (handlosen!) Mann. Dem Kind stehen wohl (uns unbekannte) Fluchtmöglichkeiten offen, oder es hat Fluchtphantasien/Fluchtwünsche, die einmal durch die Distanz zu dem wehrlos gemachten Verfolger und zum anderen durch den steinernen (raumverbindenden) Bodenbelag innerhalb und außerhalb des Hauses symbolisiert werden. Insgesamt vermittelt die Darstellungsbesonderheit *Transparenz* dem szenischen Geschehen seine außergewöhnlichen Verständigungsmöglichkeiten.

An dem Bild (Abb. 12) eines sechsjährigen Jungen, das viele Realisationsmittel und Motivinhalte mit dem vorstehenden Werk gemeinsam hat, soll verdeutlicht werden, wie schwierig es sein kann, zwischen „besonders auffälligen" Merkmalen und situationsspezifischen Besonderheiten zu unterscheiden. Bei dem Bild war die Identifizierung der Motive und ihrer besonderen Ausgestaltung nur möglich, weil der Zeichner zum familiären Umkreis des Autors gehört und dieser beim Zeichenakt die Rolle des teilnehmenden Beobachters einnehmen konnte. Allerdings gibt es, wie die Untersuchungen von G. KOEPPE 1993; G. KOEPPE-LOKAI 1996 deutlich zeigen, auch Grenzen für diese Rolle, weil der Beobachter/die Beobachterin dem schnellen Ablauf der Realisation und der Umstrukturierung mitsamt der Umdeutung von Motiven und kompositionellen Strukturen nicht immer zu folgen vermag. Wir sehen in ein spitzgiebliges Haus, welches auf zwei Ebenen die schon angesprochene Leere-Stühle-Tisch-Figuration aufweist, wobei in der oberen Etage die Stühle um ein Fernsehgerät postiert sind, das eine bestimmte, durch den Zusammenhang identifizierbare Szene wiedergibt. In der unteren Ebene sehen wir einen leeren Stuhl neben einem Tisch mit Teller und Tassen. Die Hausform entspricht ungefähr dem Haustyp, in dem das Kind zu der Zeit wohnte, und auch die Darstellung der Wohnebenen kommt den tatsächlichen Gegebenheiten recht nahe - besonders, wenn man bedenkt, daß die komplizierte Szenerie mit den Darstellungsmitteln eines Sechsjährigen realisiert worden ist. Neben dem Haus, dessen Schornstein und dessen Antennen schon in der „realen" Position zu sehen sind, steht eine Figur, die eine Krone trägt und die Arme in die Luft wirft. Anstelle der Wolken sehen wir zwei maskenartige Figurationen, die grimmig oder auch aggressiv lächeln und schwarze Brillen tragen.

Der Zugang zu dem Bild wird möglich, wenn man erfährt, daß es sich bei der dargestellten Szene um die Wiedergabe eines dörflichen Karnevalsfestes handelt; erst mit diesem Wissen lassen sich die einzelnen Bildelemente und Motive puzzleartig zusammenfügen: Der Junge ist verkleidet, trägt nach der Erinnerung des Beobachters eine Indianerkrone, wirft die Arme - mit Händen, die noch in einer Art Blumenform dargestellt sind - wohl um die schnelle Bewegung (Bewegungsperformance) zu symbolisieren - in die Höhe und drückt seine Beteiligung an dem Geschehen aus, indem er bemalte Luftballons fliegen läst. Im Haus sehen wir eine Szene des Karnevalszuges aus einer der sog. Hochburgen des Karnevals auf dem Bildschirm des Fernsehgerätes, eine interessante Bild-im-Bild-Darstellung. Anders ausgedrückt: der Horror, den die Szene zu vermitteln scheint, ist gespielt, gehört zu der „realistischen" Darstellung eines Karnevalstreibens. Allerdings soll damit nicht gesagt werden, daß in die Darstellung der Szene nicht auch ein bestimmtes individuelles Angstpotential eingegangen ist, das sich hinter dem fröhlichen Geschehen verbergen könnte. Wir werden im Kapitelteil 3.3.1. ver-

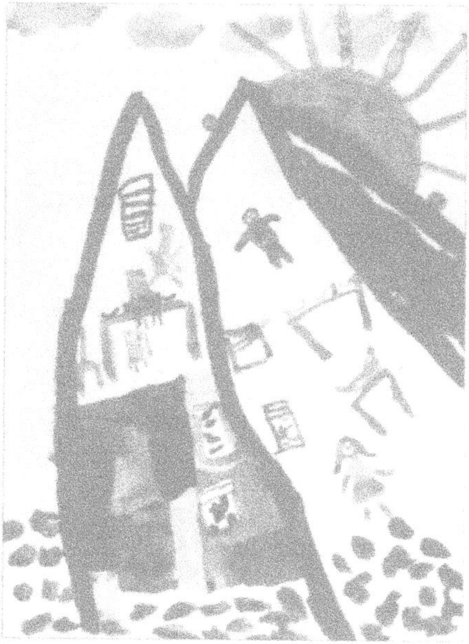

Abbildung 11

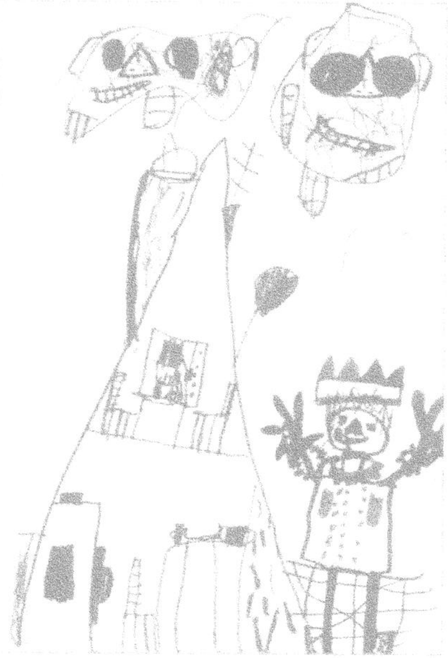

Abbildung 12

suchen, anhand von Bildbeispielen die Ausdrucksweisen von Zustands- und Eigenschaftsangst zu unterscheiden, indem wir diesen beiden Formen von dargestellten expressiven Emotionen bildhafte Merkmale zuordnen.

In einer Folge von drei Bildern eines Mädchens von 5;2 Jahren, die wir zu den deutbaren Ereignissen mit sexualisierten Inhalten rechnen, aber auch zu den Ereignissen, die wir nicht mit Sicherheit als bildnerische Resultate einer Mißbrauchshandlung oder einer vergleichbaren sexuellen Ausbeutung ausgeben können, soll veranschaulicht werden, daß das angesprochene Prinzip der Wiedererkennung oder der Verständigung in Fällen traumatisierter Persönlichkeiten auch als Prinzip der *Verdunkelung* und der *Verhinderung von Verständigung* angesehen werden kann. Die beiden ersten Zeichnungen stammen aus einem Konvolut von ca. 25 Darstellungen dieses Kindes mit vergleichbar rudimentär-regressivem Formmaterial. Sie sind im Zusammenhang mit einer Untersuchung über die Auswirkungen eines kurzfristigen Krankenhausaufenthaltes (KÜNZLER-KNUFINKE 1991, S. 152ff.; 1993) entstanden, wurden aber drei Wochen vor der Hospitalisierung produziert. Aus der gleichen Zeit liegen u.a. das Ergebnis des projektiven Zeichentests *Familie in Tieren* (BREM-GRÄSER[16]) und die Beantwortungen bzw. die Weiterführungen der Geschichten aus der *Fabelmethode* von L. DÜSS[17] vor. Die Resultate beider Tests konnten in die Analyse einbezogen werden.

Das erste Bild (Abb. 13) zeigt eine kleine Figur mit „Sonnenhänden" und „Sonnenfüßen" mitten im Blatt, deren Unterkörper nach der konturierenden Zeichnung von Beinformen bis zur Unkenntlichkeit zugekritzelt wurde. Über dem breit ausladenden Oberkörper, der ohne Übergang in die frühen Handdarstellungen wechselt, sitzt ein kopfartiges Gebilde ohne Haarzeichen, dessen Ohren mit Stielen vom Schädel abstehen und dessen betonte Augen Anklänge an Augendarstellungen von paranoiden Persönlichkeiten aufweisen. Der Munddarstellung fehlt auch die typische Charakterisierung, die man als Ausdruck des *sozialen Lächelns* bezeichnen könnte. Die Zeichnung weist deutliche Merkmale von Angst und Abwehr auf, die nicht (nur) auf den drohenden Krankenhausaufenthalt zurückzuführen sind. (Während dieses Aufenthaltes und danach haben sich - als Folge der Isolierung und des Stresses - die Zeichnungen des Mädchens weiter in Richtung auf erschrekend präpsychotische Bildereignisse verändert). Eine „abwehrende/ abgewehrte" Verständigung drückt sich in der Verdeckung des Genitalbereiches aus, eine entsprechende geht von den Hand- und Fußdarstellungen aus, denen der Kontakt, die Fühlungnahme mit der Wirklichkeit oder mit anderen Personen verwehrt ist. Wir werden solchen „beziehungslosen" Handdarstellungen und „bodenlosen" Fußdarstellungen in den Bildern des wesentlich älteren Heranwachsenden ARNO wieder begegnen.

Das Bild *Familie in Tieren* (Abb. 14) kann etwas zur Aufklärung der zeichnerischen Besonderheiten der Menschdarstellung beitragen: Wir werden mit einem szenischen Arrangement konfrontiert, das uns die Mutter als riesiges, ballonartiges, in die Mitte des Bildes plaziertes (zweibeiniges!) Pferd mit winzigem Kopf (1) vorführt, das die anderen Figurationen aus dem Bild zu drängen scheint. Das Mädchen selbst (2) hat sich nach seinen Angaben als (wiederum zweibeiniges) Fohlen dieses Pferdes dargestellt, welches sich nach dem Pferd umsieht, und es hat sowohl seinen Bruder (3) als auch seinen Vater (4) als Kuh mit Euter wiedergegeben. Da Kinder von fünf Jahren in der Regel schon die Unterschiede zwischen den Geschlechtern kennen, kann die Inszenierung nur darauf hindeuten, daß die Zeichnerin die Geschlechtsmerkmale bei sich und der Mutter unterdrückt, um sie bei den männlichen Mitgliedern der Familie als besonders auffällige, anschauliche sexuelle Attribute - Euter hängen zwischen den Beinen - wiederzugeben. Die Angst, die sie veranlaßt, ihre eigene Geschlechtsregion zuzudecken, geht von den bedrohlichen Genitalien der männlichen Mitglieder der Familie

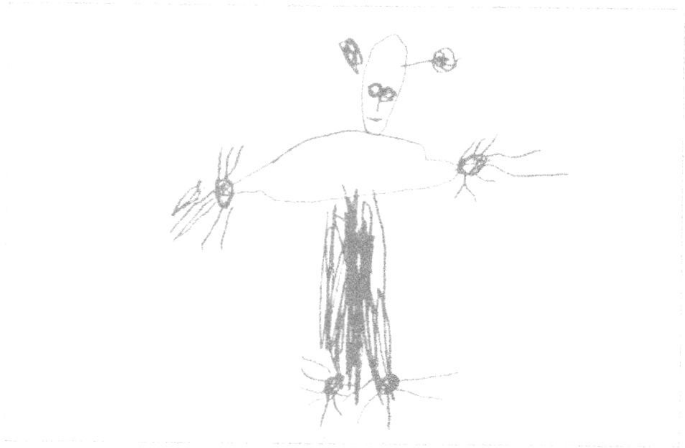

Abbildung 13

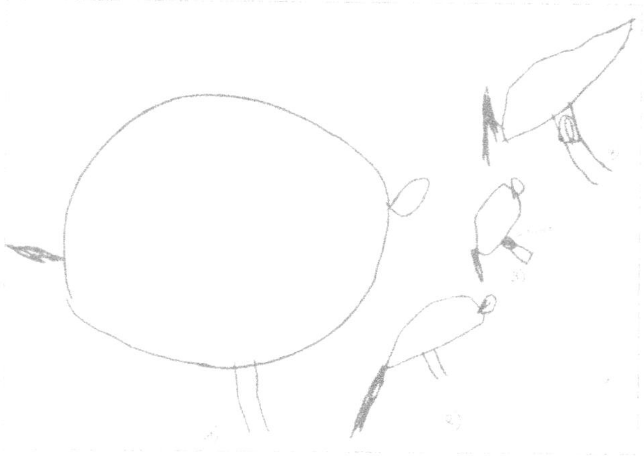

Abbildung 14

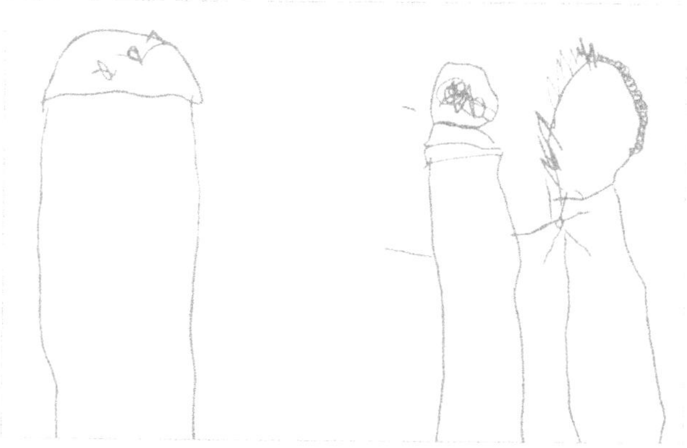

Abbildung 15

aus. Dem biographischen Material ist nicht zu entnehmen, ob die Vertauschung der Geschlechter von Bedeutung für die sexuellen Aktivitäten innerhalb der Familie ist - etwa in einer auffälligen, Schamgrenzen verletzenden Zuschaustellung der männlichen Genitalien, vielleicht auch mehr -, oder ob darin eher die strategischen Allianzen (ROHDE-DACHSER) der Familie: Mutter, Tochter vs. Vater, Bruder, zum Ausdruck gebracht werden. Die Ursache für das Phänomen der „Zweibeinigkeit" bei allen dargestellten Tieren dürfte darin zu suchen sein, daß die hochintelligente Zeichnerin die Tiere vermenschlicht hat, weil ihr bewußt war, daß sie die Mitglieder ihrer Familie unter dem Deckmäntelchen einer unglaubwürdigen Geschichte charakterisieren sollte. Diese Aufgabe hat sie so gelöst, daß wir zwar einiges erfahren, so z. B. etwas über die geschlechtslose, kleinköpfige (wenig gefühlvolle und wenig einsichtsvolle) Dominanz der Mutter, die sexuell getönte Nähe zwischen ihr und dem Vater und zwischen Vater und Sohn, dabei aber über den Kern des *Familiendramas* (FREUD) im Unklaren gehalten werden. Eine letzte Zeichnung (Abb. 15), die nach dem Krankenhausaufenthalt entstanden ist, und thematisch einen Menschen (das Gebilde in der Mitte), ein Haus (links) und einen Baum (rechts) wiedergeben soll, verläßt die skizzierte narrative Ebene der vorhergehenden Zeichnungen völlig und verdeckt das Geschehen durch Formen, deren symptomatologischen Charakter wir im Kapitelteil 14.7.beschreiben werden. In diesen Zeichnungen und in anderen, vergleichbaren Bildern der Heranwachsenden lassen sich mit einer gewissen Sicherheit solche verbildlichten Formen von sexueller Bedrohung/Ausbeutung erkennen, die wir im zusammenfassenden Teil unserer Überlegungen als symptomatologisch kennzeichnen werden.

1.1.5. Bildnerei am Ende der Kindheit

Wir haben in unserer umfassenderen Darstellung des Entwicklungsverlaufes der kindlichen Bildnerei von 1987 (S. 62ff.) diese letzte Phase unter die Formulierung *Zur Visualisierung des Bildschemas in der späten Kindheit* gestellt und sind von der Vermutung ausgegangen, daß am Ende der mittleren Kindheit (also im achten/neunten Lebensjahr) mit einer Veränderung im zeichnerischen Verhalten in Richtung auf den Aufbau eines an den Phänomenen der Gegenstandswelt orientierten Bildsystems zu rechnen ist. Dieser Veränderung entspricht auf der intellektuellen Ebene die zunehmende Beherrschung konkreter, unanschaulicher Operationen. Man hat diese Form des Denkens auch als *voradoleszent* (MUUSS) bezeichnet, weil sie den *hochformalen* Denkoperationen, die erst in der Adoleszenz ausgebildet werden, vorausgeht. Bei aller Skepsis gegenüber diesen älteren Aussagen, können wir auch an dieser Stelle keine neuen Erkenntnisse über die Bildnerei am Ende der Kindheit präsentieren, weil die Forschung in den letzten Jahren sich nicht/kaum mit den bildnerischen Ereignissen dieser Lebensphase beschäftigt hat. Die Erhebungen und Analysen - auch die im Rahmen der genannten *Kölner Untersuchungen zur Kinderzeichnung* - haben sich vorwiegend mit der Entwicklung und der Struktur der interessanten, frühen Darstellungskonzepte beschäftigt und das „bittere Ende" der Entfaltung dieser Aktivitäten vernachlässigt. Für diese Vernachlässigung sind nicht zuletzt methodologische Gründe verantwortlich: Am Ende der „eigentlichen" Kinderzeichnung gehen so viele Variablen aus dem persönlichen und soziokulturellen Umfeld der Zeichner/innen in die Artefakte ein, daß sich für eine quantifizierende Untersuchungsmethode kaum noch überschaubare (berechenbare) Merkmalskataloge bestimmen lassen. Man kann allerdings mit einer gewissen Sicherheit feststellen, daß diese Zeichnungen, verglichen mit den „schönen", realistisch-naiven Zeichnungen aus der späten Kindheit, die in der älteren Literatur präsentiert werden, heute stärker die Auseinandersetzungen mit den Medienvorbildern, aber auch den Medieninhalten, dem „Zeitgeist" also, widerspiegeln. Im folgenden soll versucht werden, einige charakteristische Merkmale dieser „zweiten Schemaphase" zusammenzustellen:

Zunahme an gegenstandsanalogen Details: Die Ergebnislisten der Zeichentests in der Nachfolge von F.L. GOODENOUGH (1926) zeigen deutlich, daß zwischen dem neunten und 11./12. Lebensjahr eine besondere Binnendifferenzierung des Menschzeichens stattfindet und daß diese sich in Richtung auf eine gegenstandsanaloge Darstellung bewegt (vgl. z. B. HARRIS 1963). Diese zunehmende Detaillierung erstreckt sich natürlich auch auf die übrigen Bildzeichen, z. B. das Haus, den Baum, das Tier, auch wenn diese Formdifferenzierungen nicht so genau dokumentiert sind (vgl. z. B. MEYERS 1971, S. 59ff.; KOCH 1972; HAMMER 1980). Diese Detailfreude läßt sich auch an „freien" Zeichnungen nachweisen, wenn man die Zeichenereignisse dieses Alters, die ja offensichtlich bereits stark von Einflüssen der sekundären Sozialisation (Schule, Gruppe) beherrscht werden, noch „frei" nennen darf. Am Ende dieser Phase, mit der sich ja auch die „Kinderzeichnung" ihrem Ende nähert, explodiert diese Lust am Detail geradezu: Es tauchen jetzt z. B. hochformale Zeichnungen mit z. T. grundriß - bzw. querschnittartigem Charakter auf, welche akribisch genau bildhafte Darstellungen von technischen Objekten, wie

Flugzeugen, Schiffen, Weltraumfahrzeugen o. ä. wiedergeben, in die auch sprachliche Beschreibungen eingehen können.

Umstrukturierung des Bildkonzepts: Der Detaillierung des einzelnen Zeichens entspricht nicht unbedingt einer Erhöhung der Komplexität der gesamten Bildorganisation. Vielmehr scheint die Entwicklung in (mindestens) zwei Richtungen zu verlaufen: Einmal stehen differenzierte Bildzeichen innerhalb eines weniger differenzierten bzw. weniger komplexen Bildschemas; zum anderen wird der Versuch des Kindes deutlich, das gesamte Bild gegenstandsanalog-visuell zu organisieren und sich nicht nur mit „realistischen" Inseln in relativ schematischen Bildgefügen zu begnügen. Im ersten Falle könnte man von einer *selektiven* Bildkonzeption sprechen, im zweiten von einer *ökologischen.* Die Auswahl des Konzepts kann von verschiedenen Faktoren abhängig sein: Das angesprochene *Prinzip der größtmöglichen Deutlichkeit* (PIEPER) verlangt ja u. U. nur die Differenzierung eines bestimmten (intendierten) Motivzusammenhanges, der im Zentrum der Aufmerksamkeit, der Erzählabsicht oder gar der Aufgabenstellung steht, andere Motive des Bildgefüges können demgegenüber vernachlässigt werden. Andererseits machen sich in diesem Alter bestimmte Persönlichkeitsmerkmale der/des Zeichnenden deutlicher in den zeichnerischen Repräsentationen bemerkbar als in den vorhergehenden Phasen. Ängstlichkeit/ Angst/Unsicherheit können, wie wir in unseren nachfolgenden Überlegungen deutlich herausarbeiten wollen, als Beispiele für dominante Persönlichkeitsmerkmale angesehen werden, die sich auch in der Struktur der zeichnerischen Repräsentation ausdrücken. So konnte z. B. R. LIMBERG (1982, S. 146ff.) *Ausweichtendenzen* in den Zeichnungen von hoch -ängstlichen Schülern (12./13. Lebensjahr) feststellen:

> *In einer Gruppe von Hochängstlichen fanden sich gehäuft Anzeichen eines regressiven Rückgriffs auf genetisch frühe Gestaltungsmerkmale.* [...] *In der zweiten Gruppe der Hochängstlichen traten Merkmale auf, die auf ein Aus-dem-Felde-Gehen schließen lassen und zwar in Form von Auslassungen wichtiger, zur Aufgabenstellung gehörender Details, die einen partiellen Verzicht auf das Gestaltungsziel anzeigten* [...]. *Dagegen waren in den Zeichnungen von Schülern mit niedriger Angstbereitschaft und wenig Streßmerkmalen „Differenzierungsmerkmale" bei den einzelnen Bildzeichen sowie die „Ausgewogenheit" der Bildorganisation zu beobachten.*

Veränderungen in der Motivstruktur: Während die bisher untersuchten Merkmale der zunehmenden Detaillierung (gegenstandsanaloge Differenzierung) und Komplexität (Ausbau des „realistischen" Bildkonzepts) durchaus eine konsequente Weiterentwicklung des Darstellungsschemas in die skizzierte Richtung einer Visualisierung suggerieren könnten, zeigt der Wandel in der Motivwahl etwas von der neuen sozio-emotionalen Situation der Zeichnenden am Ende der Kindheit. In „heileren" Zeiten, so es sie denn gegeben haben sollte, konnte man die Veränderung in der Motivwahl als Wechsel von den Märchenphantasien in der mittleren Kindheit zu den Robinsonaden am Ende der Kindheit/zu Beginn des Jugendalters beschreiben. In Zeiten der Fernsehkindheit treten neben diese Motive oder an die Stelle solcher Motive auch Weltraumphantasien, Adaptionen von Comic-Motiven und andere massenmedial vermittelte Inhalte und Realisationsformen. Aber auch die Medien können wiederum Vorbilder für Robinsonaden liefern. Neben diesen neu erarbeiteten exotischen Motiven und Abenteuerdarstellungen, die heute von den irdischen bis zu galaktischen Robinsonaden reichen, dringen jetzt aber auch zunehmend Inhalte aus der politischen Kultur in die Kinderzeichnung der späten Phase ein. Damit erhält die Motivstruktur der Schemadarstellungen in ihrer späten Phase ein Moment von Geschichtlichkeit, d.h. sie spiegelt Diskussionen, Meinungen, Darstellungen von Erwachsenen in und außerhalb der Medien wider, und die Zeichnungen von Heranwachsenden reflektieren, betrachtet man die Dokumente aus hundert Jahren Forschungsgeschichte, Ereignisse, die von den Burenkriegen bis zu Umweltdebatten reichen.
Momente von Karikatur und Ironisierung: Neben den Tendenzen zur gegenstandsadäquaten Detaillierung und der Übernahme von Medienpräsentationen und Medieninhalten machten sich in den Zeichnungen der späten Kindheit auch Tendenzen zur Übertreibung, Karikierung, Ironisierung bemerkbar, die häufig mit einer Vergröberung des Einzelzeichens einhergehen. In vielen Beschreibungen der Spätphase wird eine solche Tendenz schon als ein Auflösungsmerkmal angesehen, und in der Tat setzt diese *intendierte* Karikierung von Personen und Gegenständen (Beispiele bei LIMBERG 1982,S.194ff., daraus auch die Abbildung 16: *Fußballspiel*, welche die Tendenz anschaulich belegt) in den Zeichnungen der späten Kindheit im Gegensatz zu den ungewollten (systemimmanenten) „Vergröberungen" in der frühen und mittleren Kindheit, die nur für den Erwachsenen etwas Karikaturistisches besitzen, eine ge-

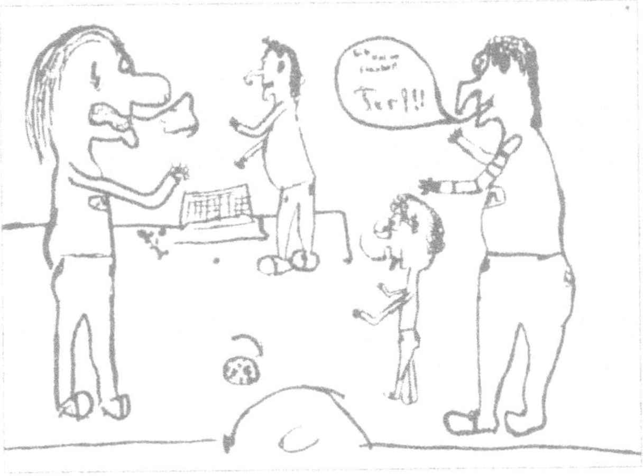

Abbildung 16

wisse Beherrschung der Darstellungsmittel voraus. Allerdings läßt sich diese Tendenz zur Übertreibung auch als Angst vor einer unzulänglichen „realistischen" Wiedergabe, als Unsicherheit gegenüber den eigenen Darstellungsfähigkeiten interpretieren. Diese Abkehr von der Visualisierung des Bildkonzepts, welche sich in den karikierenden Übertreibungen bemerkbar macht, kann so weit gehen, daß jetzt statt bildhaft dargestellter Motive Sprachelemente in die Bilder eingeführt werden. Diese Art der Kombination von Bild- und Sprachzeichen findet sich auch häufig in den Artefakten psychisch gestörter Persönlichkeiten - so tauchen etwa in den Zeichnungen die Worte *Angst* und *Liebe auf*. Sie vertreten dann emotionale Befindlichkeiten, die nicht mehr bildhaft-symbolisch, etwa in einer szenischen Darstellung realisiert werden können. Wir weisen auf die (häufig nur scheinbar) karikierenden und ironisierenden Darstellungsmittel auch deswegen besonders hin, weil Wiedergaben mit solchen Gestaltungselementen in den Bildern von Erwachsenen mit paranoid-halluzinatorischen Störungen häufig auftreten und dort als Manierismen bzw. als Ausdruck einer Verwandtschaft zwischen manieristischen Stilelementen in der Kunst und der Darstellungsweise von paranoiden Persönlichkeiten betrachtet werden: Das Stilelement der Karikatur oder vergleichbare Ausdrucksweisen treten also schon als Darstellungskompromisse in den Artefakten der späten Kindheit/des frühen Jugendalters auf.

Wir haben in den einleitenden Bemerkungen zur Geschichte der Erforschung der Kinderzeichnung schon festgestellt, daß die genannten (historischen) Gliederungsversuche, die sich in den o.g. terminologischen Bezeichnungen niedergeschlagen haben, den individuellen Entwicklungsabläufen zu wenig Raum gelassen haben. Sie sind in der Regel vor dem Anbruch der totalen Medienkindheit konzipiert und konnten damit den (planierenden und stilbildenden) Einfluß des Bilderkonsums, bes. des Fernsehkonsums, auf die Ausbildung von Repräsentationsereignissen nicht berücksichtigen (zur Geschichte und zum gegenwärtigen Stand der Gliederungsproblematik vgl. GOODENOUGH 1926; HARRIS 1963; SEHRINGER 1983; RICHTER 1987; SCHUSTER 1989; SCHOENMACKERS 1996). So zeigen auch die (bisher nicht umfassend ausgewerteten) Ergebnisse der *Kölner Untersuchungen zur Entwicklung und Struktur der Kinderzeichnung*, daß sich die genannten Entwicklungssequenzen nicht mehr mit der gewohnten Schärfe voneinander trennen lassen. Diese Trennschärfe war aber vielleicht immer schon mehr das Ergebnis einer Untersuchungsmethode als der Ereignisabfolge selbst. Die Darstellungen der Entwicklungsabläufe mitsamt deren Gliederungsversuchen zeigen aber hinreichend sicher, daß in der Regel - und von den Ausnahmen wird ja im folgenden immer wieder zu berichten sein - die Abfolgen in der Entwicklung der kindlichen Bildnerei in unserem Kulturkreis durch zwei tiefgreifende Umstrukturierungsphasen gekennzeichnet sind: Die erste Umstrukturierung erfolgt, nachdem die Phase der aktionalen Kritzelfigurationen/gestischen Repräsentationen in eine Phase der objektanalogen Darstellungsweise einmündet. Diese analogen Zeichenfigurationen brechen wiederum im/nach dem neunten Lebensjahr auf und zeigen nach einer zweiten Phase der Umstrukturierung Einwirkungen einer direkten bildnerischen, später häufig auch künstlerisch-gestalterischen Auseinandersetzung mit den Personen und Dingen der Lebensumwelt (imitativ-realistisch) und geben gleichzeitig verstärkt die Reaktionen auf die alltäglichen Konfrontationen mit den medial vermittelten kulturellen wie subkulturellen Vorbildern wieder. Schematisierend läßt sich also der Ablauf der zeichnerischen Entwicklung so charakterisieren:

1. vor-figurative und frühe repräsentationale Ereignisse
→ I. Umstrukturierung:
2. figurative Repräsentationen
→ II. Umstrukturierung:
3. gestaltete/adaptierte Konfigurationen

In einer anderen Terminologie könnte man die zeitlichen Sequenzen der Bildnereien, welche die Spanne vom vollendeten ersten bis zum zehnten/elften Lebensjahr ausmacht, auch kennzeichnen als

1. Aufbausequenz,
2. Sequenz der Individualisierung und Differenzierung,
3. Assimilationssequenz.

Wir würden damit den Beobachtungen gerecht, daß sich einige Zeit vor dem Schuleintritt ein Reservoire an Darstellungselementen entwickelt hat (BÜHLER: *Werkreife*), das in der nachfolgenden Zeit - bis etwa zum achten Lebensjahr - ausdifferenziert und individualisiert wird, um dann in den Jahren der späten Kindheit/des frühen Jugendalters an die vorliegenden kulturellen und subkulturellen Vorbilder angepaßt zu werden.

1.1.6. Zur Bildnerei von Jugendlichen und Erwachsenen

Der Zeitraum nach dem neunten/zehnten Lebensjahr ist also (heute und in unserem Kulturkreis) von einer erneuten Phase der Umstrukturierung gekennzeichnet. In dieser Zeit beginnt eine weitreichende Auseinandersetzung mit der medial vermittelten umgebenden Bilderwelt, die sowohl von subkulturellen, zeitgenössischen Vorbildern als auch von traditionellen wie modernen Kunstereignissen beeinflußt ist. Nach älteren Auffassungen hat diese Auseinandersetzung in dem bis dahin (selbst-)entwickelten realistischen (gegenstandsanalogen) Bildmaterial zu erfolgen und zu einer realistischen bzw. naturalistischen Gestaltung zu führen. Diese Auffassungen haben auch zu begrifflichen Kennzeichnungen dieser Darstellungsphase geführt, welche sich in den Termini, *visueller Realismus* (LUQUET/PIAGET; WIDLÖCHER u.a.) oder *pseudonaturalistische Darstellungen* (MÜNZ/LOWENFELD) niederschlagen, und sie drücken sich in neueren Veröffentlichungen immer noch in Bezeichnungen wie (Zeit der) *Entstehung des Realismus* o.ä. (WINNER, vgl. SCHUSTER 1989) aus. Vorstellungen dieser Art unterschätzen aber ganz offensichtlich den „bedeutenden" Einfluß der visuellen Medien auf die bildnerischen Aktivitäten der Heranwachsenden[18]. Diese visualisierten Vorbilder bestehen heute nicht mehr nur aus vereinzelten Reklameschildern oder Zeitungsanzeigen, in denen sich ein künstlerischer Trend verfolgen ließe, sondern sie operieren mit einer Mixtur oder Synthese aus den verschiedenartigsten Gestaltungsmitteln, sie sind modernistisch, synkretistisch, historistisch/postmodern, schematisierend o.ä. und werden nicht nur in realistischen/naturalistischen Manifestationen dargeboten. Das einzig Stabile an diesen medialen Vorbildern ist ihre ständige Veränderung: So kann in jüngerer Zeit der Einfluß von Mediengestaltungen, wie sie z. B. die Zeitschrift *Bravo* und der Musiksender *MTV* anbieten, nicht hoch genug eingeschätzt werden, aber auch die dort präsentierten Vorstellungen von „jugendgerechten" Gestaltungen ändern sich, sind Moden unterworfen. Es hieße, das Spiel von „Hase und Igel" zu spielen, wenn man versuchte, repräsentative Beispiele für solche mediendominierte Gestaltungen vorzustellen, aber weil in den Bildnereien von hochtraumatisierten Jugendlichen und Erwachsenen auch immer wieder Anlehnungen an Bildvorstellungen der Jugendbildnerei auftauchen, soll hier das Bild eines psychotischen Patienten vorgestellt werden, dessen Realisationsformen ohne Kenntnis der Bildnerei von Heranwachsenden nicht einem Darstellungsalter zuzuordnen wären und nicht zureichend analysiert werden könnten.

PAUL, der Produzent des hier vorgestellten Bildes (Abb. 17)[19], mußte im Alter von ca. 29 Jahren unter der Verdachtsdiagnose einer akuten paranoiden (halluzinatorischen) Psychose in eine psychiatrische Klinik aufgenommen werden, nachdem er Polizisten damit beauftragt hatte, nach einer Frau zu fahnden, ohne die er nicht leben und mit der zusammen er die Welt retten könne, die vom Untergang bedroht sei. Er schrieb für die Polizisten Fahndungsblätter in englischer Sprache, die aber an einigen Stellen mit deutschen Sprachbrocken durchsetzt sind (I NEED YOUR HELP TO FIND HER AND TO LOVE HER) und zeichnete für sie eine Art Steckbrief. Das hier vorgestellte Bild (Abb. 17) ähnelt in den Bildmotiven und im kompositionellen Aufbau bekannten bildnerischen Äußerungen schizophrener Bildner, z. B. den Bildnereien von JOHANN KNÜPFER, EUGEN H. u.a.[20], wie sie uns etwa in der Sammlung PRINZHORN überliefert worden sind. Aber auch zu vielen Artefakten der Bildner und Bildnerinnen aus Gugging (NAVRATIL[21]) zeigen sich Übereinstimmungen. Diese Übereinstimmungen sind immer dann besonders hoch, wenn die Artefakte von weniger bekannten (und weniger „geförderten") Persönlichkeiten stammen oder zu einer Schaffensperiode bekannter Bildner/Bildnerinnen gehören, die noch nicht die Aufmerksamkeit von Therapeuten, Kunstkritikern und Händlern anzog. Einige charakteristische Merkmale der Krankheit und vor allem die Wahnsystematik von PAUL zeigen auch auffallende Ähnlichkeiten mit den verbalen und bildhaften Äußerungen des Patienten CLAUDE, dessen biographischer Hintergrund samt des psychoanalytisch orientierten Therapieverlaufs von G. BENEDETTI (1992, S. 197ff.) ausführlich dargestellt worden ist[22].

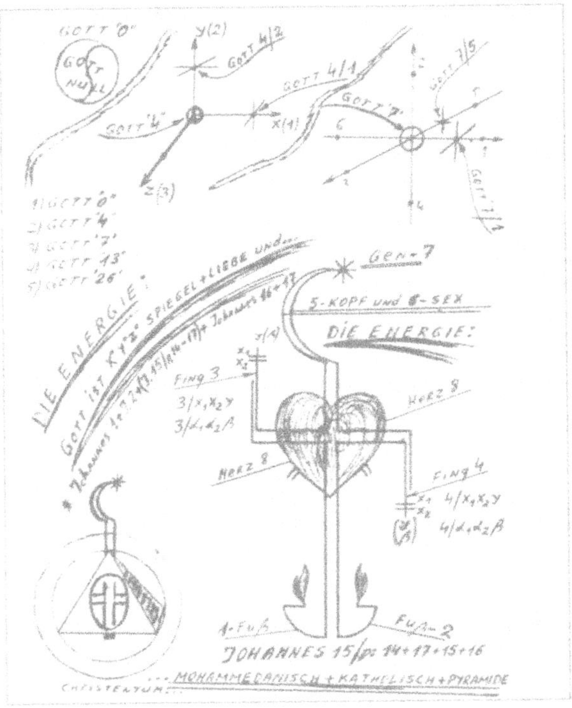

Abbildung 17

Die Ereignisse auf PAULS Bild können als synkretistisches Konglomerat traditioneller religiöser Symbole angesehen werden - z. B. links unten die von einem Doppelkreis umschlossen Pyramide, welche von einem halbmondförmigen Gebilde überragt wird und auf ihrer Vorderseite ein Kreuz trägt. Die Pyramide gilt seit der Antike als axis mundi, als Abbild der geometrischen Bezugsstrecken auf der Erde (PLATON), sie symbolisiert aber auch das Streben nach geistiger Klarheit und Vollkommenheit[23]. Neben diesem Objekt lesen wir gleichsam als erläuternde Unterschrift: CHRISTENTUM... MOHAMMEDANISCH+KATHOLISCH+PYRAMIDE.

Zu diesen bekannteren Symbolismen oder Allegorien kommen, besonders im oberen Teil der Darstellung, aber auch in dem Anker-Herz-Gebilde rechts unten, mathematisierte Zeichen, so die Darstellung der Dreieinigkeit Gottes(?) als X Y Z Funktionsdiagramm. Diese Idee wird in den benachbarten Gebilden variiert, und die regenbogenartig geschriebene und farbig unterlegte Schriftzeile links kann als zusammenfassender Kommentar angesehen werden: DIE ENERGIE: GOTT IST X^0 Y^0 Z^0 SPIEGEL+LIEBE UND...

In dem von uns so genannten „Herzanker" sind christliche Symbole und (pseudo-)mathematische Aussagen zu einer subjektiven, apokryphen „Herz-Gottes-Ikone" vereinigt. Die Bedeutung dieser subjektiven Chiffre weist aber noch deutliche Beziehungen zu den Sinnfiguren der christlichen Emblematik auf; so begleitet der Anker in dem Emblembuch von G. ROLLENHAGEN[24] das brennende Herz, um die zur Hoffnung tendierende Liebe zu symbolisieren[25]. Zur Verdeutlichung seiner heilsgeschichtlichen Botschaft ordnet PAUL den Zeichen bzw. Emblemen Bibelstellen zu; denn sowohl in dem g. „Regenbogen" als auch an den „Füßen" des Ankers sind Verweise auf Stellen des JOHANNES-Evangeliums aufgenommen worden: Mit JOHANNES 1 wird auf die fundamentale christologische Aussage: *Im Anfang war das Wort, und das Wort war bei Gott, und Gott war das Wort* hingewiesen, und mit der Inschrift JOHANNES 14, 17 unterhalb des „Herzankers" sind zentrale Stellen in diesem Evangelium bezeichnet, die in der Übertragung von MARTIN LUTHER unter den Überschriften *Abschiedsreden Jesu* und *Verheißung des Heiligen Geistes* stehen. In diesen Passagen des *Neuen Testaments* wird u.a. auch das bekannte Gleichnis vom Weinstock und den Reben wiedergegeben. Dieses Gleichnis: *Ich bin der Weinstock, ihr seid die Reben* [...], *denn ohne mich könnt ihr nichts tun*[26], belegt auf eindringliche Weise die Allmachtsphantasien PAULS. Solche Phantasien äußern sich auch in der Häufung von religiösen bzw. magischen Symbolismen, die allesamt seine wahnhafte Identifizierung mit einer göttlichen Übermacht nahelegen, wobei diese halluzinierte Einheit mit mathematischen Formeln noch „exakt" zu beweisen versucht wird.

Das Bild ist als farbige Strichzeichnung (Kugelschreiber) angelegt, die an manchen Stellen, so in der Darstellung des Herzens und eines regenbogenartigem Gebildes unterhalb des Textes *GOTT IST X° Y° Z° SPIEGEL + LIEBE UND ...*, farbig verdichtet ist, ohne malerisch zu wirken. Diese Art der bildnerischen Realisation verweist auf ein Zeichenalter von acht bis neun Jahren, wobei berücksichtigt werden muß, daß in diesem Darstellungsalter in der Regel keine derartigen Symbolismen wiedergegeben werden, so daß die Bildorganisation und die Wiedergabe der Motive doch an Darstellungsformen von frühadoleszenten Zeichnern/Zeichnerinnen heranreichen. In diesem engen und, wie die übrigen Bilder des Patienten belegen, nicht ganz stabilen Realisationsmaterial werden nun Embleme oder Allegorien entworfen, die sich mehr oder minder leicht als mythologische und/oder religiöse (christlich/mohammedanische) „Wahrzeichen" zu erkennen geben. Einige dieser Zeichen bestehen nur aus sprachlichen Hinweisen auf bestimmte Bibelstellen, die anstelle von bildnerischen Symbolen (z. B. der Darstellung von Weinstock und Reben) eine verbale Sinnvermittlung[27] übernehmen; andere, wie die Pyramide und der „Herzanker", sind zeichnerisch ausgeführt und verweisen zwar auf komplexe tradierte Bedeutungen, lassen sich aber in ihrer genauen Fassung hier nur schwer erschließen, weil die sinntragenden bildnerischen Ereignisse synkretistisch miteinander verwoben oder nebeneinander gestellt sind. Eine dritte Gruppe von Allegorismen, die aus Zahlen, mathematischen Formeln und geometrischen Figuren gebildet wird, weist keinerlei Darstellungscharakter mehr auf und ist damit für den Betrachter nicht mehr zu entschlüsseln, weil er die angewandten „Rechenarten" und deren Sinnfiguren nicht verstehen kann. Sieht man einmal von den Formulierungen *GOTT, GOTT-NULL* o.ä. ab, dann wirken diese mathematischen Formalismen auf uns wie Figuren aus Spickzetteln oder auch wie Skizzen zu einer großangelegten mathematischen Berechnung. Der Stil dieses Artefakts reicht also von einem unverständlichen, „privatmathematischen" Zahlen- und Geometrie-Kode über einen relativ leicht zu verstehenden, aber nicht genau zu formulierenden Buchkode (nach Art von frühen Geheimdienst-Verschlüsselungen) bis hin zu bildhaften Darstellungen bedeutungstragender tradierter Konfigurationen, deren individualisierte Sinnhaftigkeit aber schwer nachzuvollziehen ist. Insgesamt haben wir es also mit einem Stil zu tun, der aus einer Kombination (Synthese?) verschiedenartiger Elemente besteht, deren bildnerische Realisationsformen aber der Bildnerei der späten Kindesalter/dem frühen Jugendalter zuzuordnen sind.

Entgegen den Erwartungen älterer Autoren/Autorinnen hat sich u. E. die Hoffnung nicht erfüllt, neben der Bildnerei der Kinder und Jugendlichen ein eigenständiges bildnerisches Ausdruckssystem der Erwachsenen zu entdecken. Noch vor ca. 30 Jahren hat H. RENNERT (1966, S. 40) festgestellt, *daß uns heute immer noch eine repräsentative Übersicht über das freie Zeichnen Erwachsener* fehle. Allein diese Tatsache, so seine Schlußfolgerung, erschwere die Beurteilung der formalen und inhaltlichen Besonderheiten der psychopathologischen Bildnerei, weil keine Vergleichsmöglichkeiten mit regulären (*freien*) Ausdrucksformen dieses Entwicklungsalters gegeben seien. Auch H. PRINZHORN hatte schon 1922 (1968) ausgesprochen, daß sich durch die Einblicke in ein solches Vergleichsmaterial vieles von dem, was an *spezifisch schizophrenen Merkmalen* in der psychopathischen Bildnerei gelte, sich als reguläre Entwicklungsformen dieser Bildnereien erweisen würde. Wenn aber trotz der großen Bemühungen, diesen letzten weißen Flecken auf der Landkarte des nicht-professionellen Ausdrucks zu tilgen, kein selbständiges System von (regulären) Ausdrucksformen im Erwachsenenalter entdeckt werden konnte, vergleichbar dem der Kinderzeichnung oder der Bildnerei im frühen Jugendalter, so muß das die Behauptung herausfordern, daß ein solches System nicht existiert: Wir haben ausführlich darzustellen versucht (RICHTER 1997), daß die nicht-professionelle Bildnerei der Erwachsenen eben aus dem Feld unsystematischer, irregulärer, privatistischer Gestaltungen der Exzentriker, Außenseiter, Leidenden o.ä. besteht - wenn man die vielfältigen Sorten der „Hobbyart" unberücksichtigt läßt. Aber auch diese Sorten von Bildkonzepten, die sich unter der Bezeichnung „Laienkunst" zusammenfassen ließen, bilden kein geschlossenes Feld spontaner Ausdrucksformen, sondern orientieren sich in der Regel dilettierend an bestimmten Stilformen der Hochkunst oder führen die Realisierungsweisen der kindlichen und jugendlichen Bildnerei fort.

In einer neueren Untersuchung haben H. JOHN-WINDE/G. ROTH-BOJADZHIEV (1993) den Versuch unternommen, die Entwicklung des Zeichenprozesses über die Kindheit und das Jugendalter hinaus bis in das Erwachsenenalter hinein zu verfolgen, indem sie ein vorgegebenes Thema (*Zeichenaufgabe: Ich bücke mich tief unter den Wasserhahn und trinke Wasser*) von Menschen aller Altersgruppen zeichnen ließen und die Ergebnisse anhand eines Kriterienkataloges bewerteten. Zwar geben die Autorinnen im *Vorwort* (S.11) an, daß Informationen über das Zeichnen der Erwachsenen nur aus *speziellen Randgruppen* vorlägen [...], *z. B. gibt es Zeichensammlungen von Geisteskranken* [...] *oder Erwachsenen, die eine schwere existentielle Gefährdung zu überwinden hatten*, aber grundsätzlich scheinen sie es für möglich zu halten, eine Gesamtentwicklung über alle Altersstufen hinweg zu umreißen. Den Unterschied zwischen der Kinderzeichnung und der Erwachsenenzeichnung sehen die Autorinnen darin, daß die zeichnerische Repräsentation während der Kindheit an Begriffe bzw. Vorstellungen - zwischen diesen beiden internen Quellen unterscheiden sie nicht immer - gebunden seien, während die Erwachsenenzeichnung als *Repräsentation von Gesehenem* (JOHN-WINDE/ROTH-BOJADZHIEV 1993, S. 245) aufzufassen sei. Die beigefügten Zeichnungen und die angeführten Äußerungen der erwachsenen Versuchspersonen wie die Auswertungen zeigen aber, daß die erwachsenen Zeichner/innen sich eines Repertoires von Bildformen bedienen, welches auf Resten eines ins Realistische gewendeten Systems später Kinderzeichnungen und früher Jugendbildnerei aufbaut. Die erwachsenen Bildner/innen reagierten zudem auf die realistische Aufgabenstellung, die ein gewisses Maß an Darstellungsfähigkeit verlangt, häufig unwillig und reserviert. Originelle Lösungen sind nur dann zu entdecken, wenn der/die jeweilige Bildner/in auf die Aufgabenstellung mit formalen Mitteln der realistischen bzw. der modernen Kunst reagierte. Die groß angelegte Untersuchung läßt an keiner Stelle bildnerische Lösungen erkennen, die charakteristisch für eine neue, noch zu entdeckende (dritte) Phase in der Bildnerei der Laien wären, sondern sie bestätigt unsere Auffassung, daß in unserem Kulturkreis jenseits der Jugendbildnerei eben nur die ästhetischen Ereignisse von *speziellen Randgruppen* anzutreffen sind und daß diese Ereignisse auf dem Material von Kinder- und Jugendbildnerei aufbauen und auf Vorgaben der jeweiligen Zeitkunst (adaptierend/assimilierend) reagieren. Für die Betrachtung der Bildnerei von traumatisierten Persönlichkeiten läßt sich aus dieser Erkenntnis der Schluß ziehen, daß auch das Gestalten dieser Gruppe von Erwachsenen aus synthetisierten bildnerischen Ereignissen besteht, die in der Kindheit und Jugend aufgebaut worden sind.

In einem Beispiel soll veranschaulicht werden, wie im Bild (Abb. 18) einer paranoiden Persönlichkeit[28] der Übergang von den wahndominierten Sinnfiguren zu den erzählenden - im vollen Sinne des Begriffes: symbolisierenden - Objektivationen anschaulich zutage tritt und gleichzeitig gezeigt sichtbar, wie die Merkmale kindlicher und jugendlicher Bildnerei zusammenfügt, synthetisiert werden. Außerdem kann das Beispiel Hinweise darauf geben, wie sich in einem solchen Ausdruckssystem gewisse Bildelemente integrieren lassen, die als eigenständige Bildformen von Erwachsenen angesehen werden könnten. Das Bild stammt von einem 30jährigen Patienten, der an einer paranoiden Psychose mit stark systematisierten und persistierenden Wahnideen erkrankt war und bei dem während des einjährigen Klinikaufenthaltes ein Rezidiv sowie eine reaktive Depression auftraten; er konnte nach Abklingen der akuten Symptomatik in eine Tagesklinik überwiesen werden. Nach einer relativ langen Zeit der starren Aufrechterhaltung seiner Wahnkonstruktion während der akuten Phase entwickelte er nun in der Tagesklinik eine zeichnerische Symbolik, die zwar (leicht) verschlüsselt ist, aber doch wieder einen erzählenden Charakter aufweist. Aus dieser Zeit stammt das vorzustellende Bild. In den wenigen Bildern, die uns aus der vorhergehenden Zeit bekannt sind, als noch die paranoiden Ideen vorherrschten, sind dagegen sehr rigide, „schematisierte" Motive mit globalen Bedeutungen wie „Regenbogen" verwirklicht worden. Das vorliegende Bild aber erzählt nun vom Aufstieg und Absturz eines Menschen, der als Strichmännchen in der Manier von Comics in den verschiedenen Phasen des Gipfelsturmes, der triumphalen Ersteigung des Gipfels und des Scheiterns gezeigt wird. Der

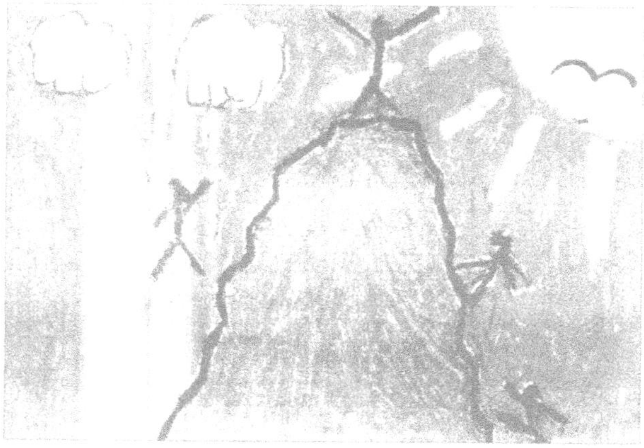

Abbildung 18

Beginn dieses energischen Unterfangens findet auf der rechten Seite des Bildes im Sonnenschein statt. Das - möglicherweise vogelartige - Zeichen, das durch seine Plazierung auch an einen Mund innerhalb der Sonnendarstellung denken läßt, vermittelt jedoch keinen heiteren, sondern eher einen ambivalenten physiognomischen Eindruck von diesem „Fixstern". Auch von den gestalterisch besonders hervorgehobenen Sonnenstrahlen wissen wir nicht, ob sie nicht noch Erinnerungen an die Strahlen (*Gehirnwellen*) darstellen, die Gehirn und Körper des Patienten in seiner akuten psychotischen Phase durchdrangen. Nach dem jubelnden Erstürmen des Gipfels ist auf der linken Seite des Bildes der Absturz in einem Regenschauer[29] zu sehen; damit bleibt der Ausgang der bildnerischen Erzählung ungewiß, er kann tendenziell sogar als eher unheilvoll angesehen werden, weil sich der Absturz wiederum in einem Gelände abspielt, das biographisch der Vergangenheit angehört (Linksrichtung) und nicht der durch den Berg verstellten Zukunft zugerechnet werden kann. Abseits von den Darstellungsmöglichkeiten der Kinderzeichnung werden hier u.a. in den sog. Strichmännchen mit ihren verschiedenartigen Arm- und Beinstellungen abstrahierende/piktographische Bildelemente eingeführt, die den Bildtext - und damit den Sinngehalt - leicht lesbar machen sollen. Diese Art der intentionalen Verwendung einer „Ausdruckspuppe" könnte als Phänomen einer spezifischen Bildnerei von Erwachsenen angesehen werden; sie ist aber in Varianten auch in den Gestaltungen von Jugendlichen zu entdecken. Die Sonnendarstellung in diesem Bilde lehnt sich dagegen eng an die Ausdruckskonzepte der Bildnerei im Kindesalter an.

1.2. Zum Problem der Identifizierung von Bedeutungen in der nichtprofessionellen Bildnerei

1.2.1. Kinderzeichnungen als Wiedergabe von Gegenstandsformen und Gegenstandssinn

> *Der Gestaltungsdrang beeinflußt dann vor allem in hohem Grade einer der beiden Entwicklungsrichtungen, in die sich der zeichnerische Ausdruck der inneren Anschauung (bzw. der Phantasievorstellung)* [...] *spaltet. Sie (die innere Anschauung, H.-G. R.) entspringt dem Gegensatz von sinnbildlicher (symbolischer) und naturnachahmender (naturalistischer) Darstellung.*
>
> O. WULFF 1927[30] (Unterstr. Worte im Original gesperrt)

Die älteren Theoretiker/innen haben sich kaum mit der Frage beschäftigt, welche Bedeutungen in dem System von bildnerischen (*graphischen*) Formen/Realisationen und Inhalten/Motiven vermittelt werden sollen oder können. Sie waren allgemein der Überzeugung, daß in den bildnerischen Ereignissen (mit dem Alter zunehmend realistische/gegenständliche) Wahrnehmungsinhalte dargestellt werden, deren Bedeutungen nahe an den Wortbedeutungen angesiedelt sind. Das Bild „Baum" entspräche damit in seiner Bedeutung ungefähr - sieht man von den medienspezifischen Besonderheiten ab - dem Bedeutungsgehalt des Wortes „Baum". Noch in der großen theoretischen Darstellung von G. MÜHLE: *Die Entwicklungspsychologie des zeichnerischen Gestaltens* (1955, S. 47) lesen wir:

> *Die zeichnerische Darstellung des Kindes bis zur Pubertät* [...] *ist gegenständliche und nicht Ausdruckswiedergabe, das Physiognomische hat zwar Eindrucks- aber nicht Darstellungsqualität* [...], *die Zeichnung besitzt der Intention nach einen Gegenstandssinn, aber keinen (spezifischen) Ausdruckssinn.*

Dieses Zitat gibt die Vorstellungen vom kindlichen Bilden wieder, welche jahrzehntelang die pädagogischen und kunstpädagogischen Auffassungen in Deutschland, aber auch die psychologisch orientierten Untersuchungsansätze bestimmt haben. Kurz gesagt: Kinderzeichnungen haben nach dieser Auffassung keinen *Stil*[31], d.h. in ihnen ordnen sich die Figurationen nicht nach den Regeln und Gesetzmäßigkeiten künstlerischer Produktion. Stil setzt eine relativ feste Beziehung zwischen dem seelischen Geschehen (MÜHLE: *Leitgefühlen* und *Leitgedanken*) einerseits und den erlernten Darstellungs- bzw. Gestaltungsmustern andererseits voraus. Die kindlichen Motive, die Inhalte des *Lebensgeschehens* (PIAGET), können noch nicht in einer Hierarchie von Darstellungs- und Gestaltungsgefügen aufgefangen werden, weil die Heranwachsenden noch nicht Mitglieder eines *rein ideellen Ordnungssystems* sind (DILTHEY 1968, S. 285[32]), das ihnen die tradierten künstlerischen Mittel zur Verfügung stellen würde. Sogar die (systematische) Wiedergabe von Ausdruck ist ihnen verwehrt: Erst wenn dem Heranwachsenden zu Beginn der Pubertät Kenntnisse von vorgegebenen Darstellungsorganisationen vermittelt werden können, erhält die zeichnerische Wiedergabe oder erhalten andere objektivierende Systeme den Rang von *Ausdruckswiedergaben*, vermitteln sie *Ausdruckssinn*; d.h. jetzt erst transportieren die zeichnerischen Gefüge Bedeutungen, die dem stilkundigen Interpreten über die Analyse von Realisationsmitteln wie Farbe, Raum, Komposition u.a. zugänglich sind. Ob es dann - aufsteigend in der Hierarchie von Ausdrucksebenen - zur *Darstellung* oder gar *Gestaltung* kommt, hängt jetzt (im Jugendalter) aber schon von der Begabung des einzelnen ab.

Wir haben diese leicht antiquierten, aber weit verbreiteten Auffassungen vorgestellt, um deutlich zu machen, wie stark die Darstellungen älterer Autoren über das bildnerische Geschehen in der Kindheit von zeitgenössischen oder auch unzeitgemäßen kunsttheoretischen Vorstellungen beeinflußt sind. Daß es dabei begrifflich ziemlich kunterbunt zugeht, läßt sich an der Verwendung des Darstellungsbegriffes nachweisen: So weisen für G. MÜHLE, wie wir zu zeigen versucht haben, Kinderzeichnungen bis zur Pubertät weder Audrucks- noch Darstellungsqualitäten auf, die oben genannten Überlegungen des Autors G. MÜHLE stehen unter dem Titel: *Untersuchungen zum zeichnerischen Gestalten des Kindes*; d.h. sie werden der ungleich höheren ästhetischen Kategorie „Gestaltung" zugerechnet. Diese widersprüchlichen Argumentationen haben das Ziel, der Zeichnung zwar der *Intention nach einen Gegenstandssinn* zuzuordnen, ihr aber keine symbolische Qualität oder, anders ausgedrückt, keine Form von Bedeutungsübertragung zuzubilligen, wie sie für jeden künstlerischen Akt selbstverständlich ist - wenn man nicht der *antisymbolischen* Kunsttheorie von N. LUHMANN (vgl. 2.3.1.) anhängt. Wir werden aber zu zeigen versuchen, daß das Phänomen des *disguised symbolism* (PANOFSKY) für jede Form der gegenständlichen Darstellung gilt, auch für die Bildnerei von Heranwachsenden und Erwachsenen.

In einer ausführlichen Auseinandersetzung mit dem BÜHLERSCHEN Begriff des *Symbols* und dem *Phänomen der Symbolisierung* (K. BÜHLER 1922; 1967) schließt G. MÜHLE dagegen dieses Phänomen der *Bedeutungsübertragung* für das kindliche Bilden aus. Das zeichnerische Realisat verweist direkt auf den empirischen Gegenstand oder auf sein Korrelat in der Vorstellung und behandelt ihn dabei wie einen Begriffsinhalt. Diese Art der Repräsentation, der Vertretung eines sprachlichen Inhaltes durch ein Bild, ließe sich mit J. PIAGET als *einfaches Bild* (vgl. RICHTER 1976, S. 145 ff.) oder als *bloße Abbildungsbedeutung* (WITTKOWER 1984, S. 228) bezeichnen. Nur in dieser einschränkenden Festlegung auf die Wahrnehmungsrepräsentation darf der Begriff der Bedeutung nach MÜHLE überhaupt benutzt werden. Da über den Verfasser der Zeichnung, seine Lebenssituation, seine Motive, seine Quellen usw. nichts zu erfahren ist, es sei denn, wie sein wahrnehmendes Bewußtsein funktioniert und seine Wiedergabefähigkeit organisiert ist, richtet sich das Interesse der Psychologen dieser Schule (und der davon beeinflußten Pädagogen) auf die *Formqualität* der Zeichnung und auf die Abbildungs*bedeutungen,* die den einzelnen Formen bzw. den Formkomplexionen inhärent sind. Dabei hatten auch schon ältere Kunsthistoriker, wie in dem vorangestellten Text von O. WULFF (1927) deutlich wird, von Kinderzeichnungen als von (teilweisen) symbolischen Ereignissen gesprochen. Die Aufgliederung in zwei Ebenen von bildnerischen Aktivitäten, in eine symbolisch-darstellende und eine naturalistisch-wiedergebende-gestaltende, die dort vorgenommen wird, läßt sich noch bis in den paradigmatischen Text von K. BÜHLER verfolgen, den wir in der Einführung zum Kapitel über die Interpretationsmöglichkeiten vorstellen werden (vgl. 2.1). Auch dort einspricht diese Teilung einer schon zur damaligen Zeit kunsthistorisch nicht mehr aktuellen Betrachtungsweise, die das darstellend Realistische bzw. Naturalistische höher einschätzt als das Symbolische. Da wir im Verlauf unserer Überlegungen noch ausführlich auf Probleme der Bedeutungsinhalte und Bedeutungsebenen in den Werken der nicht-professionellen Bildnerei - und parallel dazu der Sinnentnahme aus diesen Werken - eingehen werden, kann es hier bei diesen einleitenden Bemerkungen bleiben.

1.2.2. Motive als dargestellte Sinnfiguren

Akzeptiert man die Auffassung, daß Heranwachsende in ihren Darstellungen tradierte Bedeutungen und individuelle Sinnfiguren transportieren, dann gehört zu dem Thema der Bildnerei von Kindern und Jugendlichen auch das Phänomen „Motiv" - verstanden als figurative („ästhetische") Einheit von realisierenden Mitteln, gegenständlichen Darstellungen und Bedeutungsinhalten, die über eine bloße Abbildungsbedeutung/Gegenstandsbedeutung hinausgehen. Es gehören dazu Überlegungen über die Genese von Motivstrukturen, über ihre Entfaltung in den verschiedenartigen soziokulturellen Systemen und ihre Beziehungen zu besonderen Lebenssituationen des Kindes; nur so lassen sich Bedeutungen, Bedeutungszusammenhänge, Sinnfiguren als Resultate der individuellen Veränderungen von Realisationsmitteln und Gegenständen/Inhalten ermitteln. Diese Art von Bedeutungsanalyse stützt sich einmal auf die Bewertung der in der kompositionellen Struktur des Bildes festgelegten Beziehungen zwischen Einzelzeichen und Gesamtmotiv - unter Einbeziehung von Symmetrien, Leerstellen, Größenrelationen u.ä. - und zum anderen auf die Interpretation von Bedeutungsinhalten, die dem Motiv, vermittelt durch die Medien, traditionell oder situativ zugeordnet sind und die in den bildnerischen Aktivitäten der Kinder individualisiert werden.

In der Forschung zur Kinderzeichnung ist es allerdings um die Identifizierung und Interpretation solcher Motive schlecht bestellt. Zwar hat schon K. BÜHLER[33] (1922, S. 288) die *Stoffe eines Konvoluts von 34 Zeichnungen* beschrieben, die von S. LEVINSTEIN 1905 bei einem *sehr unbegabten, vagabundierenden Knaben von 14 Jahren* entdeckt worden waren: *Die Negerlein in unseren Kolonien, Indianerkämpfe, Buren und Engländer, der deutsch-französische Krieg, Raubrittergeschichten.* Solche Motivkreise, die mit Ereignissen von Kriegen, des Ersten und Zweiten Weltkrieges, mit Deportationen, Verschleppungen, Folterungen, KZ-Aufenthalten in Beziehung stehen, sind in der Literatur dokumentiert (vgl. LEVINSTEIN 1905; KIK 1915; BAUMGARTEN 1950; EGEN 1967/1977[34] u.a. sowie neuerdings: BECHTHOLD 1997), aber die Darstellungsmotive unspektakulärer, alltäglicher Ereignisse sind nirgendwo aufgenommen oder gar katalogisiert, jedenfalls nicht als Ereignisse, die über die o. skizzierte Auffassung vom Motiv als Wiedergabe von Gegenstandsbedeutungen hinausgehen.

In dem *Kindertagebuch* von GRETEL BECHTHOLD, welches wir auch in den g. Literaturangaben angeführt haben, wurden von der Herausgeberin, T. HENSCH, die Tagebuch-Aufzeichnungen und die Bilder, die das Mädchen GRETEL (geb. 1922 in Freiburg/Brsg.) von 1933-1945 verfaßt bzw. gezeichnet hat, zusammengestellt. GRETEL ist eine genaue - humorvoll-ironisch, bisweilen auch sarkastisch kommentierende - Beobachterin, und sie läßt uns daran teilnehmen, wie sich die weltgeschichtlichen Ereignisse der Nazizeit in einer traditionell bäuerlichen Umgebung, in einem Mittelschicht-Milieu und in einer antinationalsozialistisch eingestellten Gruppe von Menschen widerspiegeln.

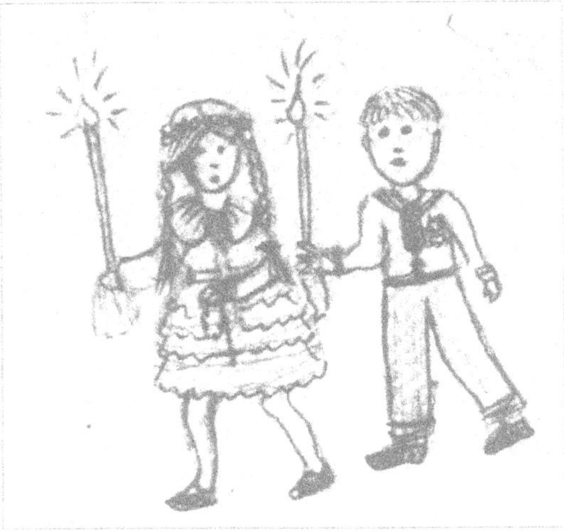

Abbildung 19

Viele ihrer Zeichnungen nach dem zehnten/elften Lebensjahr haben den Charakter von Karikaturen und bestätigen damit unsere Beobachtung über diese Eigenart der Zeichnungen in diesem Lebensalter. Ihre späteren Werke - als sie schon 21/22 Jahre alt war - setzen sich intensiv mit den Folgen des Krieges für sie und ihre Mitmenschen auseinander. Wir stellen aus diesem Tagebuch eine Zeichnung (Abb. 19) der elfjährigen(!) Heranwachsenden vor, in der das Ereignis der *Erstkommunion 1933* zeichnerisch festgehalten und sprachlich kommentiert wird. Die Tagebucheintragung lautet:

> *Der junge Vikar, der uns auf die erste Beichte vorbereitet, belehrt uns: Gesicht und Hände dürfen wir waschen. „Aber", und er streicht mit den Händen über seinen Bauch, „was da unten ist, das ist pfui, pfui, pfui".*
>
> *Es muß zwei Arten geben, wie Kinder entstehen. Zu den besseren Leuten kommt der Engel der Verkündigung, und der Heilige Geist wird tätig. An die andere Art darf man nicht denken. Sie ist für die armen Leute und die Arbeitslosen da.*

Leider weisen die frühen Bilder Spuren von Überarbeitung auf. Sicher waren sie mit Bleistift auf schlechtem Papier gezeichnet und ließen sich nur noch schwer reproduzieren. Insgesamt vermitteln die Zeichnungen, aber auch die abgebildeten Aufsätze und Tagebuchnotizen, ein „historisch" eindrucksvolles Bild der Zeit, und sie könnten Anstoß geben für Forschungen, die auch „banale" biographische Dokumente in die Deutung von zeitgeschichtlichen Ereignissen einbeziehen.

Auch in der Untersuchung von A. SCHOPPE (1991), die dem Gegenstand *Kinderzeichnung und Lebenswelt* gewidmet ist, werden zwar u.a. *nach einer eingehenden Sichtung von 365 Zeichnungen* zum Thema „Schule" fast 40 Unterthemen identifiziert und auf ihre Realisationsmittel hin differenziert, aber da keine Daten über die individuellen Lebenswelten gesammelt wurden, bleiben auch diese Analysen auf den Ebenen der Darstellungsmotive und des Darstellungssinns reduziert und erfassen kein tradiertes oder individualisiertes Material. Auch die dort angesprochenen Hinweise auf die *Orte kindlichen Handelns*, welche soziologisch (BRONFENBRENNER/BAACKE) die Rahmenbedingungen für die bildnerischen Aktivitäten benennen sollen, weisen keinen Weg aus dem Dilemma, Bedeutungszusammenhänge auf dem alleinigen Hintergrund allgemeiner sozialer Entwicklungslinien und ohne Analysen von biographischen Quellen nicht eruieren zu können. Erst mit den Untersuchungen von J. BRÖCHER (1997; 1998) zum Verhältnis von soziokulturellen Bedingungen und alltagsästhetischen Dokumenten, auf die wir noch eingehen werden, sind die privaten Motive und ihre Abwandlungen als Gegenstände hermeneutischer Forschung in den Blick geraten - jetzt aber in erster Linie als Manifestationen von individuellen Konfliktszenerien. Wir werden in einem eigenen Abschnitt auf diese Art von Motiven eingehen und nachzuweisen versuchen, wie in den Bildmotiven von hochtraumatisierten Persönlichkeiten tradierte Motivinhalte und private Bedeutungsgebungen zusammenwirken.

In den Überlegungen zur nicht-professionellen Bildnerei der Erwachsenen (vgl. RICHTER 1997), die ja, sieht man einmal von den Formen der „Hobby-Bildnerei" ab, aus den verschiedenartigen Quellen der Außenseiterkunst, der Bildnerei von psychisch gestörten Persönlichkeiten o.ä. gespeist werden, müssen die Phänomene von Bedeutungsübertragung und Motivbildung eine besondere Rolle spielen, weil die therapeutische Wirkung von ästhetischen Aktivitäten an das „sinnvolle" Ausdrucksgeschehen gebunden ist. In der Betrachtung der Werke dieser Personengruppe wird besonders deutlich, warum man sich eine Darstellung/Gestaltung nicht ohne Bedeutungsübertragung vorzustellen vermag.

2. Zum Problem der Interpretation nicht-professioneller Bildnerei

2.1. Zur Einführung: Wie studiert man Kinderzeichnungen? Eine historisch interessante Frage mit einer theoretisch bedeutsamen Antwort

Die biographische Erforschung der Kinderzeichnung scheint die in Zukunft wichtigste Methode zu sein.
W.J. RUTTMANN 1914[35]

Wir spielen in der Überschrift zu dieser Einleitung in einen komplexen Problemkreis, der von der Frage nach den Interpretationsmöglichkeiten nicht-professioneller Bildnerei bestimmt sein wird, auf eine Formulierung an, die K. BÜHLER in seinem *Abriß der geistigen Entwicklung des Kleinkindes* (1958, 9. Aufl. 1967) seiner Theorie der Analyse und des Verstehens kindlicher Bildnerei vorangestellt hat. Wir wollen einige grundlegende Thesen seiner Auffassung, die dort entwickelt worden ist, skizzieren, um zu zeigen, daß viele unserer theoretischen Positionen, die in diesem Kapitel hergeleitet werden sollen, schon ihre Vorläufer gehabt haben. Wir erläutern seine Auffassung an dem Bild *Hasenmutter mit krankem Kind im Haus* (Abb. 20), welches er auch seiner Darstellung zugrunde gelegt hat, weil damit ein Einblick in den „fortschrittlichen" Umgang des Autors mit Bildmotiven vermittelt wird. Während in seinen frühen Schriften (1922) die inhaltlich-bedeutungshafte Seite der bildnerischen Ereignisse zugunsten einer Betrachtung der Formentwicklung zurückgestellt worden war, sieht K. BÜHLER in diesem Spätwerk auch die Notwendigkeit, die *Kinderzeichnung vor allem als Ausdruck der individuellen kindlichen Persönlichkeit zu studieren* (1967, S. 164ff.). Wesentliche Grundsätze für ein solches Studium bestehen für ihn:

- in der Kenntnis a) der *Lebensgeschichte*, b) der *Lebenssituation*, c) der *letzten markanten Ereignisse*;
- in der Analyse des morphogenetischen Status der Zeichnung - liegt dieser z. B. vor oder nach der von BÜHLER sog. *Werkreife* um das fünfte/sechste Lebensjahr?
- in der Beachtung von *entwicklungspsychologischen* und *persönlichkeitstheoretischen* Gesichtspunkten;
- in der Frage, ob eine *Szene dargestellt wird*, in der alle Elemente eine Beziehung zur *Gesamtidee* haben und ob dabei sich *wiederholende Motive* auftreten, die eine *besondere Bedeutung* signalisieren.

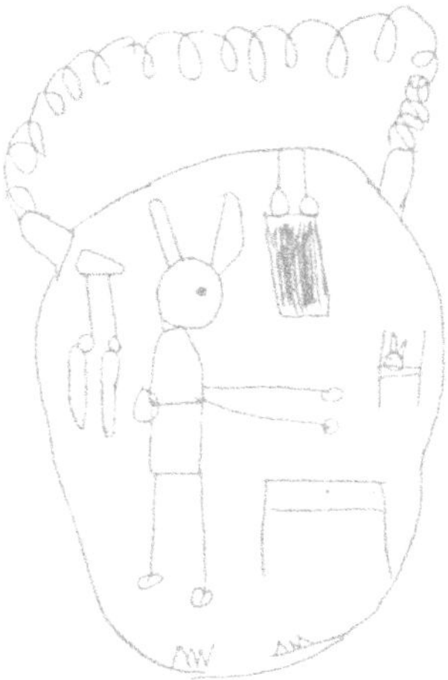

Abbildung 20

Seine Recherchen über die Lebensumstände des Kindes führten ihn zu der Einsicht, daß das vorliegende Bild angefertigt wurde, als das Kind wegen einer Scharlacherkrankung sechs Wochen mitsamt seiner Mutter isoliert war und daß während dieser Zeit alles, was die beiden brauchten, ins Krankenzimmer gestellt wurde. Er erfuhr weiter, daß das Kind sehr *eifersüchtig* auf seine Geschwister war und sich hoch erfreut darüber zeigte, daß es die Mutter nun völlig für sich in Anspruch nehmen konnte. Als die Quarantäne gelockert wurde, war Martin darüber deutlich *beunruhigt* und wollte den Zustand der gemeinsamen Isolierung um jeden Preis verlängern. Nachdem die Familie wieder vereinigt war, suchte er noch eine ganze Weile durch ununterbrochene Inanspruchnahme der Mutter sein *Recht auf Alleinbesitz* geltend zu machen.

> *Aufgrund dieser Informationen läßt sich die Frage, was Martin ausdrücken wollte, beantworten: offenbar eben jenen Zustand der Isolierung mit der Mutter, jene Absperrung gegen außen, die er zu verlängern wünscht. Die geschlossenen Kreislinien symbolisieren die Abschließung, und die Wiederholung des Motivs zeigt das emotionelle Gewicht dieses Ausdrucksinhaltes an. Das Hasenjunge im Bett ist natürlich er selbst, die Hasenmutter identifiziert er mit der eigenen. Die Ohren an der Wand symbolisieren alles was man braucht, um*

von draußen unabhängig zu sein. Der Psychologe findet in Martins Zeichnung Elemente der direkten Darstellung (das Kind im Bett mit der Mutter beim Tisch ist eine einfache Wiedergabe der tatsächlichen Situation, in der er sich befindet), vermengt mit Elementen der symbolischen Darstellung (geschlossene Linien, Ohren). Im Zusammenhang mit der Vorgeschichte, auf die hier nicht näher eingegangen werden kann, gibt die Zeichnung dem klinischen Psychologen Aufschluß über die Konfliktsituation und die Mutter-Kind-Beziehung des kleinen Zeichners.

Wir werden der Frage, ob in einem Bild/ästhetischen Objekt zwischen realistisch-unspezifischen (*einfachen Wiedergaben*) und *symbolischen* Elementen unterschieden werden kann, in den nachfolgenden Überlegungen nachgehen, sehen aber die vorstehende Interpretation in ihrer Synthese von Kenntnissen über die morphologische Entwicklung und über die Motiventwicklungen sowie von Einsichten in biographische Erfahrungen und Lebensthematiken als beispielhaft an. Wir werden in den folgenden Abschnitten versuchen, ein Verfahren vorzustellen, das sich in mehreren Schritten (vgl. auch RICHTER 1997, S. 373ff.) dem Sinngehalt von kindlicher, nicht-professioneller Bildnerei anzunähern versucht.

2.2. Ein idealtypisches Modell zur Deutung von Werken der nicht-professionellen Bildnerei

> *Als Albert Einstein noch Prüfungen abhielt, sagte ein Student zu ihm: Sie stellen in diesem Semester die gleichen Fragen wie im vorigen. Einstein antwortete: Das ist wahr. Nur die Antworten sind diesmal anders*[36].

Wir haben uns in den Abschnitten des ersten Kapitels mit der Entwicklung der formalen Figurationen und der Sinnfiguren in der kindlichen Bildnerei beschäftigt und Beispiele von regulären und irregulären strukturellen Ausformungen analysiert, die sich verschiedenen Lebensaltern bzw. Darstellungsaltern zuordnen lassen, ohne einen modellhaften Zusammenhang vorzustellen, der die Möglichkeiten der Erforschung der kommunikativen Struktur dieses Entwicklungsgeschehens begrifflich zu erfassen sucht. In dieser Frage nach dem Charakter der Kommunikation in der kindlichen Bildnerei suchen viele Autoren/Autorinnen ihr Heil in der Anlehnung an die Theorien sprachlicher Verständigung und damit die Nähe zu linguistischen/sprachwissenschaftlichen Positionen, und in der Tat lassen sich, besonders mit Hilfe sog. Strukturalistischer Sprachwissenschaft(en), Analogien zu dem kommunikativen Geschehen in der nicht-professionellen Bildnerei aufzeigen, aber in einem solchen Vergleich werden auch die Grenzen zwischen verbalen und nicht-verbalen Verständigungsformen deutlich. Erst in der Auslegung von sprachlichen Metaphern - dem metaphorischen *als ob*, dem *sehen wie* - nähern wir uns wieder den Interpretationsmodellen an, die eine Bildersprache zugänglich machen sollen. Wir werden im Kapitelteil 2.4. die Auffassungen von M.W. BATTACCHI et al. über die Interpretationsmöglichkeiten von Texten skizzieren und zu zeigen versuchen, daß dort vergleichbare Vorstellungen über die Analyse von Sinnebenen im sprachlichen (Kunst-) Werk dargestellt werden. Zuerst sollen aber im Vergleich mit einigen wesentlichen Elementen von sprachlichen Kommunikationsbedingungen (DE SAUSSURE) allgemeine Charakteristika der bildhaften Kommunikation vorgestellt werden, die in den nachfolgenden Kapiteln und bes. in der Diskussion der Bildbeispiele für unsere Zwecke präzisiert werden müssen.

Jede Arbeit mit bildhaft-symbolischem (ästhetischem) Material baut auf den Fähigkeiten des Heranwachsenden auf, non-verbale Nachrichten zu formulieren und zu verstehen (zur Literatur über das Problem vgl. u.a. MÜHLE 1955; WIDLÖCHER 1974; RICHTER 1987, 1997; SCHUSTER 1989; GOLOMB 1992). Diese Fähigkeit zur non-verbalen Kommunikation läßt sich u.a. in den verschiedenen Formen des Spiels (PIAGET 1969), in Mimik und Gestik und in den graphischen, malerischen und plastizierenden Aktivitäten von Heranwachsenden beobachten. In allen diesen Operationen werden Mitteilungen außerhalb des *sozialisierten* Sprachsystems (DE SAUSSURE 1967, S. 86ff.; PIAGET 1969; WIDLÖCHER 1974), aber nicht unabhängig davon, veröffentlicht. In einem Vergleich zwischen verbaler und symbolisch-bildhafter Kommunikation ließe sich zeigen, daß die Bildnerei der Heranwachsenden Züge einer *selbsterarbeiteten Symbolik* (MEILI-DWORETZKI 1957; S. 131) trägt, während das Sprachsystem (vereinfacht) *arbiträren* Charakter hat. Während die Sprache als *ererbte* (DE SAUSSURE) Kommunikationsform/Ausdrucksform gilt, in die das Kind hineinwächst, entwickelt es seine bildnerischen Ereignisse in einer aktiven Auseinandersetzung mit den Personen seines sozialen Umfeldes und den Gegenständen der empirischen Welt als Darstellungen (Repräsentationen) dieser Gegebenheiten. Wie stark das Kind bei dieser Auseinandersetzung von Bildern gleichartiger oder älterer Kinder beeinflußt wird, bleibt umstritten (vgl. dazu SCHUSTER 1989). Die (bildhaft) symbolische Mitteilung erfolgt also in einem Medium, dessen Elemente eine *analoge* (DE SAUSSURE: *natürliche* bzw. *motivierte*) Beziehung zu den Gegenständen der realen Welt unterhalten, während den zeichenhaften, sprachlichen Kennzeichnungen dieser Gegenstände, jedenfalls in einer vereinfachenden Betrachtungsweise, etwas Beliebiges (Arbiträres) anhaftet. Diese besondere Beziehungsform zwischen Gegenstand und Bild läßt sich *symbolisch* (PIAGET 1969; CASSIRER 1965; LANGER 1965 usw.), *repräsentativ* (GOODMAN 1973 u.a.) oder *ikonisch* (ECO 1972) nennen; allen diesen Bezeichnungen ist gemeinsam, daß sie die besondere Verfassung der bildhaften Systeme charakterisieren und sie von dem linguistisch-sprachlichen System abgrenzen sollen. Wir werden in dem nachfolgenden theoretischen Exkurs erörtern, welche Anforderungen an die Begriffe *Repräsentation* und *Darstellung* zu richten sind, wenn sie im Zusammenhang mit piktoralen Gegenständen und Systemen benutzt werden.

Mit der Feststellung, daß die Bildnerei der Heranwachsenden Mitteilung in der Darstellung ist, haben wir zwei wesentliche Merkmale dieses speziellen Kommunikationssystems angegeben. Es bleibt die Frage, ob der Darstellung auch Gestaltungsqualitäten zugesprochen werden können, d.h. ob der bildnerischen Darstellung auch Vorformen des künstlerischen Ausdrucks innewohnen. Diese Frage ist in der Geschichte der Erforschung der Bildnerei von Heranwachsenden sehr verschieden beantwortet worden. Während in der Frühphase (RICCI, SULLY, KERSCHENSTEINER u.v.a.) der Bildnerei der Heranwachsenden jede Gestaltungsqualität abgesprochen wurde, weil dem kindlichen Realismus (= Darstellung) die Merkmale des künstlerischen Realismus fehlten, wurde in den zwanziger Jahren dieses Jahrhunderts (bes. bei HARTLAUB, WEISMANTEL u.a.) der *Genius im Kinde* gefeiert, ein Genius, der sich besonders in den *visionären* Kinderzeichnungen (HARTLAUB) äußern sollte. Man tut wohl dem Heranwachsenden und seinen bildhaften Äußerungen kein Unrecht, wenn man seinen Objektivationen (allgemein nur) eine spezielle Ausdrucksqualität zuordnet (vgl. BÜHLER 1968) und sie damit den ausdruckshaft-bildnerischen Aktivitäten zurechnet, die man mit H. VOLKELT (1968[37]) auch „vor-ästhetisch" nennen könnte. N. GOODMAN hat schon 1968 (1972, S. 55ff.) über diese Form von bildhaft-symbolischem Ausdruck gesagt, er sei *intimer als die Denotation* (die repräsentierende Bezeichnung), und diese Intimität verdanke er nicht nur den „zum Ausdruck gebrachten" Gefühlsqualitäten, sondern seiner metaphorischen Exemplifikation, also seiner spezifischen Art der Erläuterung durch ausgewählte symbolische Verweise: *Ein Bild muß für das von ihm Ausgedrückte stehen, muß es symbolisieren, muß sich auf es beziehen*. Auch für wesentliche Teile der nicht-professionellen Bildnerei wird mit dem vorläufig so definierten Begriff des Ausdrucks die Nähe, aber auch die Distanz zur Kunst angegeben. Diese Distanz, um die es uns bei aller begrifflichen Problematik, zwischen Bildnerei und Kunst zu unterscheiden, zu tun ist, offenbart sich z. B. in der komplexeren Syntax und der beziehungsreicheren Semantik des Kunstwerks. Natürlich wird damit nicht ausgeschlossen, daß im Einzelfalle die Grenze des individuellen Ausdrucks in Richtung auf eine künstlerische Gestaltung überschritten werden kann. Deutliche Grenzüberschreitungen lassen sich z. B. dann verfolgen, wenn sich in der Bildnerei psychisch gestörter bzw. behinderter Persönlichkeiten Züge von „Außenseiterkunst" zu erkennen geben.

Mit den Bezeichnungen *Ausdruckssystem, Motiv, Mitteilungsgehalt, Bedeutung/Sinn*[38] haben wir schon in den vorhergehenden Abschnitten im Vorgriff auf eine umfassendere Auffassung eines Konzepts der Verfassung des bildnerischen Geschehens eine vorläufige Feststellung über die Besonderheiten der bildhaften Kommunikation angesprochen, die hier in aller Kürze anhand eines Schemas (Nr. 1) vorgestellt werden soll: Wir sehen die bildnerische Struktur der nicht-professionellen Bildnerei (RICHTER 1997) als Verhältnis dreier Elemente, die wir schon in früheren Erörterungen *Darstellung, Mitteilung und Ausdruck* genannt und in einen relationalen Zusammenhang gebracht haben (vgl. RICHTER 1984, S. 46ff. bzw. 1987, S. 368). Ohne auf die Entstehung dieser Auffassung näher einzugehen, soll im folgenden eine Erweiterung dieser Auffassung vorgenommen werden, die sich zum ersten in Richtung auf eine stärker systemisch orientierte Verbindung/Verklammerung dieser Elemente bewegt, wobei die Vorzüge, aber auch die Auswüchse der Systemtheorie(n) - z. B. der Verzicht auf den Begriff der Repräsentation -, die schon bisher durch den Gang der Überlegungen ausgeschlossen worden sind, im nachfolgenden Kapitelteil zur Sprache gebracht werden sollen. Die zweite Erweiterung unserer Überlegungen zielt auf eine umfassende Begründung und Anwendung einer tiefenpsychologischen Hermeneutik, die das interpretatorische Potential unseres Konzepts erweitern soll, aber zugleich seine wissenschaftstheoretische Begründung erschwert, weil dabei „anerkannte" Grenzen von wissenschaftlichen Positionen überschritten werden.

Vor den Überlegungen zu einer tiefenpsychologischen Hermeneutik, welche die unbewußten Bedeutungen/Sinnebenen der bildnerischen Motive aufschließen soll, steht aber eine intensive Diskussion von Theoremen und Positionen, die zu einer *Hermeneutischen Kognitionswissenschaft* (KUR-

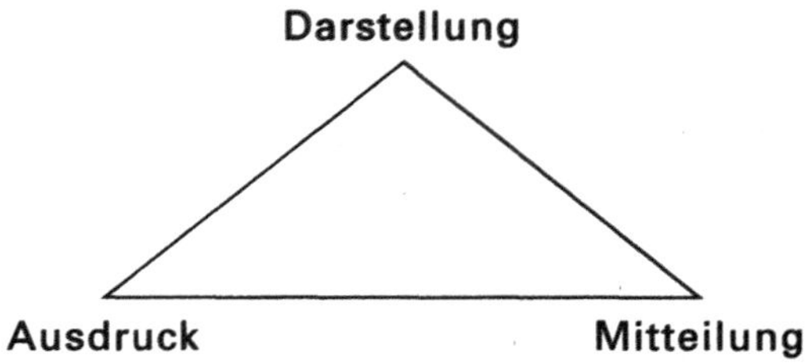

Schema 1

THEN) gerechnet werden könnten. In einem erweiterten Schema (Nr. 2), das diese theoretischen Aufgabenstellungen vor dem Hintergrund soziokultureller Gegebenheiten, die in diesem Zusammenhang nur indirekt angesprochen werden können, veranschaulichen soll, werden zwei Sorten von Zugriffen auf den ästhetischen Gegenstand gegenübergestellt: die *Traditionellen Interpretationsansätze* - wobei *traditionell* in diesem Falle die klassischen kunstwissenschaftlichen Beiträge, erweitert um die Morphogenese und die emotionalen Aspekte bildnerischer Motive, kennzeichnen soll - und die *Aufdeckende* Analyse. Unter diese Bezeichnung fallen die Überlegungen zur Interpretation vorbewußter und unbewußter Motive und die Versuche, sie anhand biographischer Materialien zu rekonstruieren. Als Einleitung in diese „tiefenhermeneutischen" Verfahren sollen ausgewählte Positionen zur Theorie des autobiographischen Gedächtnisses dargestellt werden.

Allerdings werden unsere Überlegungen zeigen, daß die Trennung zwischen *Traditionellen Interpretationsansätzen* und *Aufdeckenden Analysen* nicht so streng einzuhalten ist, wie die schematisierende Darstellung vermuten läßt: So ist der Prozeß der Tradierung von Motiven und Bedeutungen, den wir mit dem Begriff des *Traditiongedächtnisses* (GINZBURG) ansprechen werden, immer auch verbunden mit der Weitergabe von sog. irrationalen, affektiv-emotionalen Inhalten, die den Motiven inkorporiert sind. Eine Darstellung, die z. B. an das Motiv *Einsamer Baum* von CASPAR DAVID FRIEDRICH und an ähnliche Motive in den Bildern seiner Nachfolger und Nachahmer anknüpft - wobei dieses Motiv, wie in unseren Bildbeispielen zu verfolgen ist, schon zum kulturellen Allgemeinbesitz zu zählen ist - nimmt auch etwas von der sprachlich kaum benennbaren Vielfalt von Gefühlen auf, die mit diesem Motiv verbunden sind und tradiert werden. Wir versuchen daher, diese Skala der Gefühle in einem eigenen Abschnitt an ausgewählten Positionen einer Allgemeinen Emotionstheorie zu differenzieren und an Beispielen nicht-professioneller Bildnerei zu veranschaulichen. Wir können jetzt schon feststellen, daß die Ergebnisse der dort beschriebenen „Spreizung"

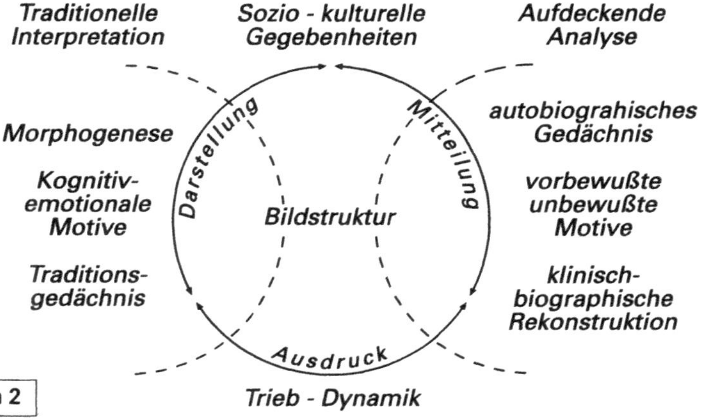

Schema 2

von Affekten und Emotionen sich nicht in jedem Falle in den Bildern nachweisen läßt, aber die modellhafte Hierarchisierung von Emotionen kann zu dem allgemeinen Ergebnis führen, daß in jedem ästhetischen Objekt ein Mehr an Gefühlen verborgen ist, als uns etwa der Begriff des (tradierten) *kollektiven Wissens*, den wir dort auch einführen werden, vermuten läßt.

Auch die Ebene der vorbewußten und unbewußten Motive, um eine Position der Ansätze anzusprechen, die auf der schematisierten Zusammenstellung den traditionellen Zugriffsweisen gegenüberliegen, kann nicht ohne Analyse der morphogenetischen Figurationen, der Gestaltungsabsichten und der bewußten Realisationsprozesse auskommen: Der Weg zu dem unbewußten Material führt nur über die manifestierenden bildhaften Konfigurationen und die Aufdeckung der Inkorporationen nicht-bewußter Motive im realisierenden Material. Diese Inkorporationen lassen sich nur an spezifischen Veränderungen der bildnerischen (symbolisierenden) Organisation entdecken; die Art der Deutung läßt damit Ähnlichkeiten mit der Analyse der *Traummaschinerie* (PONTALIS) erkennen, auf die sich die etablierte tiefensymbolische Hermeneutik richtet. Sie dient daher auch uns als *Paradigma* (FREUD) für die aufdeckende Analyse unbewußter Motivinhalte in der nichtprofessionellen Bildnerei (vgl. auch RICHTER 1997, S. 209ff.). Unsere Erörterungen werden zeigen, daß viele der angesprochenen theoretischen Positionen *komplementäre Thematiken* (WOLFF) darstellen, die erst zusammengenommen eine Vorstellung von der Gesamtheit der interpretatorischen Zugriffe vermitteln und die erst zusammengenommen der Komplexität ästhetischer Objekte gerecht werden.

2.3. Bemerkungen über nicht-verbale Kommunikationsmodelle als System - von Repräsentationen und Darstellungen

2.3.1. Systemisches zu Kunst und Bildnerei

> *Das Produzieren von Sinn läuft über die Wahl von Entscheidungen, das heißt: von Formen. Es wird etwas Bestimmtes (und nichts anderes) bezeichnet; oder am Beispiel: diese Eibe ist nichts anderes als sie selbst und: eine Eibe und kein anderer Baum.*
>
> N. LUHMANN 1995, S. 174.

Die erste Erweiterung, die in den folgenden Abschnitten erörtert werden soll, ergibt sich aus Überlegungen, die von einer stärkeren Verklammerung der angesprochenen Strukturelemente *Darstellung, Mitteilung, Ausdruck* im Sinne der systemischen Theorie ausgehen und die den Blick deutlicher auf die Mitteilenden selbst und die Qualität der Mitteilung richten sollen; d.h. wir sehen die angesprochenen Elemente in einer interaktionalen Einheit und einer wechselseitigen Bezogenheit miteinander verbunden, die sich mit den Begriffen *Rückkoppelung* (Regelkreis) bzw. *strukturelle Koppelung*[39], vor allem aber mit den Begriffen *systemeigene Komplexität/Komplexitätsreduktion* und *Kontingenz* beschreiben lassen (u.a. WILLKE[40]). Der Begriff der Komplexität hebt dabei den besonderen Charakter (Relationalität) einer zusammenhängenden Kette von Systemelementen heraus, um sie von einer Umwelt abzuheben, zu der wiederum eine spezifische Relation besteht und die für das System schon eine vorgeordnete Struktur aufweisen muß und keine „chaotische" Gemengelage darstellt. Wegen der *immanenten Beschränkung der Verknüpfungskapazitäten eines Systems* (LUHMANN) stellt *Systemkomplexität* daher immer schon das Ergebnis einer Komplexitätsreduktion dar. Als symbolisches Kommunikationssystem unterliegt die Organisation bildnerischer Ereignisse auch der Kontingenz, d.h. es produziert unerwartete Zustände, die für die Teilnehmer an der symbolischen Kommunikation einen gewissen Grad von „Ausdrucksfreiheit" (*Kontingenzspielraum*), für den externen Beobachter dagegen Unsicherheiten in der Bewertung des kommunikativen Geschehens mit sich bringen. Als *fokales System* (WILLKE 1996, S. 246ff.) hat die Organisation bildnerischer Ereignisse Anteil an anderen sozialen und soziokulturellen Systemen und an Systemen der Innenwelt, die als Ergebnisse der psychologischen Konstruktion identifiziert werden müssen. Mit H.R. MATURANA[41] könnte man die Mitteilungsmöglichkeiten der Kinderzeichnung „nur" als Anregungspotential (BÜHLER: *appellatives* Material) für eine besondere Form von Kommunikation verstehen, die selektiven Mechanismen unterliegt und die wiederum vom Betrachter/in eine besondere, selektive Aufmerksamkeit verlangt. Bei der *Erschließung* (LUHMANN) dieser Kommunikation hat dieser Interpret/diese Interpretin stärker als in vergleichbaren Kommunikationsformen sein/ihr eigenes Denken mitzubedenken (*Reflexivität*). Mit dem Begriff des *Emergenzniveaus* (der *Emergenzreferenz*) könnten wir auch einem besonderen Phänomen bildhafter Kommunikation gerecht zu werden versuchen, das die Unterbrechung und den Neubeginn von Komplexität berücksichtigt. Wir werden in den nachfolgenden Bildbeispielen auf besonders eindrucksvolle Beispiele von Zusammenbrüchen und Wiederaufbauversuchen von bildhafter Komplexität stoßen.

Der Vorteil der ausgewählten begrifflichen Fassungen für das bildnerischen Geschehen als systemische Organisation wird in dem Augenblick deutlich, in dem wir dieses Geschehen als Entwicklung, und zwar in seinem progressiven wie regressiven Verlauf, auffassen: Die Begriffe Systemkomplexität und Kontingenz verschaffen uns die Möglichkeit, die Zunahme an formaler und inhaltlicher Struktur der zeichnerischen Ereignisse über die Lebensalter des Kindes hinweg theoretisch zu verfolgen, aber auch die Stagnationen, Abbrüche und Regressionen unter dem Einfluß bestimmter Lebenserfahrungen zu beschreiben. Wir haben es ja bei dem „realen" Geschehen im Gegensatz zu der o. angesprochenen und in dem Schema wiedergegebenen Modellvorstellung, die eine kreisartige strukturelle Koppelung aufweist, mit einer Entwicklung zu tun, die sich modellartig eher im Bild einer Spirale fassen läßt und zwar einer Spirale, deren „Radien" sich wegen der Zunahme an bildnerischer Struktur (progressiv) erweitern, die sich aber auch verengen können, wenn sich die Darstellungs- und Ausdrucksbedingungen verändern, das bildnerische Geschehen also regressiv verläuft. (Als anschauliches Bild für die zwei Richtungen dieser Organisation mit ihren speziellen Erweiterungs- und Reduzierungsmöglichkeiten sei auf die Form der Spiralfeder eines Fahrradsattels verwiesen.) Da Entwicklung - auch im ästhetischen Ausdrucksfeld - sich wohl eher in stufenartigen Abläufen (Quantensprüngen) vollzieht, müßte das Modell zusätzlich die Form einer Wendeltreppe annehmen: Aber wer könnte schon eine sich nach unten verengende Wendeltreppe konzipieren - außer MAURITS CORNELIS ESCHER? Wie unsere Bildbeispiele verdeutlichen werden, muß zum Verständnis der komplizierten Abläufe im bildnerischen Geschehen von hochtraumatisierten Heranwachsenden und Erwachsenen ein theoretisches Modell entwickelt werden, das (psychosozial bedingte) Eingriffe in diese Organisation mit perseverierenden und regressiven Wirkungen sichtbar werden läßt, aber auch Remissionen in Richtung auf schon erreichte Darstellungsformen in relativ kurzen Zeitabständen berücksichtigen kann. Außerdem muß, wie wir am Beispiel der Bilder von Frau M. zu zeigen versuchen werden, das Modell auch die Möglichkeit bieten, progressive Verläufe in der bildnerischen Entwicklung zu erkennen.

Wir könnten an dieser Stelle unserer Überlegungen noch weitere systemtheoretische Bedingungen einfügen, die unseren Vorstellungen von einer geregelten (oder emergenten) bildhaften Kommunikationsstruktur entgegenkämen, wenn wir uns damit nicht in die Abhängigkeit LUHMANNSCHER o.ä.[42] Definitionen von Kommunikation im ästhetischen Feld begeben würden. Diese Definitionen hat er 1995 erneut in seiner Schrift *Die Kunst der Gesellschaft* vorgetragen und neben eine Reihe recht traditioneller Bestimmungen, so z. B. die von der eigenen Realität der Kunst (1995, S. 230f.), gestellt. Diese Abhängigkeit würde sich u.a. darin zu erkennen geben, daß wir seiner Auffassung von der Kunst - die uns in diesem Zusammenhang wie so häufig als Analogon zu den nicht-professionellen bildhaften Ereignissen dienen müßte - als *absichtliche* und spezifische Herstellung von Formen zu folgen hätten, sie würde sich aber besonders darin zeigen, daß wir uns seiner (systemnotwendigen) Charakterisierung von Kunst als autopoietische Einheit zu eigen machen müßten. Mit der Übernahme dieser Auffassungen würde für unsere Überlegungen aber auch ein epistemologischer Grundsatz, den wir noch in anderen Kapitelteilen ansprechen werden, Gültigkeit bekommen, der von N. LUHMANN (1995, S. 25) „konstruktivistisch" folgendermaßen formuliert wird:

> *Daß Bewußtseinssysteme füreinander wechselseitig unzugänglich sind, weil sie operativ geschlossen operieren, erklärt zwar den Bedarf an Kommunikation, antwortet aber nicht auf die Frage, wie Kommunikation angesichts eines solchen „Unterbaus" möglich ist.*

Neben bekannten Bestimmungen in der o.g. Schrift, die der Differenzierung des Kunstwerkes von anderen Artefakten oder von Naturobjekten dienen, gibt sich für N. LUHMANN (1995, S. 119f.) das Kunstwerk *an Hand der Formen, die in das Werk selbst eingearbeitet sind,* zu erkennen, oder es kann als *Resultat der in ihm getroffenen Formfestlegungen* angesehen werden.

Unter dem Begriff der künstlerischen Form werden also alle kompositionellen Entscheidungen sowie die Entschlüsse über die Aufnahme thematischer Gegenstände - von N. LUHMANN abwertend als *Inhalte* bezeichnet - und ihre Beziehungen zu stilistischen Vorgaben subsumiert, die das Kunstwerk in seinem Produktionsgeschehen in der *dinglichen Fixierung* durchläuft und welche dem Beobachter die Möglichkeit geben, *am Objekt selbst Beobachtungen zu beobachten* (S. 124). Mit der Formulierung *Beobachtungen zu beobachten* wird einmal das Verhältnis des Betrachters als Betrachter des Produzenten gekennzeichnet und zum anderen die Auffassung der Beobachtungen zweiter Ordnung eingeführt, die charakteristisch für diese Art der Systemtheorie ist. Sie führt zu der Annahme einer Kooperation zwischen dem „produzierenden" Beobachter eines ergänzungsbedürftigen Kunstwerkes (ECO) und dem mitgestaltenden Beobachter; diese Annahme ist nicht von der Hand zu weisen, muß aber in jeder neuen Kooperation anders aufgebaut werden muß. Wie viele andere Redewendungen läßt auch die Formulierung von der *dinglichen Fixierung* der Form, die sich deutlich von den Bestimmungen der klassischen Ästhetik (HEGEL, SCHLEIERMACHER u.a.) und den Aussagen der Kunstwissenschaften (PANOFSKY u.a.) über den symbolischen Charakter des Kunstwerkes abheben soll, den ontologischen Kern der Systemtheorie von N. LUHMANN erkennen.

Der Begriff der Autopoiesis, dem wir uns noch zuwenden wollen, stellt in Hinblick auf das Kunstwerk nach der Auffassung von N. LUHMANN (1995, S. 84f.) nur eine ungenaue Bezeichnung des Sachverhaltes dar, *daß die Elemente des Systems nur im Netzwerk der Elemente des Systems, also nur mit Hilfe von Rekursionen* (Rückgriffen bzw. Wiederverwendbarkeiten, H.-G. RICHTER) *produziert und reproduziert sind.* Das Verständnis von Kunst als autopoietisches System schließt also ein, daß künstlerische Ereignisse nicht Wiederholungen von Gesehenem sind, sondern sich durch die Aufnahme von künstlerisch Neuem von dem Vergangenen unterscheiden. Bei der Systembildung von Kunst-Kommunikation sollen aber die materiellen Realisationen des kommunikativen Geschehens außer acht gelassen werden, weil sie Systemen aus der Umwelt des Kommunikationssystems Kunst angehören. Diese Bestimmung, die im Hinblick auf das Verständnis von Kunstwerken einigermaßen absurde Züge trägt - warum mag sich wohl MICHELANGELO mit dem Behauen von Steinen abgequält haben, wenn er das *Medium Sinn* auch in der Malerei hätte vorzeigen können - macht für die Überlegungen zu einer Ästhetik der nicht-professionellen Bildnerei einen gewissen „Sinn", weil dabei die basalen Gestaltungsmittel, die in diesem

Falle häufig benutzt werden, nicht immer an den Realisationsmitteln der Kunst gemessen werden können. Dieses Medium Sinn, um diesen Begriff in der Formulierung der LUHMANNSCHEN Systemtheorie einzuführen, haben wir ja schon im Kapitelvorsatz angesprochen. Es ersetzt im Hinblick auf die Kunst sowohl die Theorie des kollektiven Wissens, das sich in Kunstwerken, aber auch in nicht-professionellen Ereignissen aufsuchen läßt (vgl. Kapitel 4), als auch das Phänomen der Repräsentation: Als zweite Seite der Form wird Sinn theoretisch zu einer Art *Weltrepräsentationsersatz* (1995, S. 174f.) stilisiert und geht jeder individuellen Sinnstiftung im Kunstwerk voraus. Eine Stelle aus KANTS *Kritik der reinen Vernunft* (A 328, im Original z. T. gesperrt) zeigt, wie nahe N. LUHMANN mit dieser Formulierung der KANTISCHEN Beschreibung der *Vernunftidee* kommt: *So würde man sagen können: das absolut Ganze aller Erscheinungen ist nur eine Idee, denn, da wir dergleichen niemals im Bilde entwerfen können, so bleibt es ein Problem ohne alle Lösung.* Mit dem schon zitierten Begriff *Weltrepräsentationsersatz* enden die Überlegungen von N. LUHMANN zur *„Doppelform" Kunstwerk*, wie eine intensive Auslegung der nachfolgenden Erörterungen LUHMANNS zeigen würde, nicht nur in dem angesprochenen ontologischen, sondern auch noch in einem metaphysischen „Grund".

Man kann verstehen, daß eine Theorie, *die, bis zum Ende durchdacht, auch die in der gesamten Tradition unbestrittene Annahme* ausschließt, *Kommunikation könne Wahrnehmung ausdrücken* (LUHMANN 1995, S.21f.), sich auf einen selbstregulierenden Unterbau (Beobachtung der Beobachtungen) beziehen muß, weil zum einen diese sog. unbestrittene Annahme in der Philosophiegeschichte immer wieder diskutiert und auch bestritten worden ist (zur neueren Literatur vgl. K. SACHS-HOMBACH, Hrsg.: *Bilder im Geiste* 1995) und zum anderen nur im „naivsten" Empirismus/Reduktionalismus Wahrnehmung mit mentaler oder externer Repräsentation gleichgesetzt worden ist. Der Begriff der Wahrnehmung als Ausgangspunkt von Produktion und Interpretation wird in dieser Form der Systemtheorie (nur) ersetzt durch den der Beobachtung (von Differenzen), und es kommt damit zu vergleichbaren Reduktionen im Hinblick auf die Konstitution des theoretischen Gegenstands „ästhetisches Objekt", das mit vielen Bändern an die künstlerische Tradition, an den stilistischen „Zeitgeist", an die individuelle Biographie usw. angebunden ist. Wenn dementsprechend die Interpreten/Interpretinnen der LUHMANNSCHEN Begrifflichkeit dessen Auffassungen von Kunst kommentieren, kommt es z. B. zu der reduktionistischen und platten Feststellung, daß in *der Kommunikation durch das Kunstwerk* [...]

die Wahrnehmung auf neue und reizvolle Weise engagiert ist (BARALDI et al. 1997, S. 104f.) Die Attacken gegen die Vertreter/innen der Wahrnehmungstheorie laufen schon deswegen ins Leere, weil die vermeintlichen Gegner, gegen die solch grobes Geschütz aufgefahren worden ist, nicht existieren. Wir werden in den nachfolgenden Abschnitten zu skizzieren versuchen, wie der Begriff der Repräsentation abzusichern ist, und dabei zu dem Befund gelangen, daß weniger die Begründung des Phänomens der Stellvertretung des einen durch das andere die besonderen Probleme bereitet, sondern daß vielmehr die inhaltliche Füllung des Begriffes der Repräsentation, die ja eine Entscheidung über das Verhältnis von repräsentierendem Material und repräsentierten Merkmalen der Refenzobjekte verlangt, umstritten ist.

2.3.2. Repräsentation und Darstellung

Die Festlegung des Begriffsinhaltes von Repräsentation steht auch im Zentrum jeder Auseinandersetzung über den Charakter der bildhaften Kommunikation. Da wir uns nur mit Auffassungen beschäftigen, die nach der sog. kognitiven Wende, d.h. nach Abkehr von den behavioristischen Ansätzen in der Psychologie (WATSON; SKINNER u.a.) und den repräsentationsfeindlichen Positionen in der Philosophie (etwa im Spätwerk von WITTGENSTEIN[43] u.a.) entstanden sind, geht es uns in den nachfolgenden Kapitelteilen „nur" darum, den Anschluß an eine Definition von Repräsentation zu finden, welche es erlaubt, die Darstellung als System manifestierender bildhafter Repräsentationen in eine Beziehung zu einem System von mentalen Repräsentationen zu setzen. Wir gehen dabei zuerst von der „weichen" Formulierung H.D. ZIMMERS (1992, S. 67) aus, die für unsere Überlegungen fürs erste den Vorteil bietet, Übergänge zu oder gar Kombinationen mit vorbewußten/unbewußten Inhalten einzuschließen oder jedenfalls nicht auszuschließen:

> *Repräsentationen sind Gegebenheiten innerhalb eines (z. B. menschlichen) Informationsverarbeitungssystems, die für Gegebenheiten aus der Umgebung des Systems stehen. Es ist nicht notwendig, daß diese Gegebenheiten bewußt sind oder dem Bewußtsein auch nur prinzipiell zugänglich sind.*

Nun haben Definitionen dieser Art den Nachteil, daß sie uns wegen des großen Bedeutungsspielraums ihrer Termini nur wenig über das Verhältnis von internen Bildern mitsamt deren Referenzobjekten (Gegebenheiten der „empirischen Welt"/extramentalen Objekten) und externalisierten Bildern verraten (wollen). Die zitierte Beschreibung ließe sich unschwer auf die Definition von *Repräsentation als strukturerhaltende Abbildung* (vgl. RORTY in: MORMANN 1997, S. 354f.) beziehen - als „offene" Feststellung könnte sie aber auch einer der naiven Abbildtheorien verpflichtet sein, die sich in der Diskussion über den darstellenden Charakter der Kinderzeichnung so lange unreflektiert behaupten konnten - meist in einer Abgrenzung des *verfehlten Realismus* (LUQUET) der kindlichen Bildnerei gegenüber dem „wahren" Realismus in der Kunst. Wie weit solche Abbildtheorien verbreitet sind, läßt sich an der *Minimalexplikation* des Repräsentationsbegriffs von T. HERRMANN (1988, S. 125) veranschaulichen. Sie erfordert nach seiner Auffassung drei Elemente: (1) ein Repräsentandum (repräsentierender Sachverhalt), das über eine (2) Repräsentationsrelation mit einem (3) Repräsentat (repräsentierten Sachverhalt) verbunden ist. Merkmale der Repräsentationsrelation sind: *Asymmetrie* - d.h. das Repräsentandum repräsentiert das Repräsentat und nicht umgekehrt - *Singularität* und mögliche *Nicht-Existenz.* Singularität kennzeichnet die Tatsache, daß die Repräsentation sich auf singuläre, einzigartige Objekte (z. B. Maus auf Maus) bezieht, Nicht-Existenz gibt an, daß Bilder von nicht-wirklichen Gegenständen und Personen (Einhorn) möglich sind (vgl. DIERSTEIN 1997, S. 82). Die schöne Bezeichnung *Repräsentationsrelation* in dieser Explikation des Repräsentationsbegriffs verdeckt, daß keine Feststellungen über die Ähnlichkeit von Repräsentandum und Repräsentat getroffen werden. Der Kommentar von J. DIERSTEIN läßt vermuten, daß eine Abbild-Relation gemeint ist.

Historisch gesehen haben die Auffassungen von einer Repräsentationstheorie, in denen die Wahrnehmungvorgänge zu internen Bildern führen, die den Objekten der empirischen Welt ähnlich sind, ihre Quelle in den Auffassungen von J. LOCKE und seinen Nachfolgern. Die o. angesprochene Festlegung des Begriffsinhaltes der Repräsentation auf eine Form von strukturerhaltender Abbildung würde einer der Bedeutungen von Repräsentation gerecht, die in der philosophischen und psychologischen Tradition vorliegen. Unter den vier Definitionen im *Historischen Wörterbuch der Philosophie* (Bd. 8, Sp. 790f.) fungiert diese Bedeutung als Nr. 3. Repräsentation wird dort definiert als

> *„Vorstellung" im weiteren Sinne, d. h. als mentaler Zustand mit kognitivem Gehalt;*
>
> *„Vorstellung" im engeren Sinne, d.h. als ein mentaler Zustand, der einen früheren Zustand reproduziert, aus ihm abgeleitet ist, oder sich auf ihn bezieht;*

strukturerhaltende Abbildung durch Bilder, Symbole und Zeichen aller Art;

Stellvertretung.

Allerdings wird in dem Artikel auch beklagt, daß im Gebrauch des Terminus *Repräsentation* die Doppeldeutigkeiten die so differenzierten Bedeutungen in der Verwendung des Begriffs verdunkeln und daß sich begriffsgeschichtlich bisher nur wenige Konturen in der Erarbeitung der historischen Ausprägungen dieser Bedeutungen abzeichnen.

Bei einer groben Einschätzung der genannten vier Grundbedeutungen ergibt sich, daß die Definition (4) als wenig genauer „Oberbegriff" für eine umfassende Bedeutung des Wortefeldes Repräsentation (aus lat.: repraesentare) angesehen werden und damit nur als Grenzzeichen dienen kann, um Formulierungen, in denen das *Wortfeld Repräsentation* auftaucht, von denen zu unterscheiden, in denen es vermieden wird, weil Überlegungen vorgetragen werden, die den verschiedenartigen Positionen des Antirepräsentationalismus verpflichtet sind. Der angesprochene Oberbegriff schließt das Phänomen der Darstellung, an dessen philosophischer und psychologischer Herleitung wir interessiert sein müssen, nicht aus, trägt aber auch nichts zu seinem Verständnis bei. Auch die Definition (1) ist erkenntnistheoretisch so umfassend, daß sie sich vielen nachgeordneten Positionen, vor allem zeichentheoretisch und kognitionstheoretisch ausgerichteten, zuordnen läßt. Die Bedeutungsinhalte der Definition (2) soll an dieser Stelle nicht weiter erörtert werden, weil zu ihrem Verständnis Auffassungen über den Charakter und die Tätigkeit des Gedächtnisses (einen *früheren Zustand* reproduzierend) vorausgesetzt werden, die in unseren Erörterungen erst im Kapitelteil 5.2. angesprochen werden.

Als eine einstweilen zureichende Definition von Repräsentation bleiben somit die inhaltlichen Festlegungen in (4), die u.a. ihren Ursprung und ihre frühe theoretische Explikation in der Monadenlehre von G.W. LEIBNIZ haben: *In der modernen Leibniz-Interpretation besteht Einigkeit darüber, daß der Gedanke der eindeutigen Zuordnung bzw. der strukturerhaltenden Abbildung das Fundament der Leibnizschen Metaphysik, Erkenntnistheorie und Psychologie der Repräsentation bildet.* Für S. KRÄMER ist die Repräsentationstheorie von G.W. LEIBNIZ auch darum von besonderem Interesse, weil dieser als erster das *Denken als formale Symbolmanipulationen beschrieben hat* (Historisches Wörterbuch der Philosophie, Bd. 8, Sp. 808ff.). Bei O.R. SCHOLZ (1991, S. 57) findet sich die Übersetzung einer Passage aus den Erörterungen von G.W. LEIBNIZ über das Phänomen der *repraesentatio,* die sich zur Charakterisierung des Darstellungsbegriffs anbietet:

> *Für das Ausdrücken (Darstellen) einer Sache in einer anderen (durch eine andere) reicht es nämlich aus, daß es ein gewisses konstantes Gesetz von Relationen gibt, durch das die einzelnen (Teile) in der einen auf die entsprechenden einzelnen (Teile) in der anderen bezogen werden können.* [...]
>
> *Daher ist es offenkundig nicht notwendig, daß dasjenige, was ausdrückt, der ausgedrückten Sache ähnlich ist, wenn nur eine gewisse Analogie der Relationen gewahrt ist. Einschübe in Klammern entsprechen der Doppeldeutigkeit bzw. der Notwendigkeit von Ergänzungen des lateinischen Textes.*

Im zweiten Abschnitt des Textes irritiert die Formulierung *Ähnlichkeit ist nicht notwendig,* dabei gilt es aber zu bedenken, daß diese Definition auch nicht-gegenständliche Repräsentationen umfassen soll - etwa die Darstellung der Temperatur durch eine Quecksilbersäule. Aber natürlich ergeben sich aus dieser Definition bemerkenswerte philosophische, bes. erkenntnistheoretische Probleme, weil mit diesen Formulierungen einerseits eine allgemeine Bildertheorie begründet zu sein scheint, die jeden Einzelfall regulieren soll, andererseits die Beziehung der definierten relationalen Analogie zu einer Vorstellungstheorie, Theorie der mentalen Repräsentationen o.ä. nicht deutlich wird, sondern definitorisch nur empirische Objekte mit ihren Darstellungsrepräsentanten in Beziehung gesetzt werden. Es läßt sich leicht nachweisen, daß das angesprochene *Gesetz von Relationen* für fiktionale Bilder (vom Einhorn bis zur monochromen Malerei), aber auch für andere Bildsorten, durch immer neue Ausnahmen (SCHOLZ: *zusätzliche empirische Beschränkungen*) geschwächt wird. Erkenntnistheoretisch wurde der Begriff der Darstellung, soviel sei hier nur angemerkt, von KANT (*Kritik d. reinen Vernunft,* B 176ff. bzw. *Kritik d. Urteilskraft,* §59) für den Erkenntniswert eines (Verstandes-)Begriffs eingeführt, dem eine Anschauung entspricht, wobei der mathematischen Darstellung die Qualität der reinen Anschauung zukommt.

Die skizzierten Auffassungen von G.W. LEIBNIZ von der Repräsentation als Analogie der Relationen sind für die neueren ontologisch geprägten Repräsentationstheorien von Bedeutung, aber auch seine *Monadenlehre* ist wegen ihrer mechanistischen Aspekte, die wir hier nicht weiter verfolgen können, für Auffassungen interessant, die das mentale Geschehen in den Modellen von Maschinenabläufen und Computersystemen abzubilden versuchen. Die skizzierten inhaltlichen Ausformungen des Begriffs der Darstellung lassen sich im Falle von bildhaften Zeichensystemen, um die es in unseren Überlegungen ja geht, noch anreichern durch die Feststellungen, daß nicht-natürliche Darstellungen gegenüber anderen Repräsentationsformen eine besondere syntaktische und semantische Dichte aufweisen müssen, wobei mit der Bezeichnung *nicht-natürlich Darstellungen* produzierte - im Gegensatz etwa zu unproduzierten Spiegelbildern - gekennzeichnet werden, und daß sie - im Falle gegenständlicher Darstellungen - ein Moment von Konventionalität aufweisen: *Von Karten, Diagrammen und vielem anderen unterscheiden sich Bilder graduell, indem sie mehr „Fülle" besitzen, schließlich sind Bildsysteme syntaktisch „gedrängter" als andere Symbolsysteme, besonders als Sprachen* (SCHOLZ 1991, bes. S. 110).

Für unsere Überlegungen zum Begriff der bildhaften Darstellung dürften in diesem Zusammenhang die Kennzeichnungen *analog* bzw. *strukturerhaltend* sowie *produziert* und *konventionell* von besonderer Bedeutung sein, weil sich in den Darstellungen der kindlichen Bildnerei (als externalisierte Repräsentationen von internen Repräsentationen) einmal die Entwicklung von strukturbildenden zu strukturerhaltenden Bildzeichen und Bildorganisationen nachvollziehen läßt, zum anderen aber auch die Verluste an Strukturerhaltung, an syntaktischer und semantischer Dichte als Resultate schwerer Traumata sichtbar werden. Zudem können sie als produzierte Ereignisse (Symbole) angesehen werden, die einen hohen Grad an Konventionalität aufweisen (GOODMAN 1968; SCHOLZ 1991). Diese Feststellungen über die Verfassung und die Funktion von Repräsentationen stehen damit nicht im Widerspruch zu den eingangs angesprochenen Auffassungen von der symbolischen Konstitution der externalisierten Manifestationen, weil die Darstellungsrepräsentationen sich zu Symbolsystemen zusammenschließen können, die - in Analogie zu sprachlichen Kennzeichnungen ausgedrückt - metaphorischen Charakter haben.

2.3.3. Repräsentanzen und Phantasien

Wissenschaftsgeschichtlich gesehen scheint es nicht ohne Ironie zu sein, daß in dem Zeitraum, als einige Vertreter der analytischen Philosophie in ihren theoretischen Annahmen ohne den Begriff der Repräsentation auszukommen versuchten, die Psychoanalyse, die sich lange um eine Konkretisierung der strukturbildenden Begriffe *Vorstellung/Phantasie* (*Urphantasie*) und *Repräsentation/Repräsentanz* gedrückt hatte, sich u.a. im Zusammenhang mit der Säuglingsforschung und in der Auseinandersetzung mit den epistemologischen Positionen J. PIAGETS um neue Einsichten in das Phänomen der Repräsentation bemühte. Dabei läßt sich, wie wir im Kapitel 6 über das *Paradigma des Traums* (FREUD) zu zeigen versuchen werden, schon die Auffassung FREUDS um 1900, die von der Inkorporation bestimmter Traumgedanken in die verbildlichenden Konfigurationen ausgeht, als eine Denkfigur verstehen, die den inhaltlichen Anforderungen des Begriffes der Repräsentation genügt. So gehen auch L.M. ZELNICK/E.S. BUCHHOLZ (1991, S. 814f.) in ihrer Darstellung der Positionen FREUDS in der Frage nach den internen Repräsentanzen davon aus, daß die o. angesprochenen oder ähnliche Formulierungen die Annahme bestätigen, daß auch für FREUD die psychische Welt aus Repräsentanzen/Repräsentationen von Wahrnehmungen der äußeren Welt bestehe (vgl. auch unsere Darstellung im Kapitel 6. bzw. 6.3.). Allerdings wird durch die Ausdrucksweise *Traumgedanken* oder ähnliche Wendungen verschleiert, daß es sich bei diesem internen Material um unbewußte Inhalte, Phantasien o.ä. handelt, deren Entstehung kaum in den Kontext der Entwicklung von allgemeinen Wahrnehmungsaktivitäten, wie man mit J. PIAGET sagen könnte, gestellt werden kann. Die Annahme solcher Materialien setzt nämlich *frühe Kompetenzen* beim Aufbau von Objektrepräsentanzen voraus, die unter naturalistischen Gesichtspunkten (D. STERN u.a.) betrachtet, in diesem Alter noch nicht vorhanden sein können, aber (theoretisch) vorhanden sein müssen, weil diese Repräsentanzen schon bestimmte Aufgaben zu erfüllen haben. Um es anders zu formulieren: In Zeiten vorgegenständlicher interner Phänomene und „Erinnerungen", die u.a. vom Körperselbst bestimmt werden, müssen nach dieser Auffassung bereits Repräsentanzen/Repräsentationen von Personen und interpersonalen Aktivitäten vorhanden sein, weil die Triebimpulse Material benötigen, an das sie sich *anheften* können. Mit den Erörterungen von E. JACOBSON (1964ff.) festigte sich auch in der Psychoanalyse als Ergebnis der neuen Auffassungen über die psychodynamische Entwicklung die

> *Ansicht, daß Kinder allmählich innere „Bilder" oder „Vorstellungen" ihrer (kognitiven, affektiven, interpersonalen, geistigen, verbalen, vokalen, olfaktorischen, kinästhetischen) Erlebnisse konstruieren können und dies auch tun.* [...] *Eines der Dogmen der psychoanalytischen Theorie* [...] *besagt, daß innere Repräsentanzen eine eher späte Er-*

rungenschaft sind, [...] *die möglicherweise erst gegen Ende des zweiten Lebensjahres vorhanden sind. Dann hat sich die Fähigkeit, zu symbolisieren und sprachlich zu abstrahieren, gefestigt.* (ZELNIK/BUCHHOLZ 1991, S. 816; vgl. JACOBSON 1992).

Es ist nur schwer zu verstehen, warum Auffassungen wie die skizzierte Position von E. JACOBSON, welche die seit langem erstarrten Ansichten der Psychoanalytiker/innen über die Entwicklung und die Funktion innerer Bilder näher an die Ergebnisse der Bindungs- und Säuglingsforschung heranführten bzw. solche Forschungen vorbereiteten, in dem voranstehenden Text wiederum als *dogmatisch* bezeichnet werden, denn es zeichnet sich in diesen Texten und in dieser Zeit die Wendung zu einer realistischen, „naturalistischen", durch Beobachtungen gestützten Sicht der interpersonalen Aktivitäten und der Ausbildung innerer Repräsentanzen ab, auch wenn z. B. J. SANDLER/B. ROSENBLATT in ihren initiierenden Überlegungen, die ausdrücklich dem *Begriff der Vorstellungswelt* gewidmet sind, noch 1962 (S. 243) die Trennung von Selbst und Anderem nicht als Voraussetzung, sondern als Ergebnis der Bildung von Repräsentanzen bzw. inneren Bildern angesehen haben. Sie stellen aber ausdrücklich fest, daß der Aufbau der *Vorstellungswelt* [...] *eine Funktion des Ich* sei und widerstehen damit den in der Tat dogmatisierten Auffassungen von M. MAHLER 1992 u.a. (vgl. EAGLE 1988, S. 26ff.), welche das frühe kindliche Verhalten im Begriff der *Symbiose* zu erfassen versuchen und die (unbewußten) Phantasien voraussetzen, ohne sie als Verdrängungen wahrgenommener und erlebter Ereignisse anzusehen. Auffassungen dieser Zeit zeichnen sich auch, wie wir an anderen Stellen noch deutlicher zu zeigen versuchen, durch eine Rezeption der Vorstellungen von J. PIAGET über die Entwicklung der symbolischen Aktivitäten, bes. über den Aufbau affektiver und kognitiver repräsentationaler Schemata aus - darüber und über die Art der Rezeption dieser Gedanken in den verschiedenen psychoanalytischen Konzepten wird bei L.M. ZELNICK/E.S. BUCHHOLZ (1991, S. 825ff.) einiges an Material zusammengetragen. Allerdings ist aus den angesprochenen Texten nicht zu ersehen, wie man sich neben oder durch den Aufbau von inneren Bildern die Entstehung unbewußter Repräsentanzen (SCHIMEK: *unconscious mental representation*!) vorzustellen hat. Außerdem bleibt auch bei den genannten Autoren/Autorinnen die enge Bindung der (unbewußten) Repräsentanzen an die inhärenten Triebimpulse, wie sie von FREUD vorgezeichnet worden ist, bestehen. Wenn man sich den Auffassungen von M.N. EAGELS (1988, S. 246ff.) über eine neue Sicht vom Verhältnis von Ich und Es anschließt, dann zeichnet sich zumindest für das zuletzt genannte Problem eine Lösung ab. EAGLE wendet sich nämlich gegen die *Vorstellung, daß der Trieb von Natur aus dem Ich feindlich gegenübersteht* und daß das Triebgeschehen sich auf einen monistischen Impuls (Sexualtrieb) oder auf dualistische Antriebe (Libido vs. Todestrieb) reduzieren lasse; für ihn bestehen diese Triebereignisse vielmehr aus einem Bündel von vitalen Ansprüchen, d.h. biologischen, *organismischen Bedürfnissen*, die im Idealfall mit den Intentionen, Absichten und bewußten Motiven übereinstimmen, und er geht davon aus, daß die vitalen Bedürfnisse mit Motiven wie Selbstwertgefühl, Neugier, Forscherdrang u.a. einhergehen.

Das Es, um den Gedankengang von M.N. EAGLE fortzuführen, entstünde dann als Resultat entfremdeter (entpersönlichter) Repräsentationen, die den vielfältigen vitalen, universalistischen Es-Impulsen, also dem *biologischen Substrat* zu psychischem Dasein verhelfen würden. Wir können hier nicht im einzelnen nachzeichnen, daß in diesem Konzept der Mensch als Mängelwesen aufgefaßt wird, dem es nur schwer gelingt, die vitalen, biologisch begründeten Bedürfnisse in individuelle (sozial nicht sanktionierte?) Wünsche und Ziele umzuwandeln. Zu den Problemen der Verdrängung und des spezifischen Charakters des Es, in der o. skizzierten neuen „Repräsentanzen-Theorie" ausgeblendet zu sein scheinen, sei hier nur soviel angemerkt, daß die Vorstellung vom Es als *brodelndem Kessel* (A. FREUD 1936 u. viele nach ihr) dem Konzept der verleugneten Aspekte der Persönlichkeit - und im Falle unseres Themas: der verleugneten Wahrnehmung - nicht gerecht wird. Wir werden in einigen Kapitelteilen auf diese Fragestellung eingehen und dort zu zeigen versuchen, daß die frühe Auffassung FREUDS (G.W. Bd. I, S. 181f.), nach der das Ich die *Verweisung der widersprechenden Vorstellung* (ins Unbewußte) betreibt, unserer Annahme, bildnerische Ereignisse als Resultate verleugneter Wahrnehmungen und ihrer internen Repräsentationen aufzufassen, entgegenkommt.

2.4. Beispiel Sprache: Grundlagen eines mehrschichtigen Deutungsansatzes

M.W. BATTACCHI et al. haben in ihrer Untersuchung *Emotion und Sprache* (1996) eine einfache Gliederung der Deutungsansätze vorgeschlagen, die sich als Ausgangspunkt für einführende Überlegungen in den Problemkreis eines mehrschichtigen Deutungsansatzes eignet. Die Autoren unterscheiden drei Unterarten der Interpretation linguistisch-sprachlicher Äußerungen; zu diesen drei Verfahren rechnen sie auch schon eine *historisch-klinische*

Methode (1996, S. 61ff.), wagen sich also in Bezirke vor, die einer biographisch-rekonstruierenden Analyse von Resultaten/Erscheinungsformen konfliktgeprägter Äußerungen vorbehalten sind.

Die erste Form der Interpretation ist nach ihrer Ansicht so offensichtlich, daß sie in der Regel kaum zur Kenntnis genommen wird: Es geht dabei um die Feststellung, daß linguistischen Zeichen immer eine Bedeutung zugeschrieben wird, werden muß, wie z. B. in dem Satz *Ich habe einen Apfel gegessen* einer bestimmten Handlung ein Sinn zugeordnet wird, der interpretatorisch erfaßt werden kann. Wir werden zu zeigen versuchen, daß die Interpretation solcher Sätze - z. B. für S.M. KOSSLYN/J.R. POMERANTZ - nicht so „offensichtlich" ist, wie die Autoren anzunehmen scheinen. Außerdem muß nach der Auffassung von G. BATESON und J. RUESCH (BATESON 1972/1996; 1965/1995; RUESCH/BATESON 1968/1995) in solchen Fällen, in denen mit irregulären Kommunikationsstrukuren zu rechnen ist, zuerst eine Überprüfung vorgenommen werden, ob der Aussage eine logisch-argumentative Struktur zugrunde liegt oder ob es sich um eine *deklarierte* (als solche gekennzeichnete) Metapher handelt. Beiden Autoren[44] kommt das Verdienst zu, eine abweichende, z. B. paranoisch geprägte Art der Kommunikation auf der formalen Ebene beschrieben zu haben und als (eine) Hypothese für die Ursache solcher unkonventionellen Kommunikationsgewohnheiten auf bestimmte, von unauflösbar widersprüchlichen Sequenzen gekennzeichnete Kommunikationserfahrungen des Kindes hingewiesen zu haben, die schließlich dazu führen, daß *die Abfolge von Ereignissen in der äußeren Erfahrung des Patienten für die inneren Konflikte in der logischen Typisierung verantwortlich ist*[45]. G. BATESON und viele andere nach ihm haben diese Abfolge von Erfahrungen, die zu irregulären Verständigungsmustern führen, mit dem Begriff der *double-bind-Kommunikation* bezeichnet. Für unsere Erörterungen der Hermeneutik bildhafter Objekte läßt sich diese Form der Zuweisung von Bedeutungen zu Bildzeichen auf der Ebene der Morphogenese und des *Phänomensinns* verfolgen und einer Deutung unterziehen. Wir haben im Einleitungskapitel eine „regelgerechte" Morphogenese, also eine Entwicklung der Darstellungsaktivitäten der Heranwachsenden, nachzuzeichnen versucht und durch Elemente einer bildnerischen Semantik ergänzt und werden im Verlauf der Erörterungen mehrfach auf diese Form der bildhaften Verständigung eingehen. Wir werden aber auch auf sehr unterschiedliche Formen von gestörter bildhafter Verständigung treffen, die sich nicht (nur) auf die sog. Beziehungsfalle (*double bind*) zurückführen lassen, sondern Ausdruck schwerer traumatisierender Erfahrungen sind, bei denen

Kommunikationsstörungen in der angesprochenen Form nur Begleiterscheinungen darstellen.

Die zweite Interpretationsform bezeichnen M.W. Battacchi et al. in Anlehnung an eine Formulierung von J. Piaget als *assimilative Interpretation* und versuchen mit dieser begrifflichen Fassung eine Form der Deutung zu kennzeichnen, die auf der Grundlage *vorausgesetzter Informationen,* wie *Allgemeinwissen über eine Situation*, allgemeine Verhaltenskonzepte usw., vorgenommen wird, die aber auch schon auf Einsichten über den Autor/ die Autorin des Textes und seine/ihre persönlicher Lebensumstände beruht. Die Charakterisierung *assimilativ* soll wohl hervorheben, daß dem schon verfügbaren Deutungsvermögen und den bereits vorhandenen Informationen (= Vorverständnis) in jedem neuen interpretatorischen Zugang weitere Möglichkeiten und Inhalte hinzugefügt, assimiliert werden. Die Autoren kennzeichnen damit die Verstehensmethode des sog. Hermeneutischen Zirkels, dessen Qualifikationen für die Deutung nicht-professioneller Werke wir im abschließenden Kapitelteil (14.8.) ansprechen werden. Diese Ebene der Deutung sprachlicher Texte - bei M.W. Battacchi ist die Rede von Sätzen - läßt sich mit S.M. Kosslyn/J.R. Pomerantz u.v.a. auch als Interpretation des *propositionalen Wissens* oder des *kollektiven Wissens* (Krappmann/Oswald in: Youniss 1994, S. 9) bezeichnen. Da es für die Interpretation bildhafter Ereignisse keine spezifischen Sammlungen von kollektiven Motiven (= von Sätzen/Texten) gibt, wie sie für die sprachlichen Objektivationen in der Literatur, aber auch in der Alltagssprache vorliegen, müssen wir bei den Deutungsversuchen von bildhaften Motiven auf die kunstwissenschaftliche Methode der Ikonographie zurückgreifen, die wir damit als verwandtes/analoges Verfahren zur Aufschlüsselung ästhetischer Motive in Anspruch nehmen werden. Die Formulierung *proportionales Wissen* oder ähnliche Redewendungen verdecken aber, daß es sich bei den bildhaften Motiven um Gebilde handelt, die außer (bewußtem) Wissen auch emotional-expressive Anteile der produktiven Persönlichkeit präsentieren - darin gleichen sie dann wieder der sprachlichen Metapher. Wir werden in einem eigenen Kapitelteil (3.3) Mutmaßungen über den Zusammenhang von intendierten oder „mitgebrachten" Kognitionen und Affekten/Emotionen im bildnerischen Motiv anstellen und dabei Theorien nachgehen, die von einer Schichtung bewußter und expressiv-emotionaler Inhalte in der Motivgestalt ausgehen und diesen Standpunkt zu rechtfertigen versuchen. In der Interpretation der Bildbeispiele soll dann deutlich werden, wie man sich diese Form der Inkorporation von rationalen und irrationalen Bestandteilen eines Motivs - immer mit dem Blick auf Werke der nicht-professionellen Bildnerei - vorstellen kann. Auch die Auffassungen über die angesprochenen *persönlichen Lebensumstände*, die schon auf dieser (zweiten) Ebene der Auslegung von Texten oder Bildern für jede Interpretation wichtige Hinweise liefern, werden wir in einem besonderen Kapitelteil (3.4) verfolgen.

Die dritte Auslegungsform stellt für M.W. BATTACCHI et al. die psychoanalytisch orientierte Interpretation dar, die sich auf solche Äußerungen richtet, welche sich dem *manifesten Gesprächsverständnis entziehen* und dem Autor/Sprecher unbekannt sein können. Diese Auslegungsform läßt sich nach der Auffassung der Autoren als *symbolisch* kennzeichnen, weil sie über die manifesten Ausdrucksprozesse hinaus auf verdrängtes, unbewußtes Material verweist. Wir werden in unserer Darstellung von Deutungsmöglichkeiten bildnerischer Motive die Kennzeichnung symbolisch auch schon für Manifestationen der zweiten Auslegungsebene in Anspruch nehmen, weil bereits in diesen Objektivationen die tradierten Sinnfiguren und die individualisierten Bedeutungen dem realisierenden Material inhärent sind (PANOFSKY: *disguised symbolism*) und gedeutet werden müssen. Der doppelten Bedeutung des Symbolbegriffes läßt sich in manchen der nachfolgenden Erörterungen nur entgegenwirken, wenn *symbolisch* im psychoanalytischen Sinne als *tiefensymbolisch* gekennzeichnet wird. Das Problem der *historischen Wahrheit*, auf die nach der Auffassung von M.W. BATTACCHI et al. (1996, S. 63) jede Interpretation abzielen sollte, werden wir in einer umfassenden Auseinandersetzung mit den Auffassungen von R. SCHAFER (Kapitelteil 7.1) ansprechen.

3. Bildhafte Motive als kognitive Konstruktionen mit emotionalem Gehalt

3.1. Morphogenese oder Aller Deutungen Anfang

Den Überlegungen zur Entwicklung von Formen, Gegenständen und Bedeutungen in der kindlichen Bildnerei, die wir im vorhergehenden Kapitel vorgestellt haben, sollen an dieser Stelle noch zwei Thesen hinzugefügt werden, hinter deren scheinbarer Banalität sich schwierige Problemfelder in der Beurteilung und dem Verstehen des bildnerischen - und auch des künstlerischen - Ausdrucks verbergen: 1. Die bildnerischen Äußerungen von Heranwachsenden unterscheiden sich nicht nur von Person zu Person in ihren Ausdrucksqualitäten (struktureller Dichte, Motivorganisation, Mitteilungsgehalt), sondern auch in den Bildreihen einzelner Kinder lassen sich (intrapersonal) Stufen von unterschiedlichen Ausdrucksqualitäten feststellen, die auf jeweils unterschiedliche situative und/oder überdauernde Erlebnis- und Erfahrungsinhalte zurückgehen. Mit dieser Vorbemerkung soll dem Eindruck entgegengewirkt werden, daß alle bildnerischen Ereignisse von Heranwachsenden bedeutende, auf schwerwiegende Konflikte verweisende Repräsentationen psychischen Materials enthalten. Nur: hier wie in anderen Verhaltensäußerungen sind es die irregulären, belasteten Manifestationen, die in diagnostischen und therapeutischen Zusammenhängen auftauchen und das Bild des Mediums zu bestimmen scheinen. 2. Diese psychischen Materialien dringen - falls sie überhaupt mitgeteilt werden können: eine Form der Reaktion auf schwere psychische Störungen ist ja auch das Schweigen - sofort und ohne (etwa therapeutisch nutzbare) Zeitverschiebung in die bildnerischen Ereignisse von Heranwachsenden ein. Diese *ästhetischen Reaktionen* auf *kritische Lebensereignisse* (Filipp) zeigen sich bereits in den prä-figurativen Kritzelereignissen sowie in den frühen gestischen Repräsentationen und natürlich in den verschiedenartigen Ausprägungen der Schemaereignisse, d.h. in den Formen der bildnerischen Realisationen mit analog-darstellenden Materialien.

Wir widersprechen besonders mit der zweiten These der interessanten Auffassung von H. Bachmann (1985), daß die frühen Erfahrungs- und Erlebnisinhalte, für die nach Auffassung der Autorin in diesem Alter (von 0 bis 36 Monaten) noch kein adäquates bildnerisches Ausdruckssystem zur Verfügung steht, erst zeitlich verschoben in den bildnerischen Ereignissen von vier- bis achtjährigen Kindern zum Ausdruck kommt. Die Autorin veranschaulicht diese These mittels einer eindrucksvollen Graphik, in der die ersten - in unserem Sinne: prä-figurativen - Zeichenbildungen mit frühen psychischen Entwicklungszuständen und Konflikterfahrungen in Beziehung gesetzt werden, deren begriffliche Bestimmung (*Autismus, Symbiose*) aus der psychoanalytischen Theorie M. Mahlers[46] entlehnt sind. Sie verfolgt dann die weitere Entwicklung der *Individuation* bis zu dem Zeitpunkt um das siebte Lebensjahr, in dem *das Kind sich weitgehend eingeholt hat, also wirklich das gegenwärtige innere Erleben fassen und zum Ausdruck bringen kann* (Bachmann 1985, S. 77). Erst zu diesem Zeitpunkt kann es dem Kind gelingen, seine gegenwärtigen und vorhergehenden Erfahrungen und Erlebnisse bildnerisch zu realisieren. Wir verzichten hier auf eine umfassendere Darstellung der Individuationsgeschichte (Entwicklung des Selbst) im Sinne der Auffassungen von M. Mahler und H. Bachmann, weil die neueren psychoanalytischen Theorien des Selbst diese *dogmatisierten* Positionen zugunsten offener und empirisch (*naturalistisch*) abgesicherter Auffassungen aufgegeben haben. Die angesprochene Auffassung von H. BACHMANN hat, wenn es um die These über das „aufgeschobene" Ausdrucksverhalten in der kindlichen Bildnerei geht, ihre Vorläufer in den Darstellungen von W. GRÖZINGER und J. JACOBI[47]; sie ist mittlerweile auch in die Überlegungen anderer Autoren zum Geschehen in der Kinderzeichnung eingegangen (MENZEN) und erfreut sich auch bei den Studierenden großer Beliebtheit. Ihre (unausgesprochene) theoretische Fundierung ist wohl in der/einer Traumatheorie FREUDS zu suchen, aus der die Vorstellung entlehnt ist, daß mit dem Ausbruch einer Neurose im frühen Jugendalter nach einer langen Latenzphase die verspätete Wirkung eines Traumas manifest wird[48], dessen Ursprünge in einem schockartigen (aggressiv-sexuellen) Erlebnis in der Kindheit zu suchen ist. Für den Bereich des kindlichen Ausdrucks - um den Mund nicht zu voll zu nehmen - beruht diese Auffassung allerdings, wie wir am nachfolgenden Bildbeispiel zu demonstrieren versuchen, auf einer ungenügenden Beobachtung des tatsächlichen, in der fraglichen Zeit sich abspielenden Ausdrucksgeschehens und einer ungenauen Einschätzung der Möglichkeiten und Grenzen bildnerischer Produktion in den verschiedenen Stadien der Lebensgeschichte - besonders aber im frühen Kindesalter. Diese ungenaue Einschätzung macht sich - das sei hier nur am Rande angemerkt - speziell in der Beurteilung der bildnerischen Ereignisse bemerkbar, die als Ausgangsmaterialien zur Förderung des Ausdrucksgeschehens behinderter Heranwachsender in den Blick genommen werden müssen. In der nachfolgenden Analyse des Bildes soll das Eindringen von besonderen Erlebnisinhalten in ein bis dahin „ruhig dahinplätscherndes" bildnerisches Entwicklungsgeschehen verfolgt und in seinen Auswirkungen bedacht werden.

REBEKKA, die Zeichnerin des Bildes (Abb. 21), war 2;6 Jahre alt, als das Bild entstand. Es gehört dem äußeren Anschein nach noch ganz in die Phase der frühen Kritzelereignisse, die wir o. als prä-figurativ bezeichnet haben, um darzustellen, daß sie den gegenstandsanalogen Figurationen vorausgehen. Dem teilnehmenden Beobachter - eine andere Form der Betrachtung hat bei der Analyse solch diffiziler früher Geschehnisse kaum eine Möglichkeit zur Einsicht in das besondere Geschehen - zeigten sich aber zwei außergewöhnliche Merkmale: der dynamische, kräftige Strich, mit dem die Kreiskritzel und die diagonal geführten Linien ausgeführt worden sind, und die zwei roten Tupfer, - links punkthaft, rechts knäuelartig gesetzt. Die weit ausgreifende, dynamisierte Strichführung war für die bildnerischen Aktivitäten des Kindes in dieser Zeit nicht charakteristisch; sie neigte eher zu vorsichtigen gestischen Setzungen. Auch die roten Flecken als minimalisierte Ereignis-

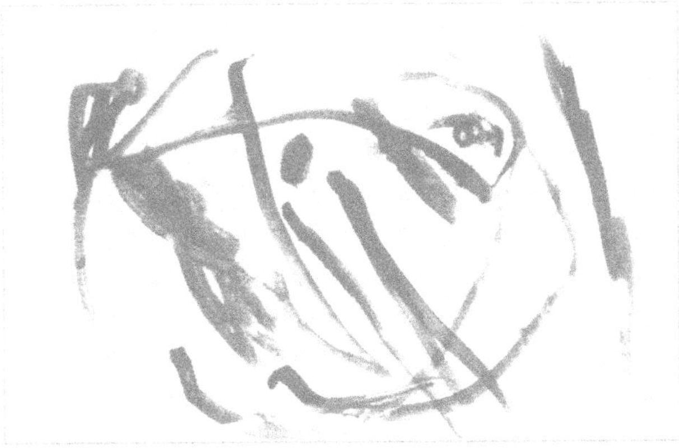

Abbildung 21

se, die schon auf frühe figurative Repräsentationen verweisen, entsprechen nicht ihrer bis dahin geltenden zeichnerischen Produktion.

Dem bildnerischen Geschehen war einige Stunden zuvor ein besonderes Erlebnis vorausgegangen: REBEKKA hatte gesehen, wie in der Nachbarschaft ein Gartenhäuschen nach einem Blitzeinschlag abbrannte und war sehr erregt und beeindruckt, aber auch verwirrt über dieses Ereignis, das noch kein Äquivalent in ihrer Erfahrungswelt hatte. Sie hatte in dieser Zeit angefangen, „Warum-Fragen" und Fragen nach der moralischen Legitimation[49] von Ereignissen zu stellen; so fragte sie etwa beim Anblick eines Gewitters: *Darf der Blitz das?* Sie nannte ihr Bild ausdrücklich *ein Feuer* und *das brennende Haus* und gab dem in den Augen der Erwachsenen eher unbedeutenden Geschehen damit eine umfassendere, individualisierte Bedeutung. Wie schwierig eine Analyse solcher frühen bildnerischen Ereignisse ist, kann man daran ermessen, daß auch der geschulte Beobachter nicht sagen konnte, ob es sich bei dem kastenförmigen Gebilde, rechts vor der abschließenden schwarzen Linie, um eine frühe Hausdarstellung handelt, die sich als spontane Wiedergabe von Inhalten der Wahrnehmungssituation bildete, oder um eine eher zufällig entstandene Figuration. Für die Hausdarstellung spricht, daß sich am unteren Rand drei rote Striche erkennen lassen, die als Flammen zu dem früh-figurativen Gehäuse passen würden. Da Bilder in diesem Alter noch keine erkennbare Orientierung an den Blattkanten bzw. an der Horizontalen und Vertikalen aufweisen, könnte das Hauszeichen durchaus in dieser „Schief-Lage" auftauchen.

In der Analyse sollte deutlich werden, daß Kinder auch schon in ihren frühen zeichnerischen Ereignissen auf aktuelle Erlebnisse eingehen, wenn sie

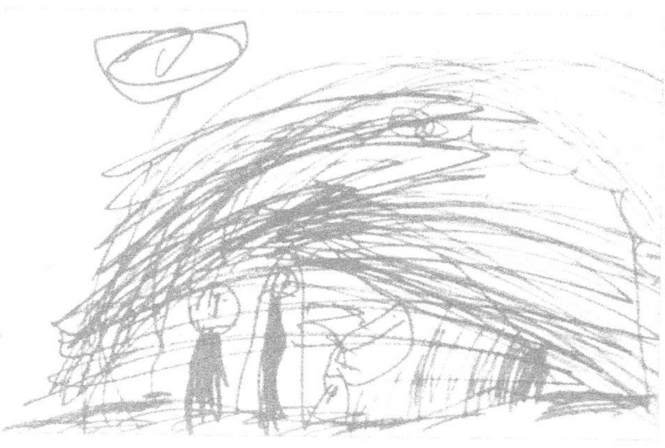

Abbildung 22

denn subjektiv beeindruckend und/oder auch *kritisch* (FILIPP) sind; d.h. sie veröffentlichen besondere Materialien samt deren affektiven Qualitäten (u.a. Ängste, aber auch Freude, Befriedigung über Konstanzerlebnisse) mit den graphischen Mitteln ihres jeweiligen Realisationssystems. Die besonderen, über die Darstellung bestimmter bildnerischer Figurationen hinausgehenden Bedeutungen werden aber in der Regel von den Betrachtern nicht erkannt - sie können nicht erkannt werden, weil ihnen der Zugang zu dem situativen Geschehen fehlt, das die bildnerische Struktur kurzfristig oder langandauernd beansprucht hat. Bildnerische Motive dieser Art, zu denen als interne, „tragende" (THOMAE 1988: *chronifizierte*) Strukturen schon aufgeschobene Nachahmungsinhalte (PIAGET 1969) gehören, werden also nicht (nur) zeitlich versetzt in Bildern wiedergegeben, wie die Auffassung von H. BACHMANN nahezulegen versucht, sondern dringen direkt in das zeichnerische Geschehen ein. Ob und wie die kognitiven Repräsentationen und die affektive Dynamik dieser Erlebnisse, für das unser Bild ein Beispiel sein sollte, in der formalen und inhaltlichen Struktur späterer bildnerischer Ereignisse wieder auftaucht, weil sie als Element/Ferment einer *Episode* (STERN) oder gar eines umfassenderen internen Konzepts Teil des (auto-)biographischen Gedächtnisses[50] geworden sind, läßt sich nicht immer mit genügender Sicherheit vorhersagen. Es ist aber durchaus möglich, daß auch in den Bildern von sechs-/siebenjährigen Kindern diese in ein biographisches (-Selbst-)Konzept eingebundenen frühen Erlebnis- und Erfahrungsinhalte die strukturellen bildnerischen Merkmale und Motive mitbestimmen. So läßt sich z. B. in der zeichnerischen Entwicklung von REBEKKA über eineinhalb Jahre später ein Bild (Abb. 22) nachweisen, daß noch in einem - nur dem teilnehmendem Beobachter auffälligen - inneren Zusammenhang mit dem frühen Bild steht. Sie zeichnete zuerst ihre Eltern - die Mutter fährt ihren kleinen Bruder in einem Buggy (vgl. Abb. 7), Mutter und Buggy „stehen auf einem Boden" (Selbst-Kommentierung) - und suchte dann nach schwarzen und blauen Filzstiften, um *tiefe Dunkelheit zu malen*. Der weiterführende Kommentar lautete: *Es ist dunkel und es hat gebrannt*. Über die verbale Randbemerkung wird also eine deutliche Beziehung zu dem Thema "Blitz und Feuer" hergestellt, das sie weiter beschäftigt und das sie so ängstigt, daß sie sich bei einem Gewitter am liebsten im Keller verstecken würde. Viele dieser biographischen, zu einer Episode zusammengeschlossenen Themen werden in Kinderzeichnungen und anderen bildhaften Ausdrucksformen ihren Ausdruck finden, ohne daß solche Zusammenhänge, wie wir sie anhand der beiden Bilder zu rekonstruieren vermochten, dem Betrachter/der Betrachterin zugänglich sind. Er/sie ist ja in der Regel auf die Analyse des sichtbaren morphogenen Bildmaterials angewiesen und verfügt nicht über weitergehende Informationen.

Auch aus einer Diplomarbeit von S. Schülert[51], in der das zeichnerische Geschehen eines Jungen vor dem Hintergrund mikro-sozialer Ereignisse über fünf Jahre hinweg beobachtet wurde, geht z. B. hervor, daß bei der durch Krankheit erzwungenen Abwesenheit der Mutter jedesmal das Bildmotiv „Regen" auftauchte. Das Erleben kritischer, belastender Lebensereignisse wurde also - in diesem Falle „ikonographisch" leicht verständlich - in die Darstellung einer klimatischen Situation inkorporiert, die für das Kind ebenfalls Anlaß für melancholische Empfindungen bietet. Die Interpretation eines dieser Regenbilder vor dem Hintergrund kritischer Lebensereignisse wird im Kapitelteil 6.4. vorgenommen. Wir werden in den nachfolgenden Überlegungen ein Modell für dieses Wiederauftauchen früher Erlebnismaterialien von besonderen, traumatisierenden Qualitäten in späteren Darstellungen anbieten. Wichtig erscheint uns an dieser Stelle schon der Hinweis auf die enge Verbindung zwischen den bildnerischen Ereignissen und den besonderen, individuell-biographischen Erlebnisinhalten, wie sie in dem analysierten Bildbeispiel zum Ausdruck kommt. Für die Heranwachsenden, bei denen in diesem frühen Alter schon schwere überdauernde psycho-soziale Besonderheiten/Belastungen das Lebensgeschehen bestimmen, lassen sich auch in den bildnerischen Äußerungen solche Besonderheiten (figurative „Deformationen") entdecken - z. B. dominieren in den Bildern von Heimkindern Retardierungen, Perseverationen, Verschmelzungen und Fragmentierungen (Richter 1997, S. 58ff.).

3.2. Bildnerisches Motiv, Kognition und Intentionalität

3.2.1. Konsequent repräsentational

The public image of private imagery is showing signs of a comeback.

R. SCHWARTZ in: O.R. SCHOLZ 1995, S. 47.

Die Überlegungen zu den morphologisch orientierten Auffassungen über die Entwicklung der Kinderzeichnung, die wir in den vorhergehenden Abschnitten angesprochen und gegenüber den im ersten Kapitel skizzierten Entwicklungslinien erweitert haben, weil sie jeder Interpretation dieser bildhaften Kommunikationsgeschehnisse ein Fundament geben sollen, gehen davon aus, daß sich viele, besonders die im englischsprachigen Raum entwickelten Konzepte über die Entwicklung und Struktur der Bildnerei von Kindern und Jugendlichen implizit und explizit einer kognitivistisch orientierten Entwicklungstheorie/Persönlichkeitstheorie zuordnen lassen und damit auch i.w.S. den Auffassungen von J. PIAGET über die Konstruktion der Wirklichkeit in sensomotorischen Erfahrungsgehalten, anschaulich-symbolischen Vorstellungen, begrifflichen Akten und systemischen Organisationen verpflichtet sind. Besonders die Ansätze, in denen das Entwicklungsgeschehen als Prozeß der zunehmenden Beherrschung von Darstellungsintentionen und Darstellungsinhalten (= Darstellungsstrategien) in einem spezifischen Medium verstanden wird, tragen Züge von kognitionspsychologischen Konzepten. Den Methoden der Untersuchungsansätze, die sich mit diesen Darstellungsstrategien beschäftigen (Literaturübersicht in: SCHUSTER 1989; SCHOENMACKERS 1996) entspricht es dann auch, im Experiment von definierten Aufgabenstellungen - in der Regel vom Abzeichnen vorgegebener Gegenstände/Gegenstandsarrangements - auszugehen und die Entwicklung der Einzelformen wie der strukturellen, figurativen bildnerischen Beziehungen als eine Formgenese aufzufassen, die individuelle Varianten aufweist, aber insgesamt den Regeln von bestimmten und bestimmbaren Darstellungsstrategien unterliegt.

Wir haben aber schon mit der Darstellung dieser kognitivistisch-morphologischen Betrachtungsweisen die Auffassung verbunden, daß die bildhaften Darstellungen ihren Ausgangsort in internen Repräsentationen haben, die wiederum der *Natur entwendet* (HEGEL) sind oder, wie man heute in einer weniger anschaulichen Sprache sagen würde, analoge, strukturerhaltende Beziehungen zu ihren empirischen Referenten unterhalten. Damit wird aber auch bereits festgestellt, daß die bildnerischen Manifestationen, mit denen wir es zu tun haben, Repräsentationen von Repräsentationen sind oder, anders ausgedrückt, bildhafte Objektivationen/Darstellungen von Repräsentationen sind und sowohl den Bedingungen der Internalisation als auch denen der Produktion (Externalisation) in einem bestimmten Medium unterliegen. Wer sich also auf die Suche nach den Möglichkeiten einer *Hermeneutischen Kognitionswissenschaft* (KURTHEN) macht, muß sich auch die Frage nach dem Charakter und der Funktion der mentalen Repräsentationen stellen. Wir haben in den Erörterungen des 2. Kapitels diese komplizierte Fragestellung vorbereitet, sind aber dort nur bis an den Rand von Auffassungen vorgedrungen, die sich etwa mit einem *Standardmodell* von den *Bildern im Geiste* (SCHOLZ in: SACHS-HOMBACH 1995) beschäftigen. Bei unserem Versuch, ein mehrschichtiges Interpretationsmodell zu entwerfen, geht es aber auch um die Frage, ob mentale Tatbestände, *die wie Bilder repräsentieren, als Resultate von Vorstellungs, Erinnerungs- oder anderer Vorgänge gedacht werden können.* (O.R. SCHOLZ 1995, S. 45ff.). Indirekt geht es dabei auch um eine Auseinandersetzung mit Auffassungen, die sich selbst als *antirepräsentationistisch* bezeichnen oder Repräsentation ohne Repräsentation (PASEMANN) definieren: Dabei wird in den folgenden Abschnitten, paradigmatisch für solche Auffassungen, auch die These von E. V. GLASERSFELD (1994, S. 18). diskutiert, daß J. PIAGET *bewußt mit der westlichen erkenntnistheoretischen Tradition* gebrochen habe. Insgesamt sollen hier einige Grundzüge kognitionstheoretischen Denkens vorgestellt werden, für das der Begriff der Repräsentation im Hinblick auf die Konstruktion von Wirklichkeit und die Objektivation von bildnerischen Motiven konstitutive Bedeutung hat. Wir können dabei nicht die Stufen und Abfolgen des Entwicklungsgeschehens im einzelnen rekapitulieren, in denen die Wirklichkeits-"Erfahrungen" von Heranwachsenden sich (etwa im Sinne der Auffassungen von J. PIAGET zur Konstruktion von kohärenter und konstanter Wirklichkeit) *schrittweise* fortbilden - im Falle der Menschen, deren Resultate von traumatischer Erfahrungen wir vorstellen: von „entfremdeten" Wirklichkeiten -, sondern werden unser Augenmerk auf die Erörterungen des Zusammenhanges von inneren Bildern/mentaler Repräsentation/Vorstellung und bildhafter externer Manifestationen/Darstellungen konzentrieren - wobei Überlegungen zur Sprache als vorrangiges *re-präsentatives* Ausdrucksfeld (GLASERSFELD) häufig mitbedacht werden (müssen).

In seiner Beschreibung des Standardmodells von den *Bildern im Geiste,* die wir unseren Überlegungen zu den komplizierten Sachverhalt voranstellen wollen, hat O.R. SCHOLZ (1995, S. 46f.) drei Quellen für die vortheoretische, aber auch für eine angemessene theoretische Sicherheit im Hinblick auf das angesprochene Phänomen angegeben: Diese Gewißheit leitet sich für ihn (1) aus Redewendungen wie *Ich sehe vor meinem geistigen Auge* her, die wiederum auf allgemeinen Erfahrungen mit (2) introspektiven Akten beruhen. *Zu der Renaissance und Rehabilitierung* der „Bilder-im-Geiste-Modelle" tragen seiner Meinung nach aber (3) vor allem die experimentellen Untersuchungen bei, die seit dem Ende der sechziger Jahre von Psychologen wie A. PAIVIO, S.M. KOSSLYN/J.R.POMERANTZ und R. SHEPARD durchgeführt wurden. Da wir Ergebnisse aus den Untersuchungen der beiden erstgenannten Theoretiker im Laufe unserer Erörterungen skizzieren werden, sollen an dieser Stelle nur einige Hinweise auf die Ergebnisse der experimentellen Studien von R. SHEPARD erfolgen. Sie zeigen, *daß die Bilder im Geiste nicht nur statisch betrachtet* [...] *werden können, sondern daß wir sie dynamisch verändern, insbesondere vor dem geistigen Auge drehen können.*

Gegen diese introspektivisch gewonnene Sicherheit, die durch die Interpretation von Versuchen mit gezeichneten Würfelfiguren gestützt wird, lassen sich nun Einwände erheben, die vor allem von der Tatsache ausgehen, daß geistige Bilder bestimmte Sachverhalte wie Negation, Disjunktion, Relationalität u.a. nicht auszudrücken vermögen, sondern daß solche Sachverhalte nur sprachlich oder zeichenhaft ausgewiesen oder - wie wir im folgenden zu zeigen versuchen - in einer Art von abstraktem Überbau über den bildhaften und sprachlichen Kodes formuliert, gespeichert und in bestimmten Formen wieder ausgegeben werden können. Für O.R. SCHOLZ (1995, S. 49f.) ergibt sich aus dieser Debatte über die Beschränkungen bildhafter Aussagen zuerst die Konsequenz, daß nicht alle *Denkarbeit* in geistigen Bildern erfolge, sondern neben oder mit einem zweiten Symbolsystem vonstatten gehe. Wir finden hier einen unausgeführten Hinweis auf die sog. Zwei-Code-Theorie von A. PAIVIO, die, wie wir anführen werden, als „schwache" Theorie anzusehen ist. Im folgenden skizziert O.R. SCHOLZ (1995, S. 57f.) dann das Dilemma der theoretischen Anstrengungen im Hinblick auf das Verhältnis von Denkarbeit und geistigen Bildern: Gestützt durch die Selbstbeobachtungen und durch die Auswertung empirischer Studien scheint die Annahme von der Existenz und der Funktion geistiger Bilder gesichert zu sein, andererseits erscheint eine solche *Annahme aus teils empirischen, teils begrifflichen und methodischen Gründen unhaltbar.*

Eine Lösung dieses Dilemmas sieht der Autor in den Überlegungen von G. RYLES, die davon ausgehen, daß die Vorstellungstätigkeit als Form eines So-

Tun-als-ob (*pretending*) oder auch eines Als-ob-Spieles (*make believe game*) anzusehen sei. Diese Auffassung führt, wie hier nicht weiter ausgeführt werden kann, sehr schnell zu einer Spieltheorie bzw. einer „ästhetischen Theorie des Geistes", weil damit metaphorische Bedingungen in die allgemeine Vorstellungstheorie eingeführt werden: Nach einer der Grundannahmen der Metapherntheorien beruht die besondere Zuordnung eines Wortes zu einem Gegenstand (*Prädikation*[52]) im Falle der metaphorischen Ausdrucksweise auch auf individualisierten schöpferischen und vor allem auf bildhaft-assoziativen Zuordnungen. Diese Zuordnungen machen es möglich, daß auf der *Ebene des Namens, des Sinnes oder auf beiden Ebenen zugleich Verschiebungen und Substitutionen erfolgen können* (RICOEUR 1986, S. 71).

Unsere Überlegungen zu den besonderen, entwicklungsgestörten und/oder strukturell beeinträchtigten Formen von externalisierten Repräsentationen von hochtraumatisierten Persönlichkeiten erzwingen aber geradezu einen theoretischen Hintergrund, sei er kognitionstheoretisch oder analytisch, der von analogen - d.h. mindestens: strukturerhaltenden - Beziehungen zwischen „Original" und mentaler Repräsentation einerseits sowie diesen Repräsentationen und den externalisierten Manifestationen andererseits ausgehen kann: Die besonderen Merkmale einer destrukturierten Entwicklung (Regression, Fragmentierung, Verschmelzung, Progression), denen wir in unseren Bildbeispielen begegnen werden, ließen sich an keiner kohärenten Entwicklung bildnerischer Ereignisse überprüfen, wenn schon die internen Vorstellungen gegenüber den „Originalen" den Stellenwert von metaphorischen Als-ob-Phänomenen hätten. Die Verfechter der Theorie von den *piktoralen* Bildern im Geiste haben sich nie mit dem orbis pictus (der dargestellten Welt) beschäftigt, oder wenn sie es versuchen, dann kehren sie sehr schnell zu der (dualen) Präsentationstheorie/Repräsentationstheorie von S.K. LANGER (vgl. SACHS-HOMBACH 1995, S.195ff.) zurück.

Die angesprochenen Überlegungen von K. SACHS-HOMBACH (1995, S. 210) bieten uns aber Gelegenheit, auf eine Qualität von mentalen Bildern hinzuweisen, die sie für die *wissenschaftliche Forschung oft disqualifiziert,* sie für die Einschätzung und Interpretation des Ausdrucksgeschehens aber erst interessant macht: Sie weisen *Eigenschaften analog zu denen der Gefühle und Stimmungen auf.* In mentalen Bildern und Gefühlen

> *konstituieren sich qualitative Zustände, indem primäre und sekundäre Eigenschaften nach Lebendigkeit, Kontrast, Auflösung oder Helligkeit variiert werden. Sowohl Bilder als auch Gefühle gehören zu den*

syntaktisch „dichten" Systemen. Gemeinsam ist ihnen auch ihre Nähe zu physiologischer Realisierung [...] *Aus der Strukturaffinität von Gefühlen und Bildern resultiert die „assoziative Empfänglichkeit" beider Bereiche. Dies bedeutet: leichte Transformierbarkeit, Übersetzung von Bild und Gefühl, Möglichkeit von Verschiebung und Verdichtung, die das Gegebene in einen Bedeutungshorizont einbindet.*

K. SACHS-HOMBACH beschreibt in der umfassend zitierten Passage das Verhältnis von mentalen Bildern und Emotionen, d.h. die Analyse bewegt sich auf der Ebene von internen Gegebenheiten. Auf dieser Ebene sucht er aber, etwa in den Formulierungen von der *assoziativen Empfänglichkeit* oder der *Strukturaffinität*, nach den Möglichkeiten der Übertragung von Bedeutungen von einem Bereich in den anderen - und besonders nach dem Transfer von Gefühlen in das interne bildnerische Geschehen. Er spricht mit den Begriffen *Verdichtung und Verschiebung* auch schon Mechanismen an, die wir im Kapitel über die Grundzüge einer psychoanalytischen Hermeneutik (6) erörtern wollen und die zu einer speziellen Bildtheorie gehören. Obwohl im Vordergrund dieser Betrachtung die Fragen nach einer *angemessenen Theorie des Geistes* stehen, lassen sich aber unter der skizzierten Perspektive auch die „analogen" Verhältnisse zwischen Bildern und Gefühlen einerseits sowie zwischen dieser internen und der *physiologischen Realisierung* andererseits behandeln. Die Formulierung *physiologische Realisierung* meint ja nichts anderes als die Umsetzung/Objektivierung der gefühlsgeladenen internen Bilder oder der verbildlichten Gefühle in darstellende - in diesem Falle wohl auch: in nicht-gegenständliche - repräsentierende Materialien. Wir sind mit diesem Hinweis auf die emotionalen Qualitäten „geistiger Bilder" unserem Argumentationsweg, der sich erst im übernächsten Kapitelteil (3.3) mit der Struktur/Hierarchie von Emotionen/Affekten beschäftigen wird, etwas vorausgeeilt und wollen in den nächsten Abschnitten wieder zu der Diskussion über die (kognitionspsychologisch orientierte) Identifizierung interner Bilder und ihrer Rolle im mentalen Geschehen zurückkehren.

S.M. KOSSLYN/J.R. POMERANTZ haben (1992, S. 253) in einer Auseinandersetzung mit dem theoretischen Konzept von Z.W. PYLYSHYN (1973[53]), das von dem Gedanken getragen wird, interne bildhafte Vorstellungen seien nicht als eine *qualitativ eigenständige oder theoretisch adäquate Form mentaler Repräsentation* zu betrachten, erneut Fragen nach der Struktur und der Form des visuellen Vorstellungsbildes aufgeworfen. Sie sehen dabei in den Fragestellungen und den Ergebnissen ihrer Überlegungen auch Verwandtschaften zu dem Konzept von A. PAIVIO[54], dessen Auffassungen die Positionen der epistemologischen Entwicklungstheorie von J. PIAGET (1969; für den Bereich der Kinderzeichnung vgl. RICHTER 1987, S. 57f.) zu einer Zwei-Code-Theorie fortschreiben und damit den Standpunkt bestätigen, daß sprachliche und symbolisch-bildhafte Repräsentationen eigenständige Formen von Enkodierungen darstellen. Schon die logisch-analytisch orientierten Fragen der Autoren S.M. KOSSLYN/J.R. POMERANTZ nach der eigenständigen Struktur und der Funktion der visuellen Vorstellungen hatten in der Zeit um 1970, als diese Darstellung zuerst veröffentlicht wurden, den Geruch der Ketzerei an sich. A. R. DAMASIO, dessen Auffassungen wir im einem der nächsten Abschnitte zu skizzieren versuchen, spricht in diesem Zusammenhang sogar von einer kognitiven Revolution gegen die Vorherrschaft der Reiz-Reaktions-Theorien.

Im Zuge dieser wissenschaftlichen Revolution kam es dann auch wieder zur Beschäftigung mit internen Bildern und deren Objektivierungsmöglichkeiten. So ging z. B. Z.W. PYLYSHYN in seinen Überlegungen davon aus, daß die unbestreitbaren Erfahrungen von der Existenz bildlicher Vorstellungen (Introspektion) nicht impliziere, daß diese Vorstellungen irgendeine *kausale (im Gegensatz zu einer bloß epiphänomenalen Rolle* spielten, weil die Berichte über diese introspektiven Erfahrungen ungenau und inadäquat - im Verhältnis etwa zu den Erfahrungen mit argumentativ-sprachlichen Zeichen - seien. Der Begriff des Vorstellungsbildes sei zudem so unscharf, daß seine inhaltlichen Festlegungen sich kaum aus einem theoretischen psychologischen Konstrukt ableiten ließen. Außerdem führten die Mutmaßungen über einen eigenständigen bildhaften Kode dazu, einen dritten, amodalen Kode anzunehmen, der zwischen verbalem und perzeptuellem Kode vermittle. E. HOLENSTEIN hat (1992, S. 340f.) in diesem Zusammenhang von der Zwiespältigkeit der Kognitionswissenschaften gegenüber der Erforschung von Vorstellungsbildern gesprochen: Man mache zwar von den Berichten über die introspektiven Erfahrungen *heuristischen* Gebrauch, sehe auch, daß neben der sprachlichen auch eine *imaginative Weise der Informationsgewinnung möglich sei* und setze sich dennoch in *anderer Hinsicht unbekümmert über sie hinweg.*

S.M. KOSSLYN/J.R. POMERANTZ wenden sich in ihren Überlegungen einmal gegen die unbegründeten Parallelen zwischen den Wahrnehmungsinhalten und den Vorstellungsbildern, - Parallelen, die auch in der Forschungsgeschichte der Kinderzeichnung eine unselige Rolle gespielt haben, weil, besonders in den frühen Phasen der Forschungsgeschichte, die bildnerischen Manifestationen häufig an Wahrnehmungsinhalten gemessen und zu leicht ("naiv" o.ä.) befunden wurden. Schon die Verwendung des Begriffs der objektivierten Repräsentation vor dem skizzierten theoretischen Hintergrund würde das naturalistische Mißverständnis vermeiden, das sich stellvertretend für viele Autoren/Autorinnen in den Auffassungen von F.L. GOODENOUGH (1926ff.), vor allem aber in den Untersuchungen von D.B. HARRIS (1963) aufzeigen läßt: Ihnen sind die bildhaften Ereignisse nur (unvollkommene) graphische Wiedergaben realer Dinge und ihrer Zusammenhänge - ohne eigene und eigenartige Strukturmerkmale und Referenzen. Zum anderen setzen sich S.M. KOSSLYN/J.R. POMERANTZ mit sog. Bildtheorien auseinander, nach denen z. B. das Vorstellungsbild aus relativ unverarbeiteten sensorisch-perzeptiven Empfindungen besteht, und deswegen einen verhältnismäßig großen mentalen Speicher benötigt. Demgegenüber sind sie der Auffassung, daß die Speicherung von besonderen *Klumpen* an Informationen - es war die große Zeit der Auffassungen, die sich am Modell der Künstlichen Intelligenz (KI[55]) orientierten - den Speicherplatz begrenzen, „faßbar" machen würde und daß keine zuverlässigen Angaben über die Kapazität des mentalen Speichers vorlägen.

Die Auseinandersetzung zwischen den skizzierten Denkschulen wird aber zum dritten in der Hauptsache um das Phänomen und die Theorie des *propositionalen Wissens* (S. 264ff.) geführt. Dabei geht es um die Behauptung, die z. B. von Z.W. PYLYSHYN zu dieser Zeit vertreten wurde, daß nur „abstrakte" repräsenietende Darstellungsformen, die sich leicht in sprachliche oder verwandte argumentative Repräsentationsformen übertragen lassen, in der Lage seien, Relationen im Verhältnis von Objekten zueinander genau wiederzugeben - so ließe sich etwa der Sachverhalt „der Ball befindet sich links vom Würfel" in eine propositionale, zeichenhafte „Sprachform" übersetzen, während in jeder bildhaften Repräsentation, auch schon in der fotografischen Wiedergabe der angegebenen Gegenstände, die räumlichen Relationen nicht explizit angegeben werden könnten (267f.). Demgegenüber versuchen S.M. KOSSLYN/J.R. POMERANTZ nachzuweisen, daß *Vorstellungsbilder genuine Funktionen bei der Kognition* haben und als nützliches theoretisches Konstrukt anzusehen seien. Sie wenden sich dabei gegen den psychologischen Reduktionismus, der versuche, interne Repräsentationen auf elementarste Bausteine zurückzuführen, anstatt sie als architektonische Konstrukte anzusehen. Aus den Schlüssen, welche S.M. KOSSLYN/J.R. POMMERANTZ (1992, S. 172f.) aus eigenen empirischen Untersuchungen und den Studien anderer Wissenschaftler/innen ziehen und die ihre angesprochene These stützen sollen, werden hier drei angeführt, welche auch für die Betrachtung von bildhaft objektivierten Repräsentationen von Bedeutung sind:

> *(1) Ein Vorstellungsbild ist eine räumliche Repräsentation ähnlich jener, auf der die Erfahrung des Sehens eines Gegenstandes während der visuellen Wahrnehmung beruht. Die Vorstellungsbilder können vielleicht durch zugrundeliegende abstrakte Repräsentationen erzeugt werden* [...]*; die Inhalte dieser Repräsentationen sind jedoch nur über die Erzeugung eines flächigen (erlebten) Vorstellungsbildes zugänglich.*
>
> *(2) Die einmal gebildeten Vorstellungen sind Ganzheiten, die mit Wahrnehmungen schablonenartig verglichen werden können.*
>
> *(3) Dieselben Strukturen, die die beim Sehen gewonnenen räumlichen Informationen repräsentieren, spielen auch bei den Vorstellungsbildern eine Rolle.*

Wegen vieler offener Fragen, vor allem in Hinblick auf die hier nicht weiter nachzuzeichnende Diskussion über das Problem der möglichen Abhängigkeit bildhafter Repräsentationen von „abstrakten" propositionalen Repräsentationen, sperren sich die Autoren dagegen, eine *„starke" Theorie* (S. 285f.) - etwa in Form einer Zwei-Code-Theorie - zu vertreten, - sie sehen aber auch nichts, was ihrer Auffassung widersprechen würde, bildliche Vorstellungen als ein erklärendes Konstrukt in die psychologische Theoriebildung aufzunehmen. Eine vergleichbare Auffassung, das soll hier nur angerissen werden, wird auch neuerdings von den Untersuchungen W. WIPPICHs (1987, S. 23ff.) bestätigt. Der Autor versucht, die Fragestellung, *ob und in welchem Maße sprachlich mitgeteilte und bildlich übermittelte Informationen semantisch integriert werden*, mit experimentellen Mitteln zu beantworten. Die Ergebnisse begünstigen seiner Auffassung nach die Erwartungen, die den *dualen Positionen zuzuschreiben* sind:

> *Es ist angemessen, zwischen modalitätsspezifischen semantischen Speichersystemen zu unterscheiden. Identitätshypothesen, die semantische Integrationsprozesse allein einem konzeptuellen Repräsentationssystem zuordnen, werden nicht bestätigt. Duale Positionen können aber nicht alle Ergebnisse erklären. So wurde festgestellt, daß*

unter Kontrollbedingungen (nur Bilder oder nur Sätze) ebenfalls Integrationseffekte eintreten und zudem beim Satztest präzisere Diskriminationsleistungen eintreten als beim Bildtest. Duale Positionen sollten um ein konzeptuelles Repräsentationssystem erweitert werden.

Wir wollen noch auf eine Ansicht verweisen, in der die angesprochenen „weichen" oder „harten" dualen bzw. triadischen theoretischen Positionen auf eine (relativ weiche monistische, aber kaum mehr zu hinterfragende) Auffassung zurückgeführt werden und die sich auf die neurophysiologische/neurobiologische Forschung stützt - in diesem Falle auf bestimmte, definierbare neurophysiologische Defekte und ihre Auswirkungen auf die Intelligenz und die sozioemotionalen Verhaltens- und Planungsweisen. Wir wollen dabei der Versuchung widerstehen, die Ergebnisse der Forschungen von A.R. DAMASIO (1997) und seiner Arbeitsgruppe zu hypostasieren und zur Grundlage unserer Überlegungen zu machen, auch wenn etwa eine Formulierung wie *Denken vollzieht sich weitgehend in Bildern* (S. 152) verführerisch klingt. Die direkte Beziehung zwischen Wahrnehmungsaktivitäten, internen Bildern/Worten und neuronalen Substraten, die in dieser Auffassung entwickelt wird, suggeriert eine Einheit von Körper und Geist, die ohne Überlegungen zu den neuropsychologischen Konstrukten bzw. Konstruiertheiten von Inhalten und Ergebnissen der Informationsverarbeitung auszukommen versucht, die zusammengenommen erst das ausmachen, was man als *phänomenales Selbst* (METZINGER 1996) bezeichnen könnte. Die These von A.R. TAMASIO (1997, S. 140f.) von der Dominanz der Bilder im Vollzug des Denkens und Planens findet sich in folgender Passage zusammengefaßt:

Diese verschiedenen Spielarten - Wahrnehmungsbilder, Erinnerungsbilder einer realen Vergangenheit und Erinnerungsbilder von Plänen für die Zukunft - sind Konstruktionen, die das Gehirn ihres Organismus vornimmt. Mit Sicherheit wissen sie nur, daß sie für sie selbst real sind und daß andere Geschöpfe vergleichbare Bilder produzieren. [...] *Wären unsere Organismen unterschiedlich beschaffen, dann wäre auch die Konstruktion, die wir uns von der Welt um uns her anfertigen, verschieden. Wie die „absolute" Wirklichkeit aussieht, wissen wir nicht.*

In seinen Thesen widerspricht A.R. DAMASIO entschieden den Auffassungen von einem System übergeordneter, „abstrakter" propositionaler Repräsentationen, einem übergeordneten Dritten also, das sich, wie wir zu referieren versucht haben, in sprachliche oder verwandte argumentative Repräsentationsformen übertragen läßt und das als Voraussetzung für die verschiedenartigen mentalen Repräsentationen anzunehmen ist. Für DAMASIO entstehen Repräsentationen als Ergebnisse von Wahrnehmungsaktivitäten und komplizierten hirnorganischen Verarbeitungsprozessen, die in bestimmten (Rinden-)Feldern des Gehirns ablaufen, gespeichert und reaktiviert werden. In diesem Zusammenhang wendet er sich allerdings auch gegen einen naiven Repräsentationalismus (*Faksimile-Vorstellung*), der von einer exakten Reproduktion des empirischen Originals in der mentalen Vorstellung ausgehe und dabei übersehe, daß auch interne Bilder und Erinnerungen *Interpretationen* darstellten, in die verschiedenartige mentale Ensembles und ihre neurophysiologischen Substrate einbezogen seien. Philosophisch betrachtet würde es sich bei dieser naiven Vorstellung von Repräsentation um das Konzept von Repräsentation als (Wider-)Spiegelung empirischer Gegebenheiten handeln. Diese Metapher aus dem physikalischen Bereich gibt eine Auffassung wieder, nach der das *Repräsentierte dem Repräsentierenden in hohem Maße ähnlich ist* (MORMANN 1997, S. 353). Es ist wohltuend zu sehen, daß auch moderne Neurobiologen nicht mehr dieser Auffassung anhängen.

3.2.2. Inkonsequent konstruktivistisch

> *Um zu erklären, warum und wie Piaget dazu kam, so nachhaltig mit der westlichen philosophischen Tradition zu brechen, muß man zunächst den Ausgangspunkt seiner intellektuellen Entwicklung betrachten. Meiner Interpretation liegt die Annahme zugrunde, daß Piaget das Ziel verfolgte, ein möglichst kohärentes Modell menschlicher Kognition und ihrer Entwicklung aufzubauen. Demgemäß werde ich bestimmte Stellen in seinen Schriften, die in offenem Widerspruch zu anderen, meist früheren Äußerungen stehen, unberücksichtigt lassen.*
>
> E.V. GLASERSFELD 1994, S.18; (Unterstr. von H.-G. R.)

Für E. v. GLASERSFELD (1994, S. 22ff.), dessen Position in der Frage nach der Genese und Funktion repräsentativer Kodierungen wir im einleitenden Abschnitt (3.2.1) schon angesprochen haben, geht auch die von J. PIAGET begründete genetische Theorie des Wissens von der Re-Präsentation als der Wiedergabe *vergangener subjektiver Erfahrungen (aus dem Gedächtnis des Individuums)*, aus. Die Schreibweise Re-Präsentation soll anzeigen, daß es sich bei diesen Erscheinungen zwar um die Wiedergabe *subjektiver* (individueller?) *Erfahrungen* handelt, denen aber nichts Eigenständiges anhaftet und die keine *Abbildung der realen Welt* darstellen. Das letzte Argument ist, verfolgt man Theoriebildungen der neueren Zeit, nicht so obskur, wie es auf Anhieb klingt; wir sind ja in den vorhergehenden Abschnitten mit ähnlichen Argumenten konfrontiert worden. Der angesprochene Begriff des Wissens steht hier anstelle des Begriffs des Erkennens bzw. der Formulierung *genetische Epistemologie*, die seiner Meinung nach in einer/seiner konsequent konstruktivistisch interpretierten Theorie J. PIAGETs keinen Platz haben, sondern zur philosophischen Metaphysik oder Ontologie(!) gehören. Wie unsere Darstellung vom Begriffs des Kollektiven Wissens (YOUNISS 1994, S. 9) oder der Formulierung *Traditionsgedächtnis* zeigen werden, würde eine solche Umdeutung der theoretischen Intentionen PIAGETs unseren Überlegungen entgegenkommen - über ihre Berechtigung soll in den folgenden Abschnitten diskutiert werden.

Mit anderen Autoren wie L.A. SROUFE et al. sieht auch E. V. GLASERSFELD (1994, S. 24ff.) in dem Phänomen der aufgeschobenen Nachahmung, das sich um den 18. Lebensmonat entwickelt, den Beginn der Ausbildung von internen Re-Präsentationen, die vom Spracherwerb in mehrfacher Hinsicht unterstützt und getragen wird. Bildhafte Repräsentationen und Sprachkompetenz führen zu der Fähigkeit, unabhängige und eigenständige Objekte - im Sinne von Gegenständen - sprachlich oder symbolisch repräsentieren zu können, einer Fähigkeit, die bekanntlich von J. PIAGET als *Objektkonstanz* bezeichnet worden ist: Dieses Vermögen, ein identisches Objekt, d.h. einen Gegenstand, der mit früheren Wahrnehmungsinhalten übereinstimmt, auf der perzeptiven und objektivierten Ebene erzeugen zu können, trägt zur Ausbildung einer personalen Identität bei und ist ein wesentlicher Akt zum Aufbau eines *Universums, welches das Kind sich selbst schrittweise konstruiert hat und das es von nun an als Außenwelt erfahren* wird[56]. Konstruktive Akte, die zur Objektkonstanz (ausführlich in: PIAGET 1969, S. 99ff.) - oder im erweiterten Sinne: konstruktive Konzepte, die zur Realitätskonstanz führen - werden aber, wie unsere Betrachtung der Bildreihen zeigen wird, in den bildhaften Reaktionen auf schwere Traumata wieder in Frage gestellt und nachhaltig beeinträchtigt; sie müssen in den Remissionsphasen mühsam wiederhergestellt werden oder gehen ganz verloren. Der Begriff der

Objektkonstanz hat also auch für eine Theorie der Deutung nicht-professioneller Bildnerei und deren Verwerfungen große Bedeutung: Er bezeichnet für die einzelnen Stufen der bildnerisch/zeichnerischen Entwicklung einen jeweils eigenen und altersspezifischen Bestand an Gegenständen und Motiven samt ihres „Bedeutungssinnes". In den nachfolgenden Überlegungen zu einer psychoanalytischen Hermeneutik werden wir herausarbeiten, daß dem Begriff der Objektkonstanz, der ja theoretisch nur die Sicherheit im Umgang mit Gegenständen der Erscheinungswelt umfaßt, eine Formulierung wie „Subjektkonstanz" zur Seite gestellt werden muß, welche die Sicherheit im Umgang mit Personen beinhaltet.

Mit einem Hinweis auf den Begriff der *Äquilibration* versucht E. v. GLASERSFELD (1994, S. 34f.) der Behauptung entgegenzutreten, J. PIAGET habe bei seinen Überlegungen über die ontogenetische Konstruktion von Wirklichkeit zuwenig die Folgen und Möglichkeiten von sozialen Interaktionen für den Aufbau interner Repräsentationen und die Konstruktion der Außenwelt bedacht. Für ihn treten akkommodative Akte, also Handlungen, die der Organismus an seine Erfahrungen (GLASERSFELD: *Erwartungen* !) assimiliert, nur dann auf, wenn der Erfolg der assimilativen kognitiven Konzepte gefährdet und gestört ist. Besonders der Umgang mit Menschen stellt eine Quelle von solchen Störungen dar. Diese Störungen werden nun in der kognitiven Entwicklung nach dem Konzept der erweiterten Äquilibration *eliminiert*, - oder in eine labile Balance gebracht? -, um das Gleichgewicht (die Homöostase) wiederherzustellen. Allerdings ersetzt eine solche Auffassung, wenn sie denn überhaupt im Sinne der Denkrichtung von J. PIAGET liegen sollte, keine Theorie der „Subjektkonstanz", also die angesprochene Auffassung über die frühen Introjektionen und Internalisierungen von Selbst und Gegenüber (Objekte im Sinne der Ichpsychologie/Psychoanalyse) in intersubjektiven Aktionen, - daher verwundert es nicht, wenn Autoren wie D. STERN ihre genetische Subjekttheorie mit Elementen der genetischen Epistemologie PIAGETS „anreichern", um den Erkenntnissen über den Aufbau von Repräsentationen der gegenständlichen Wirklichkeit gerecht zu werden. Diese *Sachvorstellungen* (FREUD) kommen nämlich wiederum in den Theorien über die Entstehung von Selbst und Ich zu kurz (vgl. RICHTER 1997, S. 234).

T.B. SEILER hat (1994, S. 43ff.) den Versuch unternommen, eine Antwort auf die auf die Vorstellungen von E. v. GLASERSFELD, die wir in den vorhergehenden Abschnitten skizziert haben, zu formulieren. Diese Entgegnung beruht auf den umfassenden Kenntnissen des Autors von den Schriften J. Pi-

AGETs und seiner Mitarbeiter/innen[57] und formuliert schon im Thema das Problem, dem wir nachgehen. Es wird dort gefragt, ob *Jean Piagets strukturgenetische Erklärung des Denkens eine konstruktivistische Theorie sei.* Schon die Wortwahl *strukturgenetische, Erklärung* im zitierten Titel des Aufsatzes zeigt an, daß einige der Vorstellungen von GLASERSFELD differenziert, andere widerlegt werden sollen. T.B. SEILER geht in seinen Überlegungen von der bekannten Stufenfolge der kognitiven Entwicklung aus, die sich mit den Worten von J. PIAGET als das *progressive Bewußtsein* beschreiben lassen, *welches das Kind allmählich von sich und seinem Denken konstruiert* (so schon 1926).

> *Aber auch die einmal entstandenen inneren Vorstellungen, Begriffe und Operationen bleiben nicht unverändert, sie unterliegen einem unaufhörlichen Prozeß der Generalisierung, Differenzierung und Integration.* [...] *Im Verlauf der Entwicklung sind kognitive Strukturen konkreten Gegenständen und Situationen immer weniger verhaftet.* [...] *So entstehen allmählich Begriffe mit einem ausgewogenen und zielgerechten Maß an Differenzierung und Integration. Das ist die Voraussetzung dafür, daß einige von ihnen sich schließlich zu durchstrukturierten und konsistenten Systemen zusammenschließen...*

Wir haben diese Passage aus der PIAGET-Interpretation von T.B. SEILER (1994, S. 53f.) hier ausführlich vorgestellt, weil sie zwar die Entwicklung der begrifflichen Äußerungen/Operationen beschreibt, sich aber auch auf die Genese der bildnerischen Operationen und Objektivationen übertragen läßt, also auf Vorstellungskonzepte und bildhafte Objektivationen, welche die Theoretiker weniger interessieren. In der Tat erwarten wir auch von einer regelrechten Entwicklung der bildnerischen Ereignisse einen kontinuierlichen Prozeß der Differenzierung und Strukturierung von konsistenten bildnerischen Systemen - wobei besonders der Begriff der *Konsistenz* die Sicherheit kennzeichnen soll, mit dem die Heranwachsenden in der Regel mit dem selbsterarbeiteten bildnerischen Material und seinem Sinngehalt umgehen. Diese Sicherheit geht aber im Zuge von Reaktionen auf schwere Traumata vielen bildnerischen/symbolischen Systemen häufig verloren, wie unsere Bildbeispiele zeigen werden.

Die im vorhergehenden Abschnitt angesprochene Kennzeichnung *strukturgenetisch* soll diese besondere Form von Erweiterung, Veränderung/Differenzierung und Integration von kognitiven Strukturen bezeichnen, und die

Entwicklung der *Erkenntnistätigkeit* (PIAGET) und deren Verwurzelung in sensomotorischen Aktivitäten sowie anschaulich-symbolischen Vorstellungen charakterisieren. Diese Erkenntnistätigkeit setzt also aktive Erfahrungen im Umgang mit Personen und Gegenständen voraus. Sie ist daher, um in der Sprache der Kognitivisten zu sprechen, *adaptiv* und geht von einer gewissen, eingeschränkten *Realitätsadäquatheit* (SEILER) aus. Diese ursprüngliche Beziehung zu Anschauungen und Erfahrungsinhalten verliert sich aber, wie eingangs bereits angedeutet, im Laufe der Entwicklung kognitiver Organisationen zugunsten von logisch-mathematischen Strukturen. Die kognitiven Organisationen bilden auf jeder neuen Erkenntnishöhe, also immer dann, wenn sich qualitative Veränderung in der kognitiven Struktur abzeichnen, auch neue Gleichgewichtsformen (*Äquilibrationen*) aus, die wiederum als Ausgangsformationen für neue, spontane Adaptionen von Erfahrungsinhalten dienen, die in kohärente Systeme eingegliedert werden. *Reversibilität*, um noch diesen zentralen Begriff der Konstruktion theoretischer Grundannahmen, die auch Bedeutung für eine Auffassung von der Auslegung von nicht-professionellen Bildnereien haben, aufzugreifen, stellt für J. PIAGET eine wichtige Voraussetzung dar, um verinnerlichte Handlungen oder gedankliche Operationen auf *bewußte Weise wieder rückgängig zu machen* (SEILER 1994, S. 70f.), Reversibilität wäre damit auch der zentrale Begriff einer Auffassung, die sich mit der Veränderung der objektivierten bildnerischen Strukturen beschäftigt. Alle diese Vorstellungen von einer genetischen Erkenntnistheorie haben, wie J. PIAGET nicht müde wird zu betonen, ihren theoretischen Ausgangspunkt in einer bestimmten Auffassung von der biologischen Ausstattung des Menschen, und sie dürfen daher mit einer gewissen Berechtigung in einer *erklärenden* (SEILER) - im Gegensatz zu einer *verstehenden* (zur Geschichte dieses Gegensatzpaares vgl. RIEDEL 1978) - Theorie zusammengefaßt werden.

Diese nachgerade klassische Theorie der genetischen Konstruktion von Erkenntnis wäre unvollständig, wenn ihr nicht auch Vorstellungen über die Wirkungen sozialer Systeme auf die Erkennistätigkeit - wohlgemerkt auf die kollektiven logischen oder vorlogischen Normen - zugeordnet werden könnten. T.B. SEILER zitiert (1994, S. 60ff.) einige Stellen aus den Schriften von J. PIAGET, die belegen sollen, daß Begriffe und andere Erkenntnisinstrumente im sozialen Umgang erzeugt und/oder verfeinert werden und damit auch eine Beziehung zu *kulturhistorisch entstandenen und sozial vermittelten Begriffen*(!) unterhalten; - den Schritt, diese Begriffe zu einem System kollektiven Wissens, in das sich auch tradierte ästhetische Motive einpassen ließen, zusammenzufassen, hat J. PIAGET nicht getan. Für ihn lassen sich die verinnerlichten gedanklichen Strukturen zwar als Organisationsformen begreifen, deren Aufgabe es ist, auch die soziale Umwelt zu konstruieren, aber ihr Ziel bleibt doch, ein *privilegiertes Gleichgewicht im wissenschaftlichen Denken* zu gewährleisten (PIAGET in: SEILER 1994, S. 65). Natürlich wird in dieser einschränkenden, reduktionistischen Betrachtungsweise in der Regel die operationalistische Sprache als Vermittler dieser kulturhistorischen Inhalte angesehen und die bildhaften kulturellen Tatbestände werden dagegen kaum beachtet.

Angesichts der skizzierten Auseinandersetzungen T.B. SEILERS (1994, S. 82ff.) mit den Grundannahmen der genetischen Erkenntnistheorie von J. PIAGET dürfte es nicht überraschen, daß er im Werk PIAGETS zwar konstruktivistische Argumente entdeckte, die sich ja bis in die Titelformulierungen seiner Schriften auswirken, sich aber nicht den Autoren/Autorinnen anschließen möchte, die davon ausgehen, daß diese Theorie zu den radikalen konstruktivistischen Theorien gehöre, von denen er einige skizziert: Da J. PIAGET zeitlebens von der *Adaptionsfunktion* der Intelligenz - die komplizierten adaptiven Mechanismen, die u.a. von den Begriffen *Assimilation* und *Akkommodation* theoretisch bestimmt sind (vgl. bes. PIAGET 1969, S. 367), müssen wir hier aussparen - geht dieser nach T.B, SEILERS Auffassung nach von dem Postulat aus, daß das Denken eine *gewisse, nie vollständige Übereinstimmung mit der Realität bewahre.* Die provokativen Thesen von E. V. GLASERSFELD über die Absichten und die Methoden J. PIAGETS, die wir dem Kapitelteil vorangestellt haben, sollten ja den Nachweis erbringen, daß PIAGET mit der westlichen philosophischen Tradition von Erkenntniskritik gebrochen und einer Art von subjektivem Konstruktivismus das Wort geredet habe. Sie halten aber, wie wir in der Auseinandersetzung mit den Erläuterungen von T.B. SEILER zu zeigen versucht haben, einer genauen Interpretation des Denksystems von PIAGET nicht stand. Im Gegenteil: Wohl kein *Psychologe* der neueren Wissenschaftsgeschichte war so sehr dem kritischen (erkenntnistheoretischen) Denken und seiner *Form der Erfahrungserkenntnis* (KANT[58]) verpflichtet wie J. PIAGET. Das macht ihn den Philosophen so suspekt und für die Psychologen so obskur. Dabei läßt sich seine epistemologische Position auch mit zeitgleichen philosophischen Auffassungen in Einklang bringen, so z. B. mit der erkenntnistheoretischen Aussage von E. CASSIRER (1936, S. 286):

> *Wir erkennen somit nicht „die Gegenstände" - als wären sie schon zuvor und unabhängig als Gegenstände bestimmt und gegeben -,*

sondern wir erkennen gegenständlich, indem wir innerhalb des gleichförmigen Ablaufs des Erfahrunginhaltes bestimmte Abgrenzungen schaffen und bestimmte dauernde Elemente und Verknüpfungszusammenhänge fixieren.

Wir werden im nachfolgenden Abschnitt zu zeigen versuchen, daß sogar PIAGETS Begriff der *Reflexion*, der ja das Denken über das Denken bezeichnet, dem berühmten Satz aus KANTS *Kritik der reinen Vernunft* (B. 132) nachgebildet zu sein scheint: *Das: Ich denke, muß alle meine Vorstellungen begleiten können.*

Schon in einer früheren Untersuchung hatte T.B. SEILER (in: JÜTTEMANN/THOMAE 1987, S. 55f.) ausgeführt, daß sich am Verständnis dessen, *was man als Erfahrung faßt, die Geister scheiden,* und damit das Kriterium genannt, das auch in der Psychologie die subjektivistischen von den konstruktivistischen Sichtweisen unterscheidet. In Vorbereitung unserer kulturwissenschaftlichen Darstellung des Traditionsgedächtnisses (GINZBURG) oder des Kollektiven Wissens im nachfolgenden Kapitelteil soll an dieser Stelle die psychologische Abgrenzung von kollektiven und individuellen Erfahrungen in der Definitionen von T.B. SEILER vorgetragen werden. In dem angesprochenen Kapitelteil wird zu zeigen versucht, daß die Traditionen und Ausdrucksformen sowohl im Hinblick auf die kollektive wie die individuelle Erfahrung um bildhafte Artefakte erweitert werden müssen:

Unter Allgemeinerfahrung oder kollektiver Erfahrung verstehe ich den Erkenntnisschatz, den Menschen in einer gleichzeitig sowohl individuellen als auch gemeinschaftlichen Auseinandersetzung mit der Umwelt in einem langen geschichtlichen Prozeß herausgebildet haben und der durch sprachliche Kommunikation erst möglich und weitergegeben wird.

Unter individueller [...] *Erfahrung verstehe ich dagegen die vom einzelnen Subjekt in Anlehnung und vor dem Hintergrund kollektiver Erfahrungen entwickelte Einsicht in Grundgegebenheiten der Umwelt.*

Diese Definitionsversuche erinnern an die Darstellung von *Einzigartigkeit und Notwendigkeit* in J.P. SARTRES Flaubert-Studie *Der Idiot der Familie,* die G. ZURHORST (in: JÜTTEMANN/THOMAE 1987, S.105) als Beispiel einer allumfassenden, mit literarischen und wissenschaftlichen Mitteln agierenden Untersuchung über den Sinn in der zufälligen Existenz des Menschen verstanden wissen will: Sartre geht davon aus, daß man den Menschen statt „ein Individuum" besser ein *einzelnes Allgemeines nennen* solle: Der Mensch sei von seiner Epoche totalisiert und dadurch allgemein geworden, und er *retotalisiere* sie, indem *er sich in ihr als Einzelheit wieder hervorbringe.*

Auch zu dem komplizierten Phänomen der Intentionalität, das bei der Analyse von bildnerischen Ereignissen, bei der es ja auch um das Verständnis der Relation von beabsichtigten und unbeabsichtigten Darstellungen von Bildelementen und Motivfigurationen geht, eine zentrale Rolle spielt, kann ein Gedankengang J. Piagets in dem Dschungel von Bewußtseinsdifinitionen und Beschreibungen von Bewußtseinsaktivitäten Wegmarken setzen. Mit der Entwicklung der Persönlichkeit bildet sich für J. Piaget naturgemäß ein bewußtseinsfähiges Zentrum des Handelns und Denkens, also ein *Ich-Bewußtsein* heraus, das am Ende seiner Aufbauphasen, die wir in unserer vorhergehenden Skizze grob nachzuzeichnen versucht haben, seine auf die Konstruktion der Objektwelt gerichteten, adaptiven Aktivitäten entfaltet. Diese Form des *primären Bewußtseins* (Seiler 1994, S. 92f.) oder des *primären Denkens* (Piaget), das sich als Resultat der sonsomotorischen, der symbolisch-vorbegrifflichen und begrifflichen Aktivitäten einstellt, wird von einem bestimmten Zeitpunkt der Entwicklung kognitiver Systeme an von einer *hinreichenden* Bewußtwerdung (Piaget 1969, S. 323f.) begleitet, enthält also schon reflexive Momente. Für J. Piaget ist somit der *Fortschritt zu den Operationen* des Denkens *notwendigerweise an die der Reflexion gebunden, die zu dieser Bewußtwerdung führt, wodurch das Subjektive von der äußeren Wirklichkeit getrennt wird* (ebd.). Dieses reflexive Bewußtsein oder Bewußtsein *zweiten Grades*, dem die strategische Planung (Intentionalität) des Handelns zugeschrieben werden müßte, hat aber nun nach der Auffassung von J. Piaget (1969/75[59]) eher den Charakter eines Instrumentariums, das die Ergebnisse der kognitiven Konstruktionen *nachträglich und rückbezüglich* analysiert und sie im Hinblick auf die angewandten *rationalen Gesetze* überprüft. Für J. Piaget ist also das reflexive Bewußtsein, sogar auf den letzten Stufen seiner Entwicklung, die mit einer Introspektion der kognitiven Strukturen einhergehen, eine „geistige" Instanz, die unablässig neue, von der Außenwelt evozierten Problemlösungsversuche unternimmt, ohne sich dabei immer direkt auf die Erfahrungen und Ergebnisse seiner internen kognitiven Organisation stützen zu können. Mit dieser Auffassung von der begrenzten und außergewöhnlichen Funktion der „überhöhenden" sekundären Bewußseinsakte wird aber auch, wie T.B. Seiler (1994, S. 93f.)

bemerkt, die bewußte Reflexivität als handlungssteuerndes Prinzip nur als ein *Grenzfall* von Bewußtheit angesehen und operationales Denken wie symbolisch-bildhaftes Objektivieren an die Akte des primären, *rudimentären* Bewußtseins gebunden.

Für unsere Betrachtung von bildhaften Objektivationen läßt sich aus dieser Auffassung eine überzeugende Lösung für das Problem der bildnerischen/symbolischen Intentionalität ableiten: Auch in den Fällen bildnerisch realisierter Absichten, die etwa in erzählenden Motivkonstruktionen mitgeteilt werden, hat man es in Regel mit primärbewußten, „editorischen" Akten zutun, die nicht in dem Sinne bewußt sein müssen, den man mit J. PIAGET als *reflexiv* oder *Bewußtsein zweiten Grades* beschreiben müßte. Zwar kann man auch das Auftauchen sekundärer Bewußtseinsakte im zeichnerischen Prozeß nicht ausschließen - sie können z. B. immer dann erscheinen, wenn die Zeichnenden ihr Darstellungskonzept ändern und diese Änderung auch verbal, d.h. nachvollziehbar, begründen (vgl. etwa KOEPPE 1993) -, aber auch in solchen Fällen von bildnerischer Intentionalität spielen im objektivierenden Prozeß so viele sich überlagernde Bewußtseinserscheinungen (als da wären: bildnerisch zu organisierende Absichten, neu auftauchende Vorstellungsinhalte, neu entdeckte Realisationsmöglichkeiten, Realisationsschwierigkeiten, Hemmungen usw.) eine Rolle, daß sich nur der Bereich der rudimentären Formen von Bewußtsein mit Sicherheit bestimmen läßt. Wir werden in den Analysen der Bildbeispiele auf solche Überlagerungen von Bewußtseinsakten eingehen.

3.3. Zum emotionalen Gehalt bildhafter Motive

> *Die babylonische Sprachverwirrung um Begriffe wie Emotion, Gefühl, Stimmung und Gemütsbewegung wird allgemein beklagt. Zwar fehlt es nicht an Versuchen, den Begriff Emotion zu klären, aber die verschiedenen Definitionsversuche stellen meistens nur einen Einzelaspekt des Phänomens Emotion in den Vordergrund.*
>
> H. GOLLER 1992, S.15.

> *Im Kunstwerk sind Emotionen eingelagert.* [...] *Es kommt darauf an, die Emotionen im Kunstwerk wiederzufinden und mit den eigenen Gefühlen zu verbinden.*
>
> K. HERDING 1998[60]

Man kann T. SCHELP/L. KEMMLER (1988, S. 171ff.) in der Auffassung zustimmen, daß die im ersten Kapitelvorsatz angesprochene babylonische Sprachverwirrung ihren Grund auch darin hat, daß Emotionen keine dinghaften Gegenstände bezeichnen - aber welche psychischen Emanationen hätten dinghaften Charakter? - sondern ein *theoretisches Konzept für einen nur jeweils persönlich erfahrbaren Zustand* darstellen. Eine gewisse Übereinstimmung in der Definition und der Abgrenzung eines „Gefühlssystems" läßt sich noch am leichtesten im Nachweis und der phänomenologischen Abgrenzung der *diskreten* (*kategorialen, primären, fundamentalen* o.ä.) Affekte belegen, sogar über die Grenzen wissenschaftlicher Schulen hinaus - so z. B. bei den Vertretern/Vertreterinnen der differentiellen Emotionstheorie i.w.S. S.S. TOMKINS (1962ff.), C. A. IZARD[61] (1981, S. 66ff., dort auch umfassende Literaturhinweise) sowie bei den psychoanalytisch orientierten Autoren/Autorinnen J.D. LICHTENBERG (1991, S. 60ff.), D. STERN (1992, S. 85f.) u.a. Allen ihren Auffassungen ist gemeinsam, daß sie eine Reihe von diskreten Affekten, die von C.R. DARWIN (1872) in seiner berühmten Schrift *expression of emotions in men and animals* zum erstenmal beschrieben und an fotografisch fixierten Formen des Gesichtsausdrucks phänomenologisch nachgewiesen worden sind, zum überkulturellen (universalen), gemeinsamen menschlichen Erbe rechnen, das demnach von angeborenen *neuronalen Programmen* (IZARD) gesteuert wird (zur Bedeutung der DARWINSCHEN „Ausdrucksprinzipien" von Emotionen für die Forschungsgeschichte vgl. K.R. SCHERER/H.G. WALLBOTT 1990). Uneinigkeit herrscht allerdings dann schon wieder über die Anzahl dieser diskreten Affekte, die hier im Anschluß an die psychoanalytische Begrifflichkeit auch als Affekte bezeichnet werden sollen, während C.E. IZARD u.a. die diskreten Affekte *Emotions* nennen und den Begriff des Affekts eher als unspezifischen Oberbegriff/Sammelbegriff[62] für Emotionskombinationen/Emotionsinteraktionen benutzen.

Während C. DARWIN von acht diskriminierbaren Affekten ausging (je nach Übersetzung: Freude, Interesse, Überraschung/Schreck, Trauer, Angst/-Furcht, Zorn/Wut, Ekel, Scham, Neugier), bündelt C.E. IZARD (1981, S. 66f.) in seiner *Taxonomie* zehn fundamentale Emotionen, von denen begrifflich zuerst ein niedriger und ein hoher Status (*Intensitätsdimension*) festgelegt und beschrieben wird (z. B.: Vergnügen - Freude; Zorn - Wut; Furcht - Entsetzen) und bindet sie weiter zu 45 dyadischen Kombinationen und 120 triadischen (Furcht - Scham - Schuldgefühl) Emotionsinteraktionen (z.B. Kummer - Zorn) zusammen. Zugleich werden die definierten dyadischen und triadischen Aktionsformen einerseits mit *Trieben/Körperempfindungen* wie

Hunger und Durst, Sexualität, Schmerzvermeidung und Behagen kombiniert und andererseits werden die Emotions- und *"Affekt"interaktionen* (z. B. Interesse - Sexualität) mit kognitiven *Strukturen/Orientierungen* in Beziehung gebracht, so daß eine imponierende Anzahl von Kombinationen entsteht, die (scheinbar) jedem denkbaren Zusammenschluß von Trieben, Emotionen, Affekt-Kognitions-Interaktionen und affektiv-kognitiven Strukturen gerecht zu werden vermag. Nimmt man den Begriff der Taxonomie wörtlich, so bietet C.E. IZARD also eine umfassende, aber auch äußerst kompliziert segmentierte Tafel mit motivationalen Mustern, die zusammengenommen die *Lebenswissenschaften* (IZARD) konstituieren, also weit über eine „spezielle" Emotionstheorie hinausgehen.

Zwar hat C.E. IZARD (1981, S. 67f.) schon gesehen, daß die *unzähligen* Kombinationen in der pädagogischen und klinischen Arbeit - und analog zu einer solchen Tätigkeit bewegen wir uns ja mit unseren Deutungsversuchen - reduziert werden müssen, um realistische, bedenkenswerte Aussagen über die emotionalen Befindlichkeiten der Klienten/Klientinnen zu erreichen, daß aber im Rückgriff auf diese Taxonomie nichtssagende Diagnosen wie *emotionale Störungen* vermieden werden könnten. Zu den Möglichkeiten einer definierbaren Aussage trägt nach seiner Auffassung auch bei, daß sich, wie schon C.R. DARWIN und S.S. TOMKINS et al. (1962) festgestellt haben, zwischen einzelnen Emotionen und Emotionsinteraktionen besondere Bindungen in Form von Gegensätzen/Gegensatzpaaren (z. B. positiv: Freude -negativ: Traurigkeit) und Hierarchien (z. B. Interesse, Furcht, Schreck) feststellen lassen. Mit der eingangs angesprochenen psychoanalytischen Theorie stimmt C.E. IZARD (1981, S. 167f.) auch darin überein, daß Emotionen/Affekte einen organisierenden Faktor des Phänomens darstellen, das man Bewußtsein/Bewußtheit nennt. Dabei kommt es ihm aber weniger auf die Begründung einer *existentiellen Dichotomie* von Erleben-Nichterleben, bewußt-unbewußt, gewahr-nichtgewahr an, sondern für ihn ist es von Bedeutung, daß eine große Vielfalt von Phänomenen im *Bewußtsein auf unterschiedlichen Ebenen der Bewußtheit*[63] *existieren.* In diesem Zusammenhang expliziert er auch seinen Begriff von Repräsentation, der aber eng an der Auffassung von vorstellungshafter, geistiger Repräsentation als Kopie oder Imitation von Aspekten der Welt angelehnt ist und damit den Besonderheiten im Verhältnis von Phänomen und Repräsentation nicht gerecht wird.

Wir haben die Taxonomie der Emotionen, Affekte usw. von C.E. IZARD aus mehreren Gründen skizziert: Einmal, weil ihr Autor und seine Mitarbeiter schon relativ früh dem Zustand der eingangs angesprochenen babylonischen Sprachverwirrung entgegenzuwirken versucht haben, auch wenn ihr Lehrgebäude zu einer überaus komplizierten Vielfalt von Kombinationen und Hierarchien der emotionalen Ausdrucksmöglichkeiten und deren Ontogenese führt, die dann aber in der „realen" sozialen Kommunikation auf die Einschätzung des mimischen Ausdrucks reduziert werden und damit sogar hinter die „pantomimischen" Auffassungen von C. DARWIN zurückzufallen drohen, für den der Gesichtsausdruck nur ein Teil der *complizirten Handlungen* war, *die unter gewissen Seelenzuständen von direktem oder indirektem Nutzen* (sind), *um gewisse Empfindungen, Wünsche usw. zu erleichtern oder zu befriedigen* (C. DARWIN 1872, S. 28; vgl. auch SCHERER/WALLBOTT 1990, S. 348f.). Zum anderen haben C.E. IZARD et al. schon die Beziehungen der Emotionen untereinander als ein System verstanden, zu dem die skizzierten vielfältigen Interaktionsphänomene in Form von Cosystemen/Subsystemen gehören. Die verschiedenen motivationalen Systeme der Persönlichkeit ergeben sich also aus einem Zusammenspiel von interaktiven affektiven Systemen, die wiederum auf biologische *Hilfssysteme* (1981, S. 72f.) zum Ausdruck von emotionalen/affektiven Befindlichkeiten angewiesen sind.

S.S. TOMKINS (in: GOLLER 1992, S. 91ff.) hat dagegen die herausgehobene Stellung diskreter Emotionen in dem System von motivationalen Mustern betont; für ihn bilden sie das primäre Motivationssystem, ohne dessen *helfende Amplifikationen alles andere keine Wirkung hat. Es borgt seine Macht dem Gedächtnis, der Wahrnehmung, dem Denken und Handeln genauso wie den Trieben.* Auch wenn die systemtheoretischen Momente in der angesprochenen speziellen Emotionstheorie von C.E. IZARD et al. noch nicht besonders deutlich ausgebildet sind, kann die Vorstellung von emotional geprägten Interaktionssystemen hilfreich sein, wenn es um das Verständnis von Emotionsstrukturen/Emotionshierarchien in bildhaften Ereignissen geht: Hier wie dort treten ja weder kategoriale Affekte noch dyadische/triadische Emotionsformen rein „zutage", sondern in vielfältigen Formationen und wechselnden Intensitäten oder in „Klumpen", um den o. zitierten metaphorischen Ausdruck von S.M. KOSSLYN/J.R. POMERANTZ zu benutzen, der die Dichte des Informationsgehaltes von internen Repräsentationen kennzeichnen soll. Außerdem kann die angesprochene Möglichkeit, Emotionen und Affekte als Kombinationen aus mehreren motivationalen Ebenen zu verstehen, auch die Annahme nützen, daß dargestellte Emotionen ambivalent, ja überdeterminiert (FREUD) sein können, weil in ihnen Inhalte verschiedener psychischer Strukturen synthetisiert werden. Zusätzlich leistet das skizzierte Denkgebäude gute Dienste bei der Aufklärung der bildnerischen Reaktionen auf individuelle Emotionsstrukturen, weil C.E. IZARD davon ausgeht, daß individuelles[64] Erleben durch häufigere Aktivierung von bestimmten interaktiven, emotionalen Mustern auf dem Hintergrund von *neuronalen* Prozessen in *irgendeiner Art von Gedächtnissystem gespeichert* werden kann (S. 82). So können z. B. negative emotionale Erfahrungen (*emotionaler Streß*) Auswirkungen auf die interaktiven Systeme einschließlich der biologischen Systeme haben und zu psychosomatischen Krankheiten führen. Die - sicher bewußt ungenaue - Formulierung von *irgendeiner Art Gedächtnissystem* läßt zwar offen, wie man sich das „emotionale Gedächtnis" vorzustellen hat, sie stellt aber sicher, daß bestimmte gefühlshafte Konstellationen und Emotionsmuster aus einem Gedächtnisfundus heraus aktiviert werden können - etwa wenn sie in bildnerische Ereignisse objektiviert werden sollen.

Mit dieser Auffassung korrespondiert auch die Feststellung von C.E. IZARD (1981, 227ff.), daß emotionaler Ausruck - besonders wohl in Form von diskreten Affekten - von anderen Menschen verstanden werden kann, *kommunizierbar* ist. Für ihn ist diese Kommunikationsform, wie gesagt, universell (*pankulturell*), und sie gilt damit unabhängig von Kultur, Sprache oder Vorbildung. Affektiv-expressive Muster können aber in der sozialen Interaktion, auch darin folgt er den Auffassungen von C. DARWIN und W. WUNDT (1905; vgl. SCHERER/WALLBOTT 1990, S. 357), durch Willensakte, konventionalisiertes Verhalten u.ä. überdeckt, „maskiert" werden. Andere Autoren/Autorinnen (*Kulturrelativisten*) bestreiten übrigens die Universalität von emotionstypischen mimischen Ausdrucksformen (Literatur in: SCHERER/WALLBOTT 1990, S. 383f.). N. BISCHOF geht beispielsweise (1989, S. 189ff.) in seiner Kritik an den *Segmentierungstendenzen* der - seiner Ansicht nach physikalisch und nicht radikal (evolutions-)biologisch denkenden - Emotionstheoretiker/innen davon aus, daß die Mimik zu einem beträchtlichen Anteil *ritualisiert* ist, dies mache sie für fundierende theoretische Untersuchungen *uninteressant, da Ausdrucksfelder, die von der Natur primär kommunikativ*[(65)] *gemeint* seien, *keineswegs das gesamte Emotionsinventar gleich gut* abdecken würden. Außerdem zögen die Emotionstheoretiker/innen nicht in Betracht, daß auf der (bisher) letzten Evolutionsstufe des Menschen eine Form von *Phantasieplanung* entstanden sei, die es ihm ermögliche, Denkprozesse und Handlungsabläufe zu antizipieren. Damit werden nach der Auffassung von N. BISCHOF die aktuellen Triebantriebe auf ein sekundäres Geschehen reduziert, und die Macht der Triebe transformiere sich beim

Menschen *endgültig in die Unverbindlichkeit eines emotionalen Appells.*

Wir haben in den vorhergehenden Abschnitten versucht, Ergebnisse der sog. speziellen Emotionstheorie, die sich in Wirklichkeit als eine Art universalistischer *Lebenswissenschaft* erwiesen hat, für das Verständnis von emotional geprägten bildnerischen Ereignissen fruchtbar zu machen, und wollen in den nachfolgenden Überlegungen noch Argumente über bestimmte Formen expressiver Emotionalität zusammentragen, auch wenn es einem die Emotionstheorie nicht leicht macht, bildhafte Indizien für objektivierte Emotionen zu identifizieren oder wenigstens Hinweisen auf die Möglichkeiten verbildlichter Gefühle nachzugehen. Wird dort der non-verbale Ausdrucksbereich angesprochen, so geht es um genaue Ausführungen über die Prozesse der *Innervation* des Gesichtsausdrucks, über die Anatomie der *Gesichtsausdrucksmuskulatur* oder die *Determinanten der akustischen Lautform* (z. B. EKMAN/FRIESEN 1978 in: SCHERER/WALLBOTT 1990, 360ff; vgl. auch GOLLER 1992), als wenn die *nicht-sichtbare mimische Muskelaktivität* (!) von Angstexpression schon etwas über den Sinngehalt von Angst aussagen könnte oder als wenn das 28 Nummern umfassende *Facion Action Coding System* FACS (EKMAN/FRIESEN; z.B. Nr.: 18: *Lippen spitzen*, ausgedrückt durch: *incisivii labii superioris, incisivii labii inferioris*) die Sinnhaftigkeit des Gefühlsausdruckes einzelner „Faxenmacher" - dieser dialektnahe Ausdruck sagt eine Menge über die „Authentizität" von mimischem Ausdruck - belegen könnte. Die genannten Autoren sehen allerdings auch, daß emotionstypische mimische Ausdrucksformen aus Überblendungen (-*blends*) mehrerer Emotionen bestehen können. Diese Überblendungen, die auch eher den realen Situationen entsprechen, spielen - neben den medienspezifischen Problemen, differenzierte mimische oder gestische Ausdrucksformen zu realisieren - bei der bildhaften Darstellung von Ausdrucksereignissen eine gewisse Rolle; sie verhindern häufig, daß sich in der objektivierten emotionalen Expression eindeutige Gefühlszuweisen nachweisen lassen. Wir werden allerdings an einigen Bildbeispielen zu zeigen versuchen, daß bei der Darstellung extremer Gefühlsausbrüche bildnerische Merkmale, z. B. ein geöffneter, rot umrandeter Mund (vgl. Kapitel 9 mit Abbildung 38c), als mimische oder pantomimische Zeichen für „unaussprechliche" emotionale Erfahrungen stehen können, daß also unter diesen Bedingungen auch in den Zeichnungen die üblichen positiven Selbstrepräsentationen (K.R. SCHERER/ H.G. WALLBOTT 1990, S. 359), wie wir sie etwa aus den bekannten stereotypen Darstellungen von „lachenden/lächelnden" Mündern kennen, aufgegeben werden zugunsten genauerer expressiv-emotionaler Charakterisierungen. Allerdings kommt dem „sozialen" Lächeln - und damit u. U. auch seiner Darstellung - eine wichtige Funktion in der „Maskierung" von Mißerfolgserlebnissen zu: Es soll das durch Mißlingen oder Enttäuschungen (attributiv) belastete Beziehungsgefüge, etwa zwischen dem Kind und seinen erwachsenen Sozialpartnern, harmonisieren und Sanktionen vorbeugen (HECKHAUSEN schon 1962, vgl. GEPPERT/HECKHAUSEN 1990, S. 179).

Aus den angesprochenen Überlegungen von K.R. SCHERER/H.G. WALLBOTT (bes. 1990) über die mimischen/pantomimischen Expressionen wie die ihnen zugrunde liegenden physiologisch-innervativen Prozesse soll noch das Problem skizziert werden, wie sich die Autoren die Möglichkeiten der Apperzeption der non-verbalen Emotionsexpressionen, also die Wahrnehmung/das Verstehen von solchen Expressionen auf Seiten der Adressaten vorstellen. Diese Überlegungen bilden ja eine Art psychologisches, interpersonales Gegenstück zu den kunstwissenschaftlichen Methoden der Deutung emotionalen Ausdrucks in Kunstwerken (*Irrationalitätsproblem*). Neben einer *interreferentiellen Empathie*, die sich bei Personen einstellt, die an einer gleichen emotionsauslösenden Situation teilnehmen und daher in der Lage sind, die emotionalen Expressionen beim anderen zu erkennen, kommen auch außenstehende Beobachter zu guten Resultaten beim Erkennen von emotionalen Expressionen (FLAVELL: *nicht-empathische Interferenz*), wenn die Expressionen vor dem Hintergrund eines bestimmten situationsspezifischen Kontextes und anderer begleitender Verhaltensweisen beurteilt werden können. Attributierungen von emotionalen Expressionen - und das heißt in diesem Falle, eine zureichende, kognitiv fundierte Beurteilung des Gefühlsausdrucks anderer Menschen vorzunehmen - kommen neben der (verstehenden) Wahrnehmung von Mimik und Pantomimik (Körperhaltungen o.ä.) auch aufgrund der Beobachtungen von vokalen und anderen non-verbalen Merkmalen zustande - diesen zuletzt angeführten Merkmalen einer „symbolischen" Kommunikation gilt das besondere Interesse von K.R. SCHERER. Allerdings ist der Teil einer allgemeinen Emotionstheorie, in dem es um die Apperzeption/Attributierung von Affektmustern geht, bis heute heftig umstritten. Als Beispiel eines theoretischen Konzepts, das neben der Definition emotionaler Expression auch Überlegungen zur Emotionserkennung auf Seiten des möglichen Adressaten enthält, führen K.R. SCHERER/H.G. WALLBOTT (1990) das sog. Linsenmodell von E. BRUNSWICK (1956) an. In ihm wird für jede diskrete Emotion zwischen Sender und Empfänger/Attributor ein Netz von innervativen und physiologisch-muskulären

Trägermaterialien gelegt, das eine non-verbale Kommunikation möglich machen soll. Wir werden im Zusammenhang mit der Interpretation zweier Bilder, die deutliche, diskriminierbare Emotionsinteraktionen zeigen, das Modell näher erläutern.

Für unsere Überlegungen zur Interpretation bildhafter Objektivationen als Resultate hochtraumatisierender Erfahrungen haben auch Untersuchungen über die Ontogenese von Emotionen/Emotionsmustern ihren Wert, weil der Fortgang der Emotionsentwicklung/-entfaltung auch Hinweise auf die zeitliche Festlegung und die Abfolge von Audrucksereignissen gibt. Wir haben z. B. in der Beschreibung des zeichnerischen Ereignisses von REBEKKA (2;6 Jahre) mit den ausdrücklich thematisierten Inhalten *ein Feuer* und *das brennende Haus* (Kapitelteil 3.1., Abb. 21) herauszustellen versucht, daß und wie vor dem Hintergrund altersadäquater kognitiver und emotional expressiver Fähigkeiten und Emotionen ein bildnerisches Motiv als Resultat emotional belastender oder sogar situativ-traumatisierender Geschehnisse entsteht. Wir bewegen uns mit dieser Darstellung, die hier nur in einer Skizze vorgestellt zu werden braucht, weil in der erreichbaren Literatur (IZARD 1981; bes. GEPPERT/HECKHAUSEN 1990) umfangreiche Konzepte zur ontogenetischen Entwicklung von Emotionen samt Auflistungen von Entwicklungslinien vorgestellt werden, in einer parallelen Spur zu den Vorstellungen über die Entwicklung und Strukturierung von bildnerischen Ereignissen, die eingangs skizziert worden sind. Gleichzeitig versuchen wir in diesen Erörterungen wieder an unsere Überlegungen zur Intentionalität bildnerischer Prozesse anzuknüpfen, weil in einer dort besonders herausgestellten tabellarischen Zusammenstellung die Stufen kognitiver Entwicklung im Sinne von J. PIAGET (für die Kinderzeichnung vgl. RICHTER 1987, S. 20ff.) mit den parallelen Erscheinungen im Feld der emotionalen und sozialen Bildung verknüpft werden.

Das angesprochene Konzept von L.A. SROUFE und L.A. SROUFE et al. (1976ff[66]; vgl. GEPPERT/HECKHAUSEN 1990, S. 148ff.) geht allgemein von einer relativ einfachen *Organisation der emotionalen Entwicklung* aus, stellt aber dieses Entwicklungsgeschehen in einen direkten strukturellen Zusammenhang mit dem Aufbau von sozialen Bindungen. Die Erfolge einer solchen sicheren Bindung zeigten sich auch noch in einer katamnestischen Studie - nach fünf Jahren - in Form von *Kompetenzen im Umgang mit den Objekten, einem Sinn für die Wirksamkeit des eigenen Verhaltens und einer positiven Einstellung gegenüber anderen Leuten* - z. B. im Spiel. In dem Konzept wird z. B. für den Zeitraum vom vierten bis zum achten Lebensmonat eine Verbindung zwischen dem *Verhalten zur Außenwelt (sensumotorische Kategorien und Wiedererkennung)* mit dem *Beginn des zielgerichteten Handelns* und der Entwicklung positiver wie negativer Emotionen hergestellt; letztere lassen sich bereits als *inhaltsbestimmt* (Lachen, Freude; Enttäuschung, Frustration) kennzeichnen. Zur gleichen Zeit findet auf der sozialen Ebene ein reziproker Austausch von Emotionsinhalten statt. Die besonders interessante Zeit vom 18. bis zum 24. Monat, in der sich auch in der Entwicklung der bildnerischen Objektivationen eine Ausrichtung der *gestischen Repräsentationen* an der spurtragenden Fläche und die einsetzende *Diskriminierung und Minimalisierung* von Formen mit ersten analogen Merkmalen von Personen und Gegenständen (vgl. Kapitelteil 1.1.2./1.1.3.) abzeichnet, ist für L.A. SROUFE et al. allgemein durch die *Erfindung neuer Mittel durch mentale Kombinationen* gekennzeichnet und mit Blick auf die epistemologische Entwicklungstheorie von J. PIAGET sprechen sie von verzögerter/aufgeschobener Nachahmung, die an der Ausbildung der zeichenhaften bzw. symbolischen Kodierungen in der Sprache und im Spiel entscheidend beteiligt ist. In dieser Zeit fällt auch mit der *Entstehung des Selbstwertkonzeptes* der grundlegenden Entwurf für die spätere(n) Identitätfindung(en). Diese Entwicklung des Selbstwertkonzeptes drückt sich in der *Wahrnehmung des Selbst als selbständigem Akteur (aktive Bewältigung, positive Selbstbewertung, Scham)* sowie im Gefühl der *Eigenständigkeit (Zuneigung, Ambivalenz, Willenskonflikt, Trotz)* aus. Für die Auslegung (späterer) bildhafter Objektivationen, regelhafter wie konfliktbestimmter, erscheint besonders die Auffassung von der Ausbildung ambivalenter Gefühlsinhalte zu diese Zeit wichtig, weil sie der Interpretation von mehrdeutigen objektivierten Motivinhalten ein emotionspsychologisches Konstrukt zum Verständnis von Ambivalenzerscheinungen bei expressiven Emotionen anbietet, dem sich auf der tiefenpsychologischen Seite das Konzept der frühen Spaltung von positiven und negativen ("Mutter"-)Introjekten (KERNBERG u.a.) zur Seite stellen läßt.

L.A. SROUFE et al. geben auch eine Übersicht über die zeitliche Abfolge der Emotionsentwicklung (vgl. GEPPERT/HECKHAUSEN 1990, S. 151f.), die für die Betrachtung von bildnerischen Resultaten traumatisierender Erfahrungen eine Folie abgeben könnte, um das Außergewöhnliche, etwa regressive Potential von objektivierten expressiven Emotionen zu erkennen. Wir werden in einigen Bildinterpretationen darauf wie auch auf das vergleichbare Prozeßmodell der ontogenetischen Emotionsentwicklung von K.R. SCHERER (1984) verweisen, wenn es um den Zeitpunkt der neurotischen Fixierung von Emotionsmustern geht. Nach der Auffassung von U. GEPPERT/H. HECKHAUSEN (1990, S. 152f) gehen L.A. SROUFE et al. zwar von einer Reziprozität zwischen Kognition und Affektivität aus, - d.h. kognitive Bewertungsprozesse lassen nach ihrer Auffassung einerseits Emotionen „entstehen", andererseits „lenkt" die affektive die kognitive Entwicklung - , aber für die beiden Autoren wird nicht recht einsichtig, wie sich kognitive Zustände in affektive Befindlichkeiten wandeln und umgekehrt.

Wir stoßen hier auf die berühmte Kognitions-Emotion-Debatte, d.h. auf die Frage, *ob Kognition Emotion determiniert (LAZARUS) oder ob eine Emotion auch ohne vorausgehende Kognition auftreten kann (ZAJONC),* wie H. GOLLER (1992, S. 170ff.) diese Debatte formelhaft zusammenfaßt. Unstrittig bei der Diskussion dieses Verhältnisses scheint, wie wir auch an den Beispielen der hier skizzierten Auffassungen zu belegen versucht haben, daß Emotionen phylogenetisch wie ontogenetisch primär sind; strittig ist, ob den emotionalen Reaktionen in jedem Falle eine kognitive Bewertung vorausgehen muß. In der Darstellung dieser Diskussion bei H. GOLLER wird deutlich, daß es bei der Kontroverse letztlich um die Frage geht, wie stark/umfassend oder wie schwach/vage diese kognitive Bewertung ausfallen muß, wenn sie noch *kognitiv* genannt werden soll - so ist kognitiv für R.S. LAZARUS weder mit *rational* noch mit *bewußt* oder gar mit *intentional* gleichzusetzen. Beide Kontrahenten sind aber der Meinung, daß bei dem heutigen (damaligen) Stand der begrifflichen Klärung wie der empirischen Absicherung der einen oder anderen Position keine abschließende Beurteilung des angesprochenen Verhältnisses möglich sei. H. GOLLER (1992, S. 183) setzt sich dann ausführlich mit dem komplexen (*multilevel*) Emotionsmodell von H. LEVENTHAL[67] auseinander, das hier angesprochen werden soll, weil es sensomotorische Aktivitäten, emotionale Schemata und begriffliche Verarbeitungen in einer dualen Theorie zu verbinden und damit auch dem Ausdrucksverhalten gerecht zu werden versucht. Mit R.B. ZAJONC nimmt H. LEVENTHAL zwei getrennte Systeme der Informationsverarbeitung an, eines für die kognitive und eines für die emotionale Verarbeitung. Eine Reihe angeborener sensomotorischer Mechanismen sind für die ersten emotionalen Verhaltensweisen/Ausdrucksformen verantwortlich, aber schon sehr früh bilden sich in der emotionalen Entwicklung Schemata aus, die als verallgemeinerte emotionale Erfahrungen (*Generalisierung von Emotionserlebnissen*) anzusehen sind und aus der Interaktion mit der Umwelt gewonnen werden. Die Aktivierung dieser emotionalen Reaktionen geschieht automatisch (GOLLER sogar: vorbewußt und unbewußt). Aus der Auffassung über die Entwicklung und die Funktion dieser Schemata sollen hier nach der Zusammenfassung von H. GOLLER (1992, S. 181f.) die Funktion (6) und Teile der

Funktion (7) zitiert werden, weil sie für das Verständnis des emotionalen Gehalts von bildhaften Strukturen - vor dem Hintergrund kognitiver Bewertungen/Entscheidungen - bedeutsam erscheinen:

> *Emotionale Schemata organisieren das Erleben, indem sie Einzelheiten der Interaktionen des Individuums mit seiner Umwelt zu einem organisierten Ganzen integrieren, das eine emotionale Bedeutung für das Individuum besitzt. Emotionale Schemata tauchen die Objektwahrnehmung in einen bestimmten Gefühlston.*
>
> *Emotionale Schemata üben eine entscheidende Funktion beim Aufbau stabiler Objektbeziehungen aus.*

Auf diese Schemata bezieht sich dann die begriffliche Verarbeitung, deren Entwicklung zu einem parallelen System vorausgesetzt wird. Diese kognitive Verarbeitung ist als Reflexion über die Ursachen und Wirkungen der emotionalen Erfahrungen zu denken, wobei Reflexion hier im vollen Sinne des Wortes als gerichtete Aufmerksamkeit zu verstehen ist.

3.3.1. Dargestellte expressive Emotionen an den Beispielen von Zustands- und Eigenschaftsangst

Wir haben schon in der skizzierten Taxonomie von C.E. IZARD et al. die Auffassung vertreten, daß Gliederungen dieser Art bei aller Übersicht über das Emotionsinventar mit seinen Segmentierungen, systematisierten Verknüpfungen und Interaktionsformen das Emotionsgeschehen, das in Bildern objektiviert „erscheint", kaum zu erfassen vermögen, weil in bildnerischen Motiven Emotionen in Form von Überblendungen, Ambivalenzen, Überdeterminationen o.ä. medienspezifisch realisiert werden. Seit mehreren Jahrzehnten wird nun in der Emotionspsychologie ein Modell von „Angstemotionen" entwickelt und diskutiert, von dem man eine genauere Bestimmung von Arten und Intensitäten expressiver Emotionen erwarten kann. Dieses Modell, das zwischen Zustands- und Eigenschaftsangst (*state-* bzw. *trait-anxiety*) unterscheidet, läßt sich auch relativ genau auf das bildnerische Geschehen übertragen und soll in den nachfolgenden Abschnitten an drei ausgewählten Bildbeispielen erläutert werden.

Besonders R.B. CATELL und Mitarbeiter (CATTELL/SCHEIER 1961[68]) haben versucht, die beiden angesprochenen Angstkonstrukte zu definieren und zu operationalisieren. Wie der (in den Endnoten angegebene) Titel ihres Hauptwerkes zeigt, ging es ihnen allerdings nicht nur um eine Unterscheidung und Messung von Angstphänomenen, sondern um eine allgemeine Aufgliederung von Emotionen in eine passagere Zustands- und eine dispositionale Eigenschaftsform. Nach der Auffassung von M.W. BATTACCHI et al. (1996, S. 26ff.) ist es R.B. CATTELL in seiner Persönlichkeitstheorie (1979) gelungen, auch andere Zustands- bzw. Eigenschaftsemotionen zu definieren. Von C.D. SPIELBERGER et al. wurde 1970 - nach Vorarbeiten seit 1966ff. - ein *State-Trait-Anxiety-Inventory* (*STAI*)[69] vorgelegt, dessen Operationalisierung gleichfalls von der Voraussetzung ausgeht, daß der Begriff der *state*-Angst einen instabilen (*passageren*) emotionalen Zustand beschreibt, der im Hinblick auf seine Intensität und seine zeitliche Dauer variiert und der als individuelle Einschätzung einer Bedrohung anzusehen ist, die „objektiv" als weniger gefährlich erscheinen kann[70]. Dagegen kennzeichnet die Bezeichnung *trait*-Angst eine recht stabile interindividuelle Unterschiedlichkeit in der Anfälligkeit für Angstreaktionen, d.h. tendentiell wird von diesen Personen ein breiteres Spektrum von Situationen als bedrohlich wahrgenommen und mit Angstreaktionen beantwortet (*Extensitätsbeziehung*), und diese Antwort auf solche Gefahreneinschätzungen wird jeweils intensiver ausfallen (*Intensitätsbeziehung*, vgl. SCHWENKMEZGER 1985, S. 12f.; BATTACCHI et al. 1996, S. 27). Angstreaktionen entstehen nach dieser Auffassung, wenn äußere Reizgegebenheiten in einem Bewertungsprozeß als bedrohlich *erkannt* werden. Der *Bewertungsprozeß besteht auch aus dem Prüfen der Reaktionsmöglichkeiten, welche dem Individuum zur Verfügung stehen, um mit der Bedrohung fertig zu werden. So kann durch Abwehr- und Anpassungsprozesse das Zustandsniveau reduziert werden* (SCHWENKMEZGER 1985, S. 13). Personen mit erhöhtem Eigenschaftsangstniveau reagieren auch auf neue Angsterfahrungen mit heftigeren Reaktionen. Bei diesen Reaktionen spielen aber nicht nur (stabile) persönlichkeitsspezifische, sondern auch situationsspezifische Bedingungen (BATTACCHI et al.: *situationale Modulationen*) eine Rolle.

Für unsere Überlegungen zum Phänomen von Angstdarstellungen - als Beispiele für die bildhafte Wiedergabe passagerer, kurz andauernder emotionaler Zustände und verfestigter emotionaler Befindlichkeiten - ist es von besonderer Bedeutung, daß in diesem Konzept trait-Angstreaktionen auch als stabilisierte Rückwirkungen von (traumatisierenden) Erfahrungen in der Vergangenheit angesehen werden können, so daß sich also das erhöhte Eigenschaftsangstniveau nicht nur aus dipositionalen Gegebenheiten, sondern auch aus vermehrten Angsterfahrungen (oder allgemein: negativen *Emotionserfahrungen*) ableiten läßt. Wie die o. angesprochene Formulierung von den *interindividuellen Unterschieden* in den Angstreakionen belegt, wird in dem Konzept zwar grundsätzlich (begrifflich) zwischen den genannten state- und trait-Reaktionen differenziert, aber pragmatisch auch zwischen Niedrig- (NA)- bzw. Hochängstlichen (HA) unterschieden. Diese Unterscheidung erleichtert die interpretierende Analyse von bildhaften Ereignissen, weil ja in den seltensten Fällen aus den Bildern selbst das Eigenschaftsniveau von Angst und/oder anderen Emotionen ermittelt werden kann und in der Regel keine testgestützte Einschätzung vorgenommen werden kann.

Von P. SCHWENKMEZGER (1985) liegen empirische Untersuchungen an Stichproben deutscher Probanden vor, die im Anschluß an die theoretischen Fundierungen und die operationalisierten Testvorgaben von C.D. SPIELBERGER (1966, 1972, bes. 1970[71]) u.a. vorgenommen wurden und die für unsere Überlegungen noch zu einer Verdeutlichung der Zusammenhänge zwischen Zustands- (A-state) und Eigenschaftsangst (A-trait) führen können. So werden als Ergebnisse der Untersuchungen an Examenskandidaten/Examenskandidatinnen der Sportwissenschaft von dem Autor die Begriffe *Interpretationsspielraum* und (korrespondierend) *Ambiguität der Situation* zur Umformulierung der o. skizzierten Theorie eingeführt. Die Studien zeigen, daß im allgemeinen unter den *Bedingungen einer relativ milden Ich-Bedrohung dem Individuum ein gewisser Interpretationsspielraum* bleibt, daß es aber bei Hochängstlichen (HA) in vergleichbaren Situationen schon früher zu Anzeichen von *Unsicherheit und Beunruhigung* kommt und daß diese Personen schneller mit einem Anstieg von state-Angst reagieren:

> *Nimmt die Bedrohlichkeit einer Situation zu, so werden HA als Folge einer sensitiveren Situationswahrnehmung eher mit einem Anstieg von A-State reagieren, während bei NA zunächst noch keine Reaktion erfolgt. Solche differentiellen Effekte sind aber nur dann möglich, wenn hinsichtlich der Situationsbewertung ein gewisser Interpretationsspielraum aufgrund der Ambiguität der Situation möglich ist. Steigt die Bedrohlichkeit weiter an, so daß Zweifel an der Selbstwertrelevanz der Situation nicht mehr möglich sind, erfolgt der A-State-Anstieg wieder gleichförmig und unabhängig vom A-Trait (S.101).*

Für P. SCHWENKMEZGER (1985, S. 103) ergeben sich aus diesen und anderen Feststellungen, die hier nicht angeführt werden können, daß nur in einem *niedrigen bis mittleren Bereich des Bedrohlichkeitskontinuums differentielle Anstiege von A-State zu beobachten sind, während sich in den Extrembereichen parallele Verläufe ergeben.* Übertragen auf die Deutung von bildnerischen Ereignissen, die als Reaktionen auf bestimmte Situationsbewertungen (Bedrohungsformen) entstehen, lassen sich diese Feststellungen heranziehen, um die komplizierten Verläufe von Verbildlichungen besser zu verstehen: Diese Darstellungsentwicklungen folgen nicht einfach einer linearen Abfolge, welche die Korrespondenz von Bedrohung und bildnerischer Reaktion in Form von verändertem (regressivem, „deformiertem") Material anzeigt, sondern es können sich auch angesichts eines Bedrohungspotentials kurzfristig Spielräume in der Einschätzung des Potentials ergeben, die zu Remissionen, ja zu Progressionen im bildnerischen Geschehen führen. Erst wenn der Selbstwert langandauernd und in hohem Maße bedroht ist, wird der Verlauf der Darstellungsentwicklung ernsthaft gestört.

Auch für C.E. IZARD (1981, 408ff.), dessen umfassende Bestimmungen einer speziellen Emotionstheorie wir in den vorhergehenden Abschnitten skizziert haben, stellt Furcht - und davon abhängig die affektiven Interaktionsformen: Angst, Kummer, Zorn, Scham, Schuldgefühl und Interesse - eine Emotion von überragender *Wirkung auf Wahrnehmung, Denken und Handeln des Menschen* dar. Furcht ist nach seiner Auffassung, welche auch die affektiv-kognitiven Interaktionsformen herauszustellen versucht, verbunden mit dem Empfinden von Ungewißheit, weil die kognitiven Prozesse zur Einschätzung der Gefahr nicht zu einem Resultat führen oder weil sie zu der Beurteilung kommen, daß Aktionen, Fluchtpläne o.ä. in riskiert werden müssen. In seinen empirischen Untersuchungen der Furchtsituation sind die Mittelwerte für *Selbstbewußtsein niedriger als in allen anderen negativen Emotionsituationen.* Das sog. Emotionsprofil zeigt, daß in einer solchen Situation bestimmte Muster von Emotionen entstehen, wobei Furcht, Interesse, Überraschung und Kummer dominieren und Zorn, Schuldgefühl und Schüchternheit nur mäßig beteiligt sind. Seine Ergebnistabellen von Interaktionen zwischen Empfindungen, Gedanken und Handlungen legen den Schluß nahe, daß in einer solchen Situation nur Wenige „daran denken", die Kontrolle über die Situation (wieder-)zu erlangen, sondern eher nach Möglichkeiten suchen, sich zu schützen oder sich zurückzuziehen. In jedem Falle - und diese Feststellung ist für unsere Analyse der bildhaften Resultate von Affektinteraktionen wichtig - herrschen bei jedem Individuum, das situativ oder langandauernd mit Furchtsituationen konfrontiert wird, jeweils eigene affektive Interaktionsmuster vor.

Die Schwierigkeiten, die sich in den nachfolgenden Bildanalysen auftun, die zu einer Abgrenzung der Darstellungen labiler emotionaler Zustände (-staits) von den Wiedergaben der Eigenschaftsemotionen (states) am Beispiel von Angstdarstellungen beitragen sollen, beginnen schon mit der Auswahl der Bilder[72]: Es bedarf keiner besonderen Begründung, warum in diesem Zusammenhang einmal nur bildnerisches Material vorgestellt werden kann, in dessen Entstehungsbedingungen der/die Beobachter/in Einblick nehmen konnte. Gleichzeitig muß er/sie sich auch über die anderen bildnerischen Äußerungen des/der Heranwachsenden in dem entsprechenden Zeitraum einen Überblick verschaffen können. Zum anderen gibt die Möglichkeit, das Material als Teil einer Serie von bildnerischen Ereignissen einzusehen, die über einen langen Zeitraum hinweg Merkmale aufweisen, die auf basale Stimmungen wie Furcht/Angst, Wut, Scham als stabile Eigenschaftsemotionen verweisen.

Die beiden ersten Bilder (Abb. 23 und 24) eines Jungen von 6;6 Jahren entstanden unter Umständen, die dem Autor Einblick in den Produktionsprozeß gewährten; er war gleichzeitig vertraut mit den anderen bildnerischen Ereignissen, die in diesem Lebensabschnitt entstanden sind. Die Bilder sind außerdem das Resultat einer für dieses Alter relativ ungewöhnlichen Themenfindung: Der Junge selbst stellte sich im Anschluß an einen Urlaub, in dem er wohl auch solche Erlebnisse hatte, wie er sie in den Bildern zum Ausdruck brachte, die Aufgabe eine *Stadt bei Nacht* und eine *Stadt bei Tag* wiederzugeben. Die Zeichnungen wurden schnell mit einem breiten schwarzen Filzstift ausgeführt, so daß auch die Reproduktionen einen anschaulichen Eindruck von der Arbeitsweise und der Struktur der Bilder vermitteln.

In der *Stadt bei Nacht* (Abb. 23) dominieren dynamische Strichlagen, die den Himmel charakterisieren sollen. Wie sich an der unteren linken Bildekke und dem Raum zwischen dem allein stehenden Haus links und den rechten - fest verschlossenen - Häusern verfolgen läßt, werden die vertikalen Linienbündel bis zum unteren Bildrand auf eine Art Bodenlinie heruntergezogen, um den „tiefreichenden" Nachthimmel wiederzugeben. Über diesem Nachthimmel verdichten sich die Striche zu einer Art Himmelslinie. Bei aller Dynamik lassen sich also doch die Bildkoordinaten unten/oben, links/rechts identifizieren, auch wenn sie, wie wir noch zeigen werden, von einigen besonderen Ereignissen in Frage gestellt werden. Zwischen der Häusergruppe und dem allein stehenden Haus wechselt die Strichlage zu einem horizontalen Bündel, das wohl auch eine (gartenartige?) freie Fläche wiedergeben soll. In den Nachthimmel sind drei Gruppen von Sternen eingezeichnet,

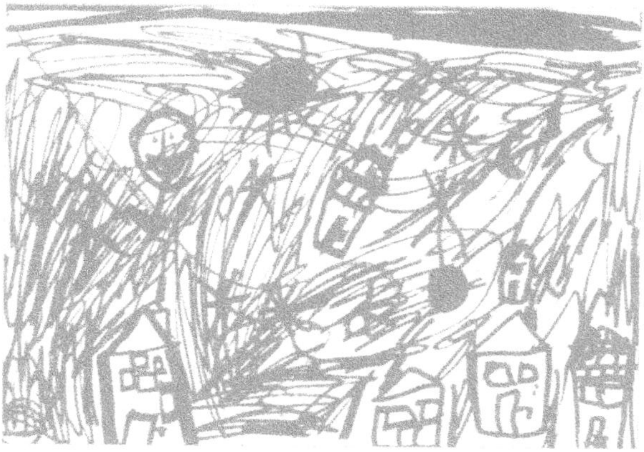

Abbildung 23

von denen die erste Gruppe über dem linken Haus steht, eine weitere von drei Sternen über dem „Garten" und zwei Sterne in einer schwierig zu bestimmenden Konstellation über dem linken Haus der Häuserzeile rechts „blinken". Dieses Blinken wird übrigens in einer morphogenetisch recht frühen Form des Doppelkreuzes wiedergegeben - wohl eine Regression im Dienste eines schwierigen Darstellungsproblems. Über der gartenartigen Fläche steht ein schwarzer Stern, dessen Identität als Sonne sich sicher feststellen läßt, weil ihr nächtlicher Gegenpol, der Sichelmond, über dem mittleren Haus der Zeile auftaucht.

Der Vergleich mit dem Bild (Abb. 24) *Stadt bei Tag,* das zwei „helle Sonnen" zeigt, macht deutlich, daß dieses dunkel ausgemalte Sonnenzeichen wohl die untergehende/untergegangene Sonne repräsentieren soll - eine Zusammenfassung von zeitlich nacheinander erlebten Ereignissen, die in der bildnerischen Darstellung nebeneinander gestellt werden, weil sie ähnliche emotionale Reaktionen auslösen. Die Festigkeit und Klarheit der kompositionell-räumlichen Struktur, von der wir gesprochen haben, wird an einer Stelle durchbrochen: Zwei Häuser schwimmen durch den Himmel, dabei trudelt das Haus über dem „Garten" nach rechts in den Hintergrund, das andere steht kleiner „hinter" dem mittleren Haus der rechten Gruppe. Im ersten Falle soll die Darstellung wohl das besondere Gefühl von Instabilität im nächtlichen Dunkel vermitteln, im zweiten eher den Eindruck von Unsicherheit in der Wahrnehmung von räumlichen Gegebenheiten. Die Bedeutung der menschlichen Figur über dem linken Haus, das auch durch die Betonung des Zeichens für Schlüssel/Türklinke als verschlossen charakterisiert werden soll, läßt sich am ehesten durch die Formulierung *Ich bin mit-*

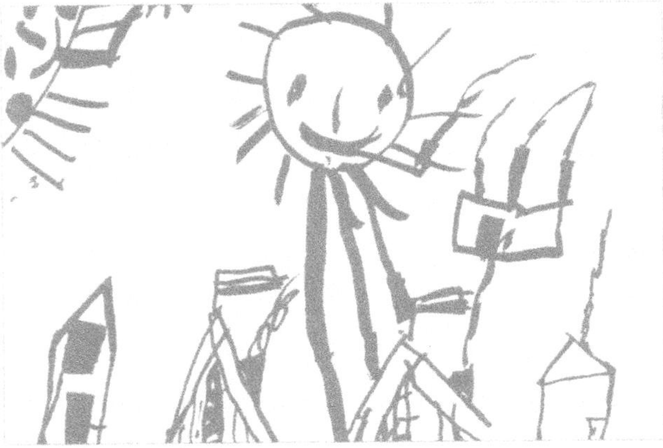

Abbildung 24

ten drin, übersetzen; es läßt sich aber auch nicht ausschließen, daß sich aus der Lektüre/dem Vorlesen von Märchen und Geschichten ein „Nachtgespenst" in die Szenerie geschmuggelt hat.

Der Vergleich mit dem Bild *Stadt bei Tag* (Abb. 24) - beide Bilder lassen sich ja als Diptychon verstehen und bieten damit eine Vergleichsmöglichkeit, die in dieser Form in der Kinderzeichnung nicht häufig vorkommen dürfte und deren Wurzeln wohl in der Beschäftigung der Eltern des Kindes mit Kunst und Kunstgeschichte zu suchen sind - macht deutlich, daß die *Nacht* als eine hochartifizielle bildhafte Synthese von Intentionen und Gefühlen zu verstehen ist, in der sowohl das charakteristische Erleben einer nächtlichen Szenerie in der intendierten Abwandlung bekannter Motive (dunkler Himmel, leuchtende Sterne nach Sonnenuntergang, Mond, Rückzug in die Sicherheit des Hauses) zu erfassen versucht wird, daß aber die emotionalen Qualitäten eines solchen Erlebnisses sich auch in der Dynamik des Strichs, der ungewöhnlichen Gestaltung des Himmels als Vorhang, der sich von oben nach unten senkt, der Instabilität räumlicher Beziehungen zu erkennen geben. Besonders in der Darstellung des dunklen Himmels von der Himmelslinie bis zum Boden, die in dem vorliegenden Bild „empirisch" d.h. als Akt situativer Wahrnehmung auf dem Hintergrund von Wissen über das Phänomen Nachthimmel, motiviert ist, finden wir Parallelen in den Bildern eines mißbrauchten Mädchens, die auch solche Darstellungsereignisse (vgl. Kapitel 9, Abb. 38d-e) vorweisen. Während sie dort aber eher als Ausdruck von trait-Emotionen, besonders von stabiler Angst und Bedrohung und von Gefühlen der Verlassenheit zu verstehen sind, verweisen sie in dem vorliegenden Bild auf passagere emotionale Befindlichkeiten (states)

Abbildung 25

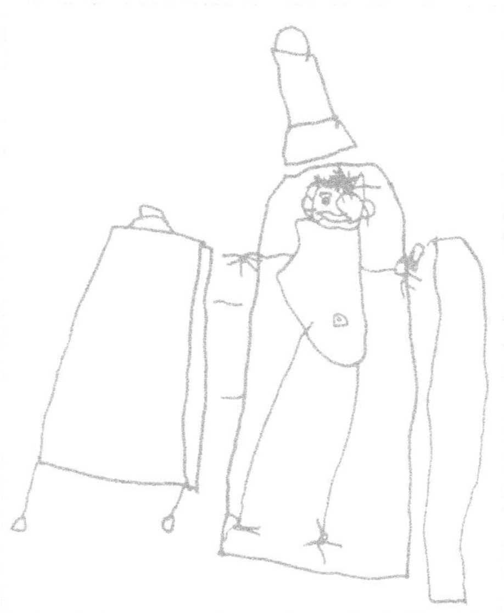

die zur Darstellung der *Stadt bei Nacht* mobilisiert worden sind und in der Wiedergabe des *Tages* aufgegeben werden zugunsten anderer charakterisierender Merkmale. Dabei wird es einem Beobachter, der nicht mit den Darstellungsmitteln der Kinderzeichnung vertraut ist, schwerfallen, die zeichnerischen Ereignisse dieses zweiten Bildes mit den vertrauten „schönen" Kinderzeichnungen in Einklang zu bringen, und in der Tat müssen die medienspezifischen Bedingungen in Betracht gezogen werden, wenn man dem Bild des Jungen gerecht werden will: Die schwarzen, dicken Linien der Sonnenstrahlen vor einem „leeren" (= hellen) Himmel sowie die Verdoppelung der Sonne sprechen für eine starke Helligkeit (*überall ist es sonnig*) - anders ließen sich diese Absichten mit den Mitteln des Filzstiftes in einem bestimmten Zeichenalter nicht ausdrücken - , die Häuser mit Fahnen und rauchenden Kaminen sind bewohnt, die Dachkonstruktion der beiden mittleren Häuser entspricht der Dachform seines Wohnhauses - eine Tatsache, die weitere Spekulationen überflüssig macht, aber nur von dem teilnehmenden Beobachter registriert werden konnte. Auch die schwarzen Fenster sind entgegen dem ersten Augenschein als helle, freundliche Gebilde anzusehen, weil auf einem weißen Hintergrund nur so ein Kontrast erzielt werden konnte. Die Variabilität in den Darstellungsformen beider Bilder bestärken uns in der Annahme, daß es sich hier im ersten Bild um eine Darstellungsangst, im zweiten um eine Art Darstellungsfreude, also um verbildlichte state-Emotionen, handelt. Diese Annahme läßt sich auch im Rückblick auf einen großen Abschnitt der Biographie des Zeichners, der heute ca. 30 Jahre alt ist, belegen.

Das nachfolgende Bild (Abb. 25) weist, wie auf den ersten Blick zu erkennen ist, bildnerische Merkmale eines ungleich höheren Angstpotentials auf. Es stammt von dem zu dieser Zeit etwa sechsjährigen Jungen, dessen Bilder wir im Kapitelteil 8.2. unter die Überschrift *Seelenmord, stückweise* stel-

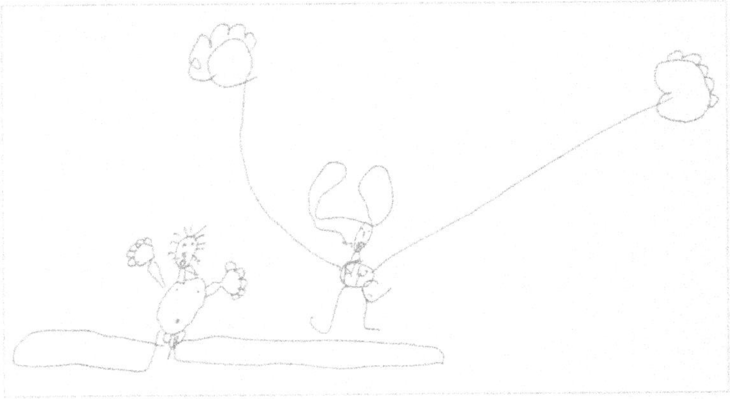

Abbildung 26

len werden, weil so der andauernde, sich in nachweisbaren Etappen vollziehende sexuelle Mißbrauch gekennzeichnet werden soll, der zum *Seelenmord* (SCHREBER) führt. In dem angestrochenen Abschnitt werden wir dieses Bild jedoch nicht vorstellen, weil seine Darstellung die Angst selbst zum Thema hat und diese Thematik die hermeneutische Analyse der bildnerischen Reaktionen auf die Mißbrauchserfahrungen erschwert hätte: Der Junge mußte sich nämlich während der Zeit, in der die Serie von Bildern entstanden ist - es handelte sich um einen Zeitraum von etwa einem Jahr - einer kleineren Operation unterziehen, und das vorliegende Bild gibt etwas von den Erlebnissen während seines Aufenthaltes im Krankenhaus wieder. Wir sehen aus der Vogelperspektive (medienspezifisch natürlich: *Umklappbild*) und der Frontalansicht - einer produktiven Synthese von Sichtweisen, die es gestattet, das gesamte Geschehen wiederzugeben - einen unbekleideten Menschen, der auf einem Bett liegt. Über seinem Kopf hängt eine Lampe, die wohl als Teil der Einrichtung des Krankenzimmers (UV-Lampe o.ä.?) anzusehen ist. Links erkennen wir einen Nachttisch, der auf Rollen steht, und der auch durch die leicht tiefenräumliche Darstellung eine anschauliche und gegenstandsanaloge Wiedergabe eines solchen Möbels bietet. Nicht weniger anschaulich ist die Sauerstoff-Flasche mit ihren Armaturen wiedergegeben, an denen sich der Mensch zu schaffen macht. Wie durch die Stellung der Lampe gelenkt, wird unser Blick auf den Kopf und besonders auf das Gesicht des liegenden Menschen gerichtet, in dem sich der Schmerz der Behandlung widerspiegelt: Der Mund ist zu einer breiten Furche aufgeworfen, die Augen scheinen in Höhlen zu liegen, die Haare hängen ins Gesicht. Zusammen mit den aus einfachen Linien gebildeten Armen und Beinen, an denen sternartige, d.h. morphogenetisch frühe Wiedergaben von Händen und Füßen zu erkennen sind, vermittelt das maskenhaft verzerrte Gesicht mitsamt seinen verkritzelten Haaren einen außergewöhnlichen Eindruck von Angst und Leiden. Dieser Ausdruck von tiefreichenden Emotionen, die in der Darstellung geradezu paradigmatisch verbildlicht werden, wird noch durch die wie erstarrt wiedergegeben kargen Einrichtungsgegenstände des Krankenzimmers verstärkt.

Unseren Überlegungen zur Differenzierung von Zustands- und Eigenschaftsemotionen bietet das Bild allerdings besondere Schwierigkeiten, gerade weil wir über die schwerwiegenden biographischen Ereignisse unterrichtet sind, die sich, wie wir zeigen werden, in einigen Bildern dieses Jungen zu regressiven Darstellungen mit präpsychotischem Charakter verdichten. Ohne dieses Wissen würden wir das Bild als eindringliche Darstellung von state-Emotionen ansehen; auf dem Hintergrund dieser Informationen erkennen wir darin aber eine Synthese von state- und traite-Emotionen, wie sie in vielen bildhaften Wiedergaben von traumatisierenden Erfahrungen sichtbar wird, ohne daß sie jedesmal zu differenzieren wäre, weil das biographische Material keine genauen Hinweise auf die Möglichkeit einer solchen Durchdringung von passageren Emotionen und Eigenschaftsemotionen enthält. Allerdings behält das Bild trotz der angesprochenen dichten Verbildlichung von passageren und verfestigten Emotionsinhalten einen narrativen Charakter, d.h. es erzählt uns in kaum retardierten Zeichen von den Ängsten des Zeichners und bleibt damit in einem Rahmen von privaten, aber nachvollziehbaren Motiven.

Unser letztes Beispiel (Abb. 26) soll zeigen, wie der narrative Charakter eines bildhaften Ereignisses den permanent evozierten Emotionen „zum Opfer fällt", wenn das lang andauernde traumatisierende Geschehen zu spezifischen Eigenschaftsemotionen (traite-Emotionen) geführt hat. Es handelt sich um das Bild eines neunjährigen Schülers[73] einer Sonderschule, den wir ARNO genannt haben, und von dem wir unter der Überschrift *Der mißbrauchte Dritte* im Kapitel 10 eine Serie von Bildern präsentieren werden, welche die Auswirkungen von gewalttätigen sexuellen Aktivitäten der Eltern mitsamt bestimmter koprophager/skatophager Vorlieben widerspiegeln, bei denen der Heranwachsende einbezogen wurde, oder die vor den Augen des Jungen stattfanden. Von den vorhergehenden Emotionsdarstellungen unterscheidet sich das hier vorliegende Bild durch die Merkmale einer massiven Retardierung um etwa vier Jahre, die, wie wir bei der Analyse der Bildserie belegen werden, das generelle Kennzeichen der bildnerischen Ereignisse von ARNO darstellen. Diese Merkmale bestimmen sowohl die einzelnen Figurationen, an denen man eine Entwicklungsgeschichte der frühen Kinderzeichnung veranschaulichen könnte, als auch die kompositionelle Struktur, die sich nur an den frühen Aufrichtungstentenzen orientiert. Ohne die Kenntnisse biographischer Hintergründe, die in dem angesprochenen Abschnitt eingefügt werden, könnte man nur sagen, daß es sich bei dieser Darstellung um die Wiedergabe eines Paares handelt, das durch Geschlechtsmerkmale als Mann und Frau gekennzeichnet wird. Der Mann sitzt, hockt, kniet - eine genauere Feststellung läßt sich nicht vornehmen, weil die unteren Extremitäten zu zwei schlauchartigen Gebilden zusammengezogen sind, zwischen denen unübersehbar die männlichen Geschlechtsteile von einem sackartigen Oberkörper ausgehend - und wirft die Arme in die Luft, bzw. öffnet seine Arme erwartungsvoll. Die Handzeichen entsprechen den sog. Sonnenzeichen, die als eine der ersten Differenzierungen von Hand und Arm im dritten/vierten Lebensjahr auftreten. Ähnliche Sonnenzeichen finden wir auch in der Handdarstellung der weiblichen Figur wieder, hier werden sie aber, bis ins Groteske übersteigert, an lineare Armzeichen angeheftet, und vermitteln den Eindruck umherfliegender Luftballons, die an einer Kordel gehalten werden. Diese Arm-/Handfiguration vermittelt Aufregung, schnelle Bewegungsabfolge (Reste von Gestenkritzeln), zupackend, abwehrend? Aus den Äußerungen des Jungen wissen wir, daß die Frau weglaufen, sich dem gewalttätigen Mann und seinen sexuellen Wünschen entziehen möchte.

Wie in seinen anderen Bildern, die wir vorstellen werden, ist aber auch in diesem Werk eine ambivalente Einstellung der Figuren selbst und im Zusammenhang damit wohl auch eine zwiespältige Haltung des Zeichners zu den wiedergegebenen Ereignissen nicht zu übersehen: ARNO ist nämlich, wie sich zeigen wird, durchaus in der Lage, eine weglaufende Figur darzustellen, wenn auch auf einem morphogenetisch frühen Niveau, so daß wir in dem Aufbau der Szenerie einmal das Widersprüchliche in der Beziehung der Eltern zueinander vermittelt bekommen - ein, von außen gesehen, unauflösbares Konglomerat von sexuellem Anreiz, Lust, Angst, Wut und Haß -, zum anderen aber mit den zwiespältigen Emotionen des Jungen „angesichts seiner Eltern" konfrontiert werden. Auch wenn wir zum Beleg nicht die ganze Serie der Zeichnungen mit den relativ gleichförmigen, retardierten Realisationsformen und den gleichartig sexualisierten Motivkonstellationen heranziehen könnten, wäre der bildnerische Ausdruck von Angst, Zorn, Unverständnis und Anziehung unübersehbar. Das Bild kann als besonders anschauliches Beispiel für verschiedene, miteinander in Beziehung stehende trait-Emotionen angesehen werden, die aus (traumatisierenden) Erfahrungen der Vergangenheit und der Gegenwart stammen und sich zu einem erhöhten Eigenschafts-Emotionsniveau/Angstniveau gesteigert haben, bei dem sich die Frage nach dem Verhältnis von dipositionalen Gegebenheiten und spezifischen, individuellen Emotionserfahrungen nicht mehr beantworten läßt. Aus der Einsicht, daß verbildlichte Emotionsinhalte (z. B. in state-trait-Synthesen) geschichtet sein können und einen Hof von benachbarten Emotionen bilden, die sich in der Analyse nicht eindeutig voneinander trennen lassen, kann der Schluß gezogen werden, daß jede Interpretation notwendig von der Mehrdeutigkeit dieser Verbildlichungen (FREUD: *Überinterpretation*[74]) auszugehen hat und daß sich das kunstphilosophische *Irrationalitätsproblem*, das ja von der Frage nach der *Mitteilbarkeit von Empfindungen* (so KANT im §39 der *Kritik der Urteilskraft*) bestimmt wird, bereits in der Analyse nicht-professioneller Bildnerei stellt.

3.3.2. Dargestellte Wut und Feindseligkeit/Aggressivität

Ästhetische Mehrdeutigkeit (KRIS u.a.) ist, wie unsere Überlegungen im vorhergehenden Abschnitt zeigen, das Resultat verschiedenartiger, im bildnerischen Prozeß synthetisierter/verquickter Emotionsinhalte, die ihre Herkunft aus den traumatisierenden emotionalen Erfahrungen und/oder dispositionalen Eigenschaften nicht verleugnen können. In einigen Fällen von verbildlichten Emotionsinhalten lassen sich aber am ästhetischen Ereignis kategoriale Emotionen in einer gewissen „Reinheit" nachweisen und damit auch der emotionale Gehalt der Darstellung besser einschätzen. Wir haben in den vorhergehenden Abschnitten von der Ausdrucksmimik oder, genauer gesagt, von den *complizirten Handlungen* (DARWIN), welche emotionalen Ausdruck vermitteln, und den sie tragenden Muskelinnervationen sowie den Veränderungen in der Stimmfrequenz und Lautstärke gesprochen und das sog. BRUNSWICKSCHE *Linsenmodell* (SCHERER 1990, S. 398) erwähnt. In den Adaptionen dieses Konzepts bei SCHERER/WALLBOTT (1990, S. 398), die es als hervorzuhebendes Beispiel für ein Ausdrucks-Eindrucks-Modell wiedergeben, soll zwar der Sender *Ärger* signalisieren und der Empfänger diese mimisch objektivierte Emotion attributieren, da wir es aber in den ausgewählten Bildern mit prägnanten Darstellungen von Wut und Feindseligkeit (auch in ihrer *Intensitätsdimension*) zu tun haben, tritt in unserer Adaption dieses Modells die Emotion *Wut* an diese Stelle - wobei Ärger natürlich als triadisches/hierarchisches Element eines Emotionsmusters (IZARD) in den objektivierten bildhaften Ereignissen mitschwingt/mitschwingen kann (s.S. 106). Wir können zur Veranschaulichung dieser affektiven Interaktion ein Bild einer geistig behinderten Persönlichkeit präsentieren, in denem eine deutlich ausgeprägte Ausdrucksmimik und eine effiziente körperliche Pantomimik realisiert werden (Abb. 27), die zusammengenommen auch als eine Form von Aufschrei angesehen werden können. Über den Gestalter wissen wir nur, daß er zur Zeit der Entstehung dieses Bildes in einem Pflegeheim betreut wurde. Wir können also keine Überlegungen über die biographischen Hintergründe dieser Arbeit anstellen, sondern müssen uns mit der Feststellung der morphologischen Struktur und der Ausdeutung von Motivgestaltungen begnügen.

Alle Werke des Konvoluts von Bildern weisen in der formalen Realisation wie in der Motivwahl eine so große Ähnlichkeiten untereinander auf, daß sie an einem Tag entstanden sein könnten. Gleichzeitig werden die Motive so produktiv und intelligent variiert, daß einem Zweifel an der Diagnose kommen (pseudogeistigbehindert?): Immer handelt es sich um die Darstellung eines oder mehrerer Menschen, die in einer Art (blauen) Overall stekken, aus dem extrem dünne Gliedmaßen hervorsehen. Die Figuren stehen in Türrahmen oder ähnlichen torartigen Gebilden, die in vielen Bildern schräg geneigt dargestellt werden und häufig raffiniert übereinander gezeichnet werden. Sie wirken so als Glastüren, die, räumlich gestaffelt, den Bildgrund strukturieren, und außerdem hängen oder stehen an den Wänden oft weitere Bilder mit Menschendarstellungen, die aus den Bildern heraus an dem Geschehen teilnehmen. Die Anordnung der Türen, Treppen und Durchblicke erinnert an expressive Szenen des Stummfilms, in denen mit ähnlichen Mitteln der räumlichen Verfremdung gearbeitet wurde. Allerdings unterscheiden sich die Bilder unserer Persönlichkeit in der Farbgestaltung von den angesprochenen Filmszenen: Wirken die Filmbilder düster mit, schwarzen Schlagschatten, so sind die vorliegenden Bilder von einer hellen und transparenten Farbigkeit, die den dargestellten Motiven einiges von der Wucht und Aggressivität nimmt. Die einzelnen Farbflächen werden dabei mit dichten, nebeneinander liegenden Schraffuren gefüllt. Fast alle Menschen auf diesen Bildern halten hammerartige Werkzeuge in ihren Händen und sind offensichtlich dabei, gläserne Gegenstände wie Spiegel und Fensterscheiben zu zerschlagen. Dabei zeigt die Mimik der übergroßen Köpfe mit den tiefsitzenden Augen und den aufgerissenen Mündern Zeichen von Empörung, Wut und Aggression. Besonders die immer deutlich sichtbaren Zahnreihen tragen zu diesem Eindruck bei.

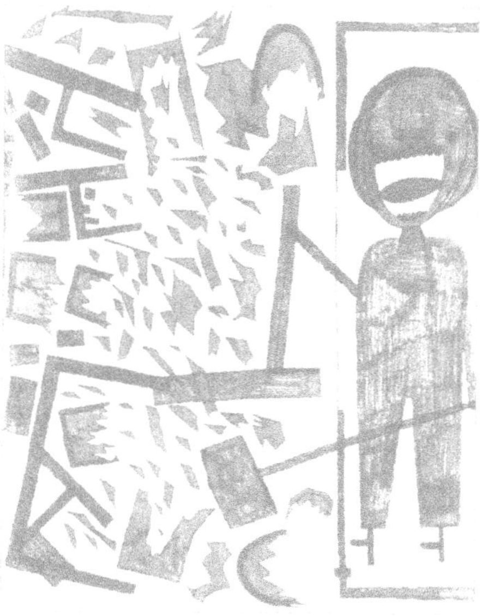

Abbildung 27

In dem vorgestellten Bild (Abb. 27) weist die Raumkonstruktion eine weitere Besonderheit auf: Der Mensch, der aus der Tür tritt, hat mit den „Zuschlaghämmern", die er in beiden Händen hält, den Spiegel oder eine Glastür zertrümmert, deren Scherben den mittleren Teil des Bildes ausfüllen; dabei ist keine Scherbe geformt wie die andere. Die Scherben bewegen sich durch das Raumsegment, als ob sie mit einem fotografischen Apparat in einem Zustand der größten Differenzierung (Ordnung bewegt sich in Richtung zu Unordnung: Entropie) eingefangen worden wären. Diese Glasscherben, die in einer Art Aufsicht dargestellt werden, bewegen sich nun auf einen Tisch und mehrere Stühle zu, die wiederum in der Seitenansicht den linken Teil des Bildes beherrschen. Über und neben den Möbeln schweben Fenster mit zerbrochenen Scheiben durch den Raum. Insgesamt vermittelt das Bild den Eindruck einer gesprengten und auseinanderfliegenden Welt, die nur im rechten Bildsegment durch die Figur des großen Zertrümmerers „gehalten" wird. Von ihm gehen die Energien aus, welch die übrigen Gegenstände zerstören. Diese Energien werden über die großen Hammerformen maschinenartig in die anderen (linken, in der Vergangenheit angesiedelten) Raumteile übertragen, wo sie ihr Zerstörungswerk anrichten.

Das hochkomplizierte, aber mit zeichnerischen Mitteln der Kindheit konstruierte Raummodell kontrastiert mit den marionettenhaft wiedergegebenen

Körperteilen, die nur dem Zweck zu dienen scheinen, die aggressiven Emotionen in Gang zu setzen. Alle Menschendarstellungen in den Bildern dieser Persönlichkeit sind nach diesem Grundmuster aufgebaut, das neben der ausgeprägten Zorn-Wut-Mimik die Möglichkeit zu „hämmern", zu zertrümmern als Form von aggressivem menschlichen Ausdruck verdeutlicht und die übrige Umwelt in gestaffelten, kulissenartigen Flächenformen (Türen und Treppen) beläßt. Deutlich vereinigen sich in diesen Gestaltungen „naive", stereotypisierte kindliche Ausdrucksformen mit hochkomplexen Konstruktionen, die eine kleine, übersichtliche Welt im Stadium ihrer Zerstörung fixieren.

Wut (auch als Zorn benannt oder als Steigerungsform von Zorn angesehen) gehört, wie wir im Kapitelteil 3.3. zu zeigen versucht haben, seit den Untersuchungen von C. DARWIN über die Gemütsbewegungen (1872) zu den diskriminierbaren (kategorialen) Emotionen. Diese Gefühlsinhalte haben in der Entwicklung jedes einzelnen eine lange Geschichte (z. B. in Form von Trotzreaktionen), die u.a. darauf abzielt, sie als streßmindernde, aber auch mit anderen individuellen Emotionsinhalten ausbalancierte Verhaltensweisen zu etablieren. Wut/Zorn intensiviert Energien, die für die Selbstverteidigung, Selbsterhaltung notwendig sind. Wut hat also auch eine Schutzfunktion, denn mit ihrer Hilfe läßt sich die Verletzlichkeit des Selbst verteidigen, indem sie der Angst zuvorkommt und Konflikte externalisiert (R.W. NOVACO zitiert nach O. KRUSE 1991, 118f.). In den umfangreichen, empirisch gestützten Untersuchungen von C. IZARD (1981, S. 369f.) nehmen *Zorn, Ekel und Geringschätzung* einen hohen Stellenwert in *negativen Emotionsituationen* ein. Zorn entsteht nach dieser Auffassung, die auch Positionen von S.S. TOMKINS und anderen Emotionstheoretikern berücksichtigt,

> *durch das Gefühl, entweder körperlich oder psychisch an etwas gehindert zu werden, das man intensiv zu tun wünscht. Bei der Behinderung kann es sich um psychologische (wohl: psychische, H.-G. R.), Regeln und Vorschriften oder um eigene Unfähigkeit handeln.* [...] *Wenn das Hindernis jedoch tatsächlich die Erreichung eines höchst wünschenswerten Zieles oder irgendeinen Aspekt der Selbstverwirklichung verhindert, tritt Zorn fast mit Sicherheit auf.*

In den *Bedingungen und Folgen von Zorn*, die von C.E. IZARD unter anderem auch mittels einer Studie an (n= 130) College-Studenten/Studentinnen ermittelt wurden, sind viele Merkmale von zorn-/wutauslösendem Verhalten zusammengestellt, die sich als verbale Umschreibungen der in unserem

Beispiel verbildlichten Emotionen heranziehen lassen. So fühlten sich ca. 40% der Probanden von anderen *irregeführt, hintergangen und mißbraucht* und etwa 3% hatten ein allgemeines *Gefühl von Ungerechtigkeit in der Welt* - besser ließen sich auch die Empfindungen und Gefühle nicht beschreiben, die in dem exemplarisch vorgestellten Bild dieses geistig behinderten Menschen zum Ausdruck gebracht werden.

Wir haben damit die Zorn-/Wut-Energien zu bestimmen versucht, die in dem Bild deutlich hervortreten. Neben diesen, das Verhalten energetisierenden Emotionsinhalten lassen sich aber noch andere Emotionsphänomene in dem Bild feststellen, die man als Feindseligkeit/Aggression bezeichnen könnte. Für C. IZARD (1981, S. 381ff.) beschreibt der Begriff der Feindseligkeit eine *komplexe affektiv-kognitive Orientierung,* die aus bestimmten kategorialen Emotionen wie Zorn/Wut und Ekel und aus deren Interaktionen im Zusammenhang mit *Triebzuständen* entsteht. Sie kann von dem Wunsch gesteuert werden, dem entgegenstehenden „Objekt" Schaden, Schwierigkeiten, Niederlagen o.ä. zu bereiten - physisch wie psychisch. Aggression läßt sich innerhalb der differentiellen Emotionstheorie als *physischer Akt* definieren, der durch eine Reihe von Emotionen aus der Feindseligkeitsskala ausgelöst wird und ebenfalls dem Wunsch oder dem Zweck dient, dem entgegenstehenden „Objekt" Schaden zuzufügen. Unter die Bezeichnung *physischer Akt* fallen für C.E. IZARD aber auch verbale Attacken und - man könnte hinzufügen - appelativ-bildhafte Ereignisse. Der Emotionsausdruck - in unserem Falle: bildhafte Merkmale wie aufgerissene Münder mit sichtbaren doppelten Zahnreihen, mechanisierte, automatisierte Bewegungen von Armen mit hammerartigen Instrumenten, zerplatzende, zerschlagene Gegenstände, „verrückte" Einblicke und Durchblicke - kann aggressives Potential signalisieren, ohne in „Tätlichkeiten" überzugehen. Das Agressionspotential wird in dem Konzept von C.E. IZARD als eine abhängige Variante/Folge von Feindseligkeit, Wut und Ekel angesehen. Die umfangreiche Serie der Bilder, welche alle ähnliche Strukturen aufweisen, in denen z. B. nirgendwo Formen der belebten Umwelt auftauchen, aber immer destruktive Manipulationen mit hammerartigen Gegenständen vorgeführt werden, verweist auf eine lange Vorgeschichte, die von den verschiedenartigsten, wahrscheinlich reaktiv erworbenen Verletzungen einer geistigbehinderten Persönlichkeit spricht. Der Gestalter fühlt sich umstellt von gläsernen (hilfreichen?) Wänden und Segmenten, die er aufzubrechen versucht, die aber schon ein Teil seines Selbst geworden sind, d.h. als spezielle, unverwechselbare Umwelt internalisiert wurden. In den Bildern kann er immer noch seiner „ohnmächtigen" Wut Ausdruck verleihen; wie sein Verhalten in Wirklichkeit aussieht, können wir nicht sagen, weil uns, wie gesagt, keine Informationen über seine Lebensgeschichte vorliegen.

3.4. Biographie und bildhafte Motive

> [...] *die Konzentration des Beurteilers auf den graphischen Tatbestand* [...] *genügt nicht. Der vom Zeichner intendierte Sinn braucht nicht selten außergraphische Kommunikationsmittel, um „lesbar" zu werden.*
>
> W. SEHRINGER 1994, S. 76.

> *Überraschend, von keinem Wissenschaftsforscher erwartet, schließen sich von unterschiedlichen theoretischen Horizonten her Interessen zusammen und lassen biographische Forschung zu einem breiten Arbeitsbereich werden.*
>
> W. FUCHS 1984, S. 128.

In der ersten der beiden Aussagen, die diesem Abschnitt vorangestellt sind, wird von der Notwendigkeit gesprochen, bei der Interpretation von *graphischen Tatbeständen* - gemeint sind die Figurationen/Organisationsformen der Bildnereien von Heranwachsenden - auch Kenntnisse über das Lebensgeschehen und die sozialen Beziehungen der Zeichnenden einzubeziehen, im zweiten finden wir die Bestätigung dafür, daß auch in der Erforschung von Lebensereignissen in sozialen Konstellationen seit etwa zwei Jahrzehnten die biographische Methode wieder zu ihrem Recht kommt[75]. Diese ehrwürdige Erkenntnismethode, die sich im deutschen Sprachraum bis zu den umstürzlerischen, aber fast folgenlosen Auffassungen des Sprachwissenschaftlers, Philosophen und Dichters J. G. HERDER zurückführen läßt, wie er sie etwa in seiner Schrift *Vom Erkennen und Empfinden der menschlichen Seele* (1778[76]) formuliert hat, ist während den naturalistischen und positivistischen Phasen psychologischer und soziologischer Forschung immer wieder für einige Zeit an den Rand des Methodenkanons gedrängt worden, hatte aber ihre Faszination zu keiner Zeit völlig verloren. HERDER hatte bereits in seinen Thesen eine dynamisch-genetische Sicht des Psychischen entwickelt, *welche am Geschehnischarakter des Psychischen festhält und ihn nicht auf substantialisierende und simplifizierende Konstrukte reduziert* (THOMAE 1987, S. 5). Außerdem waren für ihn z. B. in den Selbstzeugnissen von Künstlern, aber auch in den Äußerungen von Geisteskranken *Argumente gegen unsere helle und klare Philosophie* zu erkennen, weil diese sich vor dem *Abgrunde dunkler Empfindungen, Kräfte und Reizungen graue* und solche Phänomene nicht einzubeziehen vermöge. Mit diesen Äußerungen wandte er sich besonders gegen die herrschende rationalistische Psychologie von G.W. LEIBNIZ und gegen die sog. Vermögensspsychologie von C. WOLFF, welche sich nach der Auffassung von J.G. HERDER schon bei der Aufspürung und Benennung von psychischen Phänomenen „reduktionistischer" Methoden bedienten, die dem Schachspiel abgeschaut seien.

Wir können hier nicht der Geschichte der biographischen Methoden (vgl. THOMAE 1987, 1998; FUCHS 1994; FUCHS-HEINRITZ und KLOTTER/REUTTER in: JÜTTEMANN/THOMAE 1998) in den psychologisch/psychiatrischen und den soziologischen Wissenschaften folgen - Methoden, die in diesen beiden Disziplinen nach der überzeugend vorgetragenen Auffassung von H. LEITNER[77] einen komplementären Charakter annehmen können -, wollen aber noch auf zwei unterschiedliche Typen der biographischen Erhebungen und ihrer Auswertungen hinweisen: So können die empirisch erhobenen Daten z. B. in bereits vorhandene Vorstellungen von den Zyklen eines Lebenslaufes (ERIKSON; CH. BÜHLER) eingepaßt werden, oder sie können die Grundlage für eine qualitative Analyse, vor allem der belastenden und kritischen Lebensereignisse (THOMAE; LEHR u.a.) bilden. Aber auch bei dieser zuletzt genannten Auswertung von lebensgeschichtlichen Daten, die häufig mittels sog. halbstrukturierter Interviews oder mit Hilfe eines empirisch erarbeiteten Kategoriensystems gewonnen worden sind, das die *Informationen zwischen 15 und 30 verschiedenen „Reaktionsformen" zuordnet*, muß die Biographieforschung

> *einen Kompromiß zwischen der Einsicht in das unablässige Kommen und Gehen unterschiedlicher Erlebnisse und Verhaltensweisen einerseits und dem Suchen nach bestimmten Arten der Auseinandersetzung mit Belastungen anderseits schließen* (THOMAE 1998, S. 91).

Wie H. THOMAE (a.a.O.) nachweist, wird ein wesentliches Kriterium jeder Biographieforschung, die Orientierung am Lebensprozeß, an der Genese der Persönlichkeit (JÜTTEMANN), auch in den „main-stream" Konzepten der sog. Coping-Verfahren[78], verfehlt, weil diese zwar interindividuelle Unterschiede in der Belastung und den Versuchen der Bewältigung nachweisen können, aber aus methodischen Gründen nicht auf intraindividuelle Unterschiede und deren Veränderungen regieren können, weil sie psychische

Funktionen und Differenzen zu sehr als Eigenschaften betrachten. Erst in der sog. *Non-coping-Forschung* (Thomae) werden Einsichten in den Prozeß des motivationalen Geschehens und in Formen der Bewältigung sichtbar, die über die abrufbaren und benennbaren Selbsteinschätzungen in den vorgegebenen Coping-Listen hinausgehen.

Bei unserem Versuch, eine kognitionspsychologische Definition dieser Beziehungen des Individuums zu sich selbst und zu seiner Welt - strenggenommen: zu den Phänomenen der empirischen Welt - vorzugeben, können wir also auf die *neuen*, wiederaufgenommenen Vorstellungen der Persönlichkeitstheorie verweisen, wie sie von H. Thomae als Ergebnis seiner Lebensarbeit auf dem Hintergrund von Aussagen verschiedener Autoren vorgestellt worden ist. Mit der übergreifenden Formulierung von der *Konstitution des Individuums in seiner sozialen Welt* werden für H. Thomae u.a. die behavioristischen, die reduktionistischen wie die mechanistischen Auffassungen über die Person bzw. ihre Verhaltensäußerungen außer Kraft gesetzt. Solche verkürzenden Auffassungen sind ja häufig „nur" das Resultat von Untersuchungsmethoden, die sich „objektiv" geben, um dem selbstgesetzten Anspruch von naturwissenschaftlichen Denkmodellen zu genügen. Besonders die Gleichsetzung von Mensch und Maschine, die aus sog. forschungsmethodischen Gründen in die Entwicklungs- und Persönlichkeitspsychologie eingebracht wurde, kann man mit G. Jüttemann (in: Jüttemann/Thomae 1998 S. 119f) als *zynisch* bezeichnen. Demgegenüber wird in der folgenden kognitionspsychologischen Beschreibung von H. Thomae (1988, S. 4f.) - dem Terminus *Beschreibung* kommt in der psychologischen Biographik wieder eine zentrale Stellung zu - die Konstitution des Individuums als soziales Wesen hervorgehoben:

> *Die >Welt< des Individuums besteht vor allem in den von ihm internalisierten >kognitiven Repräsentationen< dieser Welt, in den von ihm übernommenen oder selbst gebildeten >Grundüberzeugungen< (beliefs) (Rokeach 1960) in Schemata der anderen und des eigenen Selbst (Singer & Kolligian 1987).* [...] *In Übereinstimmung mit den Vertretern einer kognitiven Persönlichkeitstheorie wird menschliches Handeln nicht als Funktion der >objektiven< Situation, sondern als die ihrer kognitiven Repräsentation (Baldwin 1966) angesehen.*

Die kognitionspsychologischen Auffassungen vom Individuum und seinen internalisierten Repräsentationen und Motivationen, die wir als Grundlage für eine Interpretationstheorie in Anspruch nehmen, müssen also Beziehungen zur Biographik aufweisen, weil nur so die Theorie des Individuums von der *thematischen Strukturierung in Handlung und Lebenslauf* (THOMAE 1988, S. 15) bestimmt wird. Für unsere Überlegungen ist dabei von besonderer Bedeutung, daß bei diesen Auffassungen auch krisenhafte (*belastende*) Situationen und deren Wirkungen in Betracht gezogen werden, wobei *die Situation jeweils durch ihre kognitive Repräsentation innerhalb einer bestimmten thematischen Strukturierung zu definieren ist* (THOMAE 1988, S. 15). Wir werden aber versuchen, über die kognitivistische Definition des Selbstbegriffes hinauszugehen, den H. THOMAE (1988, S. 46 mit NEWCOMB 1959) versteht *als Individuum, wie es sich selbst innerhalb eines sozial bedingten Bezugssystems wahrnimmt,* weil diese Selbstwahrnehmungen und ihre Veränderungsmöglichkeiten im Falle schwerer Traumata - zumindest zeitweise - außer Kraft gesetzt zu sein scheinen. Auch die empirisch aufzuspürenden und in bestimmten Lebensabläufen jeweils neu zu definierenden *Daseinsthematiken*[79] (THOMAE), die uns Aufschluß über die vielfältigen Lebensaufgaben und ihre Lösungsmöglichkeiten geben, verkürzen sich dann, wie wir zu zeigen versuchen werden, auf einige existentielle Thematiken. Zwar werden auch für H. THOMAE (1998, S. 90) in den Untersuchungen, die den Befragten Gelegenheit geben, sich an das *frühere Geschehen als Ganzes zu erinnern,* Phasen der Ratlosigkeit, Verzagtheit, ja der Verzweiflung sichtbar, die sich nicht unmittelbar auflösen lassen, aber insgesamt richten die kognitionspsychologisch orientierten Biographieforscher(innen) ihren Blick doch auf die veränderungsfähigen Auseinandersetzungen der Klienten mit der je eigenen Biographie in bestimmten sozioökonomischen Konstellationen.

Auch U. LEHR (in: JÜTTEMANN/THOMAE 1987, S. 217ff.) sieht in den zeitgenössischen Biographien Reaktionen auf veränderte Studien- und Arbeitsbedingungen und variable Rollenausprägungen. Wenn sie dabei Schlüsse aus den Ergebnissen der *critical-life-event-Forschung* zieht und zu der Aussage kommt, daß *weniger bestimmte Lebensereignisse selbst als die Formen der Auseinandersetzung* mit ihnen (S. 223) bestimmend für das weitere „Lebensschicksal" seien, so kann man ihr u. U. bei der Einschätzung von kritischen Lebensereignissen/Lebenskrisen wie Arbeitslosigkeit, Scheidung, Sorge um die alten Eltern u.a. bedeutsamen Lebensereignissen und familiären Konflikten folgen, muß aber für die extremen Traumatisierungen und deren Wirkungen, wie sie nach sexuellem Mißbrauch oder nach der sexuellen Ausbeutung vorliegen, diese kognitionspsychologisch begründeten, optimistischen Prognosen zurückweisen. Da für U. LEHR u.a. die günstigste Form der Auseinandersetzung und Bewältigung von Daseinskrisen in der kognitiven Antizipation (vgl. auch FILIPP 1981, S. 31) von Veränderungen und Neuerungen besteht, lassen sich auch auf dem Hintergrund ihrer Auffassungen solche Formen von Bewältigung nicht mit den hier vorliegenden Lebensschicksalen in Zusammenhang bringen, weil der sexuelle Mißbrauch in allen seinen Formen von den Opfern nicht antizipiert wird und nicht antizipiert werden kann. Für C. JANNOTT (1997, S. 78ff.) liegt das ungelöste wissenschaftstheoretische Problem dieser Auffassungen in der reduktiven Ineinssetzung von Erlebnis- und Erfahrungsinhalten und kognitiver Repräsentanz, wie sie z. B. in dem zusammenfassenden Schlußteil der Überlegungen von U. LEHR (1987, S.244) zum Ausdruck kommt:

> *Die biographische Lebenslaufforschung weist nach, daß Entwicklungsaufgaben bzw. bedeutsame Lebensereignisse unterschiedlich kognitiv repräsentiert sind. Diese kognitive Repräsentation wird durch ein Netz von Vergangenheitserfahrungen, von spezifischen Sozialisationserfahrungen, aber auch durch vielfältige Gegebenheiten der Gegenwartssituation und die zum Teil durch Vergangenheit und Gegenwart mitbeeinflußte Zukunftsorientierung mitbeeinflußt.*

Auch wenn man mit H. GOLLER *die babylonische Sprachverwirrung* im Gebrauch von Begriffen wie Affekt, Emotion, Gefühl, Stimmung usw. beklagt, lassen sich die affektiv-emotionalen Anteile an den Lebenskonzepten und Lebenskrisen nicht kognitionspsychologisch wegdefinieren. Wir haben z. B. in den Abschnitten über die Ontogenese von Emotionen/Emotionsmustern zu zeigen versucht, daß der Fortgang der Emotionsentwicklung/-entfaltung auch Hinweise auf die zeitliche Festlegung und die Abfolge von Audrucksereignissen gibt. Auch wenn die Ansätze der Emotionspsychologie in der Regel nicht über die gesamte Lebensspanne reichen, also keine Überblicke über Lebenszyklen o.ä. gewähren, so können auch die mikroskopischen Einblicke in Sequenzen von Entwicklungen Lebensthematiken geben. So haben wir z. B. in der Beschreibung der beiden, über einen längeren Lebenszeitraum miteinander verbundenen, zeichnerischen Ereignisse von REBEKKA (Abb. 21 mit 2;6 und Abb. 22 mit 3;10 Jahren) mit den ausdrücklich thematisierten Lebensereignissen *ein Feuer* und *das brennende Haus* sowie *tiefe Dunkelheit* herauszustellen versucht, daß und wie auf dem Hintergrund altersadäquater kognitiver Fähigkeiten und expressiver Emotionen ein bildnerisches Motiv als Resultat emotional belastender oder sogar situativ-traumatisierender Geschehnisse entsteht.

Ein wesentlicher Ansatz für das kognitionspsychologisch orientierte Verständnis von biographischen Phänomenen hochtraumatisierter Persönlichkeiten könnte die *Genetische Persönlichkeitspsychologie* werden, wie sie in jüngster Zeit von G. JÜTTEMANN (1998, S. 111ff.) in Grundzügen vorgestellt worden ist. Seine Überlegungen gehen von dem *genetischen* (im Sinne von: Genese) *Defizit faktorieller Persönlichkeitsmodelle* aus und stellen fest, daß sich zwischen den Ergebnissen der Längsschnittuntersuchungen, die für die Entwicklungspsychologie unverzichtbar sind, und den Resultaten der Querschnittsuntersuchungen in der Persönlichkeitspsychologie faktorenanalytisch keine Verbindung herstellen läßt. Somit ist eine methodische Technik die „tiefere" Ursache dafür, daß der gemeinsame Forschungsgegenstand *Persönlichkeit und Lebenslauf* (THOMAE) oder *lebenslange Persönlichkeitsentwicklung* (ERIKSON) zerfällt in eine Entwicklungspsychologie, die sich auf die Sequenzen und (Reifungs-)Merkmale des Entwicklungsgeschehens im Kindes- und Jugendalter konzentriert, und in eine Persönlichkeitspsychologie, die sich der Erforschung von Strukturen der „erwachsenen" Persönlichkeit widmet. Dagegen stellt G. JÜTTEMANN (1998, S. 115) fest,

> *wie wichtig es ist, im Rahmen eines Programms einer „gegenstandskritischen Psychologie"* [...] *auch jenen Prozeß einer langfristigen Veränderung der Selbstkonzepte und darauf beruhender Verhaltensweisen zu untersuchen, die kulturelle Wurzeln besitzen und sich in historischer Zeit vollziehen.* (Wörter in Anführungszeichen im Original gesperrt.)

Im Vordergrund der *Genetischen Persönlichkeitspsychologie* steht also ein auf das Lebenskonzept oder auf die Lebenskonstruktion (BUDE) ausgerichteter Persönlichkeitsbegriff, der *Prozeß und Genese, Thematik und Inhaltlichkeit (des Erlebens und Verhaltens*) umfaßt und der nicht einer übergreifenden Struktur von Persönlichkeitsmerkmalen (Eigenschaften) sondern einer *Hierarchie von Konzepten*, die sich zu dem Selbstkonzept eines Subjekts zusammenfügen, verpflichtet ist. Besonders der Begriff des Subjekts, der sich in den naturwissenschaftlich (kopernikanisch) orientierten Psychologien wie von selbst *erledigt* (GRAUMANN u.a.) zu haben schien, weil er in deren faktorenanalytischen o.ä. Methoden nicht „eingerechnet" werden konnte, ist für G. JÜTTEMANN u.a. wieder unverzichtbarer Bestandteil einer Genetischen Persönlichkeitspsychologie. Wesentliche Merkmale dieser Theorie sind die Geschichtlichkeit (*Historizität*) und Zielgerichtetheit (*Teleologie*) des selbstbestimmten Subjekts, - Merkmale, die von G. JÜTTEMANN im Begriff der Autogenese zusammengefaßt werden. Diese Autogenese läßt sich, auf dem Hintergrund der vollständigen Beschreibung der Lebensgeschichte rekonstruieren, wobei - über die Auslegung der vorliegenden Teilaspekte einer familiären, beruflichen oder gesundheitlichen Autogenese hinaus - der Prozeß der Autogenese auch als *existentielles* Geschehen betrachtet werden kann, das die unterschiedlichen Teilaspekte miteinander verbindet (S. 123). Die moralische Ausrichtung dieses Konzepts der selbstbestimmten Autogenese wird deutlich, wenn der Autor von der *Selbstverantwortung des Subjekts für das eigene Leben und seine Organisation* spricht und Lebensgestaltung und Selbstgestaltung als *persönliche Projekte höherer Ordnung* bezeichnet, die sich zwar gedanklich unterscheiden lassen, aber im Lebensvollzug voneinander abhängig seien.

Im Rahmen einer solchen Genetischen Persönlichkeitspsychologie könnte sich dann auch eine Form der Phänomenanalyse herausbilden, die von G. JÜTTEMANN ab 1979/1981 (vgl. 1990) in verschiedenen Aufsätzen unter den Oberbegriff/der Sammelbezeichnung der *Komparativen Kasuistik* gestellt worden ist. Es handelt sich bei diesem theoretischen Ansatz sowohl um eine *iterative* (= mehrfach ablaufende, sich spiralförmig wiederholende) *Such- und Prüfstrategie* zur Generierung und Überprüfung psychologischer Hypothesen über entwicklungsspezifische Phänomene unter Einschluß empirischer Vorgehensweisen – dieser Aspekt der Komparativen Kasuistik kann hier nicht weiter verfolgt werden – und um ein diagnostisches Modell, zu dem auch Einzelfallanalysen gehören. Diese vergleichende Analyse umfaßt sowohl Daten, die aus dem Vergleich von Einstellungen, biographischen Ereignissen usw. verschiedener Individuen (z. B. *hochgradig ähnlicher Personen* und Lebensereignisse) gewonnen werden, als auch Daten aus verschiedenen Quellen, z. B. von „Informanten", Bezugspersonen, Berufskollegen, Therapeuten, die im Hinblick auf eine Person zusammengetragen worden sind. Beide Vergleichsformen stehen in einem integrativen Verhältnis zueinander: In jedem (möglichen) Fall können die Ergebnisse des interindividuellen Vergleichs mit denen des intraindividuellen koordiniert und zu einer qualitativen Analyse zusammengefügt werden. In diesem Zusammenhang verweist G. JÜTTEMANN (1990, S. 45f.) auf *diskrepante Informationen,*

> *die grundsätzlich auf sehr verschiedene Weise zustande kommen können und* [...] *in der Regel eine zusätzliche diagnostische Klärung*

erfordern. Es kann sich dann z. B. herausstellen, daß auftretende Widersprüche auf das Vorliegen nicht-authentischer Informationen oder unangemessener Selbstinterpretationen zurückzuführen sind.

Wir sind uns der methodologischen Schwierigkeiten bei der Fundierung und bes. bei der Realisierung dieses Ansatzes zu einer komplexen *Ätiopathogenese* (= pathogener Verursachungszusammenhang) bewußt; sie werden allein in der Wahl der Formulierung *authentische Informationen* - quis judicabit/wer stellt das mit welcher Begründung fest? - deutlich, aber das skizzierte multifaktorielle Theorem, das vom Autor auch in einem Verlaufsmodell (JÜTTEMANN 1990, S. 33) dargestellt wird, übertrifft die „naiven" Untersuchungsmodelle, die auch in der *Diagnose und Behandlung psychischer Störungen bei Opfern von Gewalttaten und Katastrophen* (SAIGH 1995) dominieren, in dem Versuch, der Komplexität des biographischen Geschehens in seiner Einmaligkeit wie seiner Verallgemeinerungsfähigkeit gerecht zu werden.

In der neueren Geschichte der Biographieforschung, so z. B. bei S.-P. BALLSTAEDT (in JÜTTEMANN/THOMAE 1987, S. 203ff.), gibt es auch Anzeichen dafür, daß neben den *Verbaldokumenten* auch *Bilddokumente (Zeichnungen, Gemälde, Fotos, Filme usw.)* Möglichkeiten bieten, etwas über den *Urheber* zu erfahren. Der Autor beklagt die Desiderate in der Auswertung von Lebensdokumenten und bezeichnet solche Dokumente als die *Fossilien der Humanwissenschaft,* die *zu einer Archäologie des Wissens* (S. 211) gehörten, aber wie viele dieser kognitionspsychologisch orientierten Autoren/Autorinnen sieht auch er in der *Rekonstruktion psychischer Strukturen und Prozesse* [...] *bei persönlichen Dokumenten oft ein riskantes Unterfangen.* Dabei wächst für ihn das Risiko, einer *dogmatischen Hermeneutik* zu verfallen, mit der Nähe zu psychoanalytischen Interpretationsverfahren. Diese Gefahr ist zweifellos da, weil Autoren und Autorinnen analytisch orientierter klinisch-biographischer Rekonstruktionsversuche lebensgeschichtliche Ereignisse und Zeugnisse häufig unter dogmatisierte Begriffe zu stellen versucht haben, aber ohne biographische Rekonstruktionen auf dem Hintergrund psychoanalytischer Positionen wird man wohl nicht zu den individualisierten/privatistischen Sinnelementen in den Bildern von traumatisierten Heranwachsenden vordringen - die Dokumente selbst verraten sich nicht immer selbst, manchmal „geben sie (fast) nichts her".

4. Motive aus dem Fundus des Traditionsgedächtnisses

> *Das Auge verrichtet immer schon alt und weise sein Werk, es ist immer ein Auge, das von seiner eigenen Vergangenheit und von alten wie neuen Einflüsterungen des Ohrs, der Nase, der Zunge, der Finger, des Herzens und des Gehirns beherrscht wird.*
>
> N. GOODMAN 1973, S. 19.

Unter der genannten Kapitelüberschrift versuchen wir, mit den Methoden der Identifizierung und der Interpretation von Werken der nicht-professionellen Bildnerei an kunstwissenschaftliche Theoriebildungen anzuknüpfen und bereits im Vorgriff auf die Problemstellung des nachfolgenden Kapitels die Übergänge zwischen einer traditionellen und einer tiefensymbolischen Hermeneutik nachzuzeichnen. Dabei sollen die Motive und Realisationsformen angesprochen werden, die, konstruktivistisch formuliert, dem *öffentlich-kollektiven Wissen* (KRAPPMANN/OSWALD in der *Einleitung* zu: YOUNISS 1994, S. 9) oder dem *Traditionsgedächtnis* entstammen und in den Werken der nicht-professionellen Bildnerei ebenso veröffentlicht werden wie in den Kunstwerken. Mit der von uns bevorzugten Bezeichnung *Traditionsgedächtnis* versuchen wir, in Anlehnung an die Darstellungen von C. GINZBURG, das Potential an Stoffen und Realisationen zu kennzeichnen, das von S. FREUD dem *archaischen Erbe* oder später von C.G. JUNG dem *kollektiven Unbewußten* zugeschrieben worden ist. Beide - FREUD allerdings eher zögerlich - wollten damit einen Mechanismus in der Weitergabe von (irgendwann) erworbenem unbewußtem Material und seiner Verbildlichung kennzeichnen, der sich vernünftigen Nachforschungen entzieht, weil seine Inhalte von *Geburt mitgebracht* werden (FREUD G.W. XVII, S. 67 bzw. II/III, S. 554). Die Geschichte dieser Inhalte läßt sich nach dieser Auffassung bis in das phylogenetische Geschehen verfolgen und gewährt somit sogar Einblicke in die *Entwicklung des Menschengeschlechts.* Die skizzierte Konstruktion scheint das Nachdenken über die vielfältigen Wege der Weitergabe von kulturellen Inhalten, den Aufbau und die Teilnahme an einem umfassenden Traditionsgedächtnis überflüssig zu machen und stellt damit den Versuch dar, den komplizierten, nicht immer nachvollziehbaren (rekonstruierbaren) Formen der auswählenden Wiederaufnahmen aus dem Reservoir von Tradiertem und Gegenwärtigem durch die Hinweise auf das dunkle, archaische Erbe „in uns" aus dem Wege zu gehen.

Wir sind uns der Schwierigkeiten bewußt, die damit verbunden sind, die verschlungenen Wege, auf denen diese Materialien weitergegeben und zu Realisationsformen und Inhalten von individualisierten Symbolsystemen werden, zu verfolgen. So hat z. B. C. GINZBURG in seiner Untersuchung von 1988 am Beispiel des Märchens von den Werwölfen nachgewiesen, daß der Traum des *Wolfsmannes*, an dem S. FREUD die inhaltliche Abhängigkeit eines individuellen Traumgeschehens von den Materialien aus dem archaischen Erbe aufzeigen wollte, auf eine weit verbreitete, auch in der Ukraine - der Heimat des *Wolfsmannes* - bekannte Volkserzählung zurückgeht. Diese Volkserzählung, vermittelt durch die Amme, das Kindermädchen o.ä., lieferte also dem kleinen *Wolfsmann* den „Stoff zu Träumen" und dem großen das Motiv für das Bild von den Wölfen vor dem Fenster, auf das FREUD und seine Schüler nicht näher eingehen. Es handelt sich bei dem Bild um eine realistische, ja künstlerische Gestaltung dieses Motivs, welche auf die späteren, nie untersuchten Außenseiter-Bildnereien des sog. *Wolfsmannes* verweisen. Über eine Fülle von Medien werden auch heute die Stoffe, Bilder und Artefakte samt ihrer Bedeutungen den Heranwachsenden angetragen, die sich damit (eher unreflektiert) der Inhalte, Motive und Realisationsformen aus dem Traditionsgedächtnis bedienen.

Wir haben in mehreren Veröffentlichungen (zuletzt in: RICHTER 1997, S. 383ff.) eine inhaltliche Ausgestaltung des Phänomens *kollektives Wissen*, das auch in den nicht-professionellen Bildnereien zum Ausdruck gebracht wird, durch die Überlegungen von Kunsthistorikern/Kunsthistorikerinnen zur Ikonographie/Ikonologie von Kunstwerken vorzunehmen versucht. Für diese Ausgestaltung, so unvollkommen sie auch sein mag, lassen sich zwei wichtige Gründe anführen: In den angesprochenen Theorien wurden Modelle zur Interpretation von bildnerischen Motiven entwickelt, auch wenn den dargestellten künstlerischen Motiven häufig literarische Quellen zugrunde gelegt werden und die ikonographischen Interpretationen sich damit von den alltagsästhetischen Inhalten, die in den nicht-professionellen Bildnereien aufgegriffen werden, entfernen. Darüber hinaus - und damit sprechen wir den zweiten Grund an - hat die ikonographische Annäherung an die bildnerischen Ereignisse mit der psychoanalytischen Deutung unzweideutige Ähnlichkeiten: z. B. in der Ausrichtung des hermeneutischen Erkennens auf ein sprachlich verfaßtes Motiv oder Thema, das im künstlerischen Prozeß seine bildhafte Fassung erhalten hat, „verbildlicht" worden ist. Auch die mühevolle Rekonstruktion der vorgegebenen Gedanken, Ideen o.ä., die in den einkleidenden bildhaften Manifestationen versteckt sind und interpretierend freigelegt werden müssen, erinnert an die psychoanalytische Vorgehensweise - wie auch der Verzicht auf die Interpretation der künstlerischen Mittel, denen nur eine Funktion als darstellende Oberfläche (*Fassade*) für die Grundgedanken zugesprochen wird. In der ikonologischen Betrachtungsweise tritt an die Stelle der unbewußten bzw. vorbewußten Inhalte als Gegenstände der psychoanalytischen Deutung ein Reservoir kultureller Ideen und Themen, die in literarischen Quellen (Mythen, Legenden, philosophischen Traktaten usw.) fixiert sind und aufgesucht werden müssen.

Wie bei der psychoanalytischen Interpretation treten auch in der ikonographischen Exegese bei der Suche nach den literarischen Motiven und Beweggründen mit ihren vorformulierten Bedeutungen die möglichen Vor-Bilder - etwa in der Form zeitgenössischer oder vorangehender Lösungen vergleichbarer künstlerischer Probleme oder als Zeugnisse einer *schöpferischen Begegnung* (FORSSMAN) - zurück. Dabei ist die Kunstgeschichte voll von Zeugnissen solcher Begegnungen und Beeinflussungen. Anstelle einer Analyse der Genese und der künstlerischen Struktur eines Werkes oder einer Werkgruppe vor dem Panorama von Vorbildern und vergleichbaren bildnerischen Lösungen stützt sich die Ikonographie häufig auf „vergessene", „verborgene" Quellen und Zeugnisse, die zum literarischen, astrologischen, ethnographischen o.ä. Bildungswissen der Entstehungszeit gehörten oder auf mehr oder weniger merkwürdige Weise in den Besitz der Darstellenden geraten sein müssen, - auch dabei sind gewisse Parallelen zu den Phänomenen der Darstellung, Einkleidung und sogar der Verschiebung in der psychoanalytischen Deutungstheorie nicht zu übersehen. Sogar die Anlage umfassender ikonographischer Dokumentationen in Form von Reproduktionen[80] erinnert an die Symptomkataloge, etwa in FREUDS *Traumdeutung,* und an die Versuche einer Katalogisierung der psychischen Motive an der Hampstead Child Therapy Clinic. Wie die analytischen Deutungsansätze gehen auch die ikonologischen Annäherungsversuche von der sichtbaren Gestalt des Bildes aus, um zu dem gültigen, inhärenten (*latenten*) Sinngehalt vorzudringen, der wiederum als literarisch vorgegeben angesehen wird. Diese Ähnlichkeiten in den Auffassungen vom Auslegen des Bildsinnes und der (unbewußten) *Grundgedanken* erleichtern die Verknüpfung von scheinbar heterogenen Ansätzen zu einer interdisziplinären Interpretationsmethode.

In unseren Überlegungen zur Interpretation nicht-professioneller Bildnerei beziehen wir uns an mehreren Stellen auf die *erste Stufe* des Zuganges zu den künstlerischen Gegenständen, den (*vorikonographischen*) Beschreibungsmodus, dessen Ergebnisse von E. FORSSMAN (in: KAEMMERLING 1984, S.

297 ff.) anschaulich als *Phänomensinn* bezeichnet werden. In dieser Phase der Auslegung sollen die dargestellten Gegenstände in einen sachlichen und ausdruckshaften Zusammenhang gebracht werden. Die Bezeichnung *Phänomensinn* umgreift damit die „reine" Darstellungsbedeutung eines gegenständlichen bildnerischen Ereignisses (die man sich ja nur als theoretisches Konstrukt vorzustellen vermag), aber auch schon die Inhalte eines Ausdrucks- und Bedeutungsfeldes, die dem dargestellten Gegenstand traditionell zugehören oder individuell zugeordnet werden. So weist der dargestellte Gegenstand „Baum", wie wir in der Interpretation verschiedener Bildbeispiele zeigen werden, auch in seiner denkbar „reinsten" Ausführung bestimmte traditionelle und individualisierte Merkmale eines Bedeutungsfeldes auf, weil der Bildner/die Bildnerin sich nicht außerhalb einer Kultur und eines individualisierten Erfahrungsfeldes bewegen kann. Mit R. WITTKOWER (in: KAEMMERLING 1984, S. 228) lassen sich die Inhalte dieser Bedeutungsebene auch als *Abbildungsbedeutungen* bezeichnen. Beide Begriffe, die sich synonym gebrauchen lassen, benennen die jeweils eigenartigen Sinnzusammenhänge von bildnerischen/künstlerischen Motiven, und sie lassen sich auch abseits ihres spezifisch kunstwissenschaftlichen Gebrauchs zur Kennzeichnung der allgemeinen, "vordergründigen" Sinnfiguren, die mit jeder „ästhetischen" Darstellung verbunden sind, in Anspruch nehmen.

Auch Grundelemente der *zweiten Stufe* der Annäherung an den Sinngehalt des künstlerischen Motivs, der Stufe der „eigentlichen" *ikonographischen* Analyse also, bei der die dargestellten Figuren, Konstellationen, Accessoires usw. auf dem Hintergrund von tradierten und zeitgenössischen Quellen, Themen, Programmen o.ä. auf ihre möglichen (literarisch formulierbaren) Bedeutungen hin überprüft und zu Sinnzusammenhängen kombiniert werden, lassen sich in abgewandelter Form in ein Interpretationsmodell für nicht-professionelle Bildwerke integrieren. Gegenüber den *vorikonographischen* Ermittlungen wird auf dieser Stufe die Auslegung in Richtung auf ein Netz von kulturellen Sinnfiguren und Bedeutungen ausgeweitet oder, anders ausgedrückt: Der immanente Text der „verbildlichten" Motive wird dabei möglichst genau ermittelt und belegt. Am Ende dieser Deutungsoperationen läßt sich dann eine Ebene der *rein thematischen Bedeutung*[81] (WITTKOWER in: KAEMMERLING 1984, S. 228) oder des *Bedeutungssinns* (FORSSMANN) formulieren. In dem Begriff *Bedeutungssinn*, dem etwas der Beigeschmack eines Pleonasmus (Doppelkennzeichnung einer Sache) anhaftet, lassen sich die zwei Ebenen von Sinnfiguren umreißen: die umfassendere, tradierte (bedeutungstragende) und die persönliche (sinnhafte).

Unseren Überlegungen zu einem Interpretationsmodell kommen aber besonders die Formulierungen von R. WITTKOWER zugute, in denen die vielfältigen *thematischen* Bedeutungen als *übereinandergeschichtete, objektive*[82] wie *subjektive* Bedeutungsinhalte zusammengefaßt werden, die zuerst differenziert und dann in einer Gesamtansicht der Sinnschichten wieder integriert werden. Nach dieser Auffassung läßt sich also ein bildnerisches Ereignis gleichzeitig auf objektivierbare, etwa sprachnahe Quellen und auf individuelle/individualistische Erfahrungsinhalte hin analysieren und zu einem Bedeutungsgefüge vereinen. Außerdem enthalten die Formulierungen R. WITTKOWERS Hinweise darauf, daß die Sinnschichten im Werk unmittelbar visualisiert sein können, daß sie aber auch im Betrachter als Wissen um geschichtliche Ereignisse, Metaphern, Mythen usw. assoziativ „angesprochen" werden können. Wir haben diese Schwierigkeit bei der Interpretation nicht-professioneller Bildnerei in der Formulierung eines Gedankenganges von W. SEHRINGER (1994, S. 76) vorgetragen, der dem vorhergehenden Abschnitt vorausschickt worden ist. In diesem Gedankengang geht es um das Problem, daß sich in den Analysen solcher bildnerischen Objekte die visualisierten Bedeutungen nicht immer sicher von den erkundeten biographischen Motiven trennen lassen. Die Auffassungen von R. WITTKOWER geben dem Interpreten/der Interpretin die Möglichkeit, ihre Assoziationen (psychoanalytisch: *Gegenübertragungen*) angesichts der bildnerischen wie der biographischen Ereignisse in den Deutungsprozeß einzubringen.

Wie sich eine Kinderzeichnung als Phänomen des Traditionsgedächtnisses anhand der eingeführten (ikonographischen) Begrifflichkeit aufschlüsseln läßt, soll an einem weiteren Bild (Abb. 28) von REBEKKA veranschaulicht werden. Von ihr sind hier schon zwei Zeichnungen aus verschiedenen Lebensjahren als Beleg für die Auffassungen vorgestellt worden, daß sich - zumindest im bildnerischen Ausdrucksverhalten - keine „aufgeschobene" Reaktion auf Traumata und Konflikterfahrungen zu erkennen geben, sondern daß sich solche emotionalen Belastungen ad hoc in der bildnerischen Struktur niederschlagen und daß sich verbildlichte Elemente der Konfliktgeschichte über einen längeren Zeitraum in den Bildern verfolgen lassen. Diese neue Zeichnung stellt nach REBEKKAS Aussage die Geschichte von *Hänsel und Gretel* dar, ein Märchen, das sie sich mit vielen anderen Geschichten und Erzählungen immer wieder von Hörspiel-Kassetten vorspielte. Sie ist zur Zeit der Entstehung des Bildes vier Jahre alt. Ihre Aussage, daß es sich bei den dargestellten Motiven um Elemente eines bekannten Märchens handelt, macht uns die Zuordnung des narrativen Gehalts zu einem bedeutenden und nachvollziehbaren Strang des Traditionsgedächtnisses leicht und zeigt uns gleichzeitig, wie wichtig eine Identifizierung der Bildgegenstände sein kann, wenn es um die Ausdeutung eines bildnerischen Geschehens geht.

Wir erkennen in der Szene auf der rechten Bildseite Hänsel und Gretel neben dem Hexenhaus/Käfig - offenbar nach der Befreiung des Jungen: Gretel wird als dynamisches Mädchen (lange Haare, Kleid, Beine und Füße in Aktion) dargestellt, das Hänsel mit solcher Kraft hinter sich herzieht, daß er durch die Luft zu fliegen scheint. Er wird wesentlich kleiner (Bedeutungsgröße) und weniger differenziert wiedergegeben. Die Tür zu dem Käfig, in dem Hänsel gefangen war, steht weit auf, um zu zeigen, wie schwierig die Befreiung war. Schon bei der Betrachtung dieses Motivs *Hänsel und Gretel neben dem Hexenhaus* läßt sich der Unterschied zwischen Phänomensinn und Bedeutungssinn (besser: *symbolischer Sinn* bzw. *eingekleidete Symbolik*; PANOFSKY) herausarbeiten, aber es werden auch die Schwierigkeiten einer Trennung zwischen den beiden semantischen Ebenen deutlich: Zum Phänomensinn gehört die Identifikation der Menschengruppe als zwei Kinder, die neben einem igluartigen Haus stehen/sich bewegen, aber auch schon die Art der ausdruckshaften Realisation der beiden Menschzeichen (groß, klein; dynamisch), ihre Stellung im Bild (Raumkonstruktion) und die Relation Menschen-Hexenhaus/Käfig. Die symbolische Bedeutung wird einmal von den tradierten Gegenständen/Motiven des Märchens - wie böse Hexe, tapfere und schlaue Gretel - vorgegeben, die hier auf individuelle Weise ausgedeutet werden. Diese Individualisierung des Motivs macht sich in der Ausgestaltung der beiden Figuren bemerkbar, die dem Selbstwertgefühl von REBEKKA und u. U. auch ihrer Beziehung zu ihrem kleineren Bruder entspricht. Besonders deutlich wird diese Verschränkung zwischen Phänomensinn, tradierter Bedeutung (Traditionsgedächtnis) und individualisiertem Sinngehalt aber im Motiv der Hexenverbrennung auf der linken Seite des Bildes, das wir bisher noch nicht angesprochen haben: Die Hexe ist als dünnes, skelettartiges Gebilde in den Feuerhaufen eingezeichnet, die (roten) Flammen werden in einem dynamischen, vom Kritzelduktus hergeleiteten Ereignis, aus dem eine Stichflamme mitsamt einer dünnen Rauchwolke steigt, versinnbildlicht. Bei dieser eindrucksvollen Darstellung des Feuers könnte ein Erlebnis eine Rolle spielen, von dem wir im Abschnitt 3.1. ausführlich berichtet haben: REBEKKA war Zeugin des Brandes eines Gartenhäuschens, der von einem Blitzschlag ausgelöst wurde. In der Darstellung der Verbrennungsszene konnte sich REBEKKA also nicht nur auf ein offen-

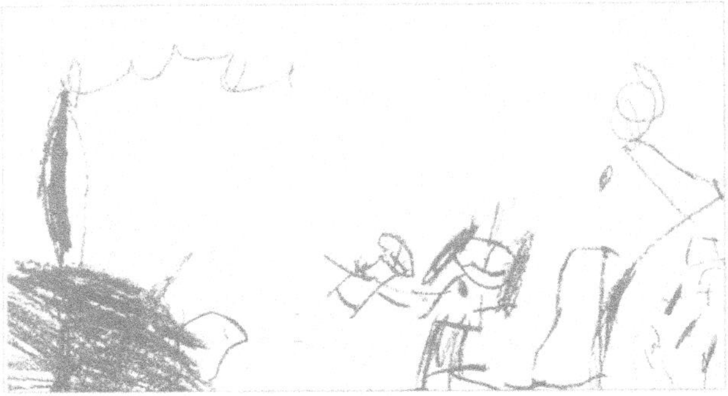
Abbildung 28

sichtlich nachwirkendes Erlebnismaterial stützen, sondern auch die damit verbundenen Ängste und Gefährdungen zum Ausdruck bringen. Wichtig für das Verständnis des Bildes sind auch die Einblicke in das Modell der Bilderzählung, d.h. in diesem Falle in die Gleichzeitigkeit von Motiven, die zeitlich hintereinander stehen. Wir werden uns bei der Analyse der Abbildung 35 ausführlicher mit den Modellen der Bilderzählung beschäftigen. Es ist aber auch nicht ganz auszuschließen - die Informationen des Autors sind in dieser Hinsicht nicht sehr genau -, daß es sich um die Darstellung des Freudentanzes von Hänsel und Gretel handelt, der gleichzeitig mit der Verbrennung der Hexe stattfindet.

Auch R. WITTKOWER hat (in: KAEMMERLING 1984, S. 244) eine biographisch orientierte Sichtweise von künstlerischen Bildfindungen und Sinngebungen angesprochen, die in dieser Form in den Überlegungen anderer Autoren/Autorinnen zur Ikonographie des Kunstwerkes kaum eine Rolle spielt, der aber in unseren Vorstellungen von einer Interpretation der bildnerischen Resultate schwerer Traumata ein großes Gewicht zukommt: Die Rede ist von symbolisch/allegorisch eingekleideten privaten Sinngebungen, wie sie z. B. in *Michelangelos Zeichnungen für seinen Jungen Freund Tomaso Cavalieri* erkannt wurden und die in einer zureichenden Interpretation auch anerkannt werden müssen:

> *Ohne Kenntnis der Umstände würde man sie als redliche Informationen mythologischer Themen ansehen. Praktisch besteht aber kaum ein Zweifel darüber, daß Michelangelo beabsichtigte, Allegorien platonischer Liebe darzustellen* [...] *und daß diese Symbole tiefe, tragische Gefühle in seiner Beziehung zu Cavalieri andeuteten.*

Bei der Sorte von bildnerischen Äußerungen, mit der wir uns beschäftigen, tritt diese Ebene von privaten Bedeutungen unverhüllter zu Tage, weil die versteckende Professionalität fehlt, die den *tragischen Gefühlen* kulturelle Fassaden verleiht. Die Erkundung und Erschließung dieser privaten, manchmal auch privatistischen Bedeutungen und der Art, wie sie sich in den bildnerischen Motiven zu erkennen geben, tritt in unseren Überlegungen zu einem Interpretationsmodell nicht-professioneller Bildnerei an die Stelle der *dritten* (*ikonologischen*) *Stufe* des Zuganges zum künstlerischen Werk, auf der die in den beiden ersten Annäherungen ermittelten Sinnfiguren und Bedeutungskomplexe einerseits auf ihre Abhängigkeiten von einem Zeitstil und andererseits auf ihren Beitrag zur Geistesgeschichte hin untersucht werden sollen. Aber schon M. LIEBMANN hat (in: KAEMMERLING 1984, S. 318 ff.) in einer Re-Analyse von ikonologisch/ikonographischen Bilddeutungen bei E. PANOFSKY u.a. kritisch zur Methode im allgemeinen und im besonderen zum Verhältnis von ikonographischen und ikonologischen Aussagen Stellung genommen. Wie O. PÄCHT, E. FORSSMAN u.a. bildorientierte, „kunstgeleitete" Interpreten geht er mit der textorientierten (*sujetfixierten*) Ikonographie ins Gericht, weil sie vom *lebendigen Werk weg in eine Welt toter Abstraktionen führen* könne. So wichtig eine Aufklärung der inhärenten Verweise auf literarische Quellen, mythologischer Programme o.ä. sei, so notwendig sei eine Interpretation des gesamten Bildinhaltes wie auch der künstlerischen Struktur des einzelnen Werkes auf dem Hintergrund von kulturellen und sozialen Bedingungen. Wenn wir also bei den Deutungsversuchen, um die wir uns bemühen und für die wir das Potential der ikonographischen Methode in Anspruch nehmen wollen, die überwölbende ikonologische Sichtweise vernachlässigen können, so gehen wir doch davon aus, daß auch die nicht-professionellen Bildwerke zu einer *Welt symbolischer Werte* (PANOFSKY 1975, S. 50, mit Blick auf CASSIRER u.a.) gehören, und es spricht vieles dafür, auch dem Sinngehalt dieser Werke in Analogie zu den skizzierten beiden ersten Stufen ikonographischer Ausdeutung nachzuspüren. Jedenfalls können ikonographische Analysen als Modelle der Interpretation von bildhaft-ästhetischen Gegenständen dienen, die zum großen Reservoir des Traditionsgedächtnisses gehören, auch wenn diese Gegenstände in den Werken der nicht-professionellen Bildner/Bildnerinnen häufig als Derivate von medial vermittelten, traditionellen und zeitgenössischen künstlerischen Motiven auftreten.

Die Merkmale künstlerischer Gestaltung, von denen noch zu sprechen wäre, kommen in den ikonographischen Methoden zu kurz: Weil in diesen Methoden die Auslegung überwiegend auf die in den Motiven, Figurationen, Accessoires niedergelegten Sinnzusammenhänge ausrichtet ist, wobei versucht wird, den „latenten" Text aufzuspüren, wird die Qualität der bildnerischen Realisation der ästhetischen Gegenstände mißachtet oder doch nur als Mittel zum Zweck betrachtet. R. WITTKOWER (in: KAEMMERLING 1984, S. 241f.) ist einer der wenigen Ikonologen für den das *zentrale Problem für Kunst und Kunstgeschichte* darin besteht, *wie der Künstler das ausdrückt, was er darstellt*, denn von diesem *Wie* hänge es ab, wie der Betrachter auf das *Was* reagierte. Allerdings gestaltet sich auch nach seiner Auffassung schon die Beschreibung des *Wie* als schwierig, ganz zu schweigen von dessen angemessener Interpretation bzw. dessen Analyse im Zusammenhang mit einer umfassenden Sinndeutung. Nach seiner Auffassung sollte die Beschreibung aber zumindest Gruppen von ähnlichen Ausdrucksphänomenen identifizieren und damit zu stilgeschichtlichen Zusammenhängen in *Epochen, Nationen, Individuen* führen, die sich miteinander vergleichen lassen. Auch diese Überlegungen zu dem zentralen Problem jeder Interpretation, die sich auf den *Bildgehalt der Bilder* (PÄCHT 1977, S. 249ff.) einläßt, können wir in Analogie zu kunstwissenschaftlichen Methoden, etwa auch der Auffassungen O. PÄCHTS von der *bildkünstlerischen Schöpfung*, in das Interpretationsgeschehen einfügen, bieten die Autoren doch Methoden für die Bewertung der künstlerischen Qualität an - z. B. den *Vergleich, die Gruppenbildung, das Sich-Einsehen* o.ä., die offen genug sind, um als allgemeine medienspezifische Form der Sinnentnahme gelten zu können.

Angesichts der Fülle kunstgeschichtlicher Motive/Gegenstände, die in den angeführten ikonologischen Untersuchungen zum Gegenstand ikonographischer Untersuchungen gemacht werden können und gemacht worden sind, könnten unsere Überlegungen zur „ikonographischen" Hermeneutik nicht-professioneller Bildnerei als hoffnungsloses Unterfangen angesehen werden, müßten wir doch eine Art Traditionsgedächtnis der Motive dieser Bildnerei aufzuspüren oder zu rekonstruieren suchen. Auf diesen (selbstformulierten) Einwand läßt sich zweierlei antworten: Einmal dient uns das Konzept der ikonographischen Deutung als Modell für die „kunstwissenschaftlichen" Interpretationsmethoden des Vergleichens, Unterscheidens und Synthetisierens, die auch in der Hermeneutik der nicht-professionellen Bildnerei eine Rolle spielen, und er kann für die analoge Betrachtung von Motivebenen/Sinnebenen (Phänomensinn/Bedeutungssinn/privater Sinn) dienlich sein, die in den nicht-professionellen Werken - beschäftigte man sich nur intensiv genug damit - in ähnlicher Form zu entdecken sind. Auch deren Produzenten/Produzentinnen stehen nicht außerhalb einer tradierten und zeitgenössischen Kultur und ihrer Bedeutungsgebungen, und in ihren Produktionen lassen sich Sinnfiguren entdecken, die den Bedeutungsebenen der kulturstiftenden Kunst verwandt sind, weil auch in ihnen das *Menschliche als wirkliche Subjektivität* [...] *zum Prinzip gemacht wird* (HEGEL: *Ästhetik*, S. 496[83]). Zu der Frage nach der Art und Anzahl dieser Motive/Gegenstände - und damit kommen wir zum zweiten Aspekt des Einwandes - läßt sich schon schwerer eine Antwort formulieren, auch weil uns die wenigen Untersuchungen auf diesem Gebiet (SCHOPPE 1991; dort auch weiterführende Literatur) weitgehend im Stich lassen. So werden z. B. bei A. SCHOPPE, dessen Studie wir bereits im Kapitelteil 1.2.2. angesprochen haben, Darstellungen und Differenzierungen des Motivs *Schule* von 365 Schülern/Schülerinnen auf einer handlungstheoretischen Ebene untersucht, aber kaum auf ihre internen Strukturen und auf ihre individuellen/privaten Motivgestaltung hin erforscht. Erst mit den Untersuchungen von J. BRÖCHER (1997ff.) zum Verhältnis von soziokulturellen Bedingungen und alltagsästhetischen Dokumenten, auf die wir schon im Abschnitt 1.2.2. eingegangen sind und die wir noch ausführlicher darstellen werden, sind die privaten Motive und ihre Abwandlungen als Gegenstände hermeneutischer Forschung in den Blick geraten - jetzt aber in erster Linie als Manifestationen eines individuellen Konfliktgeschehens.

Unsere nachfolgende Betrachtung der Motive in den Bildreihen und in den einzelnen bildnerischen Ereignissen wird zeigen, daß wir es in den Bildern hochtraumatisierter Persönlichkeiten mit einer nicht allzu großen Anzahl von Bildgegenständen/Motiven zu tun haben, daß aber die Möglichkeiten der Kombination von individualisierten/privatisierten Motivelementen und Realisationsformen unbegrenzt erscheinen. Wenn wir dennoch von einer überschaubaren Menge von Motiven, Bildgegenständen und realisierenden Mitteln in den hier vorliegenden Deutungsversuchen ausgehen, so hat das seinen Grund nicht zuletzt darin, daß diese Motive als Reaktionen auf psychische Konstellationen anzusehen sind, die zum ersten schon über einen längeren Zeitraum fixiert waren, und zum zweiten generell als Äußerungen von abgewehrten und verdrängten traumatischen Erfahrungs- und Erlebniskonstellationen zu bewerten sind. O. KRUSE hat (1985, S. 107f.) diese zwei Arten psychischer Motive so charakterisiert, daß

> *Konstellationen, in denen über lange Zeit* [...] *ständig negative Emotionen (Furcht, negatives Selbstwertgefühl, Schuldgefühle etc). her-*

vorgerufen werden, [...] *wie Fixierungen wirken, und zu fest eingeschliffenen emotionalen Reaktionsformen führen.*

Konstellationen [...] *als Trauma zu einem „emotionalen Schock" führen, der so intensiv ist, daß der Organismus ihn aus Selbstschutz aus dem Bewußtsein ausblenden muß.*

Bei allen medienspezifischen individuellen Kombinationsmöglichkeiten von Motivelementen und Realisationsformen, die wir in den Überlegungen zur Genese der Bildnerei von Heranwachsenden zu beschreiben versucht haben, gilt unsere Aufmerksamkeit ja besonders den verfestigten und abgewehrten Bedeutungsmaterialien, zu denen, wie wir in den nachfolgenden Abschnitten, die der *aufdeckenden Analyse* gewidmet sind, zu zeigen versuchen, in den bildnerischen Ereignissen besondere Zugangsmöglichkeiten bestehen. Wir gehen dabei von dem Begriff des *autobiographischen Gedächtnisses* aus, anhand dessen sich der Übergang von den allgemeinpsychologischen Auffassungen zu klinisch-psychoanalytischen Ansätzen - oder umgekehrt - leicht nachvollziehen läßt.

5. Autobiographisches Gedächtnis und bildhafte Manifestationen

5.1. Autobiographie als *individuelles Selbst*

Schließlich auch das Ende der Legende, der Spionagechef Markus Wolf sei 1986 in Unfrieden und tief enttäuscht aus dem Ministerium für Staatssicherheit ausgeschieden. Wolf behielt auch nach seinem Abschied die Privilegien des Stasi-Generals, eine Stasi-Haushälterin, Dienstwagen, Einkaufsberechtigung, korrespondierte mit Mielke, nahm an seinen Jagdvergnügen teil und referierte noch nach Honeckers Sturz in Generalsuniform vor Stasi-Leuten über die sozialistische Zukunft der DDR: Nichts davon steht in Wolfs Erinnerungen. Jeder erzählt eben sein Leben, wie es ihm paßt.

J. Nawrocki[84]

Wir wenden uns mit den Erörterungen dieses Kapitels der Gruppe von Interpretationstheorien zu, die wir in dem einleitenden Schema (Nr. 2, S 65) zu dem Komplex der *aufdeckenden Analysen* gerechnet haben, aber natürlich gehen auch in diesem Komplex traditionelle und analytische Auslegungen ineinander über. Wir können in diesem Kapitelteil an dem Beispiel der Überlegungen von S. GRANZOW (1994) nachvollziehen, wie ein solcher Übergang theoretisch begründet werden kann. Mit der vorangestellten Kritik an der Legendenbildung in den Autobiographien „öffentlicher" Persönlichkeiten wollen wir einleitend auf eine Gruppe von Auffassungen über den Wert solcher Biographien hinweisen, die sich mit einer Bemerkung von G.W. ALLPORT (1949; vgl. STRUBE/WEINERT 1987, S. 151ff.) anschaulich charakterisieren läßt. Für ihn waren *Autobiographien* [...] *oft nichts anderes als ein charakterologisches Palimpsest.* Nun ist diese schöne Bemerkung wie alle metaphorischen Äußerungen mehrdeutig: So verschwinden ja auch bei einem Palimpsest (= Urkunde auf Tierfell, Pergament o.ä., die abgeschabt und neu beschrieben wurde) die ersten Eintragungen nicht vollständig, sondern können mit neuen technischen Mitteln wieder lesbar gemacht werden. Aber G.W. ALLPORT ging es wohl bei der Konstruktion dieser Metapher darum, daß immer die letzten Eintragungen über den ausradierten älteren Gedächtnisspuren die biographisch „gültigen" seien, daß sich der Mensch also seine Biographie zurechtschreibe oder gar zurechtdenke und daß diese Verfälschungen nur in Ausnahmefällen entdeckt werden könnten, so wie in dem vorangestellten Zitat die „Lebenslügen" eines Stasi-Generals aufgedeckt werden konnten.

Autobiographisches Wissen gehört, so folgern G. STRUBE/F.E. WEINERT aus den Untersuchungen von S.H. FILIPP[85] u.a., zu den Merkmalen der Persönlichkeit, die man auf der *psychologischen Konstruktebene als „individuelles Selbst"* bezeichnen könnte. Allerdings geht S.H. FILIPP davon aus, daß das autobiographische Material nur zu einem geringen Teil *konkret-episodisch* gespeichert wird, sondern zum größeren Teil in Form von *Selbstschemata* vorliegt. Diese Schemata stellen für ihn die *mehr oder minder abstrakten mentalen Repräsentationen subjektiv verarbeiteter Informationen über sich selbst* dar (vgl. STRUBE/WEINERT 1987, S. 151ff.). Wir werden im Fortgang der Überlegungen zu zeigen versuchen, daß dieses kognitivistische Konzept der mentalen Selbst-Repräsentationen der Erweiterung in Richtung auf die Mitberücksichtigung von verborgenen, in psychischen Episoden (mit ihren körperhaften, affektiv-emotionalen und interaktiven Anteilen) gespeicherten Erfahrungsinhalten (D. STERN u.a.) bedarf. Nur so läßt sich u. E. der hohe Anteil körperbezogener (z. B.anorektischer Symptome) und gefühlshafter Expressionen in den bildhaften Reaktionen auf posttraumatische Belastungsstörungen (u.a. SAIGH 1995) von mißbrauchten Menschen erklären.

Ehe wir mit den genannten Autoren Aspekte des Forschungsstandes nach der (auto-) biographischen Wende in der Psychologie beleuchten, soll noch die besondere Auffassung A.G. GREENWALDS (1981)[86] über die Mechanismen des autobiographischen Gedächtnisses skizziert werden (vgl. STRUBE/WEINERT in: JÜTTEMANN/THOMAE 1987, S. 154f.). Sie hebt sich durch ihre „unakademische" (*provokative*) Ausdrucksweise von den anderen Überlegungen zum autobiographischen Selbst ab, da sie dem Ich eine Kontrolle über die Organisation des autobiographischen Gedächtnisses zuweist. Für A.G. GREENWALD hat das Ich totalitären Charakter, weil ihm drei *Voreingenommenheiten* zur Verfügung stehen, welche die Stabilität kognitiver und emotionaler Strukturen garantieren: (1) seine *Egozentrizität* - damit soll etwa im Sinne J. PIAGETS das Ich als ein Brennpunkt des Wissens gekennzeichnet werden, (2) seine *Beneffectance* (= positive Wirkung) - mit diesem Begriff wird die Vorstellung von der Zuständigkeit des Ich gegenüber erwünschten Ergebnissen herausgestellt - und (3) die *kognitive Erhaltung*. Diese Formulierung soll den Widerstand des Ich gegen den Wechsel kognitiver Inhalte kennzeichnen. Die Autoren G. STRUBE/F.E. WEINERT heben bei der Erörterung dieser Position die Nähe zu den psychoanalytischen Auffassungen von S. FREUD und A. ADLER hervor.

G. STRUBE/F.E. WEINERT (1987, S. 151ff.) stellen in ihren Erörterungen zum Stand der Forschung über das Phänomen des autobiographischen Gedächtnisses fest, daß die Mehrzahl der in diesem Gebiet bis 1980 veröffentlichten Untersuchungen im Bereich der klinischen Psychologie angesiedelt und damit vorwiegend tiefenpsychologischen Ansätzen verpflichtet gewesen seien, obwohl es auch in der *akademischen Psychologie* eine Tradition in diesem Forschungsgebiet gebe, die sich bis zu den Untersuchungen von F. GALTON (1879) zurückverfolgen lasse. Für die beiden Autoren geht die sich abzeichnende *Renaissance des autobiographischen Gedächtnisses als Forschungsthema* von zwei Fragestellungen aus: Einmal interessiere sich die Gedächtnispsychologie für das Phänomen des Schemas als *kognitive Repräsentation komplexer Information*; zum zweiten beachte auch die Kognitionspsychologie nach einer Phase partikularistischer (laborexperimenteller) Ansätze wieder *ökologisch relevante* (= gesamtheitlich ausgerichtete) und angewandte Fragestellungen. Diese Fragestellungen werden von den Autoren an den wenigen Beispielen kontrollierter Untersuchungen - z. B. Selbstversuche zur Identifizierung und Veränderbarkeit biographischen Wissens, Erhebungen über Inhalte von Tagebucheintragungen im Vergleich zum Geschehen o.ä. - über das biographische Gedächtnis in der Literatur erörtert.

Wir heben davon hier nur die historisch interessante Untersuchung hervor, in der U. NEISSER[87] die Aussagen von JOHN DEAN, die maßgeblich zum Sturz des amerikanischen Präsidenten R. NIXON beigetragen haben, mit den Tonbandmitschnitten der Gespräche im Weißen Haus verglichen hat, auf welche sich die Aussagen DEANS bezogen. Wir haben dem Kapitel ein Zitat vorangestellt, in dem J. NAWROCKI eine vergleichbare Demaskierung des „historischen Gedächtnisses" vornimmt. U. NEISSER hebt in seinen Erörterungen besonders das rekonstruktive und verfälschende Moment des autobiographischen Gedächtnisses hervor und kommt zu folgender Kennzeichnung der „Erinnerungsarbeit":

> *Die einzelnen klaren Erinnerungen, die uns aktuell lebhaft einfallen, stehen für etwas anderes. Sie sind maskierte Erinnerungen ("screen memories"[88]), etwa so wie Freud das lange vorher diskutiert hat. Oft besteht ihre reale Basis aus einer Folge weitererzählter Erfahrungen, einer Sequenz von erzählten Geschehnissen, welche die einzelne Erinnerung nur typisiert und repräsentiert* [...]. *Solche Erinnerungen sollten besser rhapsodisch als episodisch genannt werden, denn was wie eine aktuelle (aktualisierte?) Episode aussieht, repräsentiert eine Wiederholung.* (Vgl. STRUBE/WEINERT 1987, S. 156f.).

Mit der Dissertation von S. GRANZOW (1994) liegen seit einiger Zeit Erörterungen vor, in denen ausdrücklich kognitionspsychologische und psychoanalytische Einsichten im Hinblick auf den Gegenstand *autobiographisches Gedächtnis* zusammengefügt und, *wenn möglich, integriert werden* sollen. Wir schwierig dieses Unterfangen in einer von unterschiedlichen Denkschulen geprägten psychologischen Landschaft ist, wird in den einleitenden Dankesworten des Autors deutlich: Sein Dank gilt zwei Psychologen mit verschiedenartigen theoretischen Ausrichtungen, die in diesem Falle über ihren Schatten springen konnten und seine „interdisziplinäre" Untersuchung betreuten. Der Autor benennt (1994, S. 1f.) in seinen *Metatheoretischen Vorüberlegungen* vier Ebenen von psychologischen Konstrukten, die bei der angestrebten *Erkenntnisintegration* beteiligt sein müßten: (1) eine deskriptive Ebene als Beschreibung vorliegender Befunde zum autobiographischen Gedächtnis; (2) eine Ebene der *Modellbildung* als bereichsspezifische Integration der *Annahmen zur Struktur und Funktionsweise* des autobiographischen Gedächtnisses. (3) Auf einer dritten Ebene soll der Versuch unternommen werden, die der Psychoanalyse zugrundeliegende Gedächtnistheorie unter *Heranziehung kognitionspsychologischer Ansätze insgesamt neu zu formulieren* und (4) auf der letzten Ebene sollen die Elemente der psychoanalytischen Metapsychologie, die auch in unserer nachfolgender Darstellung beschrieben und auf ihre hermeneutischen Qualitäten befragt werden sollen, durch *andere, modernere Konzeptionen ersetzt* werden.

Wir profitieren an manchen Stellen unserer Überlegungen von diesen gigantischen theoretischen Anstrengungen - z. B. bei der theoretischen Differenzierung von *Dissoziation* und *Verdrängung* - folgen aber der angesprochenen Konzeption nicht in jede Vorstellung hinein, weil unser „erkenntnisleitendes Interesse" nicht der Komposition einer neuen Megatheorie gilt, sondern einem Verstehen von bildhaften Gegenständen, welches allerdings mehrebenenanalytisch konstruiert ist. Bei der Konstruktion dieses Zugangskonzeptes genügt es, die komplementären theoretischen Gefüge der angesprochenen Theorien aufzuzeigen und sie pragmatisch in Anspruch zu nehmen. Die Nagelprobe für diese Art theoretischer *Architektonik* (KANT) sehen wir im Ertrag von Einsichten in das bildnerische Geschehen und seine Sinnfiguren.

Mit den skizzierten Auffassungen von G. STRUBE/F.E. WEINERT (1987, S. 151ff.) geht S. GRANZOW (1994, S. 3) davon aus, daß sich autobiographisches Wissen und autobiographische Erinnerungen, kognitionspsychologisch betrachtet,

> *durch Selbstbezug (dem auf der Repräsentationsebene eine Relation zu Selbst-Schemata o.ä. entsprechen könnte) und auf der phänomenalen (Erlebens-) Ebene durch ein mehr oder weniger ausgeprägtes Gefühl der Identitätsrelevanz bzw. „Ich-Haftigkeit" auszeichnet.* [...] *Ein Modell des ABG (autobiographischen Gedächtnisses) sollte in der Lage sein, sowohl diese Ich-Haftigkeit* [...] *als auch Unterschiede in deren Ausprägung und die mit diesen korrespondierenden Wissensstrukturen bzw. Prozesse abzubilden.*

In einem ersten Rekurs auf die konkurrierenden psychoanalytischen Positionen des Erinnerns und Wissens beruft sich S. GRANZOW auf Thesen von M.N. EAGLE (1988, S. 180ff.) über die Natur des Unbewußten und das Schicksal der verdrängten Inhalte, um kritische Aussagen dieses Autors gegenüber der kognitiven Psychologie aufzugreifen. Für M.N. EAGLE steht in diesen Fragen nicht das Problem der Verweisung bestimmter Inhalte in das Unbewußte im Vordergrund, sondern das *Thema der Integration, der Unterschei-*

dung in ich-syntone versus ich-dystone Inhalte, und er stellt fest, daß dieses Thema in der kognitiven Psychologie keinen zentralen Stellenwert besitzt. S. GRANZOW folgt, wie unsere weiteren Betrachtungen zeigen sollen, dieser skeptischen Einschätzung und räumt ein, daß die kognitive Psychologie im Hinblick auf den Gegenstand *autobiographisches Gedächtnis* keine originären Vorstellungen über Vorgänge wie Dissoziation bzw. Integration entwickelt habe. Wir werden im Kapitelteil 5.3 versuchen, die Begriffe Verdrängung und Dissoziation näher zu bestimmen, auch wenn es nicht einfach ist, aus dem „Stimmenwirrwarr" erkennbare Aussagen zu identifizieren.

5.2. Episodisches und semantisches Gedächtnis

> *Eine Situation ist erst dann ausreichend bewältigt [...], wenn wir nicht nur zur äußeren Reaktion in Form unserer Bewegungen fähig sind, sondern auch zu einer inneren Reaktion in Form von an uns selbst gerichteten Worten, einem gegliederten Ereignisbericht an andere und an uns selbst und der Einordnung dieses Berichts in ein Kapitel unserer persönlichen Geschichte.* JANET 1919[89].

Wenn wir von den Ergebnissen der laborartigen, in der Regel reduktionistischen Versuchen zu den Phänomenen Behalten und Vergessen in den verschiedenen Schulen der Gedächtnispsychologie bzw. Kognitionspsychologie absehen, die wir hier nicht im einzelnen verfolgen können, - wir verweisen auf die Untersuchungen von D.L. SCHACTER UND E. TULVING[90] 1985ff. (Zusammenfassung in: S. GRANZOW 1994, S. 36f.) -, dann kommen als Voraussetzung für eine Systematisierung und Differenzierung des Dissoziationsbegriffs besonders die begrifflichen Unterscheidungen von E. TULVING in Frage, in denen zwischen einem *anoetischen,* einem *noetischen und einem autonoetischen Bewußtsein* differenziert wird: Der erste Begriff kennzeichnet die *Fähigkeit des Organismus, interne und externe Reize zu spüren* und ist an die jeweilige Situation gebunden; der zweite soll das *Wissen* (nous, griechisch = Geist, Verstand) charakterisieren, das der *Organismus von der Welt hat; es ist nicht mehr an eine konkrete Situation gebunden* und entspricht etwa dem „Bewußtseinsstand" von Kleinkindern. Die höchste Stufe, das autonoetische Bewußtsein, schließlich kennzeichnet die Fähigkeit des Individuums, sich *seiner Identität und der Kontinuität seiner Existenz bewußt zu werden. Autonoetisches Bewußtsein vermittelt das spezifische, durch Vergangenheitsempfindung und Veridikalitätsüberzeugung charakterisierte Gefühl des sich Erinnerns, durch das sich das Erinnern von anderen Bewußtseinsakten wie Wahrnehmen, Denken oder Träumen unterscheidet.* (GRANZOW 1994, S. 41, in Anlehnung an TULVING).

Voraussetzung für diese Art von Gliederung der Gedächtnisphänomene ist die Unterscheidung zwischen einem *episodischen* und einem *semantischen Gedächtnis* - eine Unterscheidung, die auch für die Interpretation bildnerischer Ereignisse von Bedeutung sein könnte. Danach gehören die Erinnerungen mit einer deutlichen Beziehung zu Erfahrungen und Erlebnissen der persönlichen Vergangenheit zum episodischen autobiographischen Gedächtnis (Wiedererleben) und die Erinnerungen an „gewußte" (noetische) Ereignisse zum semantischen Gedächtnis, wobei allerdings nicht von einer Frontstellung zwischen diesen beiden Formen von Gedächtnisakten auszugehen ist, sondern - wir vereinfachen hier die angesprochenen Theorien zugunsten unseres Gedankengangs - von einer spezifischen Ergänzung des einen Systems durch das andere: So können auch aus dem semantischen Gedächtnis Mitteilungen über persönliche Ereignisse und aus dem episodischen Informationen mit bewußtem Informationsgehalt abgerufen werden. Diese Unterscheidung zwischen dem Charakter von Inhalten und abrufbaren Informationen aus dem episodischen und semantischen Gedächtnis erinnert an die Abgrenzung zwischen den Darstellungsereignissen bzw. dem *Phänomensinn* und der individuellen Gestaltung von Motivtraditionen im Bereich der skizzierten ikonographischen Bildtheorie. Die Ebene des Phänomensinnes würde dann auf die semantischen Informationen, die Sinnfiguren, die wir mit R. WITTKOWER als *Ebene der thematischen Bedeutung* oder auch als *Bedeutungssinn* (FORSSMAN) gekennzeichnet haben, würden auf die episodischen Gedächtnisinhalte verweisen. Wir waren aber bei der Erörterung dieser ikonologischen Differenzierung der Meinung, daß die Unterscheidung von Sinnebenen nur im Hinblick auf theoretische Konstrukte ratsam ist, im interpretierenden Zugriff auf die „Realität" der ästhetischen Ereignisse läßt sich diese Differenzierung kaum vollziehen und kaum nachvollziehen.

Eine vergleichbare Position, in der die Ebenen der Bedeutungsgebung und der sich daraus ergebenden Interpretationschritte auch als zweistufiges System angesehen werden, läßt sich auch in den Ausführungen von R.

BOHNSACK (in: JÜTTEMANN/THOMAE 1998, S. 213ff.) über *formulierende* und *reflektierende Interpretation* nachweisen. Im ersten Schritt geht es dabei um *den „wörtlichen" Gehalt einer* Mitteilung, *die Entschlüsselung der weitgehend impliziten thematischen Struktur*, im zweiten um die Reflexion auf den *erlebnismäßigen und diskursiven Herstellungsprozeß von Wirklichkeit*. Auch diese Unterscheidung entspricht damit, grob gesehen, den ikonographischen und ikonologischen Entschlüsselungsverfahren, die zudem bei R. BOHNSACK in den Vorüberlegungen zu seiner *soziogenetischen Interpretation* angeführt werden.

In einem besonderen Falle von Erinnerungen und Amnesie, der von SCHACTER und TULVING als Verarbeitung *freier Fragmente* bezeichnet und an historischen Fallbeispielen erläutert wurde - so an einem „Experiment" von E. CLAPARÈDE (1911) an einer Korsakoff-Patientin[91], die sich trotz schwerer Demenz an einen Schmerz erinnerte, der ihr unmittelbar zuvor zugefügt worden war - läßt sich ein sonst schwer zu fassendes Phänomen psychopathischer Bildnerei (RICHTER 1997, S. 192ff.) erörtern und dem Verstehen näherbringen: So stellt E. TULVING in der Interpretation eigener Fallstudien fest, daß bei solchen Patienten das *Wissen über die eigene Vergangenheit dieselbe unpersönliche Erlebnisqualität aufzuweisen* (scheint), *wie ihr restliches Weltwissen*, und er führt dieses Phänomen auf ein *tiefgreifendes Defizit* des episodischen Gedächtnis zurück (vgl. GRANZOW 1994, S. 43f.). Wir können also im Hinblick auf bestimmte Patientengruppen feststellen, daß ihre episodischen Erinnerungen (zeitweilig!) den Inhalten des noetisch-semantischen Ereignisgedächtnisses gleichzusetzen sind, weil sie unpersönlich, fremdartig und ohne eigene Erlebnisqualitäten und ohne erlebten Selbstbezug geäußert werden, und daß ihre bildnerischen Manifestationen - dieser Schluß läßt sich daraus ziehen - auch kaum autobiographisch-episodische Inhalte wiedergeben, sondern spezifisch („gewußtes") semantisches Material präsentieren. Wir haben im Abschnitt 1.1.6. die Bilder eines schizophrenen Patienten vorgestellt, bei denen eine *Desymbolisierung* (BENEDETTI) zu beobachten ist, oder, um es mit den Formulierungen der angesprochenen Gedächtnistheorie zu beschreiben, bei denen sich ein Ausfall an autobiographisch-episodischen Inhalten bemerkbar macht, der während der Wahnperiode anhält und sich dann wieder zugunsten von narrativ-episodischen Verbildlichungen verändert. Wir finden damit auf der Ebene der Gedächtnispsychologie eine zureichende Erklärung für die Tatsache, daß bei bestimmten Krankheitsbildern sowohl Bewußtsein wie Ich-Bezug (*Ich-Syntonie*) innerhalb des autobiographischen Gedächtnisses *nicht per se gege-*

ben sind, sondern verloren gehen können bzw. aktiv (wieder-)hergestellt werden müssen (GRANZOW 1994, S. 45f.).

Diese Überlegungen über das noetische und episodische Gedächtnis und ihre Verbindungen führen uns zu Fragen nach der Erinnerungsfähigkeit von Menschen mit traumatisierenden Erlebnissen - in unserem Falle mit Mißbrauchserfahrungen in der frühen und mittleren Kindheit. Diese Fragen, ab wann diese Kinder ihre Erfahrungen in ein erinnerungsfähiges Selbstschema einbringen und ob Erfahrungen und Erlebnisse vor diesem „Zeitraum" dem Vergessen bzw. der Verdrängung anheimfallen, sind auch für die Interpretation von bildhaften Reaktionen von besonderer Bedeutung.

5.3. Dissoziation und/oder Verdrängung

Dissoziationsphänomene, also Phänomene, auf die wir auch in der Analyse von bildnerischen Reaktionen auf Mißbrauchsgeschehnisse stoßen werden, haben nach der Auffassung von S. GRANZOW (1994, S. 30ff.) theoretisch gesehen *Brückencharakter,* weil sie sich nur in einer Verbindung von Psychiatrie, Psychoanalyse und moderner Gedächtnispsychologie betrachten lassen. Der Autor erläutert dabei die Position der Psychiatrie in dieser Frage an den Vorstellungen des *psychologischen Automatismus* von P. JANET (1889), einem französischen Psychologen und späteren Mediziner, nach der Wiedergabe dieser Auffassungen bei H.F. ELLENBERGER (1973, S. 478ff.). P. JANET, ein Vertreter der Experimentalpsychologie mit einer zeittypischen Nähe zum Spiritismus (automatisches Schreiben u.ä.), Somnambulismus und zu Suggestions- und Hypnosetechniken, war u.a. der Auffassung, daß in bestimmten Formen der Hysterie Beziehungen zur Existenz abgetrennter Teile des Bewußtseins „auftauchen". Diesen Zustand nannte er *partiellen Automatismus.* Er ist dadurch gekennzeichnet, daß ein Teil des Bewußtseins *abgespalten wird und eine autonome, „unterbewußte" Entwicklung* nimmt; P. JANET hob ihn von dem *totalen Automatismus* ab, der die gesamte Persönlichkeit bis auf rudimentäre Bewußtseinsakte erfaßt und zu einem kataleptischen Zustand führt. Amnesie und hysterisch-depressive Zustände waren für ihn, wie er an dem Beispiel der Patientin „Irene" erläutert, Ausdrucksmodi eines *psychologischen Systems* [...], *das sich der Herrschaft des Bewußtseins entzieht und sich selbständig entwickelt* und in der Symptomatik der Kranken zu symbolischen Erscheinungsformen führt (aus: H.F. ELLENBERGER 1973, S. 506f. vgl; auch SCHACTER/KIHLSTROM 1989, S. 214f.). Bemerkenswert ist auch, daß P. JANET als Ursache für diese „unterbewußten" (*subconscient*) Automatismen schwere Traumata in der Kindheit und Jugend seiner Versuchspersonen zu entdecken und zu behandeln versuchte. Für ihn stand am Anfang jeder Behandlung eine biographisch orientierte Anamnese mit einem Schwerpunkt auf der Familiengeschichte und der *konstitutionellen Mitgift* (ELLENBERGER), und bei der Analyse und Therapie der Schichtungen von „fixen Ideen" setzte er auch Übungen ein, die wir heute als basale Förderungen bezeichnen würden. Auch J.L. HERMAN hat (1993, S. 55) den bedeutenden Beitrag von P. JANET zur Entdeckung und Beschreibung dissoziativer Zustände gewürdigt.

Diese ausführlichere Darstellung der theoretischen Positionen von P. JANET, auf dessen spätere Auffassungen über die Entstehung und Therapie der Neurosen (ab ca. 1900) wir hier nicht eingehen können, sollte verdeutlichen, warum die frühe inhaltliche Fassung des Begriffes der Dissoziation bei P. JANET mit Erörterungen über Abspaltungsphänomene verbunden ist, und was die nachfolgenden Theoretiker/Theoretikerinnen von ihm gelernt haben. Bei S. FREUD, dessen Dissoziationstheorie wir an dieser Stelle nur anzusprechen brauchen, lassen sich Formulierungen ähnlicher Art von den *Studien über Hysterie* (1895, zusammen mit J. BREUER, G.W., Bd. I) bis zu den metapsychologischen Überlegungen in *Das Ich und das Es* (1923; in: G.W., Bd. XII, S. 287) verfolgen: Schon in den *Studien* wird auf die (verzögerte) Wirksamkeit traumatisierender Erlebnisse - häufig sexueller Natur - hingewiesen und geltend gemacht, daß diese in Form von unbewußten Inhalten ein vom bewußten Ich abgespaltenes Eigenleben führen. In den Schriften zur Metapsychologie ist dann wörtlich von einem *zusammenhängenden Ich* und einem *abgespaltenen Verdrängten* die Rede. M.N. EAGLE (1988, S. 163) hebt in seiner Darstellung der Revisionen, die G.S. KLEIN[92] an den *essentials* der FREUDschen Psychoanalyse vorzunehmen versucht hat, hervor, daß dort parallel zu den Begriffen *Ich* und *Es*, die im wesentlichen als *nicht-verleugnet* vs. *verleugnet* bestimmt werden, auch *Verdrängung* als *Bedeutungsschema* definiert ist, *das von der Vorstellung der Person von sich selbst dissoziiert ist.* Dissoziationen sind nach dieser Auffassung im Sinne *gelebter Bedeutungen vom* [...] *Verstehen losgelöst, d.h. vom Selbst dissoziiert.*

In diesen Überlegungen tritt der Begriff der Dissoziation an die Stelle des Begriffs der Verdrängung, der in der Psychoanalyse, wie die zitierte Formulierung FREUDS vom *abgespaltenen Verdrängten* zeigt, weitausgreifend u.a. einmal das verschüttete, aber *unzerstörbare* unbewußte Material der *Frühentwicklung* (FREUD, G.W., Bd. XVI, S. 46f.) mit seinen pathogenen Nachwirkungen, zum anderen die per se *unbewußten Phantasien*, die als Repräsentanzen der Triebe fungieren, und ein weiteres mal die Abwehr der unbewußten Vorstellungen durch die ich-syntonen Strebungen bezeichnet. Als inhaltliche Kennzeichnungen des wiederverwendeten Begriffs der Dissoziation werden bei G.S. KLEIN (in der zusammenfassenden Darstellung von M.N. EAGLE) die Abspaltung von erlebten und gelebten Bedeutungen von bestimmten Vorstellungen, die mit dem Selbstverständnis/der Selbstkontinuität der Person nicht in Einklang zu bringen sind, und ihr Zusammenschluß zu unbewußten Bedeutungsschemata genannt. In Analogie zu dem eingeführten Gebrauch des Terminus *Schema*, etwa bei H. LEVENTHAL, kann diese Bezeichnung als Versuch gewertet werden, die Struktur unbewußter Inhalte zu kennzeichnen.

Der Begriff der Verdrängung, bei dessen inhaltlicher Explikation wir uns beschränken müssen, um nicht in ein Dickicht widerstreitender Positionen zu geraten, soll zuerst von dem Begriff der Dissoziation abgehoben werden: Nach der Auffassung von S. GRANZOW (1994, S. 165ff.) besteht ein gewisser Konsens in den beteiligten Wissenschaften und psychologischen Schulen darüber, daß das Phänomen der Verdrängung enger mit den psychopathologischen Erscheinungen verbunden ist; d.h. Dissoziationen *können* zu Abwehrzwecken eingesetzt werden, Verdrängungen sind *grundsätzlich* als Abwehrmechanismen und Abwehrstrategien anzusehen.

Entscheidend für diese Betrachtungsweise ist wohl weniger eine saubere theoretische Trennung von Dissoziations- und Verdrängungsphänomenen - wir haben o. schon angemerkt, daß in der frühen Psychoanalyse beide Begriffe in einer einzigen Formulierung zur Kennzeichnung von abgewehrten (realen) *infantilen Sexualszenen, welche in späteren Jahren zu determinierender Macht für die Symptome der Neurose gelangen* (FREUD[93]) benutzt werden. Vielmehr scheint für die gegenwärtige Begriffswahl die Tatsache ausschlaggebend zu sein, daß sich die neueren Kognitionstheoretiker/innen, die sich wiederum mit der Einheit des Bewußtseins und seinen nicht-pathogenen Spaltungen - induziert etwa durch Hypnose - beschäftigen, zu dem weniger belasteten Begriff der Dissoziation greifen (vgl. auch EAGLE 1988, S. 163). Für solche Theoretiker/innen besteht also der Unterschied zwischen den beiden kennzeichnenden Begriffen darin, daß die *dissoziierten Inhalte des Bewußtseins potentiell direkt zugänglich bleiben* müssen, die verdrängten dagegen nur indirekt erschlossen werden können (GRANZOW 1994, S. 167f.) - und dazu noch einem anderen theoretischen Konzept von psychischen Zuständen/ Energien angehören, sollte man hinzufügen.

Aus einer dort beigefügten Graphik, welche die angesprochenen Begriffe in einem Modell der psychischen Gegebenheiten veranschaulichen sollen, wird deutlich, daß etwa E.R. HILGARD von der Möglichkeit einer vertikalen und einer horizontalen Spaltung psychischer Inhalte ausgeht: Die horizontale entspricht den Abwehr und Verdrängungsmechanismen, die zu den nur indirekt erschließbaren (unbewußten) Inhalten führt - ähnlich hat FREUD in seinen modellhaften graphischen Veranschaulichungen die miteinander in Beziehung stehenden, aber z. T. verdrängten/unbewußten psychischen Inhalte durch „horizontale" Striche/Schranken voneinander getrennt - die vertikale trennt zwischen den Inhalten, die dem Bewußtsein zugänglich sind, und denen, die der sog. kindlichen Amnesie anheimgefallen sind bzw. nur fragmentarisch enkodiert worden sind. Man sollte aber nicht übersehen, daß solche Schemata nur den Erklärungswert von Metaphern haben, weil die dort aufgezeigten Grenzlinien etwas hoch Unanschauliches in einem Bild zu erfassen versuchen. Wir werden in einem der nachfolgenden Abschnitte (5.5) auf dieses Phänomen der kindlichen Amnesie, das ja auch in den Bildern von traumatisierten Persönlichkeiten wirksam sein dürfte, zurückkommen.

B. PENDLETON JONES hat (1993) in einem umfangreichen Aufsatz die Entwicklung des psychoanalytischen Konzepts der Verdrängung im Laufe der letzten hundert Jahre zusammengefaßt und auch die ontogenetische Ausformung der Verdrängungsmechanismen dargestellt. Ihre Auffassung von diesen Ausformungen, die uns interessieren, lassen sich mit den Überlegungen D. STERNS zu den frühen Störungen in den *wechselseitigen Beeinflussungen zwischen Selbst und Anderem* (1992, S. 285ff.) in Einklang bringen. Die früheste Form der Verdrängung kann nach diesen Auffassungen als *präverbale infantile Verdrängung* bezeichnet werden; sie entspricht in einigen Merkmalen der von FREUD sog. *Urverdrängung.* Mit diesem „Urwort" kennzeichnete er, wie wir schon ausgeführt haben, einen Komplex von Phantasien, die schon immer unbewußt waren, weil sie als psychische Repräsentanzen von körperlich-biologischen Vorgängen angesehen werden, die ihre *Quellen* in den Trieben haben (z. B. G.W. XVII, S. 67; zur Geschichte des Begriffs der Phantasie in der Psychoanalyse vgl. H. BELAND 1989). Wir werden im nachfolgenden Kapitel diesen Teil des psychoanalytischen Konzepts ansprechen, können aber hier schon anmerken, daß auch in dem Konzept der Urverdrängung (phantasiebildende) Erfahrungen und Erlebnisse vorausgesetzt werden, die nach den übereinstimmenden Auffassungen anderer Theoretiker/Theoretikerinnen in den folgenden Lebensabschnitten erst in Form von Repräsentationen internalisiert werden.

Sieht man also von dem (u. E. unhaltbaren) Konzept der Urverdrängung ab, das auch von FREUD in seinen letzten Vorstellungen vom Phänomen der

Verdrängung aufgegeben worden ist (PENDLETON JONES 1993, S. 68), so können präverbale Verdrängungen als früheste Reaktionen auf schwere Defizite in der intersubjektiven Bezogenheit auftreten, die man im Grenzfall - auch bei einer Versorgung der körperlichen Bedürfnisse des Kindes - als Reaktionen auf *Nicht-Abstimmung* (D. STERN: *non-attunement*) bezeichnen kann. STERN verweist (1992, S. 286f.) hier zur Veranschaulichung eines solchen Grenzfalles auf das Beispiel einer psychotischen Mutter, die ihr Kind körperlich übervorsichtig versorgte, aber nicht in der Lage war, emphatisch zu reagieren. Spuren solcher präverbalen „Verdrängungen"/Affektverschiebungen, die sich besser mit dem englischen Wort *repression* bezeichnen ließen, weil darin auch die Art von psychischer Unterdrückung der affektiven und emotionalen Beziehungen zum Ausdruck gebracht wird, die solchen frühen Abstimmungsfehlern zugrunde liegt, prägen das weitere Leben des Kindes und des Erwachsenen. Der andere pathogene interpersonale Emotionsaustausch, der von D. STERN als *selektive Abstimmung* gekennzeichnet wird, hat weniger schwerwiegende Auswirkungen auf das biographische Geschehen als diese Nicht-Abstimmung, die u.a. zu einer lebenslangen *(chronischen)* Isolation führen kann. Wie der Begriff schon ausdrückt, handelt es sich bei diesen Formen der Abstimmung um Interaktionsformen, die von den Eltern/Erziehungspartnern nach bestimmten, schwer einzuschätzenden Vorgaben ausgewählt werden und nicht die Breite von Verständnis und Empathie umfassen, die zu einer ungestörten Selbstentwicklung gehören. Wir werden im Kapitelteil 5.5 auch auf das Verhältnis von präverbaler Verdrängung und kindlicher Amnesie eingehen.

Die „klassische" Form der Verdrängung kann demnach als *postverbale infantile Verdrängung* (PENDLETON JONES) bezeichnet werden, weil sie sich erst nach dem Beginn des Spracherwerbs des Kindes zu entwickeln beginnt. Diese Art der Verdrängung war schon bei FREUD an die Ausbildung von Wort- und Sachvorstellungen gebunden: Erst wenn die sprachlichen Äquivalente für die personale und natürliche Umwelt sich einzustellen beginnen, können Teile der *gelebten Erfahrungen,* die sich u.a. in Empfindungen und internen Bildern niederschlagen, von den sprachlichen Repräsentationen getrennt, d.h. verdrängt werden. Nach diesem Zeitraum kann also ein Ausschnitt dieser Erfahrungen und Erlebnisse sprachlich formuliert werden, ein anderer, der konfliktgeprägte, bleibt stumm, aber (EAGLE u.a.: in *Bedeutungsschemata*) wirksam und wird u. U. klinisch bedeutsam. Mit D. STERN (1992, S. 317ff.) läßt sich diese Form der Verdrängung auch generell als *konfliktbedingte Gedächtnisstörung* bezeichnen, wobei vorausgesetzt wird, daß der Begriff des Gedächtnisses in der Regel auf einen bewußten Bereich des Psychischen verweist. Setzt sich diese Konfliktspannung mit ihren Folgen für das biographisch-episodische Gedächtnis über einen längeren Zeitraum fort, wird der Vorgang der Verdrängung wohl *automatisiert* und führt zu den bekannten Formen der Psychoneurosen und anderer (schwererer) psychischer Störungen. Die bekannte Formulierung FREUDS von der Verdrängung als Form der Ich-Abwehr ist dabei nicht so zu verstehen, daß die Verdrängung als bewußter Prozeß der Unterdrückung von „unliebsamen" Vorstellungen und Erinnerungen (FREUD: *Erlebniserinnerungen*) anzusehen ist, sondern daß ich-dystone *Bedeutungen vom Verstehen abgetrennt werden,* wie wir oben mit den Formulierungen von G.S. KLEIN (EAGLE 1988, S. 116) darzulegen versucht haben, und daß sie in ein unbewußtes Bedeutungsschema eingeordnet werden. Inhalte dieses Bedeutungsschemas sind aber immer noch mit ausgeprägten (neurotisierenden) Auswirkungen auf das spätere Lebensgeschehen des Kindes verbunden. M.N. EAGLE hat (1988, S. 118f.) darauf verwiesen, daß mit dieser Ausdeutung der Verdrängungstheorie eine Wiederannäherung an die FREUDsche Auffassung von der Ätiologie der Hysterie stattfindet, die von dem Gedanken geprägt war, daß *zwischen dem Ich und einer an dasselbe herantretenden Vorstellung das Verhältnis der Unverträglichkeit besteht* (1895; G.W. I, S. 181). G.S. KLEIN definiert nach der Ansicht von M.N. EAGLE (1988, S. 119f.) den Begriff der Verdrängung umfassender als FREUD

> *im Sinne einer „abgespaltenen kognitiv-affektiven (!) Struktur, die einen selektiven Einfluß auf das Verhalten ausübt". An anderer Stelle vermerkt er, daß bei der Verdrängung „Selbstkontinuität und Integrität durch die Abgrenzung zum Selbst aufgelöst werden".*

Diese Auffassungen von den Konsequenzen einer pathogenen Verdrängung, die im Verlust der Selbstkontinuität und der personalen Integrität zu sehen ist, sind auch in die Begrifflichkeiten der Kognitions- und Emotionstheorie eingegangen: Sie knüpfen nach der Ansicht von M.N. EAGLE nicht nur an die frühen Überlegungen FREUDS (und BREUERS) über die Gründe für die neurotischen/hysterischen Verhaltens- und Ausdrucksweisen an, sondern berücksichtigen auch seine späten und zum Teil posthum veröffentlichten Erörterungen (1937-1940) über die Verdrängung und die Rekonstruktion der Erinnerungen, über die im übernächsten Kapitelteil berichtet werden soll.

In unsere Überlegungen zu den Auffassungen von präverbalen und postverbalen Modi der Verdrängungen, die wir mit den Erörterungen von B. PENDLETON JONES mitsamt den Auswirkungen auf die Selbstkontinuität/ das Selbstkonzept und die personale Integrität zu skizzieren versucht haben, soll noch eine theoretische Position einbezogen werden, die von D. STERN (1992, S. 245ff. bzw. 317ff.) unter die Formulierung von der *verbalen Bezogenheit* des Selbst gestellt worden ist. In dieser Position wird das „paradoxe" Phänomen angesprochen, daß die Sprachentwicklung schon im Verlauf des zweiten Lebensjahres den intersubjektiven Beziehungen eine neue Qualität verleiht, weil sie einen gemeinsamen Bedeutungsfundus schafft, aber gleichzeitig auch als Quelle einer Entzweiung angesehen werden muß; d.h. die frühen, präverbalen Wahrnehmungen, zu denen auch die frühen körperlichen Sensationen und Erfahrungen gehören, werden, wenn sie sich sprachlich formulieren lassen, in dieser verbalen Fassung zur *offiziellen Version*, während die nicht-sprachlichen Anteile der vorsprachlichen *amodalen Version* (= unspezifische, aber mehrere Wahrnehmungsformen umfassende Perzeptionen und Empfindungen; STERN 1992, S. 91ff.) *„untertauchen"* und erst wieder wirksam werden, wenn besondere Bedingungen die sprachliche Fassung außer Kraft setzen oder zunichte machen: Solche Bedingungen treten nach der Auffassung von D. STERN bei spezifischen affektiven und emotionalen Zuständen ein oder werden in der Produktion von Kunstwerken - man sollte hinzusetzen: allgemein in der Produktion bildnerischer Ereignisse - aktiviert, die damit näher an der *Kraft und Ganzheit des ursprünglichen Erlebens stehen*.

Der subjektive Bedeutungsbesitz, den die Sprache *pachtet* (HOLQUIST) und in dem sich sowohl intersubjektive Zusammengehörigkeiten als auch Individuations- und Separationsprozesse abzeichnen, gibt dem Kind die Möglichkeit, als *Urheber* zu handeln, indem es beginnt, seine *Lebensgeschichte zu erzählen* und damit das eigene Selbstbild mitzugestalten (D. STERN 1992, S. 247f). Diese sprachlich reflektierte Urheberschaft muß aber auch für die bildhaften Äußerungsformen in Anspruch genommen werden können, die sich jetzt zusammen mit der Sprache entwickeln. Die besonderen Beziehungn dieser *parallelen* Manifestationen zu den Erfahrungen und Empfindungen des existentiellen, präverbalen Selbst wird auch von D. STERN deutlich herausgestellt und ist für die Überlegungen zu einer mehrschichtigen Interpretationstheorie konstitutiv. Wir haben in den Abschnitten über die kognitiven und emotionalen Inhalte bildnerischer Motive theoretische Positionen dieser Art als duale Theorieansätze gekennzeichnet und finden in den Darstellungen von D. STERN einen Beleg für diese Position aus der psychoanalytisch orientierten Säuglingsforschung, die sich den Auffassungen von J. PIAGET zuordnen lassen.

Wenn wir zusammenfassend auf die skizzierte Diskussion über den begrifflichen Inhalt der Termini Dissoziation und/oder Verdrängung zurückblikken, könnte sich der Eindruck aufdrängen, daß es sich dabei um eine eher akademische Erörterung theoretischer Konstrukte oder Modellvorstellungen von besonderen psychischen Phänomenen handelt, die in der Realität kaum Entsprechungen haben. Wir erinnern daran, daß für S. GRANZOW (1994, S. 167f.) der Unterschied zwischen den beiden kennzeichnenden Begriffen darin liegt, daß die dissoziierten Inhalte des Bewußtseins potentiell direkt zugänglich bleiben müssen, die verdrängten nur indirekt erschlossen werden können. Diese Auffassung geht nicht zuletzt auf eine Modellvorstellung von E.R. HILGARD zurück, welcher die horizontale „Spaltung" mit Abwehr- und Verdrängungsmechanismen in Beziehung setzt, der vertikalen dagegen die Funktion zuweist, zwischen den Inhalten, die dem Bewußtsein zugänglich sind, und denen, die der sog. *kindlichen Amnesie* anheimgefallen sind bzw. nur fragmentarisch enkodiert worden sind, zu trennen. Für unsere Überlegungen über die Zugangsmöglichkeiten zu dem bildhaften Material von Kindern, Jugendlichen und Erwachsenen, das wir im zweiten Teil der Untersuchung präsentieren und analysieren werden, ist aber diese Diskussion um die Präzisierung der genannten Begriffe alles andere als akademisch, weil wir uns vor die Notwendigkeit gestellt sehen, bildnerische Manifestationen der Kindheit, des Jugend- und des Erwachsenenalters sowohl während der Mißbrauchsphasen als auch (Jahre) danach daraufhin zu untersuchen, ob in den Artefakten Verdrängungsmechanismen, Formen der dissoziativen Abspaltung (GEDO u.a.) und/oder Eigenarten des kindlichen Gedächtnisses (Amnesie) wirksam sind. Von dieser Untersuchung hängt auch der Stellenwert ab, den wir den verdichteten und/oder verschobenen (unbewußten und vorbewußten) Bedeutungs- bzw. Sinnschemata, die mit den bildnerischen Motiven transportiert werden, in den verschiedenen Altersphasen zumessen. Unsere zusammenfassende Darstellung im letzten Kapitel wird zeigen, daß wir bei der Analyse von bildnerischen Reaktionen auf Mißbrauchserfahrungen je nach Alter der Person sowie je nach Dauer und Schwere des Mißbrauchs alle genannten Mechanismen in Anspruch nehmen müssen.

5.4. Wahres oder falsches, verkörpertes oder unverkörpertes Selbst?

Für D. STERN ist das Selbst weniger als übergeordnetes System psychischer Regulation, denn als Organisationsprinzip zu verstehen, das sich in einem kontinuierlichen Prozeß vollzieht (LEMCHE 1993, S. 93): *Die erste Organisation betrifft den Körper: Dessen Kohärenz, Tätigkeit, affektive Zustände, sowie erste Gedächtnisspuren.* Mit dieser theoretischen Annahme wird der Stellenwert der „subjektiven" körperlichen, präverbalen Sensationen und Erfahrungen als Grundlage für die zwischenmenschlichen Aktionen (*sense of self with other*) gestärkt. An dieser Stelle können wir auch auf die neueren neurophysiologischen/neurobiologischen Auffassungen verweisen (DAMASIO 1997; dort auch entsprechende Literaturhinweise), die von komplexen Wechselwirkungen zwischen Gehirn und Körper ausgehen.

Von den Entstehungsphasen der vier grundlegenden Selbstempfindungen (*1. auftauchende Bezogenheit, 2. Kernbezogenheit, 3. intersubjektive und 4. verbale Bezogenheit*), in denen nach der Auffassung von D. STERN (1992, S. 56f.) die wesentlichen und klinisch bedeutsamen Themen wie *Autonomie* [...], *Symbiose, Individuation, Urvertrauen* [...], *Neugier und so weiter* subjektiv erlebt und intersubjektiv verhandelt werden, ohne daß sie je wieder von der *Bühne des interpersonellen Handelns* verschwinden, müssen wir uns an dieser Stelle auf die Darstellung von Überlegungen beschränken, welche der Zeit nach der Ausbildung des *Kern-Selbst* und des *Kern-Anderen* gewidmet sind und sich damit auf eine Zeit beziehen, die der Entwicklung des verbalen Selbst kurz vorausgeht. Wir sprechen damit eine Zeit an, die schon von der Entwicklung kohärenter und generalisierter *Episoden* gekennzeichnet ist: Solche Episoden sind als Erfahrungseinheiten von Empfindungen und Wahrnehmungen mit begleitenden Affekten, Kognitionen und/oder Handlungen (STERN: in einem *Episoden-Gedächtnis-System*) zu verstehen und werden unter die Perspektive einer *intersubjektiven Bezogenheit* gestellt.

Mit der Formulierung von der intersubjektiven Bezogenheit werden auch die besonderen Interessen D. STERNS deutlich, die sich auf die Bedingungen von frühen sozialen Interaktionen richten; sie gelten z. B. den Möglichkeiten und Formen der intersubjektiv vermittelten (diskreten und/oder komplexen) Affekten, der Orientierung an und der Abstimmung mit den eigenen Affekten und den Affekten anderer und berühren damit unmittelbar das sog. *Irrationalitätsproblem* (BAEUMLER u.a.). Das Problem läßt sich in diesem Falle in die Frage nach den entwicklungspsychologischen Bedingungen der Übertragung von Affekten in die künstlerische Mitteilung bzw. in den bildhaften Ausdruck überhaupt kleiden. D. STERN (1992, S. 225ff.) beruft sich bei der Erforschung präverbaler und paraverbaler Erfahrungen und Empfindungen auch auf kunstwissenschaftliche Positionen (z. B. auf die Auffassungen von S.K. LANGER mit ihren Bezügen zu E. CASSIRER u.a.). Er sieht die (wechselseitige, intersubjektive) *Abstimmung* als entscheidende Größe in jedem ausdruckshaften Geschehen an. Sie bringt sowohl die diskreten, kategorial unterscheidbaren Affekte[94], die nach seinen Untersuchungen in der Mutter-Kind-Interaktion aber nur in längeren Intervallen - etwa alle 30-90 Sekunden - zum Ausdruck kommen (S. 223), ins interpersonale Geschehen als auch die andauernden *Vitalitätsaffekte.* Er stellt also neben die diskreten affektiven Erlebnisformen wie Zorn, Traurigkeit usw., die D. STERN (1992, S. 83ff.) im Anschluß an Untersuchungen H. WERNERS et al. beschreibt (vgl. unsere Darstellung im Zusammenhang mit den Untersuchungen von C.A. IZARD (3.3.) eine Art *des Erlebens,* die *unmittelbar aus der Begegnung mit Menschen hervorgehen kann,* und für die unsere Sprache kaum Begriffe bereit hält. Diese gefühlsartigen Qualitäten nennt er *Vitalitätsgefühle* bzw. *Vitalitätsaffekte* und rechnet dazu Qualitäten wie „aufwallend", „verblassend", „flüchtig", die in einem kontinuierlichen Zusammenhang (*Bezogenheit*) mit der intern erlebten (existentiellen) Subjektivität stehen. Solche gefühlsartigen Qualitäten sind auch in den bildnerischen Ereignissen der frühen und mittleren Kindheit wirksam, ohne daß sie jedoch in jedem Falle auch „dingfest" zu machen wären.

Wir nähern uns mit unseren Überlegungen zu den inhaltlichen Festlegungen des Selbst, der Selbstkohärenz, der Selbstkonstruktion o.ä. zwangsläufig den Auffassungen, in denen die Pathologie des Selbst mit den Formulierungen vom getrennten, gespaltenen Selbst o.ä. angesprochen wird. Mit diesen Kennzeichnungen wird besonders seit den Thesen von D. WINNICOTT (1954) u.v.a. das Persönlichkeitsmodell von Menschen bezeichnet, deren *wahres Selbst* wegen einer „vertikalen" Spaltung von unverbundenen psychischen Zuständen verborgen bleibt, während das *falsche Selbst* die Persönlichkeit zu repräsentieren scheint. D. Stern hat (1992, S. 294f.) den ontogenetischen Beginn einer solchen Selbstentfremdung als Reaktion auf interpersonale Aktivitäten beschrieben, die durch den *Ausschluß bestimmter Erfahrungen aus der intersubjektiven Gemeinsamkeit* gekennzeichnet sind:

> *Gleichgültig, was als nächstes geschieht, ob das aus dem interpersonalen Bereich ausgeschlossene Erleben Teil des „falschen" Selbst" - oder ein „Nicht-Ich"-Phänomen - im Sinne von H. SULLIVAN, H.G. R - wird, ob es einfach auf die eine oder andere Weise aus dem Bewußt-*

sein verbannt wird, oder ein heimlicher, jedoch zugänglicher Teil des Selbst bleibt - der Anfang liegt hier.

In bestimmten körpernahen Erfahrungen, die wir besonders herausstellen möchten, weil sie in den Biographien und Werken von mißbrauchten Menschen häufig zu erschließen sind, kommt es schon von Anfang an zu dem Ausschluß von Erlebnissen an und mit dem eigenen Körper, d.h. der Körper wird *mehr als ein Objekt unter anderen Objekten in der Welt, denn als Kern des eigenen Seins empfunden.* R.D. LAING, aus dessen Schrift Das *geteilte Selbst* (1994, S. 84ff.) diese Formulierung stammt, nennt diesen Zustand das *unverkörperte Selbst* und widmet ihm in seinen Überlegungen einen gewissen Raum - auch um ihn von den temporären Zuständen der Dissoziation abzugrenzen, die wir in den vorhergehenden Kapitelteilen erörtert haben. Diese temporären Zustände, entstehen für ihn aus einer *ursprünglichen Position, in der das Selbst als ein verkörpertes begann, temporär unter Streß geriet* und - verändert - wieder zu der Position des verkörperten Selbst zurückkehrt. Für die Wissenschaft sei bisher (1960) diese Position als Erklärungsmodell für bestimmte (neurotische) Erscheinungen von besonderem Interesse gewesen, aber manche paranoiden Verhaltens- und Äußerungsweisen seien nicht zu verstehen, wenn nicht die Grenzfälle von Persönlichkeiten mit einer besonderen Selbststrukur in die Überlegungen einbezogen würden.

Auch M.N. EAGLE (1988, S. 240ff.) mißt der Entwicklung der Selbstkohärenz, der Begriff stammt wohl von H. KOHUT - und der pathologischen Abweichung von dieser Entwicklung in Form eines geschwächten, zur Fragmentierung neigenden Selbst für die psychische Ausstattung eine bedeutende, ja universelle Rolle zu. Er versucht, die Bedeutung dieser Entwicklung auch evolutionsbiologisch zu erklären:

> *Man kann vermuten, daß die Verfolgung übergeordneter Ziele des Selbstwertgefühls und der Selbst-Integrität eine wirksame hierarchische Möglichkeit ist, die Verfolgung anderer, für das Überleben notwendiger Bedürfnisse und Ziele zu „garantieren".*

Eine weitere Argumentation dieses Autors, die vor allem die universelle Bedeutung der Selbstkohärenz herausstellen soll, kann hier nur angesprochen werden: Mit dem Hinweis auf eine japanische Untersuchung über die Selbst-Pathologien „in der modernen Gesellschaft" sieht er in einer Verschiebung von der *Gemeinschaft zur Gesellschaft* einen Grund für das Anwachsen dieser Pathologien in einer anderen Kultur.

Nach unserer Auffassung läßt sich der (theoretisch konstruierten) Dichotomie vom verkörperten und pathogen, unverkörperten Selbst, die wir im Zusammenhang mit den Untersuchungen (Fallbeispielen) R. LAINGS aufgestellt haben, noch eine Reihe von Zwischenpositionen hinzufügen, und einige davon scheinen uns typisch für solche Fälle von sexuellem Mißbrauch zu sein, in denen nach einer Phase (relativ) stetiger Entwicklung positiver Körperempfindungen und Selbstwertgefühle eine dramatische „Entkörperlichung" erfolgt, die man, vorsichtig ausgedrückt, als *Verrat und Entfremdung* (WOODS/DEAN 1984 in: JULIUS/BOEHME 1994, S. 273) bezeichnen kann oder die sich in einer „weichen" Formulierung, wie sie so oder ähnlich von vielen Autoren/Autorinnen benutzt wird, als induzierte, von außen verursachte *Ablehnung des eigenen Körpers* beschreiben läßt.

Die angesprochenen Zwischenpositionen lassen sich auch anhand der Kataloge von definierbaren Entwicklungsabfolgen/Sequenzen allgemeiner psychischer Funktionen und - damit korrespondierend - von Streßbedingungen beschreiben, die O. KRUSE (1991, S. 160ff.) auf dem Hintergrund von Bindungstheorien und wissenschaftlichen Positionen zur Entstehung von Neurosen aufgestellt hat. So ist eine frühe *defizitäre Zuwendung* oder *ein unsicheres Bindungsangebot der Eltern* zwar immer mit hohen Risiken für die weitere Entwicklung verbunden, denn aus diesen negativen Bindungserfahrungen erwachsen *klinische Schwerpunktthemen* (STERN 1992, S. 58), aber wenn in das Lebensgeschehen schon früh *Gewalt und Aggressivität* sowie *sexuelle Mißhandlungen* eingreifen, wird die Entwicklung zu einem körperbewußten, kohärenten Selbst besonders belastet und nachhaltig gestört. Die Schwere der Abspaltung von Selbstanteilen, bes. der Unterdrückung von Körperempfindungen als Resultate dieses *Verrates* von Erwachsenen, hängt also auch vom Zeitpunkt des gewaltsamen Übergriffes ab. Wir wollen anhand zweier Bilder aus einem sehr umfangreichen Konvolut von bildhaften Werken, die wir in einem eigenen Kapitel besprechen werden (Kap. 11), eine rekonstruierende Interpretation versuchen, in denen die späten bildhaften Reaktionen auf das „entköperlichte" Selbst zu erkennen sind.

Das erste der beiden Bilder (Abb. 29) stammt aus dem 17. Lebensjahr der Patientin und zeigt in der Darstellung eines in blutgefäßartige Proliferationen aufgelösten Halses den Übergang von einer verkörperlichten Kopfdarstellung zu einem Körper, der in einer ungewissen Nebelzone verschwindet. Diese Zone beherrscht auch den sog. Hintergrund der Komposition, so daß an einigen Stellen kaum noch eine Differenzierung zwischen Darstellungsebene und Hintergrund auszumachen ist. Das Bild gibt etwas von der *prekären Existenz* zu erkennen, in die für R. LAING Personen mit einem abgespaltenen Köperselbst geraten, die in der Furcht vor Auflösung des gesamten Selbstkomplexes leben. Die Proliferationen scheinen den unversehrten Kopf mit Nahrung und Nachrichten aus einem Körper zu versorgen, der sich nach den kumulativen, traumatisierenden Mißbrauchserfahrungen allmählich zu einem dissozierten System entwickelt hat. Wie bei Gefangenen, die sich in eine Wunschwelt flüchten, weil ihre physische Existenz bedroht ist, versucht auch die Patientin - man könnte auch sagen: ihr wahres Selbst - sich den „Kopf frei zu halten", ihn vor den andrängenden Impulsen aus dem bedrohten, verhaßten Körper zu beschützen, der nicht mehr repräsentabel zu sein scheint. Die Darstellung des Kopfes beschränkt sich auf eine fein ziselierte Profilzeichnung, welche die weiblichen Attribute (Haare) „übersieht", unterdrückt zugunsten einer besonderen Klarheit der Kontur und einer polierten Oberfläche, die man mit R. LAING etwa so charakterisieren könnte:

> *Aber trotz der Traumnatur oder der „Unwirklichkeit" der Erfahrung und der automatischen Beschaffenheit der Aktionen ist das Selbst zur gleichen Zeit weit davon entfernt, „schläfrig" zu sein; in der Tat ist es überaus wachsam und denkt oder beobachtet mit außerordentlicher Luzidität.*

Im zweiten Bild (Abb. 30) der Patientin, das hier für eine Reihe ähnlicher Darstellungen steht, haben sich die Proliferationen verselbständigt und beherrschen die kompositionelle Struktur. Das Bild beschäftigt sich mit dem Versuch, einen Einblick „unter die Haut" in das Innere des abgespaltenen Körpers und in seine Funktionen zu gewähren. Dieses Innere des „unverkörperten" Selbst besteht aus einem Mikrokosmos von Adern, Gefäßen o.ä., die in einem nicht zu durchschauenden Prozeß etwas transportieren, das nicht auszumachen ist, sondern sich nur in seinem „unsinnigen" Funktionieren zu erkennen gibt: Ein Kreislauf, der sich verselbständigt hat.

Von J.E. GEDO (1996, S. 666ff.), der sich auch mit den Produktionbedingungen von Kunstwerken beschäftigt hat[95], liegt eine Untersuchung vor, die in die Diskussion um das wahre oder falsche Selbst eingreift und sie um die Aspekte des *verrückten oder gesunden Selbst* bereichert. Der Autor geht in seinen Überlegungen von der *horizontalen Spaltung* des Selbst aus, also von dem Spaltungsmodell, das aus den Darstellungen FREUDS bekannt ist

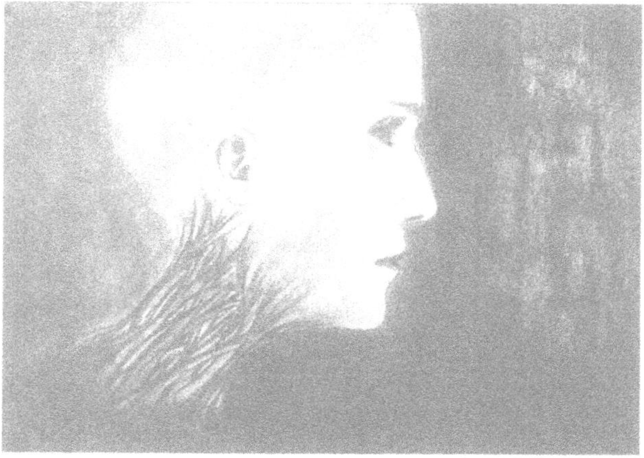

Abbildung 29

und auch in dessen Schemazeichnungen von der psychischen Struktur wiedergegeben wird. Er skizziert auch kurz die Auffassungen von der sog. *vertikalen Spaltung*, die durch Verleugnung von Selbstanteilen aufrechterhalten wird, und vertritt mit Blick auf diese Modelle die Ansicht, daß sie der komplizierten Struktur der Spaltungs- und Verdrängungsmechanismen und deren Folgen nicht gerecht würden und daß sich *weitere Kombinationen von außergewöhnlichen funktionalen Arrangements zur Aufrechterhaltung unverbundener Zustände* finden lassen müßten. Er kritisiert in diesem Zusammenhang auch die Dichotomie *wahres* vs. *falsches* Selbst, wie sie von D. WINNICOTT in die psychoanalytische Theorie eingebracht worden ist, und schlägt aus therapeutischen Gründen vor, an ihrer Stelle die Charakterisierungen *widerspenstiges* und *gehorsames* Selbst zu verwenden. Beide Bezeichnungen geben Verhaltensmuster an, die in der Kindheit erworben wurden, wobei die therapeutische Arbeit in der Unterstützung des widerspenstigen Selbst bestehe.

Die besondere Aufmerksamkeit des Autors gilt aber den Fällen, bei denen sich während der Behandlung eine andere Art von Spaltung zeigt, deren Resultate er auf die Formel vom *gesunden und verrückten Selbst* zu bringen versucht. Die Position des verrückten Selbst beschreibt J. GEDO an dem Fall eines jungen Mannes, Doktorand der Geisteswissenschaften, dessen Mutter in seinem zweiten Lebensjahr an einer Depression erkrankte, der dann eine Zeitlang von einer älteren Schwester erzogen wurde und der nach der Heirat seiner Schwester seinen Schwager in ein *Muster von körperlichem Exhibitionismus zu verstricken suchte* (?). Dieses Szenario wurde

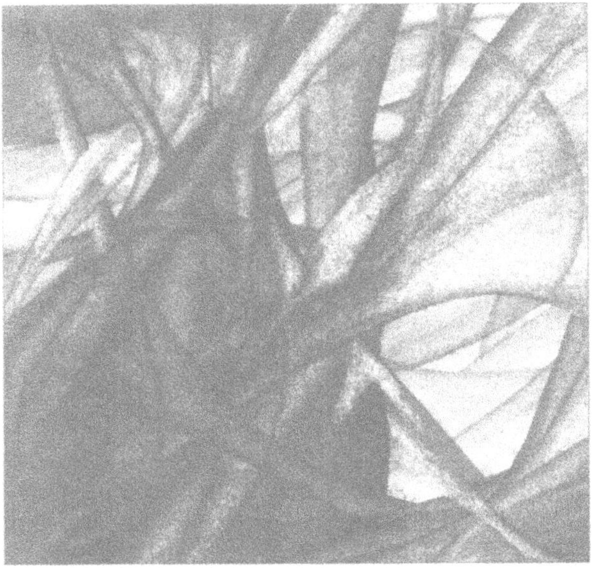

Abbildung 30

dann zum Kern seiner Masturbationsphantasien. Nach einer langen Behandlung, die wegen sado-masochistischer Phantasien notwendig wurde, konnte der Therapeut aufdecken, daß es sich bei dem Leiden um eine *Entwicklungsentgleisung* handelte, die zu den verleugneten Phantasien geführt hatte, ein Objekt der Verehrung zu sein: In seinem megalomanischen Wahn ging der Patient davon aus, daß ihm *nichts Böses widerfahren* könne, *weil er göttlich sei - möglicherweise der reinkarnierte Jesus Christus im Gewand des Jesuskindes.* Der - weitaus kompliziertere - Fall braucht hier nicht weiterverfolgt werden, da es uns nur um das charakteristische Merkmal einer schweren präverbalen kindlichen Verleugnung geht, die ihren Ausgang von einer demotivierten Mutter nimmt, die in eigene psychische Störungen verstrickt ist und dem Kind zu wenig Aufmerksamkeit widmen kann - das Muster finden wir ja bei einigen der hier skizzierten Fallbeispiele, und wir haben es auch als Wirkung auf die bildnerischen Ereignisse eines Kindes untersuchen können (Richter 1997, S. 119ff.). Über weitere Stationen von Verunsicherung und Pathologisierung gelangte der spätere Patient zu einem *kranken* Selbst, das *Inseln des Wahnsinns* oder *abgekapselte Wahnvorstellungen* ausbildete, dessen gesunde Anteile den betroffenen Menschen aber in die Lage versetzen, eine gewisse Zeit als Persönlichkeit mit gut integrierten Selbstanteilen zu überleben:

Gerade die Fähigkeit, irrationales Verhalten in einen quasi-akzeptablen Rahmen einzupassen, unterscheidet Menschen, in deren Persönlichkeiten nur eine Insel des Wahns existiert, von solchen, die, vom nosologischen Standpunkt aus gesehen, korrekt als psychotisch bezeichnet werden.

Im vorliegenden Fall verhalf dem Patienten die Analyse dazu, seine Wahnvorstellungen wenigstens zu verdecken; insgesamt lassen sich solche psychotischen Kerne aber als ich-dystone und gesellschaftlich nicht tolerierte „Denkweisen" auch sprachlich-zeichenhaft (GEDO: *symbolisch*) nicht in einer *konsensuellen Sprache* artikulieren und müssen unterdrückt/abgespalten bleiben. Für unsere Überlegungen vermittelt das skizzierte Modell von den abgespaltenen Erfahrungen, die sich zu einem psychosenahen Kern zusammenschließen, die Möglichkeit, schwer verständliche bildnerische Ereignisse, die wir als fragmentiert o.ä. bezeichnet haben, zu begreifen und ihre jeweilige Bedeutung für den bildhaften Ausdruck von Persönlichkeitsentwicklungen besser einzuschätzen.

5.5. Traumatisches Erleben, Erinnerungen und kindliche Amnesie

Mit den Untersuchungen von E. DORNES, L. ZELNICK /E.S. BUCHHOLZ, D. STERN u.a., die man unter die eingängige Formulierung vom *kompetenten Säugling* (DORNES) stellen kann, hat seit den achtziger Jahren eine Neuorientierung der Psychologie und der Psychoanalyse eingesetzt, die davon ausgeht, daß der Säugling und das Kleinkind in vielen Bereichen - wir nennen hier nur die der sozialen Interaktion, der Selbst-Umwelt-Differenzierung, des Aufbaues der Gedächtnisfunktionen und der inneren Repräsentationen - um einiges „fähiger" sind, als es die traditionelle Psychologie und besonders die Psychoanalyse lange Zeit wahrhaben wollten. Bei S. GRANZOW (1994, S. 184ff.) werden Studien angeführt, die belegen, daß Kinder schon ab drei/vier Jahren in der Lage sind, Standardsituationen wie Lieder und Spielabläufe auf Geburtagspartys o.ä. in strukturierter Weise zu verbalisieren, und daß sich damit sog. *generalisierte Ereignisrepräsentationen* (*GERs*) nachweisen lassen (NELSON/GREUNDEL 1981[96]). Auch die Ergebnisse dieser Studien widersprechen damit den früheren Auffassungen von einem unorganisierten, fragmentarischen Charakter des kindlichen Gedächtnisses. D. STERN (1992, S. 142f.), der sich intensiv mit den Auffassungen von K. NELSON und J.M. GREUNDEL auseinandergesetzt hat, stimmt mit diesen Vorstellungen von der Vorrangigkeit der GERs als Grundbausteine der kognitiven Entwicklung überein, solange es sich um ein System sprachlich vermittelter *äußerer Ereignisse* handelt; wenn aber vorsprachliche oder nicht-sprachliche interpersonale Aktionen mit Affekten und Empfindungen im Spiel sind, bilden sich nach seiner Auffassung episodische Repräsentationen, die er *generalisierte Interaktions-Repräsentationen* (RIGs) nennt. Diese Erinnerungen können sich nach seiner Auffassung zu Ganzheiten/Gefügen zusammenschließen und damit die Grundeinheiten der Repräsentationen des Kern-Selbst bilden. Mit den Beziehungen zwischen GERs und RIGs stoßen wir auf eine ähnliche Art von theoretischer Komplementarität, wie sie uns aus den Beziehungen zwischen den Ergebnissen der genetischen Epistemologie J. PIAGETs und den Objektbeziehungstheorien bekannt sind.

Neben den Erinnerungen an wiederholte Ereignisse (Standardsituationen) erinnerten die Kinder sich in den bei S. GRANZOW angesprochenen Studien in diesem Alter aber auch schon an spezifische Situationen, also Situationen, die nur einmal aufgetreten waren, und zwar während eines Zeitraumes von drei bis zu sechs Monaten. Der „Aufbewahrungszeitraum" beträgt nach den Ergebnissen anderer Studien (FIVUSH/HAMOND) sogar 18 Monate, - damit könnten sich vierjährige Kinder an Ereignisse erinnern, die eineinhalb Jahre zurückliegen. S. GRANZOW zieht (1994, S. 186) aus diesen Ergebnissen die Schlußfolgerung, daß sich schon in diesem Alter eine Kontinuität in der Gedächtnisorganisation abzeichne und die kindlichen Gedächtnisvorgänge sich nicht wesentlich von denen des Erwachsenen unterscheiden. Widerlegt sei damit auch die sog. *Defizit-Hypothese*, nach der die Enkodierungen in dieser Zeit der frühen Kindheit nur fragmentarisch und mangelhaft erfolge. Er geht statt dessen von einer *Enkodierungspräferenz* aus und will damit deutlich machen, daß Erinnerungen mit persönlichem Bedeutungsgehalt deutlicher und umfassender enkodiert werden und länger gespeichert bleiben. Für das Phänomen der kindlichen Amnesie kann damit nicht allgemein ein Enkodierungsdefizit in Anspruch genommen werden, sondern an die Stelle einer solchen globalen Hypothese müssen sehr differenzierte Annahmen treten über die verschiedenartigen Formen von Enkodierung der Ereignissen in den einzelnen Altersphasen und der Aktualisierung von Erinnerungen aus Wissensbeständen und/oder aus dem episodischen Gedächtnis, die unter bestimmten Umständen (Nachfragen) abgerufen werden:

> *Positiv formuliert, endet die infantile Amnesie bzw. beginnt das autobiographische Gedächtnis nach dieser (vor allen von Nelson 1988, 1990) vertretenen Auffassung dann, wenn sich die Funktion des Ge-*

dächtnisses über die unmittelbare Strukturierung und Orientierung hinaus in soziale und personale Bereiche erweitert bzw. das Kind lernt, seine Erinnerungen in systematischer Weise zu reproduzieren. S. Granzow (1994, S. 187f.).

Diese angesprochenen Lernvorgänge vollziehen sich, darüber herrscht eine gewisse Einigkeit, innerhalb von sozialen Interaktionen in den sog. *Gedächtnisgesprächen,* in denen das Kind die Kompetenz erwirbt, seine Erinnerungen in einer strukturierten Fassung einem anderen zu vermitteln, d.h. *narrative Schemata* ausbildet. Die Entstehung von narrativ darstellbaren Erinnerungen hängt nach diesen Auffassungen also von der Entwicklung eines überdauernden Selbstgefühls (Fivush) ab; vorher mag es Erinnerungen an vereinzelte Ereignisse geben, deren verbale Reproduktion etwa dem entspräche, was wir o. als Erinnerungen des semantischen Gedächtnisses bezeichnet haben, aber Lebensgeschichte und autobiographisches Gedächtnis gewinnen ihre Struktur und Reproduktionsfähigkeit in Abhängigkeit zu einem als Kontinuum erlebten Selbst, das Erinnerungen aus seinem episodischen Gedächtnis wiederzugeben vermag. Aus einigen Untersuchungen, die bei S. Granzow (1994, S. 189f.) zitiert werden, ergibt sich, daß die Zeit, nach der aufgrund des erlebten Selbstkontinuums eine solche Wiedergabe der freien Reproduktion von Erinnerungen zu rechnen ist, im Alter von vier Jahren beginnt. Voraussetzung für eine solche Reproduktion ist ein Bewußtsein der Tatsache, diese Erinnerung *selbst aufgenommen* zu haben und nicht auf „erfragte" Ereignisse reagiert zu haben, Ereignisse, die u. U. aus den Erzählungen anderer Menschen stammen. Für S. Granzow besteht aber durchaus die Möglichkeit, auch Erinnerungen aus einem früheren Zeitraum - gedacht ist an eine Zeit nach dem vollendeten zweiten Lebensjahr - durch eine *„nachträgliche Autobiographisierung"* zu rekonstruieren, d.h. Spuren von typischen Ereignissen, die mit Gefühlen, Stimmungen und spezifischen Wahrnehmungen einhergegangen sind, aufzugreifen. Wir werden auf diesen Aspekt der autobiographischen Genese in einem nachfolgenden Kapitel noch besonders eingehen.

Vor dem Hintergrund dieser theoretischen Einschätzungen von Enkodierungsmöglichkeiten, generalisierten Repräsentationen und kindlicher Amnesie müssen viele bildhafte Reaktionen auf schwere Traumata, mit denen wir uns im zweiten Teil der Darstellung beschäftigen werden, gesehen werden. Mit den Erinnerungen von traumatisierenden Erfahrungen, die mit dem sexuellen Mißbrauch oder der sexuellen Ausbeutung einhergehen, sind natürlich sowohl generalisierte Ereignis- als auch generalisierte Episoden-Repräsentationen verbunden, und bei frühen Mißbrauchserfahrungen darf man auch davon ausgehen, daß Erlebnisanteile der kindlichen Amnesie anheimgefallen sind, wobei wir diesen Begriff so verstehen, daß bestimmte Anteile von Erlebnis- oder Ereigniserinnerungen einer nachträglichen Biographisierung (GRANZOW) unterliegen können oder sich durch die Entdekkung einer Schlüsselmetapher/eines Schlüsselereignisses (STERN) aufspüren lassen. In einigen der Beispiele, die wir präsentieren werden, haben bes. ältere Patienten/Patientinnen Schwierigkeiten, der Mißbrauchserinnerungen „habhaft" zu werden, und es tauchen erst langsam - auch etwa im Laufe einer Kunsttherapie - Bilder mit „fragmentierten" Erinnerungen an die traumatisierenden Ereignisse auf. Damit stellt sich die Frage, ob diese Erinnerungsfragmente als wieder „aufgetauchte" Bruchstücke einer infantilen Amnesie anzusehen sind, also nur das Resultat der Enkodierung unzusammenhängender Ereignisse darstellen, oder ob die Mechanismen von Verdrängung und/oder Dissoziation für diese Art des Vergessen in Anspruch genommen werden müssen.

Wir könnten zur Beantwortung dieser Frage auf die Überlegungen in den vorhergehenden Kapitelteilen verweisen, in denen wir mit D. STERN die Verdrängung als *konfliktbedingte Gedächtnisstörung* charakterisiert haben, und könnten uns damit zufrieden geben, für die Schwierigkeiten im Umgang des Selbst mit sehr frühen Mißbrauchserfahrungen die sog. kindliche Amnesie verantwortlich zu machen und die späteren - etwa ab dem vierten Lebensjahr, wenn also sowohl die Ereignis- wie Episodenrepräsentationen aufgebaut worden sind - in Zusammenhang mit den skizzierten Verdrängungs- bzw. Spaltungsmechanismen zu sehen. Aber wir wollen an dieser Stelle, auch schon im Vorgriff auf die Bilder und ihre biographischen Korrelate, davon ausgehen, daß viele Überlegungen und Fallbeispiele zu den bekannten oder verborgenen Quellen von sog. neurotischen Verhaltensmustern, aber auch von Borderline-Syndromen, in den Bindungs- und Objektbeziehungstheorien kaum geeignet sind, den schockartigen Traumatisierungen und ihren persönlichkeitszerstörenden Verläufen gerecht zu werden. So läßt sich von den Fallbeispielen, die bei D. STERN (1992, S. 323ff.) präsentiert werden, um fehlgeschlagene intersubjektive Aktivitäten mit Folgen für die Selbstempfindungen/das subjektive Selbst zu kennzeichnen, nur die Fallgeschichte eines Mannes, der mit 34 Jahren einen psychotischen Zusammenbruch erlitt, in unserem Zusammenhang anführen, weil sich seine Gefühle von Einsamkeit, Verlassenheit, Unsicherheit, aber auch Wut und letztlich die passagere Depersonalisation auf bestimmte Erlebnisse und Erfahrungen in seiner frühen Kindheit zurückführen ließen: Seine Mutter war während dieser Zeit wegen einer Depression in psychiatrischer Behandlung; sie vernachlässigte das Kind nach außen hin nicht, aber es traten Defizite in den Interaktionen mit einer Person auf, die für die frühen Selbstregulationen wesentlich sind (EAGLE u.a.: *empathische Spiegelung*), und *es ist nicht schwer, sich vorzustellen, wie eine Depression der Mutter diese Verhaltensmuster* (des Patienten) *und ihre Repräsentationen beeinflußt haben könnten* (S. 373; ein vergleichbares Bildbeispiel in: RICHTER 1997, S. 119ff.).

Das angesprochene Beispiel veranschaulicht die schweren Folgen einer gestörten intersubjektiven Bezogenheit, die von einem für das Kind unverständlichen Rückzug einer Bezugsperson bestimmt ist, für die gesamte Lebensgeschichte eines Menschen. Das Beispiel könnte, auch wenn es das traumatische Erleben und die Leidensgeschichten der Mißbrauchsopfer nicht auslotet, zumindest richtungsweisende Hinweise auf die Quellen des tief gestörten Selbstverständnisses der Mißbrauchsopfer in ihren Beziehungen zu den Lebensgefährten/den Lebensgefährtinnen des Täters/der Täterin - häufig also zu der Mutter - geben: Auch sie haben sich nicht selten (deprimiert/depressiv ?) aus dem Geschehen zurückgezogen, und so war auch von dieser Seite für das Kind keine Unterstützung beim Aufbau einer aktiven *Urheberschaft des Selbst* (STERN) zu erwarten.

6. Vorbewußtes und unbewußtes Material in bildnerischen Motiven

6.1. Einführung: kognitionstheoretische und psychoanalytische Zugänge

> *Diese Gegenüberstellung* (von Auffassungen FREUDS und PIAGETS, H.-G. R.) *schien mir um so interessanter, als sich FREUD nicht nur auf den Inhalt des kindlichen Denkens beschränkt, sondern auch versucht hat, einzelne Mechanismen seiner Struktur zu beschreiben, etwa den Vorgang der Identifizierung, der Projektion, der Verschiebung von Affekten und Symbolisierung. - PIAGET wiederum hat, um die kindliche Logik zu veranschaulichen, ausführliche Untersuchungen über den Inhalt des spontanen Denkens der Kinder angestellt. Er bediente sich dabei einer von der Psychoanalyse abweichenden Methode* [...]. *Er bemühte sich um die Beschreibung der Mechanismen jenes Denkens, das danach strebt, seiner selbst bewußt zu werden.*
>
> RAYMOND DE SAUSSURE 1934

Wir haben diesem Teil unserer Überlegungen zu einem Interpretationskonzept eine Äußerung von R. DE SAUSSURE[97] vorangestellt, die zeigen sollen, daß schon in den zwanziger und dreißiger Jahren intensive Diskussionen über die theoretischen Vorhaben von S. FREUD und J. PIAGET geführt wurden, in denen die Grenzen der angesprochenen Konzeptionen, aber auch die Ergänzungsmöglichkeiten des einen Entwurfs durch den anderen aufgezeigt wurden (WOLFF: *komplementäre Thematiken*[98]). Diese Diskussion ist nicht nur wissenschaftsgeschichtlich interessant, sondern sie wird bis heute weitergeführt und erlebt in den Erörterungen von D. STERN über *Die Lebenserfahrungen des Säuglings* (1986/1992) einen neuen Höhepunkt. Sie wird auch in der sog. *Analytischen Philosophie des Geiste*s von M. CAVELL (1997, S. 182ff.) herangezogen, um die vorsprachliche Entwicklung des Selbst als Ergebnis psychomotorischer und symbolischer Akte zu kennzeichnen. Außerdem sind, wie wir zu zeigen versucht haben, PIAGETs Auffassungen über die (radikale?) Konstruktion der Wirklichkeit umstritten, aber aktuell.

Für die Erweiterung der traditionellen Auffassungen von der Struktur der bildnerisch-graphischen (*appellativen*) Kommunikation in der Kinderzeichnung und ihren hermeneutischen Zugängen, bietet die Möglichkeit, diese beiden großen psychologischen Entwürfe auch als - zumindest teilweise - kompatible Konzepte zu betrachten, eine gewisse Sicherheit in der Konstruktion eines mehrschichtigen Interpretationskonzepts. Wir sind uns zwar der wissenschaftstheoretischen Probleme, die mit einer solchen Konzeption verbunden sind, bewußt, sehen aber keine unüberwindbaren theoretischen Hindernisse, wenn wir den gängigen, besonders in der Forschung im englischsprachigen Raum weitverbreiteten Auffassungen von den graphischen Ereignissen der Kinderzeichnung als Resultate kognitiv-emotionaler Operationen und morphogenetischer Objektivationen mit relativ begrenztem Sinngehalt (*Phänomensinn; Bedeutungssinn*) ein Konzept gegenüberstellen, das auch vorbewußte und unbewußte Materialien in die Interpretation einbezieht und sich bei der Aufdeckung von solchen Inhalte auf eine psychoanalytisch orientierte Hermeneutik stützt. Die angesprochenen Forschungskonzepte basieren ja häufig auf den sensomotorischen und symbolisch-bildhaften Elementen der genetischen Epistemologie von J. PIAGET, von der wir Grundzüge skizziert haben, sie übersehen aber, daß J.PIAGET z.B. in seiner Schrift *Nachahmung, Spiel und Traum* auch Überlegungen über den Charakter und die Funktion nicht-bewußter Materialien in den genannten Ausdrucksgebieten angestellt hat.

Die Elemente kognitionstheoretischer Hermeneutik mitsamt ihren Ausläufern in die Auffassungen von einem Emotionsinventar (*Irrationalitätsproblem*), die Vorstellungen von der Entstehung biographischer Urheberschaft und der Weitergabe *öffentlich-kollektiven Wissens* haben unseren Überlegungen eine gewisse Stabilität im Zugang zu den bildhaften Äußerungen von Heranwachsenden verliehen, die bei den nachfolgenden Interpretationen der bildnerischen Ereignisse in der Analyse der Motivstruktur ihre Wirkung zeigen soll. Es wird dort deutlich werden, daß bereits eine kognitivistisch orientierte Auslegung vielen individuellen, privaten Sinnfiguren auf die Spur zu kommen vermag, daß aber in den Motiven und Realisationsformen der Bilder, die wir als Resultate schwerer Traumata ansehen, auch hochverschlüsselte Bedeutungen versteckt sein können, die sich nur in einer tiefenhermeneutischen Analyse erschließen lassen.

Wir bewegen uns mit dieser „mehrdimensionalen" Auffassung von dem Zusammenhang zwischen bildnerischer Manifestation und biographischer Rekonstruktion in unserer theoretischen Architektonik auf einer Ebene, die mit den Begriffen *(unbewußte) Materialien, weiterwirkende Konflikte, präverbale und postverbale Verdrängung, Abspaltung (Dissoziation), Symbolisierung, Verdichtung, Verschiebung, Abwehr/Widerstand* gekennzeichnet ist. In der nachfolgenden Skizze[99] psychoanalytischer Grundbegriffe werden wir diejenigen Bezeichnungen und die entsprechenden Argumentationsfiguren (wie Repräsentation, Verbildlichung) herauszustellen versuchen, welche das Gebiet einer tiefenpsychologischen Hermeneutik abstecken. Wir werden in den darauf folgenden Kapitelteilen versuchen, diese Begriffe und Argumentationsfiguren an konkreten Bildbeispielen zu erproben, ihren Zusammenhang mit den Verfahren der kognitionstheoretischen Hermeneutik zu überprüfen und sie u. U. zu ergänzen oder zu relativieren.

Für die nicht-professionelle Bildnerei, mit der wir es zu tun haben, läßt sich die angesprochene Fundierung der psychoanalytischen Hermeneutik vorrangig an dem *Paradigma des Traums* (FREUD) erarbeiten: zum einen, weil die *Traumdeutung* FREUDS (1900) als eine erste Gesamtdarstellung grundlegender Positionen dieser Hermeneutik angesehen werden kann, und zum anderen, weil in diesem Paradigma die sog. ubiquitären produktiven Mechanismen, welche die latenten *Traumgedanken* für die manifesten Traumbilder zubereiten, beschrieben werden - Mechanismen, die auch in den unbewußten Anteilen von objektivierten bildnerischen Motiven wirksam sind. In der *Vorbemerkung* zur *Traumdeutung* (1899/1900) findet sich die bedeutsame Aussage FREUDS, daß dem Traumgeschehen ein *theoretischer*

Wert als Paradigma zukomme und daß ein Verständnis für „psychische Störungen" (wie wir heute verallgemeinernd sagen würden) und Überlegungen zu den Möglichkeiten der therapeutischen Beeinflussung dieser Störungen das *Verstehen* der Traumarbeit voraussetze. Wie eine Darstellung der historischen Wurzeln der psychoanalytischen Denkweise zeigen würde, steht FREUD mit seiner Verknüpfung von Auffassungen über Kultur, Traum und Krankheit in einer Tradition frühromantischer und naturphilosophischer Erkenntniskonzepte[100] - auch wenn umstritten ist, welche Positionen dieser Konzepte von ihm rezipiert worden sind.

Bedeutsam für den Zusammenhang von Traumbildung und nicht-professioneller Bildnerei scheint uns auch das systematische Argument zu sein, daß diese Traumbildungen auf der Ebene der (inneren) Wahrnehmung mit bildhaft-szenischen Elementen operieren, deren Beziehungen zu künstlerischen bzw. bildnerischen Manifestationen häufig bemerkt worden sind[101]. Wir sehen aber noch eine weitere Analogie zwischen der Analyse des Traumgeschehens und der Interpretation von Artefakten der nicht-professionellen Bildnerei: Das *Netz* (FREUD u.a.) von Motiven und Realisationsformen kann im Hinblick auf beide Medien unter verschiedenen Gesichtspunkten im Zusammenhang mit verschiedenartigen Aspekten des biographischen Kontextes betrachtet und gedeutet werden, ohne daß für die einzelnen Deutungsansätze und ihre sprachliche Fixierung ein Anspruch auf Allgemeingültigkeit erhoben werden könnte und ohne daß die einzelnen - u. U. sogar disparaten - hermeneutischen Einsichten dabei relativiert, abgewertet oder gar verworfen werden müßten (FREUD: *Überinterpretation*).

6.2. Mechanismen des psychischen Systems oder Der Traum ein Kunstwerk

> *Der Ort - der Raum - des Traumes ist nicht ohne Beziehung zu dem, was die Malerei zu umschreiben versucht, zum gemalten Bild: Man hat nicht hinreichend genug auf dem Primat des Visuellen im Traum bestanden.* [...] *Freud hat klar betont, daß einer der Mechanismen, denen die Traumarbeit unterworfen ist, die Rücksicht auf die Darstellbarkeit ist.*
>
> J.-B. PONTALIS 1998, S. 33f

In der *Traumdeutung* läßt S. FREUD uns in der Analyse überschaubarer Traumszenerien (z. B. G.W., Bd. II/III, S. 205f.) den Zusammenhang zwischen den gegenwärtigen Momenten einer individuellen Lebensgeschichte - auf dem Hintergrund von allgemeinen kulturspezifischen Gegebenheiten - und den (erinnerungsfähigen vorbewußten wie den zum Ausdruck kommenden unbewußten) Ereignissen der Kindheit erleben. Diese Analysen machen auch einiges von den Mechanismen der Traumarbeit, z. B. die Rücksicht auf die szenische Darstellbarkeit, die Formen der Entstellung usw. deutlich, und sie zeigen die exegetische, auf die Aufdeckung der regressiv-infantilen Inhalte gerichtete Vorgehensweise FREUDS. Er entwickelt dort auch schon seine weitreichenden Auffassungen über das Verhältnis von (latenten) Traumgedanken und (manifesten) Trauminhalten bzw. Traumelementen, also zwischen den unbewußten und vorbewußten Strebungen, Motiven und Inhalten einerseits und den bildhaften, imaginativ-szenischen Darstellungen andererseits. Die bildhaften Manifestationen, jede für sich und alle gemeinsam, sind bestimmt (determiniert) von einem *Geflecht* oder *Netz* von Traumgedanken, erweisen sich also für die interpretierenden Zugänge als *vielfach* determinierte Ereignisse: *Jedes der Elemente des Trauminhaltes erweist sich als überdeterminiert, also mehrfach in den Traumgedanken vertreten.*

Dieser oft zitierte Satz aus der *Traumdeutung* (G.W. II/III, S. 289; Sperrung im Original), der uns das psychologische Prinzip der Überdetermination[102] in aller Kürze vorstellt, enthält aber in seiner Formulierung eine häufig mißachtete Konsequenz für das Verständnis der Beziehung zwischen latentem und manifestem Material: Überdetermination ist nämlich, wie das angeführte Zitat durch die Formulierung *mehrfach* [...] *vertreten* verdeutlicht, eine Form von Repräsentation, d.h. einmal der Rückbeziehung von Traumbildern auf sog. Traumgedanken und zum anderen der Inkorporation bestimmter Traumgedanken in die verbildlichenden Konfigurationen. Wie in allen bildhaften Repräsentationsformen kommen auch dabei die medienspezifischen Probleme der Darstellbarkeit, des szenischen Zusammenhanges, der Sequentierung, Stimmigkeit, Kohärenz usw. im Hinblick auf die darzustellenden, „analogen" Phänomene zur Geltung. Häufig übersehen wird auch die Weiterführung des Gedankens von den repräsentationalen Beziehungen zwischen dem latenten Material und den manifesten Darstellungen im nachfolgenden Abschnitt der *Traumdeutung*, der die Aufgaben der *Traumarbeit* noch deutlicher in Richtung auf eine Form des repräsentationalen Geschehens erweitert, das nicht einbahnig von den Traumgedanken zu den bildhaften Manifestationen verläuft, sondern sich mehrbahnig und in verschiedene Richtungen entwickeln kann. FREUD spricht in diesem Zusammenhang sogar von einer *besonders kunstvollen Verschlingung* von Traumgedanken und Trauminhalten und zeigt die verschiedenartigen Ebenen der Repräsentation - auch die der *visuellen Bilder* (G.W. II/III, S. 674), die zu einer *neuen* manifestierenden *Einheit* zusammengefügt werden; d.h. das visuell-szenische Material des manifesten Traums hätte seine Entsprechungen in den *Relationen der Traumgedanken* selbst und diente nicht nur der Verbildlichung, also der Veröffentlichung von Traumgedanken. Eine solche Auffassung über die besondere Art der Repräsentation verbietet jeden Gedanken an monistische, kausal-lineare, *nomothetische* (WINDELBAND) o.ä. Beziehungen zwischen Traumgedanken und manifestierenden Traumelementen und zwingt den Interpreten zu einer mehrschichtigen, Widersprüche aufnehmenden, niemals vollständigen, „unendlichen" Analyse.

Die skizzierte Auffassung von der Repräsentation hat Konsequenzen für das Verstehen des gesamten Traumgeschehens - und analog für das Verständnis bildnerisch-symbolischer Prozesse -, besonders aber für die Analyse des Zusammenhanges zwischen den situativ-gegenwärtigen und den regressiven Elementen des Traums, der (verdrängten) Phantasien u.a. So läßt sich am Beispiel von Personen, die im Traum auftreten, zeigen, daß die verbildlichte Figur einmal als *Sammelperson* (FREUD) auf eine Reihe von Objekten (Menschen) in der Gegenwart und der Kindheit verweist, daß aber zum anderen auch eine Konfliktkonstellation der Kindheit in Bildern mehrerer Zeitgenossen repräsentiert werden kann. Diese Aufgliederung (ERIKSON: *Rollenzersplitterung*) versetzt das Traumgeschehen in die Lage, die vorbewußten Wünsche und Motive sowie die unbewußten, verdrängten Inhalte in verschiedene Personen mit antagonistischen Funktionen aufzuteilen, während im Falle der Sammelperson die verschiedenen Traumgedanken in einer darstellenden Figur oder einem Ereignis fokussiert werden. Diffudierung und Fokussierung sind gleichsam die Kehrseiten einer Medaille, sie sind Ergebnisse der Traumarbeit, die zu jeweils spezifischen Formen von Angleichung (*Kompromissen*) führt. Wenn FREUD also von der *Verdichtung*[103] als einem spezifischen Resultat der Traumarbeit spricht, so ist damit nicht nur die Übertragung von mehreren (frühen, unbewußten und gegenwärtigen, vorbewußten) Traumgedanken auf einzelne manifestierende Traumelemente gemeint, sondern ebenso die Diffundierung eines Traumgedankens in mehrere, vielfach miteinander verbundene Traumelemente.

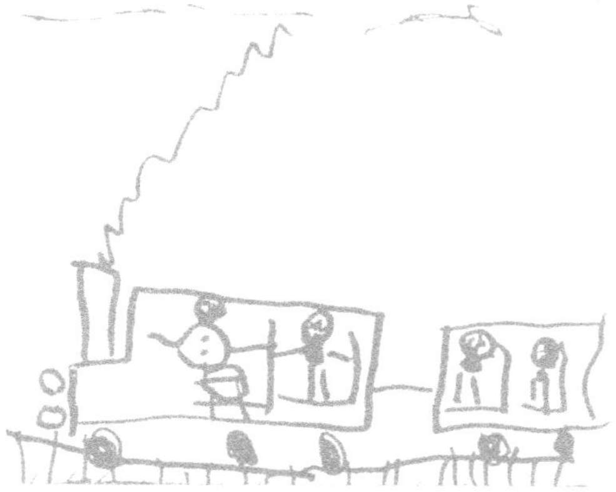

Abbildung 31

Daß und wie sich solche Phänomene auf der Ebene der bildnerischen Realisation nachweisen lassen, soll der nachfolgende Einschub mit der Analyse zweier Bilder zeigen.

Die komplementären Phänomene *Sammelperson* und *Rollenaufteilung* begegnen uns fast immer in den bildnerischen Ereignissen, bei denen ein erzählender Gehalt szenisch auf mehrere Personen verteilt oder auf eine Person fokussiert wird. Die beiden Beispiele, die wir zur Veranschaulichung dieser Phänomene ausgewählt haben, zeigen im ersten Falle die Darstellung einer Zugfahrt eines Jungen[104] von 4;5 Jahren (Abb. 31). Wir stellen das Bild mit diesem Motiv auch aus dem Grunde vor, weil zu einer in Kap. 9 besprochenen Sequenz von Bildern, die im Mittelpunkt einer Analyse von bildhaften Reaktionen auf ein Mißbrauchsgeschehen stehen, zwei Bilder mit vergleichbaren Darstellungen einer Zugfahrt gehören. Im vorliegenden Bild wird durch die Wiedergabe im Stil eines Röntgenbildes sichtbar, daß in der Lokomotive (Dampflok!) der Lokomotivführer und der Heizer(?) dabei sind, die Lok in Fahrt zu halten, während in dem angehängten Wagen zwei Personen aus dem Zugfenster sehen. Das Bildzeichen für den Lokführer ist höher strukturiert als die übrigen Zeichen, und wir dürfen daher annehmen, daß ihm die besondere Aufmerksamkeit des Zeichners gegolten hat. Zwar ist das erzählende Geschehen in diesem Alter noch nicht prägnant ausgebildet, aber die Organisation der Motive lenkt doch den Blick auf die „Besatzung" der Lok, mit der sich der Zeichner zu identifizieren scheint, obwohl er auch Mitfahrender des Personenwagens ist. Er ist also gleichzeitig Haupt- und Nebenfigur, Fahrer und Passagier.

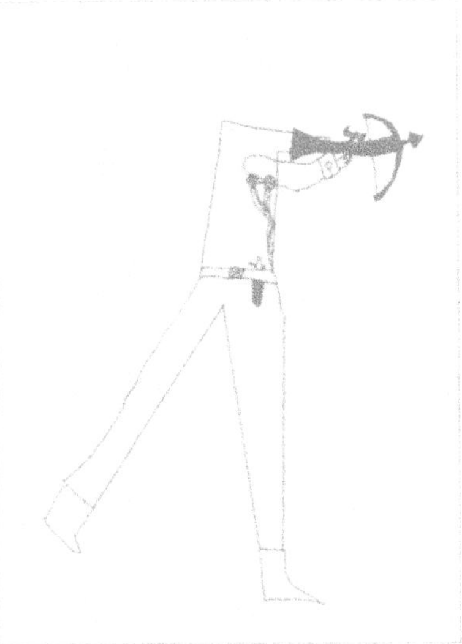

Abbildung 32

Während es relativ einfach ist, den verschiedenen Akteuren einer szenischen Darstellung bewußte und unbewußte Motive des Zeichners/der Zeichnerin zuzuordnen, sie also insgesamt als Darsteller eines persönlichen Dramas anzusehen, ist es bedeutend schwerer, die Motive aufzuspüren, die in einer Sammelperson fokussiert sind - so bei dem Bild eines Jungen von ca. 12 Jahren, von dem wir im Kapitelteil 1.1.1. bereits eine Zeichnung mit der Wiedergabe einer Art Fesselungsphantasie vorgestellt haben, in der durch das Auslöschen (Überkritzeln) des Schambereichs die Erlebnisse angesichts der allzu freizügigen sexuellen Aktivitäten der Eltern „bereinigt" werden sollten. In diesem Bild (Abb. 32) ist der Motivgehalt dagegen als Synthese oder Zusammenschau verschiedenartiger intentional-kognitiver, affektiver und unbewußter Inhalte anzusehen, die auf eine Sammelperson übertragen worden sind: Der Oberkörper dieser Person ist als Schießmaschine ausgebildet, bei der der Halsansatz mit einer Art Armbrust, einem Arm und einer den Mechanismus auslösender Hand zu einer Art zielendem Kopf verschmolzen sind. Unterhalb des Armes ist ein weiteres Kampfgerät, eine Art Schleuder, zu erkennen, im Gürtel steckt ein Dolch. Die vorliegende Zeichnung stellt nur ein Beispiel für eine Reihe von Bildern aus dieser Zeit dar, in denen Abwehr und Aggression als Motivinhalte realisiert werden: Der Zeichner läßt uns nicht im unklaren über seine Absicht, einen Krieger darzustellen, der in eine schwer zu durchschauende Kampfhandlung verwickelt ist, er präzisiert diese Absicht bildnerisch-realistisch in den verschiedenartigen Formen von Bewaffnung und der angespannten Haltung des Körpers. Aber das „kopflose" oder in die Aktion eingebundene Zeichen für den „oberen Körperteil" verweist uns auch darauf, daß dem Schauspiel unkontrollierte Motive zugrunde liegen, die über ein illustrierendes Darstellen hinausgehen und sich als Selbstbehauptung, Abwehr von Bedrohungen, Wut, Aggression (Mordphantasien?) angesichts unbewältigter und nicht zu bewältigender (Gewalt–) Erfahrungen im sexuellen Bereich zu erkennen geben.

6.3. Orte versus Elemente

In seiner skizzenhaften *Metapsychologischen Ergänzung zur Traumlehre* hat FREUD 1917 eine neue Auffassung von der Struktur des Psychischen auch an der *Traumbildung* zu erläutern versucht. Diese Auffassung war bereits in der *Traumdeutung* vorgebildet - z. B. in der bemerkenswerten Stelle (G.W. II/III, S. 542), wo er davon spricht, daß er die psychischen *Instanzen* der *Anschaulichkeit zuliebe auch Systeme heißen wolle*. Diese Auffassung, die dann später allgemein, der neuen Terminologie FREUDS folgend, als *Strukturmodell* oder als *systematischer Ansatz*[105] bezeichnet wurde, löst die topologische („verortende") Betrachtungsweise ab, die bis zu diesem Zeitpunkt seine Auffassungen von der Natur des Psychischen bestimmt hatte. Diese neue Sichtweise erhielt ihre erste, umfassende Ausformung in den Schriften mit den programmatischen Titeln: *Das Unbewußte* und *Das Ich und das Es* (1915, vgl. G.W. X bzw. 1923, vgl. G.W. XIII, S. 246ff.). In den *Ergänzungen* streift FREUD die uns bekannte Auffassung von der Traumbildung als Resultat einer lebensgeschichtlichen (*zeitlichen*) Regression in das Unbewußte als den Ort der verdrängten kindlichen *Erlebniserinnerungen* und der sekundären Bearbeitung dieser Inhalte, um sich dann dem systematischen Zusammenhang von Unbewußtem (*Ubw*), Vorbewußtem (*Vbw*) und Bewußtem (*Bw*) zuzuwenden.

Zur Begründung eines solchen Zusammenhanges bedurfte es aber einer neuen Bewertung des *Ich* bzw. der Funktion von Wahrnehmung und Bewußtsein im *psychischen Apparat*. Seit dieser Zeit geraten also zunehmend die Qualitäten des bewußten Teilsystems des Psychischen in den Horizont der psychoanalytischen Theorie - auch schon von Beginn an mit dem Ziel, sie als allgemeine Psychologie zu etablieren. Zu einer solchen Psychologie gehören notwendig Überlegungen über die Genese des Ich und seine *konfliktfreien Sphären* (HARTMANN) bzw. über das nicht-konfliktgestörte Verhältnis der Teilsysteme *Ich* und *Es*. Solche Überlegungen waren bis zu dieser Zeit zugunsten der Untersuchungen über die Triebdynamik, die Triebrepräsentanzen, die Struktur der Es-Inhalte und ihre Repräsentanzen vernachlässigt worden (vgl. A. FREUD 1936/1984; HARTMANN 1939-1995, bes. 1972, S. 10ff.).

Aus dem Studium der Traumarbeit (und der Neurosen) erfahren wir einiges über das *dunkle Es*: etwa, daß in ihm Inhalte infantiler Erfahrungen samt den darauf aufbauenden Phantasien - zu denen als mächtigste die *Urszenenphantasie* und die ödipalen Phantasien gehören - wirksam sind und daß diese Inhalte der psychischen Realität anderen (primärprozeßhaften) Organisationsformen und Funktionsweisen folgen, als denen des bewußten Wachlebens (G.W. II/III, S. 551ff.). Überlegungen zum besonderen Charakter dieser internen Struktur und ihrer funktionalen Organisation (Zeitlosigkeit, Aufhebung des Satzes vom Widerspruch usw.) sollen am Ende der nachfolgenden Abschnitte stehen, weil sie unmittelbar zu der dort diskutierten Frage gehören, ob die verdrängten Inhalte so grundsätzlich anders - eben „psychisch" in dem soeben gekennzeichneten Sinne - organisiert sind oder ob sie nicht auch in ihrer unbewußten psychischen Realität als Analogien ihrer Referenten in der Gegenstandswelt bzw. in der Vorstellungswelt angesehen werden müssen - immerhin hatte FREUD noch in dem Aufsatz *Trauer und Melancholie* (1917, vgl. G.W. X, S. 444), also zur Zeit der Formulierung der Metapsychologie, vom *Unbewußten als dem Reich der sachlichen Erinnerungsspuren* gesprochen und damit einen deutlichen Hinweis gegeben, daß für ihn die Inhalte des Unbewußten als (analoge) Repräsentationen von Menschen und Dingen denkbar sind.

Zu dieser individuellen oder auch, wie im nächsten Abschnitt zu zeigen sein wird, nur teilweise individuellen Sorte von infantilen unbewußten Vorstellungen, die nach der Verdrängung durch das zensierende Vorbewußte als *reale Bildungen im System Ubw* bestehenbleiben, gesellt sich nun nach der Auffassung FREUDS ein Komplex von Phantasien, die schon immer unbewußt waren, weil sie als psychische Repräsentanzen von körperlich-biologischen Vorgängen angesehen werden, die ihre *Quellen* in den Trieben[106] haben. Diese Triebrepräsentanzen unterliegen im Gegensatz zu dem „nur" verdrängten Material, das unter bestimmten Umständen (wieder) in das nächst höhere System eindringen kann, einer fortdauernden Abwehr durch das Vorbewußte, die von FREUD auch als *Urverdrängung* bezeichnet wird, und sie sind besetzt von einer Triebenergie, die sich unablässig auf Objekte richtet und nach Befriedigung verlangt. Die Annahme von den „an sich" vorhandenen Vorstellungen und Phantasien als Repräsentationen des Triebgeschehens widerspricht allerdings den Auffassungen über die Stadien der Entwicklung von Repräsentationen, die neuerdings auch in die psychoanalytische Theoriebildung (STERN; EMDE u.a.) eingegangen sind. Mit M. CAVELL (1997, S. 181ff.) u.a. sollte man das vor-bildhafte (vor dem bildhaft-symbolischen existierende) expressive Geschehen als Repräsentation von Körpererfindungen und primären Affekten ansehen.

Von den beiden Sorten der unbewußten Inhalte, den ontogenetisch früh erworbenen, dann verdrängten und den ererbten, *von Geburt mitgebrachten* (FREUD G.W. XVII, S. 67), werden nun die ererbten wiederum mit einer eigenen Geschichte ausgestattet, die sich bis in das phylogenetische Geschehen fortsetzt und Einblicke in die *Entwicklung des Menschengeschlechts* zuläßt. Diese paradigmatische Formulierung in der *Traumdeutung*, bei der sich FREUD (G.W. II/III, S. 554) auch auf einen Ausspruch F. NIETZSCHES beruft, hat er in vielen Schriften, bes. um 1912-1915, aber auch später noch in *Der Mann Moses und die monotheistische Religion* (G.W. XVI, S. 201f) u.a. vielfältig paraphrasiert und modifiziert. Grundsätzlich vertritt er aber von dieser Zeit an die evolutionistische Position, daß die ererbten unbewußten Inhalte als Residuen, Erinnerungsspuren o.ä. des *archaischen Erbes* anzusehen seien. Damit wird das Unbewußte selbst mit einem *Erbgedächtnis* (LAPLANCHE) ausgestattet, das die Verbindung zwischen den verdrängten ontogenetischen Inhalten (Vorstellungen) und einem stammesgeschichtlich erworbenen und weitervererbten Material herstellt. Wir haben schon in den Überlegungen zu dem sog. Traditionsgedächtnis auszuführen versucht, warum wir der oft kritisierten theoretischen Konstruktion, die den Versuch FREUDS widerzuspiegeln scheint, zu einem *Theoretiker der letzten Ursache* (SULLAWAY) zu werden, in diesem Punkte nicht folgen[107].

Dem Vorbewußten, um mit diesem Element des psychischen Systems fortzufahren, ordnet FREUD eine Funktion (*Qualität*) zu, die darin besteht *alles, was ihm störend zu sein scheint, in den Abgrund des Ubw* zu werfen, wie er (G.W. X, S. 264) anschaulich und nicht ohne Anspielung auf theologische Metaphern formuliert. Wir erfahren weiter, daß die Grenzen des Vbw (Zensur) gegenüber den erworbenen, dann verdrängten Inhalten/Vorstellungen durchlässig sind und *umgangen* werden können, wenn die unbewußten Inhalte in einer besonderen Organisationsform vorkommen, d.h. in Ausnahmefällen mit originalen vorbewußten Inhalten *kooperieren.* Zu diesen Ausnahmen zählt FREUD (in: G.W. X, S. 145) gleichsinnige, oder gar ichgerechte Strebungen und Motive. Vorbewußte Inhalte von dieser *aufsteigenden* Sorte gelangen in der Regel bis an die Grenzen des Bewußtseins, von dem sie durch eine erneute Zensur abgehalten, aber nicht in jedem Falle ausgeschlossen bleiben, weil sie ja schon einmal den Charakter von bewußten Inhalten hatten, ins Ubw verdrängt wurden und dem Vbw wie dem Bw also in einer Form zur Verfügung stehen, die einen Zugriff auf solche unbewußten Inhalte möglich macht (G.W. XIII, S. 247f.). In der theoretisch komplexen Schrift *Das Unbewußte* (G.W. X, S. 263ff.) handelt FREUD diese Möglichkeiten der Kooperation zwischen Bw/Vbw und Ubw unter dem Untertitel *Der Verkehr der beiden Systeme* ab.

Das Vorbewußte erhält in der Argumentation FREUDS seine besondere Qualität aus der engen Beziehung seiner Inhalte zu den *Wortvorstellungen,* welche in den Interaktionen des Kindes mit seinen Bezugspersonen aufgebaut werden. Läßt die Bezeichnung Wort-"Vorstellungen" auf den ersten Blick an eine gleichwertige Beziehung zu internem sprachlichen Material wie zu bildhaften Vorstellungsinhalten denken, so wird sehr bald sichtbar, daß für FREUD das *Denken in Bildern* gegenüber den sprachnahen Operationen zurückgesetzt und damit theoretisch wie praktisch (therapeutisch) abgewertet wird (vgl. G.W. X, S. 300 u. G.W. XIII, S. 247f.). Das Bild-Denken ist zwar ontogenetisch wie phylogenetisch älter, und sowohl die erworbenen wie die ererbten Inhalte des Unbewußten sind nur als *visuelle Reste* von wahrgenommenen Menschen (Objekten), Dingen und Ereignissen denkbar, aber gerade diese Nähe zu den unbewußten Vorgängen läßt nur ein unvollkommenes Bewußtwerden zu: Weil sich den bildhaften Vorstellungen keine logisch-sprachlichen Relationen zuordnen lassen, stellen sie nur das Material bereit für die Verbildlichung von Traumgedanken, Tagträumen und für die Ausgestaltung von Phantasien, allgemeinen wie künstlerischen.

Das Problem der visuellen Wahrnehmung der äußeren Welt und seiner Rolle beim Aufbau von Bewußtseinsinhalten (*Sachvorstellungen*) stürzt FREUD in große Zweifel an den Möglichkeiten der erkennenden Aufnahme (Apperzeption) von „Dingen an sich": Schon in der *Traumdeutung* (G.W. II/III, S. 617 f.) hatte er gesagt, daß das Reale der Außenwelt durch unsere Sinnesorgane nur *unvollständig* vermittelt werde und ebenso unbekanntes Ausland bleibe, wie das Unbewußte *inneres Ausland* sei[108]. Aber auch in den metapsychologischen Schriften, in denen ja u.a. die erkennenden Qualitäten des Ich und damit des Bewußtseins neu definiert werden sollten, bleiben die Funktionen und Qualitäten der Teilstruktur W (= Wahrnehmung) unbestimmt und widersprüchlich. Zwar nimmt das Ich von dieser Teilstruktur W des Bw formal seinen Ausgang, sind die akustischen und, in Grenzen, die visuellen Wahrnehmungsinhalte als *Kern* des Ich[109] anzusehen, aber es bleibt auch jetzt ein ausgesonderter Bezirk des Es, dem es nur *oberflächlich* aufruht. Es vermag sich zwar in solche Bezirke des Vorbewußten auszudehnen und die *sich an die Erinnerungsreste anlehnen*, damit *ohne Zensur bewußtseinsfähig* werden, gilt aber weiterhin nur als der Teil des Es, der sich durch die Informationen der Außenwelt *verändert* hat, die ihm von den Wahrnehmungsvorgängen (Teilstuktur W) vermittelt wurden. Zu diesen Veränderungen, die zur *Absonderung* des Ich vom Es beitragen, gehören nun neben den skizzierten Einflüssen von akustischen und visuellen Wahrnehmungen auch die Wahrnehmungen des eigenen Körpers, vor allem der Körperoberfläche, die dem Tastsinn Erfahrungen über äußere und innere Empfindungen vermittelt. Das Ich gewinnt also an funktionaler Bedeutung, aber nicht an Selbständigkeit gegenüber den Herrschaftsansprüchen des Unbewußten.

Allerdings wollen wir eine, an dieser Stelle nur in Umrissen erkennbare (ausführlich in: RICHTER 1997, S. 209ff.), Modifizierung dieser Auffassung von der Verfassung des primären Materials vorzunehmen versuchen, weil wir mit J. PIAGET u.a. der Auffassung sind, daß die verdrängten Vorstellungen (*peinlicher Natur*, die *Affekte der Scham, des Vorwurfs, des psychischen Schmerzes,* so FREUD/BREUER schon 1895[110]) zuerst Phänomene von Wahrnehmungen und internen Repräsentationen gewesen sein müssen, ehe sie zu (verdrängten) unbewußten Materialien und zu Repräsentationen von Triebantrieben werden konnten. Wie in unserer Skizze des Phänomens *Traditionsgedächtnis* gehen wir also auch an dieser Stelle unserer Überlegung davon aus, daß diese Inhalte des *Familienromans* als biographisch erworbene Materialien anzusehen sind, über deren Verdrängung (zu dem Problem vgl. GRÜNBAUM: *Verdrängungsätiologie*) und ihre Veränderungen durch die Einbindung in unbewußte Strukturen (FREUD u.a.: *ahistorisch*) in der psychoanalytischen Theorie von alters her erbittert gestritten worden ist. Wir versuchen damit auch, den verbalistischen Positionen, die sich in den älteren psychoanalytischen Auffassungen über die Verfassung des Unbewußten, besonders aber in ihren strukturalistischen Ausläufern (LACAN u.a.) festgesetzt haben, eine Auffassung gegenüberzustellen, in der visuelle und verbale Repräsentationen gleichberechtigt an der Objektivierung bildnerischer Ereignisse mitwirken. Die verbalistischen Auffassungen gingen ja - implizit oder explizit - von der Vorstellung aus, daß es genüge, den linguistisch strukturierten Grundkode (FREUD: *Grundsprache*) zu analysieren, ohne daß andere Materialien, z. B. Inhalte früher präverbaler und paraverbaler Selbsterfahrungen mit ihren spezifischen Repräsentationsformen, in die Analyse einbezogen werden müßten.

Wir argumentieren demgegenüber, daß die Verbildlichung nicht lediglich als Einkleidung (*Fassade*) der „Traumgedanken" dient, sondern daß verdrängte bildhafte Erinnerungen beim Aufbau der szenisch-bildhaften Manifestationen des Traums wie bei der Realisation künstlerisch/bildnerisch materialisierten Objektivationen mitbestimmend sind und in die Analyse einbezogen werden müssen. Da diese Analysen - sieht man einmal von den angesprochenen medienspezifischen Erkenntnisformen *Vergleich* und *Einsehen/Eindenken* (PÄCHT) ab - im Medium der Sprache durchgeführt werden müssen, werden wir in den Interpretationen häufig nach analogen metaphorischen Wendungen suchen, welche das szenisch-bildhafte Geschehen erhellen, ohne daß wir solche Wendungen mit den unbewußten Inhalten der objektivierten Motive gleichsetzen. Mit der Berücksichtigung aller repräsentativen Konfigurationsmöglichkeiten präsymbolischer und präverbaler, bildhafter und sprachlicher Art, die wir als Niederschläge unterschiedlichster Erfahrungsprozesse ansehen, begeben wir uns nicht in das *Chaos des Primärprozesses* (EHRENZWEIG[111]), sondern bemühen uns um die Analyse von hochkomplexen und vielgestaltigen bildnerischen Strukturen, die in jedem Falle ihre Entsprechungen in der empirischen Welt (gehabt) haben.

Während FREUD in den metapsychologischen Untersuchungen die Gesichtspunkte des Topischen zugunsten der funktionalen und systematischen Aspekte reduziert, berichtet er gleichzeitig von der Entdeckung eines neuen psychischen Ortes, einer *Stufe im Ich* (G.W. XIII, S. 267), die er auch *Ich-Ideal* nennt, weil sie auf etwas verweist, was zuerst, etwa in der Narzißmus-Schrift von 1914 (G.W. X, S. 64ff.), schon *Ideal-Ich* oder *ideales Ich* hieß. In dieser Schrift hatte er schon die Möglichkeit in Aussicht gestellt, eine besondere Instanz zu erkennen und anzuerkennen, der die Aufgabe zufällt, das *aktuelle Ich unausgesetzt* daraufhin zu *beobachten*, ob es den Anforderungen von idealen bzw. idealisierten Vorstellungen genügt - von Vorstellungen, die man insgesamt gemeinhin als *Gewissen* bezeichnet. Diese Idealbildung/Idealisierung wird zu dieser Zeit schon als ein Prozeß beschrieben, der etwas ersetzt, was ursprünglich *am Objekt vorgeht.* Mit dieser weitreichenden Formulierung - dem theoretischen Vorläufer aller Objektbeziehungstheorien - soll zum Ausdruck gebracht werden, daß sich die Libido des Kindes als sexuelle Energie einmal auf das pflegende Objekt und zum anderen auf das Individuum selbst (*Ichlibido*) richten kann und daß diese „grandios" überhöhten sexuellen Phantasien im Laufe der Entwicklung verdrängt werden und einer Idealisierung von Objekt und Selbst weichen müssen:

> *Wir haben gelernt, daß libidinöse Triebregungen dem Schicksal der pathogenen Verdrängung unterliegen, wenn sie in Konflikt mit den kulturellen und ethischen Vorstellungen des Individuums geraten. Die Verdrängung* [...] *geht vom Ich aus; wir könnten präzisieren: von der Selbstachtung des Ich.*

Wir haben diese zusammenfassende Formulierung aus dem Narzißmus-Aufsatz (G.W. X., S. 68f.) vorgestellt, um zu verdeutlichen, wie die Entdekkung der Identifizierungsmechanismen mit dem Ergebnis der Idealbildung/Idealisierung nicht nur die Auffassung vom System *Über-Ich* vorbereitete, sondern auch der Theorie der *Sublimierung* mit der Entstehung eines kulturellen Ich, der wir im nachfolgenden Kapitel nachgehen wollen, zugrunde liegt: Moralische wie kulturelle Idealisierungen sind das Ergebnis desexualisierender Prozesse. Der Vorgang der frühen Objektbesetzungen durch das Es(!), der sich als *Identifizierung*[112] beschreiben läßt - vgl. dagegen die Auffassungen von O.F. KERNBERG (1981; 1987) -, ist als Quelle der Über-Ich-Entwicklung anzusehen, weil er die *Reaktionsbildung* (FREUD) des Ich auf die autoerotischen, vor allem aber auf die ödipalen sexuellen Strebungen in Gang setzt und damit für die Konstituierung eines eigenen Systems verantwortlich ist, in dem die internalisierten Wertvorstellungen wirksam werden. Das Ichideal bzw. das Über-Ich ist somit das *höhere Wesen* [...], nach welchem die Kritiker der Psychoanalyse, die in ihrem *sittlichen Bewußtsein* erschüttert waren, immer verlangt haben, und zwar definiert als die *Repräsentanz unserer Elternbeziehung* (G.W. XIII, S. 264). Während das Ich die Außenwelt vertritt, gestärkt oder geschwächt durch das Erleben des ödipalen Konflikts, dessen Wirkung auf das bildnerische Geschehen wir im nächsten Kapitel an einem Bildbeispiel demonstrieren werden, agiert das Über-Ich als *Anwalt der Innenwelt*, der internen Reaktionen auf die individuelle (ontogenetische) wie universelle (phylogenetische) Konfliktgeschichte; es erbt sozusagen die Konflikte des Ich, die sich aus seinen Abwehrstrategien gegen die frühen Objektbesetzungen durch das Es ergeben.

6.4. Bilder mit Vergangenheit, Gegenwart und Zukunft

> *Psychoanalyse berücksichtigt die historische Dimension und bemüht sich um ein integratives Verstehen von Vergangenheit, Gegenwart und Zukunft.*
>
> S. KVALE 1996, in: JÜTTEMANN/THOMÄE 1998, S. 387.

Im Gegensatz zu den künstlerischen Werken und kulturellen Objektivationen, deren *organische Einheit* (HEGEL u.a.) einer Analyse der einzelnen Determinanten - etwa der weiterwirkenden Konflikte des Kindheitsdramas oder der Jugendkrise - widerstrebt oder gar völlig widersteht, treten in den Bildern und Objekten, von denen hier die Rede ist, auch die drei möglichen Zeitebenen deutlicher hervor, lassen sich also gegenwärtig-situative von regressiven und prospektiven/progressiven Momenten unterscheiden und die Wege ihrer Vereinheitlichung verfolgen. In den nachfolgenden Interpretationen einer Bilderserie (Abb. 38e-h) wird sich zeigen, daß eine progressive, Darstellungsmerkmale kommender zeichnerischer Entwicklung bereits vorwegnehmende Ausformung von Gegenständen und Motiven auch in der Kinderzeichnung möglich ist und daß also bildnerische Reaktionen auf schwere Traumata nicht immer in regressivem Material realisiert werden müssen. Auch P. RICOEUR hat (1974, S. 505f.) im Hinblick auf die Organisation der drei Zeitebenen im bildnerischen Prozeß auf die Verwandtschaft von Traumbildung und künstlerischer Produktion hingewiesen. Er folgt damit den Gedankengängen FREUDS, aber auch den Überlegungen von Autoren aus der frühen Zeit der psychoanalytischen Theoriebildung, die im Schatten der alles überragenden Traumdeutung durchaus eigene Auffassungen über die Verfassung des Traums und seiner Funktionen im psychischen Apparat entwickelt haben. So hebt z. B. A. MAEDER (1913, S. 648f.) den kathartischen Charakter des Traums hervor und sieht in dieser *befreienden Wirkung [...] eine innige Verwandtschaft zum Kunstwerk.* Außerdem bezieht er in diese Verwandtschaft auch schon den Tagtraum und die Phantasien ein, wobei jede Form dieser seelischen Arbeit (FREUD) wiederum über eigene Organisationsmechanismen verfügt.

Jeder Versuch einer Differenzierung der Zeitebenen in der Traumarbeit und in den vergleichbaren bildnerischen Objektivationen muß von der Beziehung zwischen der Gegenwart und der Vergangenheit des produzierenden Individuums ausgehen, also zwischen den *Arbeiten des Tages* (FREUD) und deren vielfältigen Verbindungen zu den persönlichkeitsgeschichtlichen Ereignissen. Für die Traumarbeit hat FREUD in der *Traumdeutung* eine Fülle von Beispielen für die Möglichkeiten dieser Differenzierung von gegenwärtig-situativen Geschehnissen und identifizierbaren Spuren der *Infantilszenen* gegeben. Wie lassen sich nun in den objektivierten Gebilden die Beziehungslinien zwischen situativ-darstellenden und regressiv-lebensgeschichtlichen Elementen aufdecken? Es fehlt in der psychoanalytischen Literatur nicht an Versuchen, den Beziehungen zwischen dem künstlerisch Gestalteten und den *Infantilszenen*, den Kindheitserfahrungen auf die Spur zu kommen, also der regredienten Linie nachzugehen. Dabei war nicht zuletzt FREUDS Studie über *Eine Kindheitserinnerung des Leonardo da Vinci* (1910[113]) Vorbild und Verführung. Sie stellt uns in der beispielgebenden, später häufig umgedeuteten und „zerdeuteten" Analyse *der Anna Selbdritt* von LEONARDO DA VINCI ein Bild vor Augen, in dem die *Synthese seiner Kindheitsgeschichte eingetragen ist; die Einzelheiten desselben sind aus den allerpersönlichsten Lebenseindrücken Leonardos erklärlich* (G.W. VIII, S. 183ff.). Diese klinisch-biographisch rekonstruierende Bildanalyse FREUDS, deren

Nachahmungen, Widerlegungsversuche und Wieder-Widerlegungsversuche[114], lösten eine Springflut von rekonstruierenden Untersuchungen über den Zusammenhang von (frühem) Konfliktgeschehen und künstlerischer Produktivität bzw. Bildfindungsprozessen aus, welche die Entstellungen dieser Prozesse durch die Zensur oder auch nur durch die *normale Amnesie* (KIMMERLE) in den Rekonstruktionen der individuellen bzw. familiären Konstellationen und/oder im Regreß auf die allgemeinen (phylogenetischen) Erbschaften aufzuheben versuchen[115].

Von den Psychobiographien/Pathobiographien, die in der Nachfolge FREUDS diesen determinierenden Ereignissen nachzuspüren versucht und manchmal mit ungleich kräftigeren Strichen in die Werke der Künstler die unsichtbaren Elemente - die nicht erinnerungsfähigen, unbewußten Strebungen und/oder die verdrängten frühen Erlebnisinhalte - hineingemalt haben, sei die Darstellung von H. NAGERA herausgegriffen, der in einer Untersuchung über die Werkgeschichte V. VAN GOGHS ein besonders anschauliches und umfassend ausgeführtes Beispiel für diese Form des tiefenhermeneutischen Interpretierens vorgelegt hat, das auch unseren Überlegungen über die unbewußten/vorbewußten Motive und Gestaltfindungen in den bildnerischen Resultaten von traumatisierten Erfahrungen zugute kommt. Außerdem haben wir die Möglichkeit, dieser skizzierten Interpretation ein vergleichbares Motiv der nicht-professionellen Bildnerei entgegenzustellen und zu deuten. H. NAGERA zeigt (1973, S. 131f.) in seinen Betrachtungen z. B. an dem Bildpaar *Stühle*[116] die Inkorporation der herausragenden Motive (Haß-Liebe gegenüber dem Vater, Mordphantasien-Todessehnsucht, Versagensängste-Größenphantasien, heterosexuelle-homosexuelle Neigungen u.v.a.) in den Werken des Malers: Als *Sammelobjekte* (in dem oben skizzierten Sinne) repräsentieren die beiden leeren Stühle alle diese Motive und vereinigen sie zu einem *Todessymbol.*

Es fällt leicht, beim Anblick der Bilder von leeren Stühlen an die Anwesenheit von Abwesenden, Erwünschten wie Gefürchteten, Lebenden wie Toten, zu denken, zumal die Stühle in diesem Falle mit Accessoires, wie Pfeife, brennender Kerze und Büchern versehen sind, welche auf (bestimmte?) Personen verweisen[117], aber es fällt nicht leicht, das volle biographische Geschehen mit allen seinen Verzweigungen und Konflikten in dem materialisierten Bild vom *leeren Stuhl* wieder zu entdecken. Leere als kompositionelles Phänomen und/oder Abwesenheit als Bildmotiv sind allerdings, so paradox das klingen mag, häufige Ereignisse in den bildhaften Reaktionen auf schwere Traumata, denen wir im Laufe unserer Untersuchung begegnet sind oder noch begegnen werden.

Bewegen wir uns in der Analyse des Zusammenhanges von regressiven und situativ-gegenwärtigen Zeitebenen auf (relativ) sicherem theoretischen Niveau, so bringt uns die Darstellung der progressiven Linie von Traum und Bild auf schwankenden Boden. Schon in FREUDS *Traumdeutung* war die notwendige, wissenschaftlich gebotene Ablehnung des *Prophetischen* im Traum mit seiner deutlichen Reserve gegenüber prospektiven Momenten der Traumbildungen einhergegangen. In der - später in die *Traumdeutung* (vgl. G.W. II/III, S. 585) eingefügten - Auseinandersetzung mit A. ADLERS[118] Auffassung vom *Vorausdenken* im Traum (vgl. 1912, S. 580) oder mit den Vorstellungen von H. SILBERER über die *bescheidene Prophetie* des Traums (1919; vgl. 1966, S. 113) umreißt FREUD seinen Standpunkt im Hinblick auf diese (von ihm so genannte) *sekundäre Funktion*[119] des Traumes: Das *Vorausdenken* [...], *Entwerfen von Lösungsversuchen* sind für ihn Leistungen eines *vorbewußten Wachdenkens*, die als Tagesreste in den Traum eindringen und auf der manifesten wie der latenten Ebene bearbeitet werden. Diese Entwürfe stellen also keine originären Leistungen des Traums dar, sondern sind „abgesunkene" kognitive (FREUD: *geistige*) Problemlösungsversuche, die in der Traumarbeit nur an die Traumgedanken assimiliert werden.

Auch für die Produktion bildnerischer Ereignisse, von der nun die Rede sein soll, läßt sich die Frage stellen, ob die prospektiven Elemente des bildhaften Ausdrucks eines kognitiv entworfenen, „erdachten" Lebenskonzeptes sind oder antizipierende, *vorausdenkende* - und das heißt hier: auch unbewußt „konstituierte" - bildhaft initiierte Lösungsentwürfe darstellen. Im Gegensatz zur Traumarbeit bedürfen diese bildnerischen Inszenierungen ja der materiellen Realisation, die (in der Regel) gewisse „handwerkliche" Fähigkeiten voraussetzt und einer Planung bedarf, kontrolliert werden muß, revidiert werden kann. An diesen Lösungsentwürfen sind also, wie wir zu zeigen versucht haben, notwendigerweise kognitive Mechanismen beteiligt; das heißt aber nicht, daß diese bildnerischen Formen des Vorausdenkens ausschließlich dem „Wachdenken" entstammen, als *sekundäre* Bearbeitungen von Tagesresten anzusehen sind, in die vorbewußte und unbewußte Inhalte eindringen, sondern es lassen sich in Bildern von traumatisierten Persönlichkeiten durchaus antizipierende Elemente finden - häufig allerdings in der Form einer Wunschphantasie, die ja auch als eine Art der Problemlösung angesehen werden kann. In der Traumdeutung hat S. FREUD ein Kapitel mit der lapidaren Aussage *Der Traum ist eine Wunscherfüllung* (G.W. II/III, S. 127ff.) überschrieben und seit dieser Zeit ist diese Aussage wie eine Gebetsmühle wiederholt worden. Für ihn ist dieser Aspekt des Traums nicht ein mögliches Element antizipierender Symbolik, sondern ein konstituierendes Moment des Träumens überhaupt:

> *Die Träume der kleinen Kinder sind häufig simple Wunscherfüllungen und dann im Gegensatz zu den Träumen Erwachsener gar nicht interessant. Sie geben keine Rätsel zu lösen, sind aber unschätzbar für den Erweis, daß der Traum seinem innersten Wesen nach eine Wunscherfüllung bedeutet.*

In einem Zusatz zu dieser Aussage, der nach dem Jahre 1909 (als Reaktion auf die *Analyse der Phobie eines fünfjährigen Knaben*; sog. „Kleiner Hans") aufgenommen worden ist, relativiert FREUD zwar die Aussage *simple Wunscherfüllung* und gibt zu, daß sich auch bald bei *Kindern kompliziertere* [...] *Träume einzustellen pflegen*, aber um die dogmatisierte[120] Theorie von der *Wunscherfüllung* zu retten, darf z. B. die Angst für FREUD nicht das auslösende Moment eines „Angsttraumes" sein, sondern sie wird als sekundäres, vorbewußtes Geschehen gesehen, das den *visuellen Inhalt* des Traums prägt: So kommt er bei der Analyse eines frühen Traumes, in dem seine tote Mutter von zwei Gestalten mit Vogelschnäbeln (G.W. II/III, S. 589f.) ins Zimmer gebracht wird und nach dem der sieben- oder achtjährige Sigmund schreiend aufwacht, zu dem Ergebnis: *Nicht, daß ich ängstlich war, daß ich geträumt hatte, daß die Mutter stirbt; sondern ich deutete den Traum in der vorbewußten Bearbeitung so, weil ich schon unter der Herrschaft der Angst stand.* Besonders D. MELTZER hat sich (1988, S. 105f.) gegen diese einschränkende Sicht der Traumarbeit gewandt und Träume als *innere Dramen*[121] bezeichnet, die der Träumende und die Interpreten *nur sehr unvollkommen verstehen* und die selbstverständlich auch Verbildlichungen von Angst und Schrecken ohne happy end (Wunscherfüllung) darbieten. Das gleiche läßt sich, wie wir zeigen werden, auch über das imaginativ-szenische Arrangement von bildhaft objektivierten Dramen sagen, die ebenfalls solche Ängste und andere negative emotionale Inhalte präsentieren, die dem *Familienroman* entstammen. Vergleichbar dem Traumdrama kann auch in den realisierten bildhaften Ereignissen der szenische Ablauf so komprimiert werden, daß mehrere Zeitebenen in einem Bild verwirklicht werden können. In den nachfolgenden Analysen sollen diese Zeitebenen in den Motivstrukturen dreier Bilder auf dem Hintergrund biographischer Informationen aufgedeckt werden.

Die erste Zeichnung (Abb. 33) stammt von dem Jungen FRED, dessen Bilder von S. SCHÜLERT[122] systematisch gesammelt und einer Analyse unterzogen worden sind, die von morphogenetischen Tatbeständen ausging, um dann interpretierend (RICHTER 1987; GOLOMB 1992; SCHUSTER 1989; MEILI-SCHNEEBELI 1993 u.a.) auch nach Sinnzusammenhängen auf dem Hintergrund von lebensgeschichtlichen Ereignissen zu suchen und sie zu formulieren. Das Bild, das im Alter von 5;1 Jahren entstand, veranschaulicht auf beeindruckend dramatische Weise das Motiv *Taucher im Regen* (Selbstaussage) und stammt aus einer Reihe von Werken, welche um dieselbe Zeit das Thema *Regen* behandelten. Unter morphologischen Aspekten gesehen, entspricht der kompositionelle Aufbau des Bildes einem Modell der frühen/mittleren Schemaphase mit Standlinienbereich - der in diesem Falle aus einer konvex gekrümmten Wasserfläche besteht -, einem Himmel mit vier diskriminierbaren „bauchigen" Wolkenformationen und einem Gegenstandsbereich, der mit kräftigen Regenstrichen gefüllt ist. Der Taucher ist an seinem Schnorchel und einem schwarzen Taucheranzug zu erkennen; er schwimmt in einer Art Schmetterlingsstil, wobei der mittlere Teil des Körpers mit dem linken Arm aus dem Wasser ragt und die Beine in einem „Strudel" stecken.

Auf einer vordergründigen Sinnebene erfüllt die Darstellung den kognitiven Anspruch, der mit dem intendierten Thema *Taucher im Regen* verbunden ist, auf einem hohen Verständigungsniveau (*Wiedererkennungsprinzip*). Sogar von den Ängsten und den Bedrohungen, die in einer solchen - ungewöhnlichen, Wünsche und Ängste umfassenden - Motivrealisation angesprochen sein könnten, wird in dem Bild einiges sichtbar: so in der bedrohlichen Wolkenformation und in der gesamten Landschaftsdarstellung, die so wenig mit dem Klischee von Ferien und Tauchen im blauen Meerwasser zu tun hat, aber auch in der Gestalt des Tauchers selbst. Aus der Darstellung der biographischen Situation in der Untersuchung erfahren wir, daß FRED mit diesen bildlichen Erfindungen auf ein schwerwiegendes Familienereignis reagierte, das zu Beginn seines sechsten Lebensjahres stattfand: die Geburt einer Schwester. Neben einer Reihe von Darstellungen wie *Spaziergang mit den Eltern zu dritt, Vögel im Nest, ein Vogelkind fällt heraus,* die eher als „klassische" Verarbeitungsmotive für die Kränkung gelten können, sich nicht mehr im Zentrum der elterlichen Fürsorge und Aufmerksamkeit zu sehen, entstehen zur gleichen Zeit diese Unwetterbilder. Sie können allgemein als Zeichen für seine Unsicherheit und seinen Kampf um die Stellung in der veränderten „Familienlandschaft" gewertet werden.

Abbildung 33

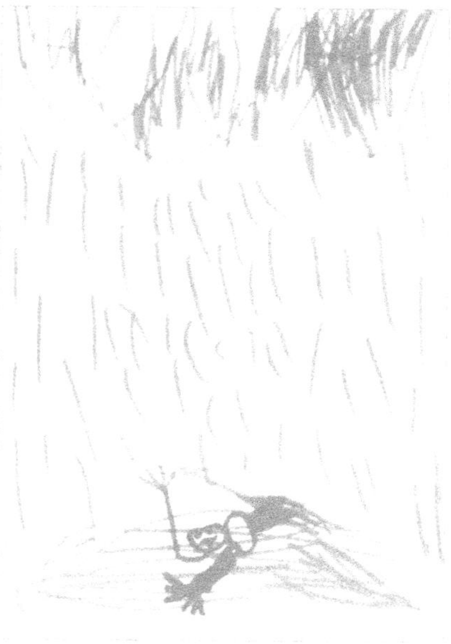

In diesem besonderen Bild, das am Anfang der Motivserie stand - übrigens auch am Wiederbeginn seiner zeichnerischen Aktivitäten, die nach der Geburt seiner Schwester für etwa einen Monat aussetzten -, ist besonders anschaulich das Düstere, die Verdunklung (vier ineinander übergehende Wolkenzeichen, Regen) seiner Welt wiedergegeben, die seiner emotionalen Situation angesichts der Zurücksetzung entspricht. Die Möglichkeiten der Bewältigung dieser Situation werden auf der Motivebene in den Anstrengungen des Tauchers, „sich über Wasser zu halten/nicht unterzugehen“ sichtbar, vor allem aber sind sie auf der morphologischen Ebene daran zu erkennen, daß die Bildelemente nicht regrediert sind, sondern daß das bis dahin erarbeitete Repertoire kräftig und sicher eingesetzt wird. Diese Form bildnerischer - und sicher auch: allgemeiner - Bewältigung kann daran liegen, daß dem Jungen eine lange Zeitspanne gegeben war, sich kognitiv antizipatorisch (LEHR) mit der bevorstehenden Veränderung auseinanderzusetzen. Der Junge reagierte also mit diesem Bildmotiv auf die Veränderung seiner realen Situation, und die imaginativ-szenische Darstellung entspricht - im Hinblick auf die möglichen Zeitebenen - der Gegenwart mit einem deutlichen Bezug zur unmittelbaren Vergangenheit, in der ihm Schlimmes widerfuhr. Allerdings tauchten Regenthemen auch wenig später wiederholt auf, als seine Mutter mitsamt der kleinen Tochter zum ersten Mal in seinem Leben für Wochen abwesend war, weil die Mutter in einer weit entfernten Heilstätte behandelt werden mußte. FRED hat also in dem Thema ein Motiv für sich entdeckt, das seine state-Angst inkorporiert, also einen instabilen emotionalen Zustand aufnimmt, dessen Intensität und zeitliche Dauer variieren kann, aber als individuelle Erfahrung einer Bedrohung anzusehen ist, die von außen gesehen als wenig gefährlich erscheinen mag.

Das zweite Bild (Abb. 34) dieser Reihe von Bildbeispielen, an denen das Problem der Zeitebenen in nicht-professionellen Werken erläutert werden

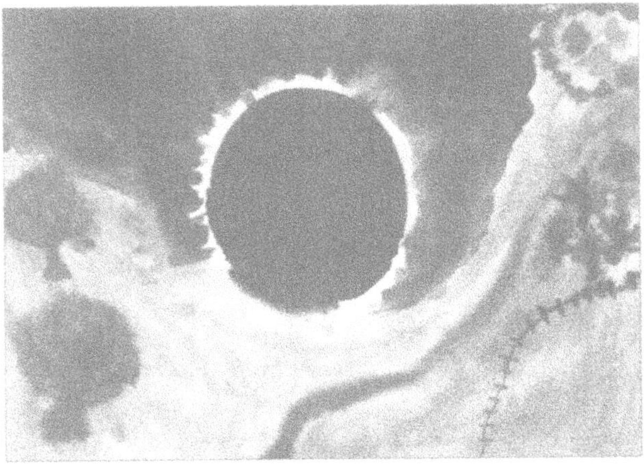

Abbildung 34

soll, stammt von Frau A., deren Bilder wir in einem eigenen Kapitel (12) behandeln werden. Da in diesem Kapitel die relativ umfassenden biographischen Informationen mitsamt den Bildern vorgestellt werden, können wir uns hier auf die Feststellung beschränken, daß Frau A. in ihrer Kindheit von einem Angehörigen ihres sozialen Umfeldes mißbraucht worden ist. Das Bild mit dem Titel *Sonnenfinsternis* ist eines von zwei Werken, in denen sie dieses selbstformulierte Thema gestaltet hat. Es fällt in eine Zeit, in der Frau A. von Erinnerungen an das Mißbrauchsgeschehen überflutet wird und sie dafür bildliche und verbale Ausdrucksmöglichkeiten sucht. Sie hat die Bilder zu Hause gemalt - in dem genannten Kapitel werden wir erläutern, warum diese „Hausaufgaben" Teil des kunsttherapeutischen Settings waren - und in die Sitzung mitgebracht. Auf das Thema der Bilder angesprochen, weint Frau A. und gibt eine Antwort, die nur aus einer Besonderheit von mißbrauchs Beziehungen zu verstehen ist: der starken Identifikation des Opfers mit dem Täter (u.a. KRUSE 1991; RAMIN 1993). Frau A. sagt an diesem Tage, sie fürchte sich, so zu werden wie ihr Vater; wörtlich: *Ich bin genauso wie mein Vater, nur gut getarnt.* Sie frage sich auch, warum bei ihrer Darstellung der Sonnenfinsternis der restliche Himmel blau und nicht schwarz sei. Das Bild widerspricht, wie nicht anders zu erwarten ist, der verbalen Äußerung, die immer noch widerspiegelt, daß Frau A. dem Geschehen nicht „ins Gesicht zu sehen" vermag und zeigt in der planetarischen Konstellation von Sonne und Mond eine zutiefst verunsicherte, verdunkelte Persönlichkeit: Der schwarze Mond hat sich so vor die Sonne, von der nur noch eine Korona zu sehen ist, geschoben, wie sich die bösen Taten dieses Mannes vor

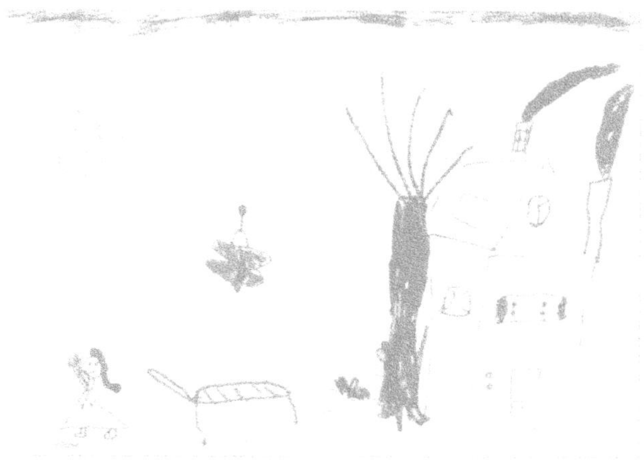

Abbildung 35

das erwünschte, liebevolle Bild, das nur noch „am Rande existiert", geschoben haben. Mond und Sonne scheinen auch zusammen aus dem blauen Hintergrund zu stürzen, „vom Himmel zu fallen" - eine geradezu mythische Ausdeutung ihrer ambivalenten Gefühle für den gefallenen Mann.

Für unsere Erörterung der Zeitebenen in bildnerischen Ereignissen kann dieses beeindruckende Werk als Beispiel für die übermächtige Determination von Gegenwärtigem durch die Vergangenheit angesehen werden. Das fiktive - jedenfalls äußerst seltene - Ereignis *Sonnenfinsternis* weist als bildnerisches Motiv kaum Elemente einer realen, an gegenwärtigen Ereignissen orientierten Darstellungsweise auf, sondern alle Bildgegenstände, die mächtigen im Mittelpunkt wie auch die „randständigen" Bildinhalte Bäume, Haus und Dorf (?) werden durch Vorgänge von kosmischem Ausmaß in der Vergangenheit überdeckt.

Als drittes Bild soll die Zeichnung (Abb. 35) eines Mädchens von 5;8 Jahren vorgestellt werden, die eine - nur auf den zweiten Blick zu erkennende - komplizierte Struktur von Darstellungs- und Zeitebenen aufweist. Sie hebt sich dadurch auch von einer Anzahl anderer Zeichnungen ab, die in derselben Zeit entstanden sind. Über die Besonderheiten dieser Zeichnung konnte der Verfasser mit der heute erwachsenen Zeichnerin sprechen und sich ihre Zustimmung für die Auslegung der Zeichnung einholen, die sich hier vor allem den bildnerischen Repräsentationen von situativ-gegenwärtigen, vergangenen und erwarteten/erwünschten Elementen widmet (ausführlich in: RICHTER 1997, S. 311ff.). Dabei waren besonders einige markante Daten der Lebensgeschichte, die hier nicht mitgeteilt werden können, von großem Gewicht für die Stimmigkeit der Deutung.

Die morphogenetische Betrachtung führt zu dem Ergebnis, daß die Zeichnung an mindestens zwei Stellen von den bekannten altersadäquaten Darstellungformen abweicht: in der auffallend tiefenräumlich organisierten zeichnerischen Wiedergabe des Hauses, die eine komplizierte, vom Betrachter, aber auch von der Zeichnerin abgewandte, „perspektivische" Darstellung erkennen läßt, die sich zudem noch durch den schwachen graphischen Duktus von den übrigen kräftigen Linienführungen und malerischen Ereignissen abhebt, sowie in der engen, „distanzlosen" kompositionellen Organisation von Haus-, Baum- und Kindzeichen rechts von der Bildmitte. Besonders die Kontaktstellen bzw. die Überschneidungen von Formen in diesem Teil des Bildes entsprechen nicht den zeichnerischen Konzepten dieses Alters, die noch einem Umraum, d.h. einer freie Zone um die einzelnen Gegenstände, vorsehen. Außerdem ballen sich eine Reihe von bedeutungstragenden statischen Gegenständen auf dieser, ins Zukünftige weisenden Seite des Bildes, während sich auf der linken Seite eher szenische Aktionen abspielen, deren Zielrichtung zudem noch nach links verläuft, womit sich diese Ereignisse auf den Weg in die Vergangenheit machen (vgl. RICHTER 1987, S. 186f.). Im Vergleich zu einer symmetrisch-harmonischen Komposition lassen sich in diesem Bild also deutlich einseitige Schwerpunktbildungen mit gegensätzlichen kompositionellen Tendenzen verfolgen; wobei das Zentrum des Bildes eindeutig von der Szenerie *Ich als Mutter mit Kind im Kinderwagen* - so deutet die erwachsene Zeichnerin das Thema ihres Bildes - beherrscht wird.

Besonders das Modell der *Bilderzählung* - und damit beginnen wir mit der Analyse der Zeitebenen - ist ungewöhnlich: Es läßt sich als *simultan-sukzessiver* Bildtypus (LUQUET) beschreiben, d.h. im selben Bild werden Ereignisse/handelnde Figuren mehrfach dargestellt (vgl. RICHTER 1987, S. 94). Dieser Bildtypus eröffnet den Zeichnenden die Möglichkeit, bedeutungstragende Szenen aneinanderreihend wiederzugeben, ohne ein neues, den "gedanklichen" Zusammenhang unterbrechendes Blatt in Angriff nehmen zu müssen. In diesem Falle kann sich die Zeichnerin auf einem Blatt in zwei verschiedenen Rollen wiedergeben: in der einer „Geliebten" des Vaters und in der einer Rivalin bzw. Gegnerin ihrer Mutter; sie kann sich damit in einer gegenwärtigen, sie belastenden Situation, deren Wurzeln in der Vergangenheit liegen, schildern und sich als tragende Figur in einer Wunschphantasie, in einem imaginativ-szenischem Geschehen wiedergegeben, das den Konflikt „zu ihren Gunsten" löst.

Auch auf der Motivebene lassen sich zwei Gruppen von Motiven unterscheiden, welche die Ebenen von psychischen Inhalten repräsentieren, die wir in dem vorhergehenden Kapitelteil erörtert haben: auf der linken Bildseite die dominant erzählenden, Phantasien und Erlebnisinhalte ausplaudernden Inhalte, die genau bis in die Bildmitte ragen und die eher bewußte und vorbewußte Materialien wiedergeben - denn wovon man plaudern kann, muß man etwas wissen -, und die statisch wiedergebenden (abbildenden) Motive auf der rechten. Eine umfassendere Analyse würde allerdings zeigen, daß in diesem Falle gerade solche eher statischen Gegenstandsdarstellungen auf hoch verschlüsselte (stark zensierte) Inhalte hinweisen können, und daß sie hier besonders die psychodynamischen, unbewußten Inhalte repräsentieren. Wir werden in einer Analyse des Bildes eines mißbrauchten Mädchens (Abb. 41) ein ähnliches Phänomen wiederentdecken: Auch dort sind es die statischen, nicht-narrativen Motive wie Haus und Blumen, die auf das „große Geheimnis", d.h. auf die abgespaltenen Mißbrauchserfahrungen verweisen. In ungewöhnlich anschaulicher Weise wird in dem vorliegenden Bild selbst eine Verbindung zwischen diesen Motivebenen vorgenommen und zwar an der Stelle, an der das (zeichnende) Mädchen, einen Kinderwagen schiebend, in dem deutlich sichtbar (Röntgenbild) ein (rotes) Kind mit ausgestreckten Armen liegt, aus dem Baum heraustritt, mit dem es verschmolzen gewesen zu sein scheint. Die Austrittsstelle ist ebenfalls in roter Farbe dargestellt (Verletzungsangst-Vereinigungswunsch), und da, wie gesagt, solche Überlappungsformen morphogenetisch in diesem Alter außerordentlich selten sind, weisen sie auf eine psychische Besonderheit hin, die in unserem Falle der ödipalen Vereinigungsphantasie mit dem Vater-Baum entsprechen dürfte. Dieser Wunsch wird damit auch bildnerisch auf einer Nahtstelle zwischen unbewußten und vorbewußten Phantasien formuliert und bestätigt unsere Auffassung von einer möglichen Kooperation der Inhalte von psychischen Systemen im bildhaften Ausdruck. Gleichzeitig wird die weitergehende Phantasie nach einem Kind vom Vater, die sich im (roten = geliebten/gehaßten) Kind des Kinderwagens ausdrückt - sicherlich als Puppe im Puppenwagen auch ein „Realitätsrest" -, auf einer vorbewußten bis bewußten Ebene verbildlicht, weil Kinder in diesem Alter schon über Vorstellungen von „Kinderkriegen" und Geburt verfügen sowie Kenntnisse über die Kinderpflege erworben haben - auch wenn die Konzepte von diesen sexuellen Aktivitäten und den Pflegehandlungen noch rudimentär und inkohärent sind.

Das „Wunschkind" als Ergebnis der phantasierten Vereinigung mit dem Vater wird auch darum so offensichtlich bildnerisch herausgestellt - und damit kommen wir zu der Motivation der Zeichnerin, bestimmte Darstellungen so hoch zu verschlüsseln -, weil in Wirklichkeit eine enge *strategische Allianz* (RHODE-DACHSER 1987) zwischen den Eltern des Kindes bestand, die sich häufig gegen das Kind richtete und zum Beispiel dazu führte, daß es einen großen Teil seiner Zeit bei der Großmutter verbringen mußte. Diese Allianz wird wiederum in ungewöhnlich vielen Bildelementen auf der rechten Seite deutlich, so z. B. in der untypischen Überschneidung von Baum und Haus, der Richtung des Hauses vom Kind weg, den zwei Kaminen, deren Rauchfahnen aufeinander zu verlaufen und fast eine Brücke bilden, den doppelten Klingeln, Blumen, Gardinen. Die Zeitebenen in diesem Bild sind auf eine komplizierte Weise miteinander verschmolzen und geben die Erlebnis- und Erfahrungsebenen des Kindes „angesichts der vereinigten Eltern" wieder, die dazu neigten, das Kind aus ihren Aktivitäten auszuschließen. Auf der linken Bildseite erfahren wir etwas über die Wunschvorstellungen und Erwartungen der Zeichnerin, wobei der bunte Schmetterling die hochfliegenden Wünsche kennzeichnet und die nach oben gereckten Arme sich wiederum - eher gegenwärtig-situativ - gegen die Einflüsse der Sonne (Mutter) zu wehren scheinen, auf der rechten Seite werden die leidvollen Erfahrungen mit diesen Eltern in Motiven verborgen, die auf einer analytisch-hermeneutischen Ebene allgemein für Mutter- und Vatersymbole stehen und in diesem Falle die für das Kind unverständlichen Beobachtungen über die „nahtlosen" Beziehungen der Eltern in der Vergangenheit, die sich bis in die Gegenwart fortsetzen, zu einem Bild vereinigen. In der Mitte können wir in der Verschmelzung von Baum und Kind an den unterdrückten Wünschen für die zukünftige Gestaltung der Beziehung von Tochter und Vater teilhaben.

7. Klinisch-biographische Rekonstruktion

7.1. Historische Wahrheit oder narrative Konstruktion, Selbst-Kohärenz oder Selbst-Erzählung?

...durch korrekte Ausführung der Analyse (wird) eine sichere Überzeugung von der historischen Wahrheit der Konstruktion erreicht.
S. FREUD 1937, G.W. XVI, S. 14.

... denn die Wahrheit ist über allem Mitleid.
MAXIM GORKI[123]

Die beiden vorangestellten Zitate umreißen anschaulich das Thema dieser Einführung, das ebenfalls in der Titelformulierung für diesen Abschnitt zum Ausdruck kommen soll. Auch wenn die dort gestellten Fragen an dieser Stelle nur angesprochen werden können, hängen von den Antworten auf diese so theoretisch klingenden Fragestellungen schwerwiegende Entscheidungen im Hinblick auf die therapeutische Zielsetzung und - was für unsere Überlegungen wichtiger ist - auf die Grundlagen der Interpretation von bildnerischen Reaktionen auf schwere Traumata ab. Das zitierte Satzfragment aus einem Buch von MAXIM GORKI findet sich über einem Kapitel aus der Schrift *Das geteilte Selbst* von R.D. LAING, das sich intensiv und für die damalige Zeit ungewöhnlich offen mit den biographischen Vorgaben beschäftigt, die der Autor zum Verständnis einer chronischen paranoiden Psychose bei einer Patientin von 26 Jahren zusammengetragen und zu einer Entwicklungsgeschichte des *falschen Selbst* (WINNICOTT u.a.) montiert hat. Das Satzfragment hat auch dort die Funktion eines Mottos, das den Gang der Überlegungen über die Ätiologie dieser Psychose charakterisieren sollte. Um das Gewicht dieses Leitgedankens einschätzen zu können, sei daran erinnert, daß die therapeutische Grundhaltung von R.D. LAING als *Mitleiden* - im existentiellen oder existentialistischen Sinne[124] dieses Wortes verstanden - mit der wahnsinnigen Persönlichkeit bezeichnet werden kann, daß in diesem Motto aber die Ermittlungen der frühen lebensgeschichtlichen Erfahrungen in den Vordergrund der *klinischen Biographie* treten und damit noch *über* die therapeutische Haltung gestellt oder sogar als Grundlage für diese Haltung angesehen werden. R.D. LAING stellt (1994, S. 221) dabei hohe Anforderungen an die *existentielle Analyse* einer Lebensgeschichte - auch und besonders was die Rekonstruktion der soziokulturellen Bedingungen angeht:

> *Es ist niemals einfach, einen adäquaten Bericht über die ersten Lebensjahre eines Schizophrenen zu erhalten. Jede Erforschung des Lebens irgendeines beliebigen Schizophrenen ist ein mühevolles Stück echter wissenschaftlicher Forschung.* [...] *Das Leben des Patienten in seinem interpersonellen Mikrokosmos ist der Kern jeder psychiatrisch klinischen Biographie.*

Die beiden Aussagen, die in dem zitierten Text über die Methode der Erforschung biographischer Hinweise auf die devianten Entwicklungen des Selbst und deren Ursachen gemacht werden, lassen sich natürlich auch auf die Ausbildung anderer Formen von „Selbstzerstörungen" beziehen, etwa auf die Ermittlungen von biographischen Quellen, die für die Entstehung eines schweren Traumas, wie es im Zusammenhang mit sexuellem Mißbrauch und sexueller Ausbeutung auftritt, verantwortlich sind. In diesem Falle erscheint uns die bei R.D. LAING skizzierte Form der (*wissenschaftlichen*) Ausforschung biographischer Daten mit all den Schwierigkeiten, die dort schon angesprochen werden, um so bedeutender, weil die Ursachen für das Trauma und seine Folgen eindeutig exogener Natur sind und in der Regel von einem Mitglied des *interpersonellen Mikrokosmos* verschuldet werden, während beim schizophrenen Patienten auch endogene Quellen (Stichwort: *Vulnerabilität*) in Frage kommen.

Nun hat R. SCHAFER (1995, S. 52ff.) über die Formulierung vom geteilten, falschen Selbst o.ä., die ja in der Regel eine pathologische Spaltung des Selbst in einen unverletzten Kern und eine maskierende Fassade charakterisiert, hinausgehend die These aufgestellt, daß das sogenannte Selbst überhaupt *nur* [...] *in Versionen und gewöhnlich in mehreren gleichzeitig* existiere. Zu den Ausdrucksformen dieser Versionen des Selbst gehören auch *nonverbale Gesten* oder Äußerungen des *Lebensstils,* die als *Scharade der Selbsterzählung* anzusehen seien. Mit dem Begriff der Scharaden soll in diesem Falle die Wiedergabe eines Wortes/einer kurzen Erzählung, die von einer Person bildlich/pantomimisch dargestellt wird und von anderen erraten werden muß, beschrieben werden - vgl. auch den Begriff des Rebus zur Kennzeichnung der Traumarbeit bei FREUD (G.W. II/III, S. 284). In der Tradition der klassischen Psychoanalyse wird auch in dieser Beschreibung von Varianten der Selbstdarstellungen der Bereich des bildnerisch-symbolischen Ausdrucks „vergessen" (vgl. RICHTER 1997, S. 255ff.), aber man darf annehmen, daß auch die bildhaften Manifestationen zu diesen Variationen des Selbstausdrucks gehören.

Nach der Auffassung von R. SCHAFER ist die Vorstellung vom kohärenten, einheitlichen Selbst, das sich in den personalen Aktivitäten nur in mannigfachen Verwandlungen zeige, von der Alltagssprache und instinktiven Selbstempfindungen induziert, die uns zu der naiven Überzeugung gelangen lassen, *wir besäßen ein einheitliches und dauerhaftes Selbst, das direkt, ohne die Vermittlung durch Sprache und Geschichte erfahrbar wäre,* in Wirklichkeit existiere aber - etwa in der Situation der analytischen Therapie - neben den Varianten des „empirischen" Selbst zumindest noch ein u. U. *grausames und totalitäres moralisches Selbst,* ein *grandioses Selbst* sowie ein *anales Selbst, das trotzig durch Lügen Unordnung* stifte. Allerdings spricht auch er sich gegen eine übermäßige Vermehrung der tatsächlichen

Selbstkonstruktionen aus, weil sie u.a. in der therapeutischen Situation nicht mehr zu bündeln seien. Außerdem

> *können wir oft durch das Studium der Entwicklung und durch analytische Rekonstruktion auf eindrucksvolle Weise den Anspruch erheben, eine fortschreitende Differenzierung, Integration, Stabilisierung und hierarchische Anordnung der Geschichten des Selbst aufzuspüren.* (SCHAFER 1995, S. 53; Unterstr. von H.-G. R.)

Wir bewegen uns in unseren Reflexionen über den Charakter des Selbst auf einer *erkenntnispsychologischen* (LORENZER) Ebene, auf der schon von P. FEDERN (1926ff.; 1978, S. 59f. vgl. auch DENEKE 1989), dessen Überlegungen zur Psychoanalyse transzendentalphilosophischem und phänomenologischem Denken nahe standen, die Natur des Selbstsystems prägnant zu erfassen versucht hat. Nach seiner Auffassung läßt sich das Selbst als *bleibende, wenn auch nicht gleichbleibende Einheit* der Person verstehen, die sich auf die *subjektiven* (im transzendentalphilosophischen Sinne = transindividuellen Sinne) Möglichkeiten von Anschauung, Gefühl und Erkenntnis bezieht. Die Variationen des „empirischen Selbst" wären nach dieser Definition also Ausdrucks- und Handlungsformen eines subjektiven, gesamtheitlichen Selbstsystems, das allerdings in pathologischen Zuständen in dissoziierte Elemente auseinanderzubrechen droht oder auseinanderfallen kann. Auch aus den skizzierten Überlegungen von R. SCHAFER (1995, S. 52f.) ließen sich, oberflächlich betrachtet, dieser Definition von der *Einheit in der Veränderung* ähnliche Kennzeichnungen des Selbst als (sprachlich) vermitteltes und lebensgeschichtlich geprägtes System zur Seite stellen. Der Bestimmung von P. FEDERN, die aus einer fruchtbaren Phase wissenschaftstheoretisch orientiertem psychoanalytischen Denkens stammt, könnte man ferner mit F.-W. DENEKE (1989, S. 578f.) eine eher psychologisch fundierte Definition zur Seite stellen, nach der das identische Selbst (*Identitätsselbst*) als *Gesamtheit aller Phantasien, Gedanken, Gefühlserfahrungen, Erinnerungen etc.* bezeichnet wird, *die als unverzichtbare Elemente unsere persönliche Eigenart ausmachen*[125]. In dieser „weicheren" Definition werden allerdings gerade die identitätstiftenden, *subjektiven Bedingungen der Möglichkeit von Erkenntnis* (und Gefühl) ausgeklammert, die in der Definition P. FEDERNS den Begriff eines identischen Selbst ausmachen.

Der Unterschied in den Betrachtungen des Selbstsystems/der Selbstkonstruktion liegt zwar auch in den verschiedenen Auffassungen von einem

Selbstkonzept - z. B. einheitliches/identisches Selbst vs. Varianten-Selbst -, aber die Quelle für diese verschiedenartigen Bestimmungen ist besonders in der Form der Vermittlung bzw. Rekonstruktion von Selbstanteilen bzw. Selbstvarianten zu sehen: Wie aus dem zitierten Textfragment aus der Schrift von R. SCHAFER hervorgeht, zielen auch seine Rekonstruktionsversuche auf ein stabiles, integratives Selbst mit einer hierarchischen Struktur, aber diese (therapeutisch inszenierten) Rekonstruktionsversuche wenden sich an die vermittelnden *Geschichten* und damit vorrangig an die Sprache oder verwandte Ausdrucksmittel (Scharaden); streng genommen existiert eine Art identisches Selbst nur in der Vielfalt der sprachlich ausdrückbaren oder rekonstruierbaren Erzählungen. In einer sehr komplizierten Rekonstruktion, die wir nur noch kurz ansprechen wollen, weil sie von unserem Thema wegführt, muß nun der Analytiker/die Analytikerin die *Handlungsstränge* der angebotenen Geschichten auf häufig wiederkehrende Muster von Erzählungen (*Grundgeschichten*) hin untersuchen und die metaphorischen Geschichten des Klienten/der Klientin als selbstgedeutetes Material ein weiteres mal interpretieren: Therapeuten, die den *Kernkonflikt* einer Kindheit deuten, müssen unter Beweis stellen, daß sie die *erzählerischen Regeln der Metaphe*r verstehen. So können z. B. die Handlungsstränge von *Gefangensein, Wiedergeburt, Odyssee* als Anspielungen auf *neues Wachstum, neue Anfänge* und *Wiederbelebungen* angesehen und als grundlegendes metaphorisches Material ausgedeutet werden. Auch die unbewußten Motive sind als *generative* Varianten der vielfältigen Handlungsstränge anzusehen. Als Modelle für diese Erzählkonstrukte und ihre Ausdeutungen sind Märchen und Epen (*Odyssee*) anzusehen, in denen sich auch unbewußte und bewußte Varianten von Grundgeschichten so durchdringen, daß der *generative Vorteil* zugleich den *Nachteil unklarer Grenzen* mit sich bringt. Schon FREUD hatte in seiner späten Schrift *Konstruktionen in der Analyse*, auf die wir in den nächsten Abschnitten eingehen werden, offen gelassen, ob es immer möglich sei, den Patienten zur *Erinnerung des Verdrängten zu bringen,* und ob es in einem solchen Falle nicht besser für den therapeutischen Prozeß (!) sei, ihm *eine sichere Überzeugung von der Wahrheit der Rekonstruktion* zu vermitteln. Therapeuten/Therapeutinnen, die sich vorrangig mit Mißbrauchserfahrungen beschäftigen, bekräftigen demgegenüber, daß sie auf einer nicht-narrativen, realistischen Aufarbeitung des Mißbrauchsgeschehens bestehen - sogar in Form eines imaginierten Kinofilms - , weil ein Bericht, in dem die traumatisierenden Erlebnisse ausgespart werden, (therapeutisch) fruchtlos bleibe (Literatur bei HERMAN 1993, S. 249f.).

Man sollte meinen, daß dieses theoretische Konstrukt vom *erzählten Leben* (SCHAFER), so wie wir es zu skizzieren versucht haben, jeglicher Begründung einer Ausdeutung von narrativ-bildhaften Strukturen in der nichtprofessionellen Bildnerei entgegenkommen würde, und in der Tat können bestimmte Elemente dieser Auffassung - so etwa die These von den *Grundgeschichten*, d.h. in unserem Falle von den *Grundmotiven* - für die Interpretation von Bildern von Nutzen sein. Betrachtet man allerdings den Grundgedanken dieser Vorstellung genauer, so wird deutlich, daß es dem Autor um die Analyse von erzählten Handlungssträngen geht, deren Konzeption und Metaphorik als Varianten von mythologisch strukturierten Grundgeschichten aufgefaßt und gedeutet werden, in die sich die lebensgeschichtliche Realität mit ihren Konflikterfahrungen auflösen lassen muß. In dieser Auffassung von einem narrativen Selbstkonzept verschwindet also das Subjekt mit seinen Möglichkeiten von Anschauung, Gefühl und Erkenntnis (FEDERN) in einer Auseinandersetzung zwischen sprachlich formulierten Metaphern auf Seiten des Patienten/der Patientin und (therapeutischen) Gegenmetaphern. Wir wollen uns nicht in die Frage verstricken lassen, ob dieses Konzept psychotherapeutisch effektiv sein kann; als Grundlage für eine Theorie der Interpretation von bildhaften Reaktionen auf schwere Traumata genommen, würde es immer in der Zuschreibung mythologischer Parallelen verharren, anstatt von dem „realen Kern" der sexuellen Handlungen und den Verwundungen des Opfers auszugehen.

Schon D. STERN hat (1992, S. 31f.) dieses *narrative Konstrukt* als ein Konzept bezeichnet, in dem sich die *historische Wahrheit* [...] *durch das, was erzählt wird, nicht durch das, was geschehen ist*, erweisen soll. Dieser Auffassung von der narrativen Rekonstruktion klinisch-biographischer Geschichte - durch Geschichten - stellt D. STERN für die frühen Jahre der kindlichen Entwicklung die theoretische Position des *beobachteten Säuglings* gegenüber, - eine Position, die in jüngster Zeit auch die frühen Formen des Selbstempfindens und der sozialen Interaktionen einschließt und sich dabei nicht nur auf die Beobachtung der Ausbildung von körperlichen und kognitiven Funktionen (Greifen, Sitzen, Wahrnehmungs- und Denkleistungen) beschränkt. Zu diesen Formen rechnet er auch die frühen körpernahen Selbstempfindungen, denen R. SCHAFER (1995, S. 54) so skeptisch gegenübersteht - wohl weil sie sich nicht in ein sprachlich-narratives Material auflösen lassen. Mit P. RICOEUR weist D. STERN die These von R. SCHAFER u.a. zurück, daß die Erzählungen die (vorgeblich erlebte) Wirklichkeit erst erzeugen würden, und formuliert seine Auffassung, daß sich bestimmte allgemeine Hypothesen über das psychische Geschehen und seine Genese aufstellen ließen, die den narrativen Konzepten ein psychologisch-konstruktives Gerüst verleihen könnten. Dieses Gerüst müßte sich dann durch direkte Beobachtungen und systematische empirische Studien verifizieren bzw. falsifizieren lassen.

Natürlich zielen die Erforschungen des real Geschehenen und des psychisch Erlebten - etwa im Sinne der eingangs skizzierten Auffassung von R.D. LAING und des Leitgedankens von MAXIM GORKI - nur in Richtung auf die lebensgeschichtliche „Wahrheit", indem sie den realen Kern des traumatisierenden Geschehens zu rekonstruieren versuchen. Aber jedes Unternehmen in diese Richtung erscheint fruchtbarer als der Versuch, nur die Erzählstränge und ihre *internen Repräsentanzen deutlicher zu definieren und in eine thematisch einheitliche Wiedergabe der verschiedenen Assoziationen des Analysanden zu bringen* (SCHAFER 1995, S. 58). Woher soll diese Definition kommen, wenn nicht aus der möglichst genauen Rekonstruktion von lebensgeschichtlichen Ereignissen? Allerdings schließen sich die beiden angesprochenen theoretischen Leitbilder, das narrative Konstrukt und das Modell vom „beobachteten Heranwachsenden", nicht vollkommen aus, weil jede Interpretation des biographischen Materials, sowohl die therapeutisch inszenierte als auch die Auslegung von bildnerischen Manifestationen zuerst auf die dargebotenen Erzählstränge angewiesen ist. Es bleibt aber die Frage, wie weit sich die Interpretation auf die realen Ursachen der traumatisierenden Erscheinungen einläßt/einzulassen wagt oder sich in den Schutz eines narrativen Konstrukts flüchtet.

7.2. Fallgeschichte oder Krankengeschichte?

> *Wenn man in den Darstellungen der analytischen Technik so wenig von „Konstruktionen" hört, so hat dies seinen Grund, daß man anstatt dessen von „Deutungen" und deren Wirkungen spricht. Aber ich meine, Konstruktion ist die weitaus angemessenere Bezeichnung.*
>
> S. FREUD: G.W. XVI, S. 47.

In seiner kurzen späten Schrift *Konstruktionen in der Analyse* (1937; G.W. XVI, S. 41ff.) hat FREUD - man könnte sagen: in weiser Voraussicht - offengelassen, ob die Aufklärung von traumatisierenden Erfahrungen (*Erlebniserinnerungen*) als konstruierendes oder rekonstruierendes Geschehen anzusehen ist, aber er hat keinen Zweifel daran gelassen, daß als *gewünschtes* Ergebnis dieser Aufklärung ein *zuverlässiges und in allen Stücken wesentliches Bild der vergessenen Lebensjahre* entstehen soll, ein Bild, in dem ein *Stück der vergessenen Vorgeschichte* wiederzuerkennen ist. Im weiteren Verlauf dieser Argumentation kommt FREUD dann auf den - seitdem oft zitierten und paraphrasierten - Vergleich zwischen den Rekonstruktionsversuchen des Psychoanalytikers und der Arbeit des Archäologen zu sprechen und gibt dem Analytiker die größere Chance, an das verschüttete Material heranzukommen. Wir haben schon im vorhergehenden Abschnitt darauf verwiesen, daß FREUD in diesem Zusammenhang auch von der Aufgabe gesprochen hat, der *historischen Wahrheit* „hinter" den rekonstruierten Erinnerungen nahezukommen. Bekanntlich hat er als Quellen dieser Rekonstruktionsversuche, die in einem dialogischen Prozeß zwischen Analysand/in und Therapeut/in entstehen, den latenten Gehalt der Träume sowie freie Assoziationen und Deckerinnerungen, die auf bestimmte Erinnerungsreste verweisen, angesehen. Für S. KVALE (1996f.) gilt die Aufmerksamkeit des Analytikers/der Analytikerin besonders dem Unbestimmten, Zweideutigen, dem Widersprüchlichen und dem Unerwarteten in den Äußerungen des Analysanden; damit gibt er auch Hinweise auf die besonderen Merkmale, mit denen sich der/die Interpret/in von bildhaften Ereignissen konfrontiert sehen kann und die er/sie in seiner Interpretation einbeziehen muß. Die wesentliche Aufgabe des Analytikers/der Analytikerin besteht für diesen Autor darin, *sinnhafte Zusammenhänge* im Verhalten des Analysanden/der Analysandin zu entdecken und interpretierend zu verstehen. Auch diese Aufgabe scheint sich auf das interpretierende Geschehen während der Enstehung und angesichts der bildhaften Manifestationen übertragen zu lassen. In einer weiteren These dieses Autors über das psychoanalytische Setting werden Richtlinien formuliert, die ebenfalls für die Haltung des Interpreten/der Interpretin von Bildern Gültigkeit beanspruchen können: In den Auslegungsituationen sollte sich die *induktiv-deskriptive Unvoreingenommenheit* mit einer *theoriegeleiteten Interpretation* verbinden (in: FROMMER/LANGENBACH 1998, S. 387).

In dem o. angesprochenen Text gibt FREUD auch seinem Zweifel Ausdruck, ob irgendeine *psychische Bildung* vollständig dem Vergessen (der *vollen Zerstörung*) anheimfallen könne und ob es nicht eher eine Frage der analytischen Technik sei, das *Verborgene vollständig zum Vorschein zu bringen*. Nach der Auffassung von S. GRANZOW (1994, S. 130) kann in diesem Schlüsseltext zwischen einer *Permanenzannahme*, also der Behauptung FREUDS, daß die psychischen Inhalte insgesamt aufbewahrt werden und *po-*

tentiell zugänglich seien, und der *Zugänglichkeit* selbst, die bestimmten Bedingungen unterliegt, unterschieden werden. Diese Unterscheidung ist seiner Meinung nach immer noch aktuell und kann bis in die Begrifflichkeit von heutigen Gedächtnistheorien - wie etwa bei E. TULVING sowie Z. PEARLSTONE in den Begriffen: *availability* und *accessibility* - verfolgt werden. Mit dieser begrifflichen Kennzeichnung ist aber keine Aussage darüber getroffen, in welcher Form diese Erinnerungen reaktiviert werden können und in welchem Verhältnis die - bis dahin evozierten - Erlebniserinnerungen zu den „historischen" Geschehnissen stehen. Unsere Darstellungen im Kapitel 6, in denen der Begriff der Repräsentation, die Mechanismen von Verdichtung und Verschiebung und das Phänomen der Deckerinnerung erörtert wurden, schließen aber aus, daß es sich bei den Elebnisserinnerungen um Kopien von Ereignissen handelt.

J. FROMMER/M. LANGENBACH haben (1998, S. 383ff.) die Fallstudien FREUDS auch auf ihre immanenten Auffassungen über die Möglichkeiten der Rekonstruktion von Lebensgeschichten und Erlebniserinnerungen hin untersucht und stoßen etwa in der Krankengeschichte des „Wolfsmannes" (G.W. XII, S. 27ff.) auf die Bemerkung FREUDS, daß er die Geschichte dieses Patienten weder *rein historisch noch rein pragmatisch schreiben könne*, sondern sich bemühen werde, *die beiden Darstellungsweisen miteinander zu verbinden.* In der Beschreibung dieses historischen Materials und seiner „Pragmatisierung" steht aber, wie in allen Fallstudien FREUDS, immer auch der Erkenntisgewinn für die Fundierung der psychoanalytischen Theorie im Vordergrund. Die Autoren schlagen – nach einer ausführlichen Würdigung der qualifizierenden und quantifizierenden Methoden in der Einzelfallforschung – vor, die psychoanalytische Fallstudie von dem psychiatrischen Fallbericht zu trennen: Während die Fallstudie den Behandlungsverlauf dokumentiere, stehe bei dem Fallbericht die Krankengeschichte im Vordergrund. Sie formulieren das Charakteristische einer Krankengeschichte (S. 393) eindringlich, wenn auch etwas grob: *Die psychiatrische Pathographie sieht ihre Hauptaufgabe im Nachweis der Durchschlagskraft schicksalhaft eindringender pathologischer Prozesse in die Biographie einer Person.* In diesem Zusammenhang würdigen sie auch die Hilfe von literarischen oder künstlerischen Werken als Beitrag zur *Erhellung und Verständlichmachung der Psychopathologie*, beschränken sich aber wie die meisten Autoren/Autorinnen auf die *Künstler- und Gelehrtenpathographie* – und dies hundert Jahre nach den Entdeckungen von M. RÉJA und achtzig nach den Darstellungen von F. MORGENTHALER und H. PRINZHORN. Ehe wir uns der Pathographie von biographischen Erfahrungen zuwenden, die im Falle der bildnerischen Reaktionen auf schwere Traumata immer auch als Krankheitsgeschichte gelesen werden müssen, wollen wir uns noch die ich-psychologische Position in der skizzierten Auseinandersetzung über die Formen von Amnesie und Rekonstruktion vergegenwärtigen. Diese Position umfaßt auch – im Gegensatz zu den Pathographien, mit denen wir uns beschäftigen – die nicht-pathologischen Erfahrungs- und Entwicklungsvorgaben und bildet somit gleichsam die positive Folie zu den abweichenden Beziehungs- und Bindungsverläufen.

Mit den Untersuchungen von A. FREUD und H. HARTMANN zeichneten sich um 1935 theoretische Bemühungen ab, die das Ziel hatten, die Qualitäten des Ich im Gesamtsystem des Psychischen stärker zur Geltung zu bringen. Zwar hatte zuvor schon P. FEDERN 1927, 1932 und 1934 (vgl. 1978. S. 59ff.) Auffassungen über das *Ichgefühl* vorgelegt, die aber in der dann folgenden Diskussion um die Funktionen und Mechanismen des Ich und seine Stellung gegenüber dem Es kaum Resonanz fanden, wohl weil sie sich zu nahe an philosophischen (phänomenologischen bzw. neukantianischen) Bestimmungsstücken von Ich (Ich-Identität), Bewußtheit u.a. bewegten und sich zu wenig an das „Vokabular der Psychoanalyse" mit seinen implizierten Denkformen hielten. So definiert er z. B. 1933 (1978, S. 78) *deskriptiv*: *Das Ich ist die dauernde oder sich wiederherstellende psychische Kontinuität von Körper und Seele in bezug auf Raum, Zeit und Kausalität*[126]. Die angesprochenen Bemühungen von A. FREUD und H. HARTMANN bewegen sich demgegenüber in (mindestens) zwei Richtungen, die in den späten Schriften FREUDS vorgezeichnet scheinen: Einmal steuern sie auf eine neue Bewertung der vermehrten Aufgaben des Ich gegenüber den übrigen psychischen Instanzen zu (A. FREUD), zum andern nähern sie sich Positionen der (empirischen bzw. beobachtenden) Kinderpsychologie an und gehen davon aus, daß dem Ich auch autonome (*primäre*) Qualitäten zukommen, die angeboren sind und nicht auf dem Wege der *Absonderung vom Es aufgebaut werden* müssen (HARTMANN).

Die Ergebnisse dieser theoretischen Anstrengungen um eine Verselbständigung des Ich sind besonders von H. HARTMANN so formuliert worden, daß sich dem Ich wie den übrigen psychischen Instanzen jetzt eigene, nicht vom Es abhängige Strukturmerkmale zuordnen lassen[127] und damit dem psychischen Gesamtsystem eine Anzahl von Ebenen mit jeweils selbständigen Strukturen zufallen. Aus der Sicht der gegenwärtigen Diskussion um die Integration von empirischen Befunden der Säuglingsforschung in die psychoanalytische Theorie (vgl. LICHTENBERG 1991; EMDE 1991; BAUMGART

1991; ZELNICK/BUCHHOLZ 1991; D. STERN 1992) bekommt seine Darstellung der autonomen Ich-Funktionen, über ihre theoriegeschichtliche Wirkung hinaus, einen besonderen Stellenwert, schlägt sie doch eine Brücke zwischen dem *intrapsychischen* Modell der Psychoanalyse und den verschiedenartigen theoretischen Positionen der Säuglingsforschung, denen aber gemeinsam ist, daß sie von einem sich entwickelnden System *interaktionaler* Beziehungen zwischen Subjekten/Individuen ausgehen. H. HARTMANN hatte schon (1937/39) auf bestimmte Ergebnisse der direkten Kinderbeobachtungen hingewiesen, die auf eine aktive Auseinandersetzung des Säuglings und des Kleinkindes mit seiner Umwelt hindeuten und eine *nicht-konfliktuöse Entwicklung* der Motorik, der Wahrnehmungsfunktionen, der kognitiven Leistungen usw. voraussetzen. Der analytischen Ich-Psychologie fällt für ihn demnach nicht nur (wie bisher) die Aufgabe zu, den Störungen dieser Abläufe nachzugehen, sondern sie muß den Bedingungen infantiler Entwicklung und Reifung insgesamt gerecht zu werden versuchen. Den bekannten Es-Impulsen, denen in der o. zitierten Passage aus FREUDS *Das Ich und das Es* noch ihre dominierende Rolle bestätigt worden war, werden erst jetzt autonome *Ich-Interessen* gegenübergestellt, die sich lernend entwickeln und auf einem angeborenen, vitalen Potential aufruhen. Mit A. FREUD ist H. HARTMANN der Auffassung, daß die Phantasiebildungen als Formen der Leugnung von Realität in Abhängigkeit vom Reifezustand der *Ich-Apparate des Wahrnehmens, des Denkens, insbesondere des kausalen Denkens* (1975, S. 20) zu sehen sind. Für das reife Ich dagegen können Phantasiebildungen auch Vorbereitung auf Realität und Bewältigung von Realitätskonflikten sein.

Für S. GRANZOW (1994, S. 131f.) tritt mit den Auffassungen der Ich-Psychologie die Rekonstruktion der einzelnen Ereignisse mit dem Ziel, der historischen Wahrheit auf die Spur zu kommen, zurück zugunsten der unmittelbaren und/oder reflektierten Elaboration eines Ereignisses (WETZLER), d.h. die Anspruch einer vollständigen Rekonstruktion wird aufgegeben, weil sie nicht zu erreichen und dem therapeutischen Prozeß nicht immer förderlich ist. Wesentlich für die Rekonstruktionsversuche ist nach diesen Auffassungen die Aufdeckung allgemeiner Situationen in einer bestimmten Kindheitsphase mit ihren Ich-Zuständen und mit der Betonung auf die notwendigen Interpretations- und Elaborationsvorgänge selbst. Ein solcher Ichzustand besteht aus vollständigen psychischen Funktionsbereichen (kognitiv, affektiv, intrapsychisch, interpersonell). Der angesprochenen Reduktion von Rekonstruktionsbemühungen steht damit auf der anderen Seite ein aufwendiges und anspruchsvolles Programm der Elaboration – dieser Begriff soll die

Bemühungen der Ich-Psychologie auch terminologisch von den Rekonstruktionsversuchen der „klassischen" Psychoanalyse abgrenzen – gegenüber, das sich anamnestisch der gesamten Persönlichkeit und seiner sozialen Verflechtungen widmen soll. Wenn S. GRANZOW in diesem Zusammenhang behauptet, FREUD habe in seinen Rekonstruktionsversuchen der psychischen Realität den Vorrang eingeräumt und die externe vernachlässigt, wird er einmal der wissenschaftstheoretischen Einsicht nicht gerecht, daß auch in der psychoanalytischen Theorie die sog. externen Ereignisse nur als Repräsentationsphänomene mit Korrelaten in der empirischen Welt existieren – so haben wir jedenfalls den oft zitierten Satz aus der Traumdeutung (G.W. II/III, S. 289) verstanden, daß in der Überdetermination die Phänomene *mehrfach* [...] *vertreten* seien – und nicht als ontologische Ereignisse mißverstanden werden dürfen. Zum anderen übersieht er, daß sowohl der „frühe FREUD" (1895ff.) als auch der „FREUD der Rekonstruktionen" von 1937, wie wir o. zu zeigen versucht haben, den sog. äußeren Ereignissen und ihrem pathogenen Charakter nachdrücklich nachzuspüren versuchte. Natürlich kann man mit E. KRIS (1952) u.a. der Auffassung sein,

> *daß sich das autobiographische Gedächtnis in einem ständigen Fluß befindet, daß die Ereignisse der Kindheit bedeutungsgeladen waren und* [...] *daß jede spätere Stufe des Konflikts Teile dieser Ereignisse und deren Elaboration mit zusätzlichen Bedeutungen versehen* (in: GRANZOW 1992, S. 132),

aber diese Bedeutungsgebungen wie das Geschehen selbst stehen ja in einem „historischen" Kontext von Beobachtungen der gleichzeitig stattfindenden Ereignisse, von Wahrnehmungen und Berichten anderer Menschen und schlagen sich u. U. in Dokumenten, etwa in Zeichnungen und/oder anderen artifiziellen Objekten nieder, d.h. stellen in der Regel keine isolierten Vorgänge dar. In diesen Zusammenhang gehört auch die Auffassung von A. FREUD (1951) über den *teleskopischen* Charakter von Erinnerungen des autobiographischen Gedächtnisses, d.h. sie war der Meinung, daß traumatisierende Ereignisse, auch wenn sie sich über einen längeren Zeitraum erstrekken – und dazu zählt sie auch Mißbrauchserfahrungen – nur punktuell, wie durch ein Teleskop betrachtet, in der Erinnerung auftauchen.

Aus dieser Auffassung läßt sich die Mißachtung der metapsychologisch orientierten Psychoanalytiker/innen gegenüber den sexuellen Übergriffen und ihren lebenslangen Auswirkungen herauslesen. Wie wenig Gewicht

FREUD schon vorher den tatsächlichen sexuellen Übergriffen, auch innerhalb der Familie, zumaß, zeigt das Protokoll vom 30. 10. 1892 der *Wiener Psychoanalytischen Vereinigung* (in: E. FEDERN[128]). In dieser Sitzung berichtete FREUD über den Fall einer *23jährigen verheirateten Dame, die als Mädchen völlig gesund war, nach der Ehe aber an Zuständen zorniger Erregung mit Verworrenheit und schließlich Amnesie litt [...]. (Selbstmordimpulse).* Nur am Rande berichtet FREUD über die *Verführung durch den Bruder*, um dann auf Probleme des Ödipuskomplexes wie des Penisneides(!) zu kommen. Mit den skizzierten Auffassungen von E. KRIS und A. FREUD gibt der/die Interpret/in, wie wir mit R. LAING festgestellt haben, ein mühevolles, aber lohnendes Stück echter Forschung auf, die mit wissenschaftlichen Methoden betrieben werden kann. Wenn er die erzählte Lebensgeschichte mitsamt ihren Elaborationsprozessen in den Mittelpunkt stellt, verliert er die Richtung, in der die historische Wahrheit zu suchen ist, aus den Augen und konzentriert sich auf die Bedingungen der Elaboration. Aber schon für R. LAING war das *Leben des Patienten in seinem interpersonellen Mikrokosmos* [...] *der Kern jeder psychiatrisch-klinischen Biographie.*

Die biographisch orientierte klinische Anamnese begann in der Psychiatrie, sieht man von Ausnahmen wie den Beobachtungen des Baseler Stadtarztes F. PLATTER (1536-1614) über die biographischen Anamnesen seiner Patienten ab, um die Jahrhundertwende, bes. mit den Lebenslaufuntersuchungen VON W. DILTHEY (1895ff.), K. JASPERS (1909) und den Ergebnissen der *introspektiven Psychologie* (GAUPP 1921; vgl. TÖLLE 1998, S. 98ff.). R. GAUPP kommt dabei das Verdienst zu, die „Krankengeschichte" als Verlaufsgeschichte von der gesunden Persönlichkeit in die Krankheit zu verfolgen und zu verstehen. Dabei waren die Analysen von Krankheitsgeschichten auch Grundlagen für die Beschreibungen, für die medizinische Nomenklatur und die Einsichten in den Zusammenhang psychotischer Erkrankungen (KRAEPELIN). R. TÖLLE weist auch auf das Material hin, daß in Dichtungen - hier macht er besonders auf die Werke von E.T.A. HOFFMANN aufmerksam - und anderen autobiographisch geprägten Schriften vorliegt, in denen seelisches Leid mit Worten dargestellt wird, die dem Arzt und Wissenschaftler nicht zur Verfügung stehen. Diesen literarischen - und man müßte auch ergänzen: bildnerischen, künstlerischen Werken - kann der/die Arzt/Ärztin mit Unvoreingenommenheit begegnen, er/sie kann also eine Haltung einnehmen, die in der praktischen Arbeit häufig von der theoretischen Position mit ihren kennzeichnenden, aber emotional entleerten Begriffen überdeckt wird.

Mit U. HOFFMANN-RICHTER[129] wendet sich R. TÖLLE gegen das *Verschwin-*

den der Biographie in der Krankengeschichte: Er sieht in den neuen Beziehungsformen zwischen Arzt/Ärztin und Patient/Patientin, die sich mit den Möglichkeiten der medikamentösen, präventiven Therapie der Psychosen und Zwangskrankheiten in der ambulanten Behandlung ergeben, auch eine Chance, die Biographie des Patienten/der Patientin - anstelle der Symptomgeschichte - in das Verständnis des Krankheitsgeschehens einzubeziehen. Allerdings bemerkt er auch die Probleme, die bei der Publikation solcher biographisch fundierter Krankengeschichten auftreten und spricht damit auch die besondere Schwierigkeit der hier vorglegten Erörterungen an: Der Persönlichkeitsschutz gebiete eine Anonymisierung der lebensgeschichtlichen Daten, die *wissenschaftliche Redlichkeit* (TÖLLE) erfordere aber eine möglichst genaue Wiedergabe der Kranken-Geschichte, weil es sonst gerade beim kundigen Leser zu Mißverständnissen kommen könne. Wie er in einem längeren Zitat aus der Erörterung FREUDs mit dem bezeichnenden Titel *Mitteilungen eines der psychoanalytischen Theorie widersprechenden Falles* belegt, war diese Problematik schon 1915, also vor dem Daten- und Medienzeitalter, bekannt. FREUD hat sich gegen die Entstellung von Krankengeschichten ausgesprochen, R. TÖLLE ist (1998, S. 103) der Ansicht, daß das Problem *nicht optimal* zu lösen sei. Auch in unseren Interpretationen können nur die notwendigsten Angaben zu den einzelnen Leidensgeschichten veröffentlicht werden, weil die jeweilige Persönlichkeit der Bildner/innen geschützt werden muß. Scheinbar wird damit unserer Überzeugung, daß nur die Einsichten in den realen Kern des Mißbrauchsgeschehens zu einer angemessenen Interpretation der bildhaften Ereignisse führen, widersprochen; in Wirklichkeit verhält es sich aber so, daß der Leser sich darauf verlassen muß, daß in jedem Falle kenntlich gemacht wird, wo die lebensgeschichtlich gestützte Auslegung aufhört und die abstrahierende oder auch spekulative Analyse anfängt - auch wenn die privaten Ereignisse, die zu der Auslegung geführt haben, nicht deutlich wiedergegeben werden können.

Zweiter Teil

INTERPRETATIONSVERSUCHE

8. Zeichnungen als bildhafte Wiedergaben von Traumata nach sexuellen Übergriffen

8.1. Zur Einführung: Darstellungsentwicklungen sichtbar gemacht

> *Bei neueren Diskussionen über den Entwicklungsstillstand wird offensichtlich davon ausgegangen, daß* [...] *geschädigte Individuen entweder in Funktionszuständen, -stadien verbleiben oder unter entsprechenden beschleunigenden Bedingungen auf solche Zustände oder Stadien regredieren, die in früheren Entwicklungsphasen normal waren. Dies ist äußerst unwahrscheinlich. Statt ein bestimmtes früheres Niveau* [...] *widerzuspiegeln, ist die Pathologie durch eine bestimmte dysfunktionale Richtung der Entwicklung gekennzeichnet, die* [...] *eine gewisse, meist oberflächliche Ähnlichkeit mit jenen früheren Phasen aufweisen mag, aber sicherlich mit diesen Zuständen nicht gleichzusetzen ist und radikal verschiedene Prozesse und Fähigkeiten umschließt.*
>
> M.N. Eagle 1987, S. 181 (Unterstr. Wort i. Original kursiv)

Wir werden in diesem Teil unserer Darstellung von den vielen bildnerischen Dokumenten, die sich als Beispiele aus dem *großen Archiv der Unterdrückung* (Ginzburg) von Kindern anführen ließen, solche in den Vordergrund stellen, in denen sich die - neben den Auswirkungen von Folterungen - wohl extremsten Leidenserfahrungen manifestieren: die bildhaften Reaktionen auf sexuelle Übergriffe, Mißhandlungen und Ausbeutungen. Als Einstieg in die Betrachtung irregulärer Abläufe bildnerischer Entwicklung und als Einführung in ein Verlaufsmodell, in dem aus methodischen Gründen unsere eingangs skizzierten Vorstellungen von einem spiralartigen/wendeltreppenartigen Modell von Progression und Regression auf eine aufsteigende/absteigende Linie zurückgenommen worden ist, soll die Verlaufskurve eines Entwicklungsgeschehens verfolgt werden, das sich in den Bildern von Kindern abzeichnete, die von den Eltern wegen eines kurzen Krankenhausaufenthaltes (Tonsillektomie) getrennt worden sind. Diese (in ihrem Verlauf so nicht voraussehbare) Kurve, welche die Darstellungsentwicklung während eines überschaubaren Ablaufs von sechs bis acht Wochen wiedergibt, ist das anschauliche Ergebnis einer Studie, die sich mit kurzfristigen Veränderungen in der morphologischen und semantischen Struktur von bildnerischen Ereignissen beschäftigte (KÜNZLER-KNUFINKE 1991; 1993). Diese Fallstudie konnte die Hypothese bestätigen, daß sich schon die Erwartung eines bevorstehenden Krankenhausaufenthaltes und dann die Hospitalisierung selbst auch im zeichnerischen Geschehen kurzfristig durch Veränderungen im Formniveau wie im Sinngehalt der Bilder niederschlagen würde. Überrascht hat uns - die Untersuchende und den Autor als Themensteller -, welch heftige Reaktionen in zeichnerisch „überwundene" Stadien und bildnerische Neuformulierungen/Umformulierungen (Neologismen/Neoikonismen) die Ereignisse wiedergaben. Außerdem trat die Regeneration des Ausdrucksgeschehens in dem untersuchten Zeitraum nicht mit der erwarteten Deutlichkeit zutage, und es blieben Reste von regressiven zeichnerischen Materialien und Umformulierungen auch in den bildnerischen Dokumenten erhalten, die noch drei Wochen nach den Krankenhausaufenthalten produziert wurden. Leider konnte nicht durch eine weiterführende Untersuchung geklärt werden, wie man sich die „Totalremission", die man einige Monate nach dem Eingriff erwarten kann, vorzustellen hat.

Uns dient die Präsentation der Bilder (Abb. 36a-f), deren Entwicklung/Regression in dem angesprochenen Zeitraum in einer Kurve (Schema 3) in Beziehung zu der angenommenen Regelentwicklung gesetzt wird, als Modell für einen regenerativen Entwicklungsverlauf (eine bildnerische Remission), für ein Geschehen also, in dem nach den bildnerischen Neuformulierungen/Progressionen und den regressiven Abstürzen in überschaubaren Zeiträumen wieder ein Anschluß an die „Regelentwicklung" stattfindet. Wie wir mit dem umfangreichen einführenden Zitat aus den Untersuchungen von M.N. EAGLE (1987, 182f.) deutlich hervorheben wollten, führen auch bildnerische Regressionen, bes. solche, die durch Entwick-

Abbildung 36a

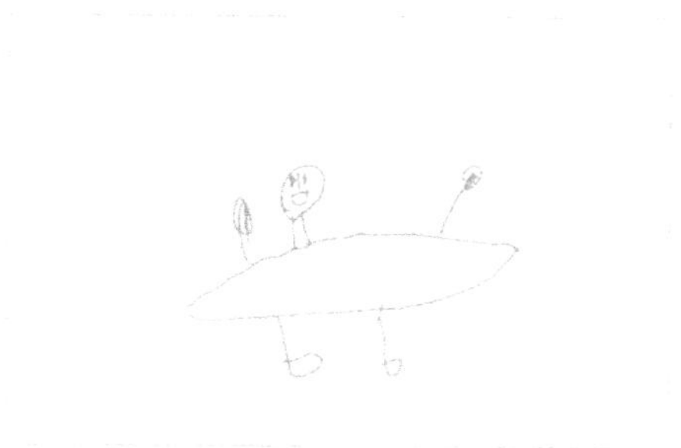

Abbildung 36b

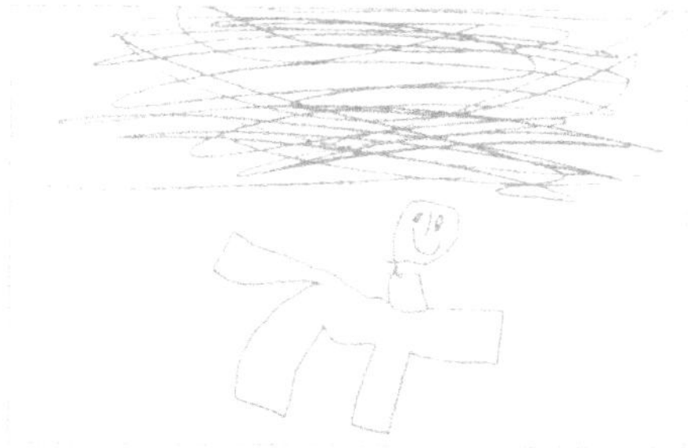

Abbildung 36c

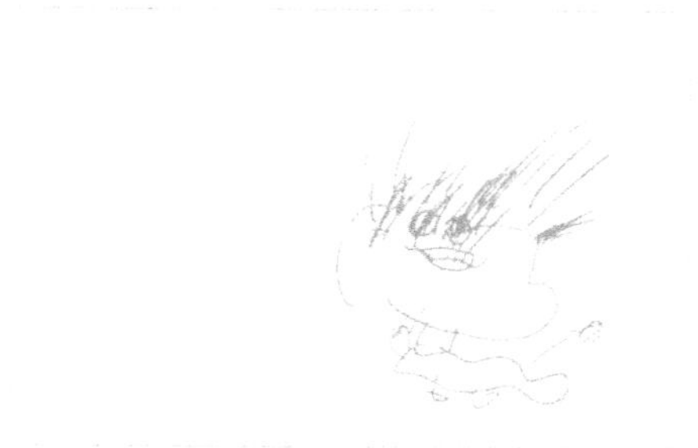

Abbildung 36d

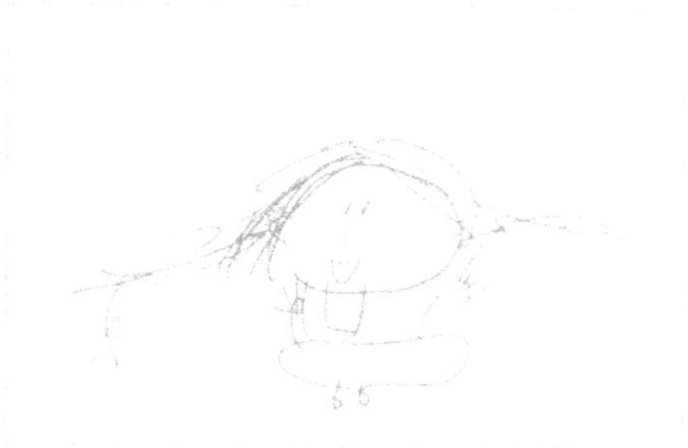

Abbildung 36e

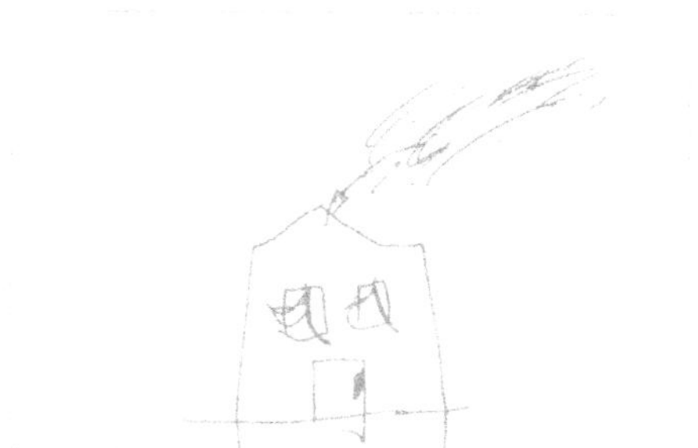

Abbildung 36f

lungsstillstände ausgelöst werden und weniger von strukturellen Konflikten bestimmt sind, nicht zu frühen, morphogenetisch überholten Bildfindungen zurück, sondern zu einer in jedem Falle eigenartigen Synthese von „altem" und gegenwärtigem Material, die als *Dekonstruktion* bezeichnet werden könnte, wenn der Begriff nicht so besetzt wäre. Wir wählen daher den Begriff der *Destrukturierung*, um die Abweichungen von den regulären Kon-

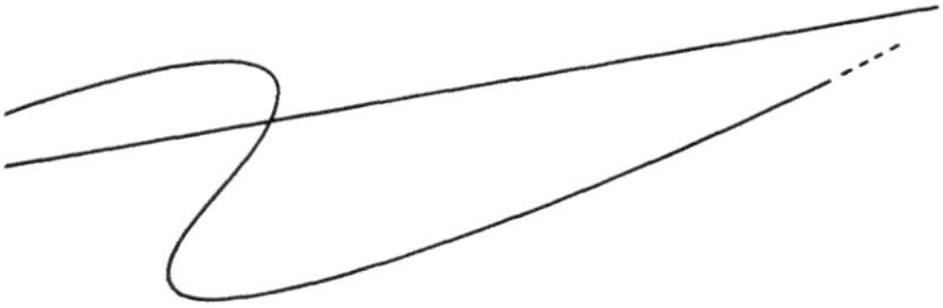

Schema 3

figurationen und den Aufbau eines andersartigen Bedeutungsschemas zu kennzeichnen. In der Tat lassen sich fast in jedem Bild Veränderungen in Gestalt von verzerrten, geschrumpften, auseinandergezogenen Formen entdecken, die sich nur allmählich regenerieren - d.h. sich wieder in Richtung auf altersadäquate Formbestände verändern. Da es sich bei einem solchen Krankenhausaufenthalt im Sinne der eingangs zitierten Auffassung von M.N. EAGLE um einen relativ kurzfristigen Entwicklungsstillstand handelt, der mit streßbedingten Störungen des Selbstwertgefühls und mit Ängsten um die Bindungskontinuität einhergeht, lassen sich die Auswirkungen auf die Entwicklung der bildnerischen Ereignisse vergröbernd in der angeführten idealtypischen Kurve kennzeichnen. Im Verlauf unserer Erörterungen wird sich zeigen, daß solche Kurvenmodelle im Hinblick auf die bildnerischen Ereignisse von hochtraumatisierten Persönlichkeiten schwerer festzulegen sind, weil auch die Konflikte von anderer Art sind.

8.2. Absturz und Remission oder *Seelenmord*[130], stückweise

In der nachfolgenden Analyse wird eine Serie von sechs Bildern eines Jungen vorgestellt, die während eines halben Jahres entstanden sind. Die Reihenfolge der Entstehung, die sich anhand von Zeitangaben auf den Bildern sicher bestimmen ließ, ist, wie die Überlegungen zeigen werden, von großer Bedeutung für die Einschätzung der traumatisierenden Wirkungen eines sexuellen Mißbrauchs durch ein männliches Familienmitglied auf das Ausdrucksgeschehen. Der etwa fünfeinhalb bis sechs Jahre alte Junge[131] war während dieser Zeit in psychologischer Behandlung; die Ehe der Eltern dieses Jungen war einige Zeit vorher zerbrochen und wurde während der Behandlung geschieden. Die Verlaufsgeschichte der Zeichnungen, so wie wir sie darstellen wollen, wäre nur unvollständig aufzuklären, wenn der Therapeutin nicht bekannt gewesen wäre, daß der Junge noch während der Therapie den männl. Täter in Abständen von drei/vier Wochen zu besuchen hatte. Den Hintergrund dieser Serie von Zeichnungen bildet mit dem Mißbrauch eines Jungen durch einen Mann damit eine Form des sexuellen Mißbrauchs, die in der Literatur erst seit 1960 regelmäßig beschrieben wird und in den frühen psychologischen/psychoanalytischen Studien als ein *relativ* [...] *gutartiges Bild der Dynamik* mit geringen Auswirkungen auf das Lebensschicksal des jeweils betroffenem Jungen dargestellt worden ist (HIRSCH 1990, S. 160f.). Diese Auffassung von einer verhältnismäßig *benignen* Form des Mißbrauchs an Jungen durch männl. Täter läßt sich aber nach neueren Untersuchungen, die von M. HIRSCH zusammengestellt worden sind, nicht halten: In den relativ wenigen Fällen, die von den Autoren (z. B. VAN DER MEY 1988; AWAD 1976 u.a.) katamnestisch bis zum Mißbrauchsgeschehen - das sehr unterschiedlich ausgebildet sein und: von der erzwungenen Masturbation bis zur analen Vergewaltigung reichen kann - verfolgt werden konnten, fanden sich in der Adoleszenz bzw. im frühen Erwachsenenalter gehäuft Störungsbilder wie Angstzustände, Depressionen, Handlungen mit autoaggressiven Zügen, Suizidalität und auch *psychotische Zusammenbrüche.* Auch die Serie der Bilder dieses Jungen soll belegen, wie umfassend die Traumatisierung des Kindes in das Ausdrucksgeschehen eingreift.

Die Reihe der vorliegenden Bilder (Abb. 37a-f) beginnt mit einer Zeichnung, die - für sich genommen - einer Analyse großen Widerstand entgegensetzen würde: Wir sehen uns mit einer Ansammlung von diskreten Figurationen konfrontiert, die auf ein Zeichenalter zwischen dem dritten und dem vierten Lebensjahr verweisen würden, wenn nicht der Regenbogen in der linken Bildecke, der eine Differenzierung der Farbbahnen von Schwarz nach Rot zeigt, auf ein höheres Alter schließen ließe. Von diesem Zeichen abgesehen, läßt sich bei einer deskriptiv-morphologischen Betrachtungsweise also als erstes feststellen, daß die figurative Struktur des Bildes eine Retardierung um ca. zwei Jahre aufweist. Da eine Verzögerung in der intellektuellen Entwicklung des Kindes ausgeschlossen werden konnte, läßt sich diese Retardierung nur mit Problemen im emotionalen Bereich erklären. Den weiteren Figurationen des Bildes, die als ein nach unten offener Kreis rechts neben einem pfeifenartigen Zeichen sowie als ein M-artiges Zickzackgebilde unter einer augenförmigen Spirale beschrieben werden können, lassen sich auf der bisher dargestellten Ebene von semantischen Beziehungen kaum Bedeutungen zuweisen. Nur der angesprochene Regenbogen hat in Bildern mit Konflikthintergründen eine aufklärbare symbolische Bedeutung, die sich sprachlich als „Ruf nach Hilfe" („Warum hilfst du mir nicht"), „Hoffnung auf Versöhnung" übersetzen ließe. In Bildern von depressiven Erwachsenen, in denen das Motiv Regenbogen oft zu finden ist, wird eine vergleichbare Bedeutung zum Ausdruck gebracht. An diesem

Bildelement läßt sich die Säkularisierung eines (ambivalenten: Versöhnungszeichen und Weltgericht) religiösen Symbols verfolgen, dem aber heute bei aller verschwenderischen Verwendung als Firmenlogo und Zeichen für Lebensmittel aus „natürlichem Anbau" o.ä. noch immer das ursprüngliche Motiv des Heilsversprechens und der Hoffnung auf Frieden innewohnt. Dieses Symbol kann als besonders anschauliches Beispiel einer tradierten Bedeutungsgebung angesehen werden, die sich auch nur durch eine kulturhistorisch orientierte Interpretation erschließen läßt. Von den anderen Bildelementen läßt sich auf der bisher skizzierten semantischen Ebene nur sagen, daß mit dem Kreis wohl eine frühe Menschfiguration, über der im Original der Name des Zeichners steht, aufgegriffen wird und neben ein gezacktes Bildereignis gestellt wird, das von einer augenartigen Spirale „überwacht" wird. Solche Augendarstellungen sind uns aus vielen Bildern von (prä-)psychotischen Persönlichkeiten bekannt und erinnern an das sog. *paranoide Auge* (NAVRATIL u.a.).

Im nächsten Bild (Abb. 37b), das etwa einen Monat später entstanden ist, hat sich die bildliche Konfiguration völlig verwandelt: Anstelle des regressiven Formmaterials mit diskretem Charakter, kaum zu bestimmender Inhaltlichkeit und Bedeutungsgebung wird eine narrative Szene vorgestellt, die in ihrer differenzierenden Darstellung von Personen und Dingen dem tatsächlichen Lebensalter des Jungen wesentlich näherkommt. Der Vergleich der Konfigurationen beider Bilder und ihre zeitliche Nähe erhärten die Feststellung, daß es sich bei dem ersten Bild um ein schwer verständliches, regressiv-privatistisches (destrukturiertes) Ereignis handelt, das sich nur im Zusammenhang mit den anderen Bildern der Sequenz verstehen läßt. Die angesprochene Szene des zweiten Bildes wird von einem Haus mit je zwei Fenstern und Türen gebildet, bei dem aus der großen, zentral gelegenen Tür eine menschliche Figur mit seitlich ausgestreckten Armen tritt bzw. in der Tür steht. Der Aufbau der Figur (Rock) läßt darauf schließen, daß es sich um eine Frau handelt. Auf der linken Seite des Bildes stehen/gehen zwei Gestalten, eine größere und eine kleinere. Der kleinere Mensch streckt die Arme aus, ohne daß man aus dem Bild selbst genau erkennen könnte, ob es sich um eine abwehrende oder eine anklammernde Geste handelt: Bestimmte Elemente der Lebensgeschichte, die nicht weiter ausgeführt werden können, geben uns jedoch sichere Hinweise darauf, daß wir eine Abschiedsszene vor uns haben.

Von den zwei Kaminen auf dem Dach des Hauses entspricht der größere rechts der optischen Achse der Hausansicht, der zweite links ist in der sog.

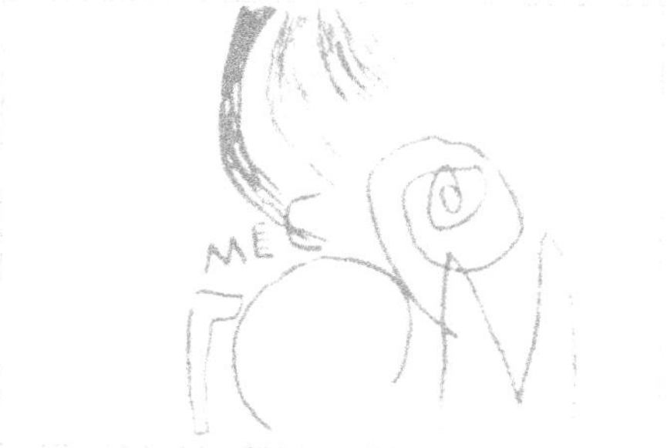

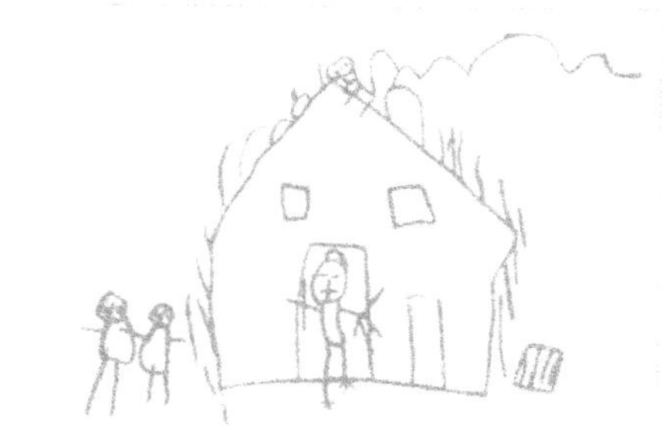

Abbildung 37a

Abbildung 37b

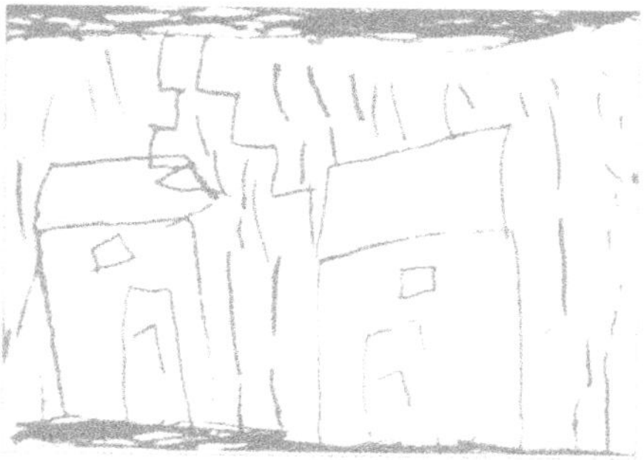

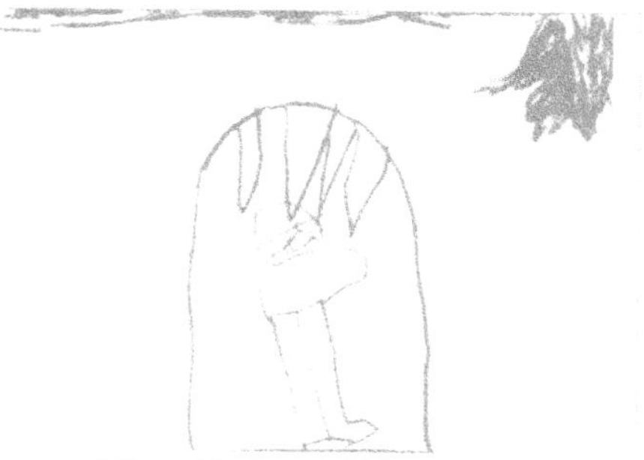

Abbildung 37c

Abbildung 37d

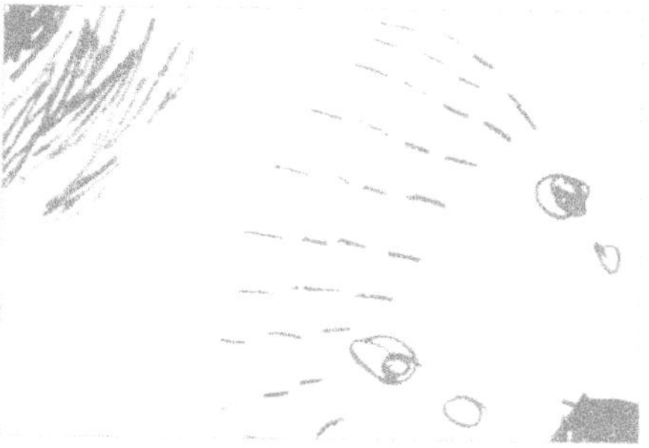

Abbildung 37e

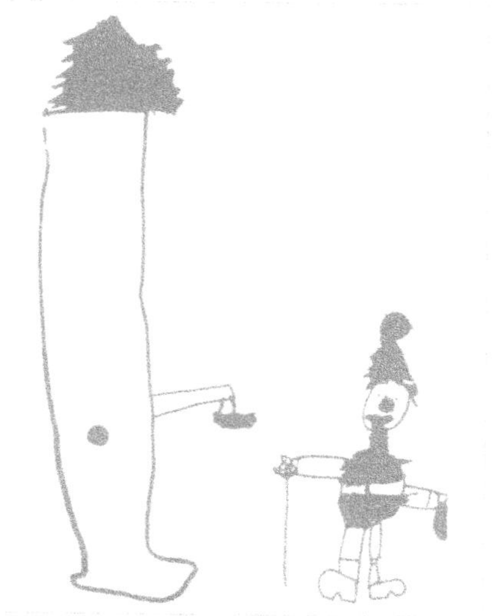

Abbildung 37f

R-Darstellung wiedergegeben, d.h. er steht senkrecht zur waagerechten Dachlinie. Die Umrißlinie des Hauses wird von horizontal verlaufenden Linien berührt bzw. durchbrochen, deren Funktion uns aus dem nachfolgenden Bild (Abb. 37c) deutlich wird, das in derselben Zeit entstanden ist. Es zeigt zwei Häuser, die auf einer (grünen) Bodenlinie stehen und von Regenlinien eingeschlossen werden, die aus einer (blauen) Himmelszone fallen. In jedes der Hausdächer schlägt ein Blitz ein, wobei die Zickzacklinien der Blitze eine Art verbindende Treppe zum Himmel bilden. Auf den Dächern sind - entgegen der Leserichtung - im Orginal Silben eingezeichnet, die zusammengenommen den Vornamen des Jungen ergeben. Neben der metaphorischen Bedeutung („da müßte doch der Blitz einschlagen"), welche als Reaktionen auf die Auseinandersetzungen im häuslichen Bereich zu verstehen sind, haben die Darstellungen von Regen und Blitzen auch eine abschirmende - und in ambivalenter Weise - eine Wut ausdrückende Funktion. Für den Zeichner enden die Auseinandersetzungen zwischen den Partnern in zwei gleichartigen Häusern mit je einem leeren Fenster und je einer verriegelten Tür. Durch die Aufteilung seines Vornamens auf die beiden Häuser bringt er zum Ausdruck, daß seine Person auf zwei „Heimstätten" verteilt worden ist oder werden soll. Wir können diese narrative Darstellung mitsamt dem „verteilten" Namen im Vorgriff auf unsere zusammenfassende Analyse den ich-syntonen, zumindest zeitweise intendierten Motiven zurechnen.

Bei der Interpretation der beiden letztgenannten Bilder, welche insgesamt die familiäre Situation des Jungen wiedergeben, konnten wir uns auf darstellende Figurationen und deren tradierte, medial transportierte Bedeutungen stützen, die bei jedem Bildner durch eigene Erfahrungen und Erlebnisse individualisiert werden: Das Haus als Schutzgebilde, aber auch als einschließendes Gehäuse, bewohnt oder verlassen, eine Abschiedsszene vor einem Haus mit ihren Schmerzen und Leiden, das angstauslösende Gewitter, der Einschlag der Blitze, stabilisierende Boden- und Himmelslinien oder destabilisierende „leere" Bildkanten vermitteln uns Einblicke in ein bedrohtes, desorganisiertes Mikrosystem, das von Spaltung und Auflösung bedroht ist, oder auch in eine „furchtbare" Lebenssituation, der sich das Kind ausgesetzt sieht. Bei der Analyse des folgenden Bildes (Abb. 37d) versagen aber diese Auslegungsmechanismen zum großen Teil wieder. Wir sehen ein aus der Bildmitte nach rechts verschobenes Tor oder einen Durchgang, von dessem oberen Bogen vier zahnartige Gebilde auf ein armloses, hochbeiniges Wesen zukommen bzw. in dieses Wesen eindringen, dessen Gesicht verkritzelte - im Sinne einer Darstellung: unspezifische - Formen aufweist und dessen Körper aus einer geschrumpften, birnenförmigen Gestalt besteht. Damit wir über die Identität dieses Wesens nicht im unklaren bleiben, hat der Junge neben diesen Torbogen in großen Blockbuchstaben seinen Vornamen gesetzt - wiederum abeichend von der Leserichtung von unten nach oben, was in diesem Zusammenhang wohl nur bedeutet, daß er noch nicht „richtig" schreiben gelernt hat. Alle diese Ereignisse sind unter eine dünne (blaue) Himmelslinie gesetzt. Wir verweisen noch auf die fehlenden Zeichen für Arme und Hände, die bei Kindern, die morphogenetisch solche zeichnerischen Figurationen schon ausgebildet hatten, ein vieldeutiges, regressives Phänomen darstellen, das in der Regel auf ein konflikthaftes Geschehen hinweist, dessen Kern in einer Beziehungsstörung besteht. In eine ähnliche Richtung verweisen auch die unkenntlich gemachten Gesichtsformen - sie haben aber hier, wie aus der Lebensgeschichte hervorgehen wird, noch eine spezifische Bedeutung: Tor und Zähne lassen auf erschreckende, destuierende Erfahrungen schließen, die beim Eintritt in ein Haus (Tor) und/oder beim Übergang in eine andere Lebenssituation gemacht wurden und die gleichzeitig eine besondere Form von sexuellem Mißbrauch signalisieren.

Bis zu dieser Stelle konnte die Analyse den in den vorhergehenden Abschnitten skizzierten Vorgaben für solche Interpretationsverfahren folgen, die von morphologischen Entwicklungslinien (und den auffälligen und darum bedeutsamen Abweichungen in diesen Ereignisfolgen) sowie von den tradierten und individualisierten Bedeutungen dieser Formen und Gegenstände ausgehen: Ohne Kenntnis von den besonderen biographischen Hintergründen könnten wir zwar die Belastung dieses Kindes durch den (einen) häuslichen Zwist an den formalen und inhaltlichen (erzählenden) Strukturebenen ablesen, wir blieben aber im unklaren über die spezifische Form von Bedrohung, die besonders in der zuletzt analysierten Zeichnung zum Ausdruck gebracht wird. Das nächste Bild (Abb. 37e) versetzt uns zumindest in die Lage, das Gewicht dieser Belastung zu ermessen. Das vorliegende Bild spricht von Angst und Schrecken: Die Regression führt zur Auflösung von strukturierenden, kompositionellen Bildmitteln sowie zum Wegfall der konturierenden Linien. Die Binnenzeichen für das Antlitz „fliegen" durch den Bildraum, die Regentropfen, die in den vorhergehenden Bildern das Katastrophale der Situation auszudrücken hatten, werden als Haare zu Teilen des Körpers, die Augen weinen, der Mund wird zum schwarzen Loch, das gerade noch über den Bildkanten unten rechts auszumachen ist. An der linken oberen Bildekke erkennen wir wiederum den Regenbogen; auch er wird in das Fliegende oder Schwimmende dieser kompositionellen Organisation einbezogen; er scheint sich zu entfernen, während die einzelnen Figurationen des Kopfes so wirken, als würden sie untergehen. Im Vergleich mit dem vorigen Bild - in der tatsächlichen Abfolge der Zeichnungen: mit dem vorletzten Bild -, in dem die Erfahrungen von Verletzungen und Angst noch mit bildnerisch-erzählenden Mitteln ausgedrückt werden konnten, dominieren auf diesem Bild wiederum die regressiv-destrukturierten Zustände, die wir schon auf der ersten Zeichnung kennengelernt haben: Der Rückfall in die infantilen Figurationen ist allerdings, vergleicht man das Darstellungsalter der beiden Bilder, weniger tief. Die vorliegende Zeichnung besteht aus einem Gemenge von frühen kompositionellen Mustern (*Streubilder*) und altersadäquaten Konfigurationen (Augendarstellung), wobei die Gesamtorganisation des Bildes weder dem einen noch dem anderen Bildkonzept folgt, sondern als Kombination von beiden eine besondere Art von Fragmentierung aufweist, die wir schon lange von Bildern psychotisch erkrankter Persönlichkeiten oder auch als *Durchgangssyndrom* aus den bildnerischen Äußerungen von Patienten mit Schädeltraumata[132] kennen. In unserem Beispiel können wir von einem bildnerischen Schockzustand sprechen, der sich bis in die formale und inhaltliche Ebene auswirkt.

Im letzten Bild dieser Reihe (Abb. 37f), welches einige Wochen später entstand und einen Nikolaus samt Strumpf voller Geschenke zeigt, hat wiederum - jetzt zum dritten Mal in der vorliegenden Serie - eine Reorganisation der darstellenden Mittel eingesetzt: Wir erkennen rechts den Nikolaus mit (roter) Mütze samt eingezeichnetem Kreuz (Mitra) über einem Gesicht, dessen identifizierbare Zeichen für die einzelnen Merkmale differenziert (rot) eingetragen sind. Ein (rotes) Gewand mit einer Art waagerechten Spalte bedeckt den Körper über den völlig ausgebildeten Beinzeichen. Die - im Vergleich zu der Zeichnung mit dem Abschiedsmotiv - „plastisch" dargestellten Arme sind wiederum ausgestreckt, die linke Hand hält einen Stock, die rechte eine Art Beutel. Der phallusartige „Strumpf" auf der linken Bildhälfte überragt den „Nikolaus" bei weitem. Aus seiner (grünen) Öffnung kommen Geschenke(?); an einer Art Armstumpf hängt ein grünes Körbchen.

Die Entwicklungskurve des bildnerischen Geschehens, die sich am Ende unserer Analyse gestalten läßt, zeigt in einem zickzackartigen Verlauf (Schema 4), daß jeweils auf Bilder[133] mit regressiv-fragmentiertem Formmaterial und destrukturierten, frühen Organisationsformen Bilder mit altersadäquat

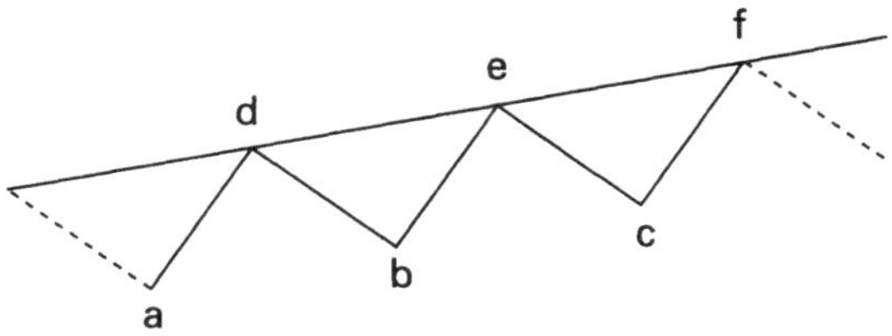

Schema 4

ausgebildeten Konfigurationen folgen, die szenisch-erzählenden Charakter haben: Bildnerisch regressive und nahezu altersadäquate Phasen wechseln also miteinander ab, wobei die regressiven Figurationen auf „unaussprechliche" Verletzungen, Angst und Depersonalisationserscheinungen verweisen, die altersadäquaten auf eine gewisse Restitution mit dem Bedürfnis nach Ansprache und Aussprache, nach Schutz und Wiederherstellung der früheren Lebenssituation. Im letzten Bild verdichten sich diese Ängste und Wünsche einmal in der Gestalt des strafenden und belohnenden Nikolaus und zum anderen in dem übergroßen Strumpf als „Phallus mit Phallus", der auf der tiefenpsychologische Ebene als Versuch gewertet werden kann, das Unaussprechliche zu verraten, das Geheimnis zu brechen. Die beiden Pole der angesprochenen Entwicklungslinie ließen sich auch mit den Begriffen „Symbolisierung-Desymbolisierung" beschreiben, wobei wir mit G. BENEDETTI (1975; 1987 u.a.) Symbolisierung als Remissionsform einer gestörten bzw. als Ausdruck einer ungestörten Kommunikation und Desymbolisierung als bildhafte Manifestation des nicht integrierbaren (zur Verdrängung anstehenden) Erlebnismaterials anzusehen ist: Diese Charakterisierung entspricht den wechselnden Erfahrungen des Jungen, der jedesmal, wenn er das Familienmitglied besuchen mußte, sexuell mißbraucht, zu oralen Befriedigungen und manuellen Masturbationen gezwungen wurde. Da die meisten Kinder nach der Trennung den Kontakt zu den früheren Partnern bewahren möchten, sogar mit *notdürftigen Mitteln ein Bild von ihnen aufrechtzuerhalten* versuchen (KRUSE 1991, S. 195), trifft dieser Vertrauensbruch das Kind in dieser Situation besonders schwer und erklärt die bildnerischen Totalregressionen, die nach dem jeweiligen Aufenthalt bei dem männlichen Familenmitglied dem psychischen Ausnahmezustand des Kindes entsprachen.

9. Progression und Dissoziation oder Eine Leidensgeschichte in Bildern

In einer Serie von etwa 30 Bildern aus verschiedenen Lebensphasen, die dem Autor von einer heute ca. dreißigjährigen Frau anvertraut wurden, las-

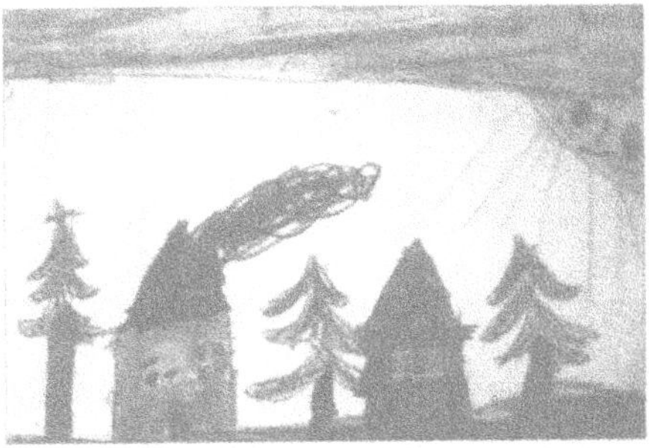

Abbildung 38a

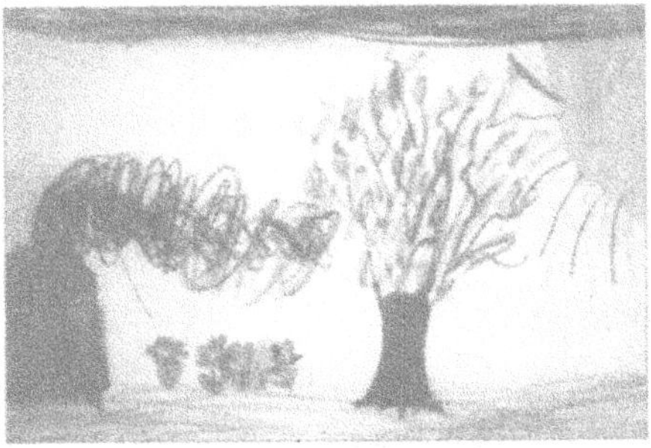

Abbildung 38b

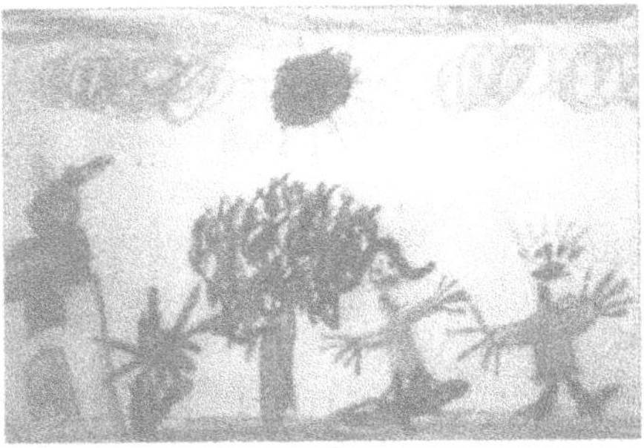

Abbildung 38c

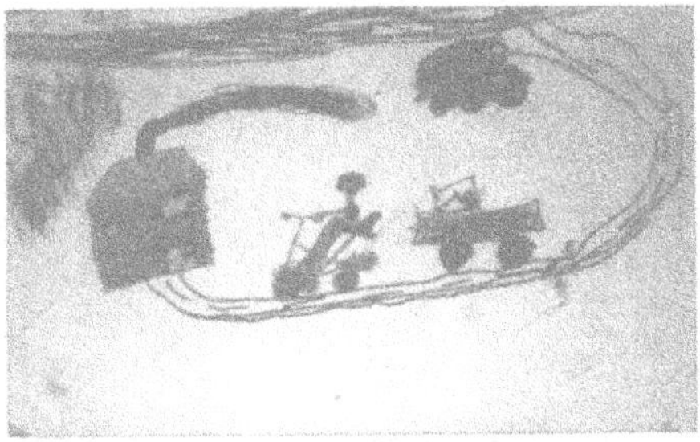

Abbildung 38d

sen sich solche Zuordnungen zu einer bestimmten Verlaufsgestalt nicht mit dieser Genauigkeit vornehmen, weil nach den Erinnerungen von Frau M. die frühen Zeichnungen nur global einem Alter von vier bis sechs Jahren zugerechnet werden können. Zu Beginn dieses Lebensalters erfolgte nach den Angaben von Frau M. der Mißbrauch durch ein männliches Mitglied des engeren sozialen Umfeldes, zuerst in Form von erzwungenen oralen „Befriedigungen"; am Ende dieser Zeit und bis etwa zum neunten Lebensjahr auch durch Penetration.

Die ca. 20 frühen Bilder lassen sich in zwei Gruppen aufgliedern, die sich in der Art und Weise der Verschlüsselung von Mitteilungen in gegenstandsanalogen/strukturerhaltenden Darstellungen unterscheiden. Allgemein gesehen sind aber die Merkmale der schweren Traumatisierung weniger eindeutig als in dem vorangehenden Beispiel zu erkennen, weil diesen frühen Bildern von Frau M. das Moment der totalen Regression mit Fragmentierungen, Destrukturierungen und/oder Verschmelzungen fehlt. Merkmale dieser Art tauchen aber in späteren Werken von Frau M. auf, vor allem in

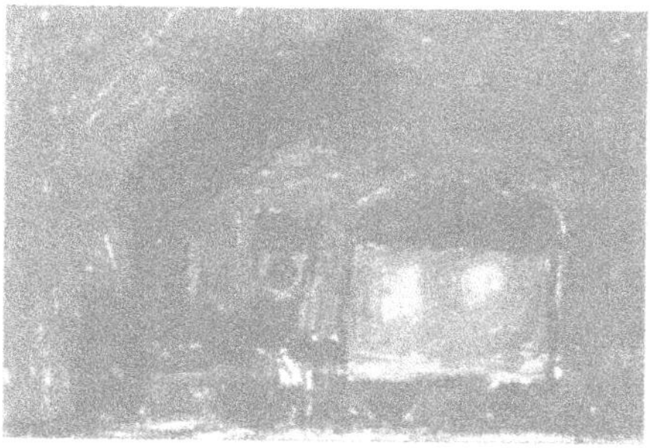

Abbildung 38f

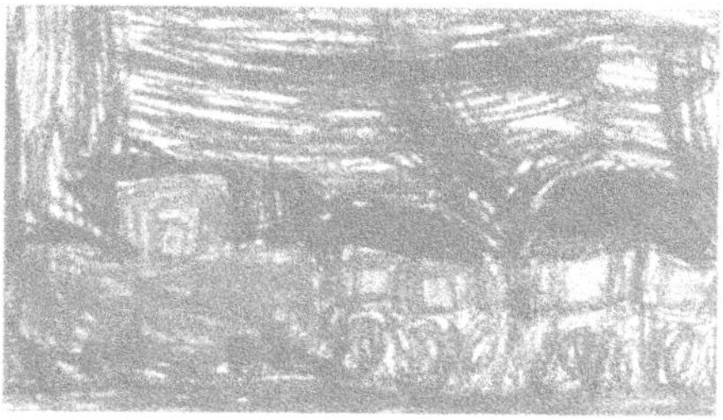

Abbildung 38g

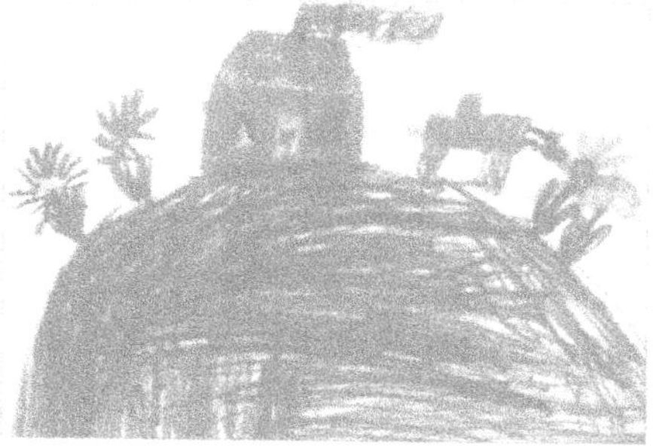

Abbildung 38g

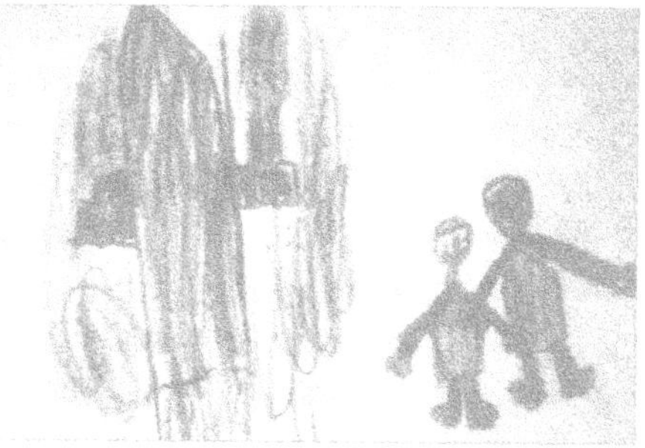

Abbildung 38d

den wenigen Bildern, die der Autor aus der Zeit der Klinikaufenthalte der Patientin einsehen konnte.

Die vier frühen Bilder, die hier als erste Gruppe vorgestellt werden sollen, wirken auf den ersten Blick wie Illustrationen einer beschützten, konfliktarmen Kindheit, weil in den Darstellungen von Bäumen, Häusern, spielenden Kindern u.a. die Gegenstände einer unbeschwerten Kinderzeichnung vorgeführt werden. Die vier Bilder dieser Gruppe, die auch als repräsentativ für etwa die Hälfte aller Bilder aus dieser Zeit stehen, zeigen ein hochentwikkeltes, mindestens altersadäquates kompositionelles System, in dem besonders die Raumstruktur - der beste Indikator für bildnerische Reaktionen auf krisenhafte Ereignisse und für den Intelligenzstatus - „unversehrt" in Erscheinung tritt. Erst einem „zweiten", von der Kenntnis der anderen Gruppe von Bildern geschärften Blick fallen Merkwürdigkeiten/Veränderungen in der Motivstruktur auf, die zu denken geben: So zeigt das erste Bild (Abb. 38a) - wie angemerkt: ohne Zuordnung zu einem zeitlichen Ablauf - das bereits angesprochene „Zwei-Häuser"-Motiv in einer moderaten Fassung, eingerahmt durch drei Bäume. Fenster und Türen des rechten, schwarzen Hauses, das von einer dominanten Sonne „beschienen" wird, sind rot; im blauen Haus links sind die Tür und das darüberliegende Fenster rot, das danebenliegende Fenster ist braun/schwarz. Besonders auffällig - auch als wiederkehrendes Motiv fast aller Bilder - ist die nach rechts gerichtete schwarze Rauchfahne, die direkt aus dem Dachstuhl zu kommen scheint. Wie in anderen „Zwei-Haus"-Darstellungen wird auch hier durch die übergroße Rauchfahne das Innere eines Hauses als besonders bedroht/bedrohlich charakterisiert. Im nächsten Bild (Abb. 38b) tritt diese Rauchfahne noch stärker in Erscheinung; sie bewegt sich nach rechts auf einen hellen Baum zu, der wiederum von einem übergroßen Sonnenzeichen beherrscht wird. Über der Rauchfahne hatte die Zeichnerin groß ihren Namen eingetragen, der für die Abbildung gelöscht werden mußte. Die beiden anderen Bilder (Abb. 38c u. 38d) weisen narrative Inhalte auf, die sich für das zweite Bild relativ leicht formulieren lassen - *Ich mit meinem Rad/Roller vor dem Haus mit einer Spielgefährtin usw.* - während die dargestellte Szenerie des zweiten Bildes nur schwer zu bestimmen ist, weil sie sehr komplex ist und, wie wir in der Zusammenfassung zu zeigen versuchen werden, verschiedene Stadien von Verschlüsselung bzw. Bewußtheit „vorzeigt". Vorsichtig ausgedrückt, könnte eine Übertragung in eine sprachliche Formulierung lauten: *Da ist ein unsicheres, abstürzendes Haus mit einem „bösen"* (roten) *Fenster, von dessen Dach ein Vogel wegzufliegen, sich zu retten versucht. Ich verfange mich mit meinen Haaren in einem Baum und stehe neben einem zornigen* (angsteinflößenden?) *Menschen, der mich wegzuziehen versucht.*

Die vier anderen Bilder, die für die zweite Gruppe von zeichnerischen Ereignissen stehen sollen, weisen durchgehend andere Realisationsmittel und andere Erzählmodi auf. Als erstes wird man mit einer düsteren, „expressiven" Farbgebung konfrontiert; so zieht sich - ungewöhnlich genug in diesem Lebensalter - bei den ersten zwei Bildern (Abb. 38e und 38f) eine Art Himmel in roter bzw. schwarzer Tönung über die gesamte Bildfläche. Die Bilder, die jeweils einen Eisenbahnzug darstellen, der sich nach links (in die Vergangenheit oder hier: in die falsche Richtung) bewegt, weisen eine Art korrespondierende Farbigkeit auf: Wie bei dem einen die schwarze Lokomotive mitsamt einer langen Rauchfahne[134] von dem roten „Himmel", so wird bei dem anderen die rote Lokomotive von dem schwarzen himmelartigen Ereignis eingeschlossen. Da Kinder in diesem Alter in der Regel keinen Gesamthorizont und besonders nicht in wechselnder expressiv-affektiver Farbigkeit darstellen, muß diese außergewöhnliche Realisation zu den vorausgreifenden, progressiven bildnerischen Reaktionen gerechnet werden. Diese offensichtlich nicht so seltenen Ereignisse machen aber in diesem Falle aus der Fahrt mit dem Zug, einem spannenden und glückbringenden Erlebnis für Kinder, ein dramatisches, ja tragisches Geschehen, das wohl von (vergeblichen) Fluchtversuchen - etwa Reisen zu Verwandten o.ä., die mit Unterbrechungen der sexuellen Mißbrauchshandlungen verbunden sind - oder auch von Fluchtphantasien handelt. Wie wichtig das Motiv der Zugfahrt war, können wir daran erkennen, daß in einem Bild aus der Zeit des Klinikaufenthaltes (vgl. Abb. 39), das wir am Ende unserer Reihe von Bildern dieser Persönlichkeit präsentieren und das in einer Art bildnerischer Reminiszenz viele Elemente früher Bilder wieder aufgreift, der nach links fahrende Zug, die Lokomotive mit rauchendem Schornstein und vier Wagen zu erkennen sind.

Das dritte Bild (Abb. 38g) der hier besprochenen Gruppe stellt mit einigen anderen dieser Sorte die topologische Sicherheit (Oben/Unten - Links/-Rechts) in Frage, die in den Bildern der ersten Gruppe so scheinbar unerschütterlich vorgetragen wird: Auf einem „halben" Globus stehen bzw. rutschen ein Haus mit der obligaten Rauchfahne, ein Auto und links und rechts je zwei Blumenbüsche. Das letzte Bild (Abb. 38h) soll zu der tiefenhermeneutischen Interpretation überleiten, von der wir uns einen Zugang zu dem besonderen Bedeutungsgehalt versprechen, wenn die morphologisch und kognitionstheoretisch orientierte Auslegung von tradierten und biographischen Motiven nicht weiterführt. Eine solche konventionelle Auslegung würde in unserem Falle, kurz zusammengefaßt, herausarbeiten können, daß es sich bei den vorliegenden Bildern um altersadäquate bzw. vorgreifende Bildlösungen von schwankender ästhetischer Qualität und Bedeutungstiefe handelt, in denen allgemeine, traditionsgebundene bildhafte Gegenstände in einer (hoch-)intelligenten bildnerischen Verarbeitung vorgestellt werden und in denen autobiographische Motive auf dramatische Erlebnisformen von Unsicherheit, Angst und instabilen Selbstwertgefühlen verweisen. In einem graphischen Diagramm, das diesem Ausdrucksgeschehen gerecht werden wollte, müßten die Standorte für die belasteten, „dunklen" Bilder oberhalb der allgemeinen Entwicklungslinie angesetzt werden, weil sie in der Verwendung von Raummodellen und Farbvorstellungen dem Zeichenalter voraus sind.

Da uns das skizzierte Sinngefüge angesichts der biographisch belegten Ereignisse[135] nicht genügt, versuchen wir in einem kurzen tiefenhermeneutischen Exkurs den latenten Bedeutungen auf die Spur zu kommen. Wir gehen dabei von den Begriffen Verbildlichung und Verdichtung aus, deren Bedeutung wir im Kapitel 6 erläutert haben, sehen aber mit D. MELTZER (1988), S. MENTZOS (1992) u.a. in der Verbildlichung nicht nur die *Fassade* (FREUD) für die nicht-bildhaften *Grundgedanken* - wir spielen hier auf den oft herausgestellten Verbalismus der Hermeneutik[136] FREUDs und seiner Nachfolger an -, sondern die „Schauseite" der vorbewußten/unbewußten Organisation psychischen Materials. Die verbildlichende Fassade, wenn man bei diesem Ausdruck bleiben will, der in Anlehnung an das anschauliche Bild eines architektonischen Gebildes ja auch eine positive Aussage enthält, kann als integrales Bild der gesamten psychischen Architektur, als Ausdruck der Plastizität der psychischen Systeme angesehen werden, die in den bildhaften Manifestationen eine konstruktive *Kooperation* (FREUD) eingehen. Mit einer Formulierung von K.R. EISSLER (1975, S. 37ff.) kann man feststellen, daß in der (künstlerischen) Produktion eine *Aufhebung der intersystemischen Konflikte* erfolgt und dabei die unbewußten Anteile *organisierend* auf die produktiven Ereignisse einwirken[137].

Wir haben das letzte Bild (Abb. 38h) auch deshalb als Überleitung zu der tiefenpsychologisch orientierten Analyse vorgeschlagen, weil die Interpretation dieses Ereignisses sich auf eine Auslegungsform stützen kann, die man als *symptomatisch* bezeichnet hat und bezeichnen kann. Diese Art der Interpretation reduziert die Bedeutungen von bestimmten bildhaften (in diesem Falle: raketenhaften) Repräsentationen auf einen überschaubaren Katalog von Sinnfiguren mit erotisch-sexuellen Triebmanifestationen und Es-Materialien. Nicht zuletzt hat diese, von FREUD vorbereitete Betrachtungsweise[138] das psychoanalytische Interpretieren so in Verruf gebracht, weil sie die Aufdeckung der komplizierten Übertragungswege von tradierten Bedeutungen und individualisierten Sinnfiguren auf bildnerische Inhalte und Formen simplifizierend auf die Suche nach Objektivationen mit Phallus-Analogien reduziert. Wie unsere Bildbeispiele zeigen, kommen diese Formen von relativ festen Symbolisierungen in den Bildern von extrem traumatisierten Heranwachsenden vor, sie bilden aber nur ein Element des Verdichtungs- bzw. Verschiebungsspektrums, der Ersetzung der latenten, verdrängten Inhalte durch manifestierendes Material. *Verschiebung* gilt dabei als die originäre psychoanalytische Kategorie, weil sie für FREUD (z. B. in der *Traumdeutung*, G.W. II/III, S. 310) zum einen die wissenschaftliche Deutung des Traumes von den vielen vorhergehenden „symbolisierenden" Traumdeutungen unterscheidet und weil sie zum anderen über die Traumbildung hinaus, als übergreifendes Merkmal von neurotischen Verhaltens-

und Ausdrucksweisen gilt und damit theoretisch zu einem grundlegenden Element der allgemeinen Neurosenlehre wird. Wir benutzen den Begriff der Verschiebung hier als Arbeitsbegriff weiter, obwohl wir mit J. PIAGET (1969, S. 246f.) davon ausgehen, daß dieses Phänomen sich auch als extremer Teil der Verdichtung erklären läßt (RICHTER 1997, S. 272ff.).

Die bildnerischen Konstellationen von drei der vier Bilder aus der ersten Gruppe weisen Hauszeichen auf, die durch charakterisierende Merkmale (wie Anzahl und Gestaltung von Fenstern, Türen und der Rauchwolken bzw. des wegfliegenden Vogels) als unheilvolle, verschlossene Gehäuse dargestellt werden, in denen sich für die Zeichnerin unverständliche, mit sexuellen Übergriffen (Rauchfahne) verbundene Ereignisse abspielen. Bei zwei Bildern ist das Haus an den Rand gedrängt bzw. „steht auf der Kippe", um die Schutzlosigkeit eines Gebildes auszudrücken, das in der Regel als Symbol familiärer (mütterlicher) Sicherheit gelten sollte. In der Ausgestaltung dieses Motivs kommen auch wohl die Trauer und der Schmerz über die Haltung der Mutter zu Tage, die keinen wirksamen Schutz gegen die Mißhandlungen des Mannes bot. Außerdem steht das Haus in diesen Bildern (Abb. 38a u. Abb. 38b) wohl für das eingeschlossene, als geheim deklarierte Geschehen, vor dem es kein Entrinnen gab. Eine weitere figurative Konstellation ist in dem Verhältnis von Baum- und Sonnenzeichen zu erkennen, das wohl den Kern des Geschehens, die aggressiven Übergriffe und Attacken des Mannes (Sonnenzeichen) auf die blühenden, zumindest noch lebendigen[139] Bäume, die für die Person des Kindes stehen, symbolisiert. In einem Bild (Abb. 38c) ist diesen (tiefen-)symbolischen Aussagen eine relativ offene Wiedergabe einer Szene zwischen Kind und Mann beigefügt, die den Versuch des Mannes (besonderes Merkmal: blutroter Mund) zeigt, das widerstrebende Kind (Handdarstellung) zu sich heranzuziehen. Es ist bemerkenswert, daß, verglichen mit diesen „hellen" Darstellungen, die Sorte der „dunklen" Bilder auch bei einer tiefenhermeneutisch orientierten Auslegung keine wesentlich neuen Einsichten in das Sinngefüge erbringt; sie fügen dem Bedeutungsspektrum allerdings Momente besonderer Affektivität (Wut, Trauer, Angst) und eine expressive Dynamik hinzu, die wiederum in den anderen Bildern nicht mit dieser Eindeutigkeit zu beobachten sind, weil sie auf den ersten Blick wie reguläre Kinderzeichnungen wirken.

Von den wenigen vorliegenden Bildern, deren Entstehung von Frau M. in das achte bis neunte Lebensjahr gelegt wird, haben wir im Kapitelteil 1.1.4. ein bildnerisches Ereignis (Abb. 11) vorgestellt werden, in dem das „Zwei-Haus"-Motiv sowohl narrative wie tiefensymbolische Qualitäten aufweist.

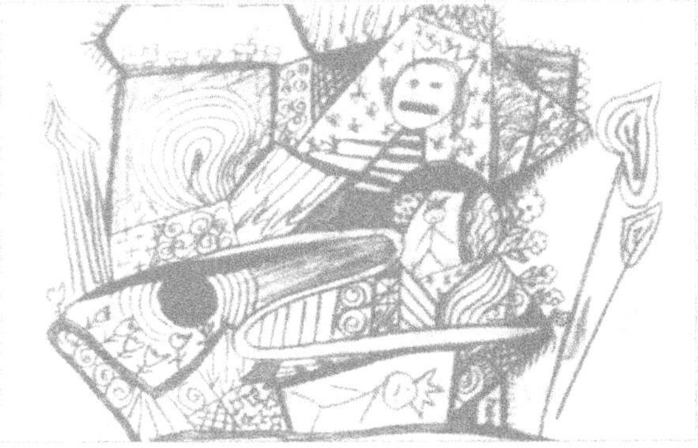

Abbildung 39

In dem Bild wird uns das Innenleben dieser Häuser in einer für dieses Alter nicht mehr üblichen Form von Röntgenbild transparent gemacht, um uns an einer szenischen Darstellung zu beteiligen, die sich in zwei Häusern abspielt[140]. Wie den autobiographischen Notizen zu entnehmen ist, haben sich in dieser Zeit wichtige Veränderungen in der Beziehungsstruktur der sozialen Gruppe von Frau M. abgespielt, die u. U. als Bedeutungshintergrund in dieses Bild eingeflossen sind. Was sich nicht verändert hat, ist das Bedrohungspotential des Mannes, das einmal in der Sonnendarstellung und zum anderen in den „zugespitzten" Dächern zum Ausdruck kommt, in Bildelementen also, zu deren Interpretation nur eine aufdeckende Analyse führt.

An einem weiteren Bild (Abb. 39), welches aus der Zeit der klinischen Behandlung (ab dem 21. Lebensjahr) von Frau M. stammt - das erste haben wir schon im Kapitelteil 1.1.1. (Abb. 3) wiedergegeben -, sei hier dasjenige vorgestellt, bei dem uns die Einsichten in die früheren bildnerischen Aktivitäten einen leichteren Zugang zu Realisationsstruktur und Bedeutung verschaffen, als das in der Regel bei bildhaften Dokumenten aus psychotischen Phasen der Fall ist: Das Rätselhafte solcher Artefakte läßt sich hier auf dem Hintergrund der skizzierten individuellen Bildentwicklung wenigstens zum Teil aufklären: Wir erkennen in einem teppichartigen Gefüge, zusammengesetzt aus unregelmäßigen, aber annähernd geometrischen Teilen mit gegenständlichen Abschnitten und mit ornamental-zeichenhaften Elementen, das abwehrende, schreiende Kind (mit Krone), zweimal eine Strichmännchen-Version dieses Motivs, die Blumen, den Zug mit der Dampflock, Pfeile, die auf ein vulvaartiges Zentrum zielen, Gewächse in solchen Formen und phallusartige Ereignisse. Dieses späte Bild zeigt das regressive Formmaterial, das wir in den frühen bildnerischen Ereignissen dieser Zeichnerin nicht zu entdecken vermochten; seine Organisationsform stellt eine Kombination von Verschmelzungs- und Fragmentierungstendenzen dar, die Gestaltung hat an struktureller Dichte und semantischer Fülle eingebüßt. Insgesamt erkennen wir jetzt in der entsinnlichten Vergegenständlichung von bildhaften Repräsentationen die Verdinglichung des kommunikativen Geschehens, von der wir o. gesprochen haben. Es ist beeindruckend zu sehen, wie dicht dieser Teppich der Reminiszenzen aus dem strukturellen Material früher Verbildlichungen gewebt ist.

Das Bild bietet auch ein Beispiel dafür, wie man sich eine psychotische Desymbolisierung (Dekompensierung) im ästhetischen Ausdrucksfeld vorzustellen hat; es erklärt sozusagen viele Werke, die wir aus der Literatur zur Bildnerei psychisch gestörter Persönlichkeiten kennen, bei denen uns aber der Zugang über die *bildnerische Biographie* (RICHTER 1987) nicht möglich ist, weil keine frühen bildnerischen Ereignisse vorliegen, die für einen wesentlichen Teil der kindlichen bildnerischen Biographie repräsentativ wären. Insgesamt erkennen wir jetzt in der starren, leblosen (L.N. NAVRATIL: *schematisierten*) Vergegenständlichung von bildhaften Repräsentationen die Veränderung des kommunikativen Geschehens in Richtung auf die anderen Formen „logischer" Argumentation und semantischer Kontextorientierung, die wir oben (1.1.6.) anhand des Bildes von PAUL herauszuarbeiten versucht haben. Das Bild bietet uns deswegen ein anschauliches Beispiel dafür, wie man sich eine kommunikative Destrukturierung im ästhetischen Ausdrucksbereich vorzustellen hat, weil wir in diesem Falle anhand der vorhergehenden Werke die bildnerische Ereigniskette zu rekonstruieren vermögen, die wohl den meisten bildhaften Ereignissen aus psychotischen Phasen ausgegangen, aber - im doppelten Sinne des Wortes - verloren gegangen ist. So verstehen wir auch besser, warum in den Bildern des wohl berühmtesten „Wahnkünstlers", A. WÖLFLI, die Realitätsrudimente (Masken, Vögeli[141]) in entsinnlichter, formalisierender Weise in die ornamenthaften Bildstrukturen eingefügt werden. Wir werden in der abschließenden Zusammenfassung (in Kapitelteil 14.6.) versuchen, die besondere Metaphorik dieses Bildes und die außergewöhnlichen Bildfindungen von Frau M. auf dem Hintergrund anderer Bildsequenzen herauszuarbeiten und zu würdigen.

10. Der mißbrauchte Dritte

Von ARNO, dem zu jener Zeit neunjährigen Schüler[142] einer Schule für Erziehungshilfe, liegen ca. 40 Zeichnungen vor: Wir können also von einer ungewöhnlich hohen Zahl von bildnerischen Ereignissen ausgehen, die fast alle innerhalb eines Schuljahres entstanden sind und von denen die meisten sich auch datieren, d.h. in eine zeitliche Abfolge bringen lassen. Mit Ausnahme eines Bildes, das wohl eine im Unterricht erarbeitete Sachdarstellung (Fahrrad) wiedergibt, zeigen alle Bilder so viele gemeinsame Merkmale, sind sie sich so ähnlich, daß die Zuordnung zu einem bestimmten Verlauf von *Symbolisierung-Desymbolisierung*, bzw. *Regression-Remission*, wie wir sie in den vorhergehenden Beispielen herauszuarbeiten versucht haben, nicht möglich ist. Es sind höchstens gewisse Grade der Steigerung in der Darstellung eines ungewöhnlichen, offensichtlich obsessiven Themas, das in allen diesen Bildern realisiert wird, festzustellen. Schon diese Gleichartigkeit in der gesamten Darstellung, sowohl in der formalen Realisierung von Motiven wie in der Motivstruktur selbst, belegt, daß die traumatisierenden Geschehnisse andauerten und zu *chronifizierten* Erfahrungen geführt haben, die sich dem Zeichner aufdrängen und wenig verschlüsselt wiedergegeben werden. Viele der dargestellten Personen in den Zeichnungen sind mit Sprechblasen versehen, die das Geschehen auch in einer direkten, „unverblümten" Sprache kommentieren. Eines der Blätter enthält über einer kleinen Zeichnung eines Paares, das sich in einer relativ schwer zu definierenden Stellung befindet - ein sitzender Mann, eine hinter ihm liegende Frau? -, die Überschrift *Lekmisch am Asch*. Darüber steht: *gut Fiken mit T*(F?)*ote* (Fotze?). Auf der Rückseite des Blattes steht über einer skizzenhaften Darstellung eines röntgenbildartig übereinander gezeichneten stehenden Paares *wicmic*. Wir dürfen davon ausgehen, daß mit diesen „phonetisch nachgeschriebenen" Ausdrücken Jargon-Bezeichnungen für sexuelle Praktiken gemeint sind, die dem (appellativ) angesprochenen Beobachter (Lehrer) unmißverständlich klar machen sollten, was die Bilder ausdrücken sollen. Auf der Ebene der bildnerischen Realisation dieser Erlebnisse und Erfahrungen hätte es nämlich zu Verständigungsschwierigkeiten kommen können, weil die intendierten komplizierten sexuellen Stellungen und Vorgänge mit dem graphisch-malerischen Material, das dem Jungen zu dieser Zeit zur Verfügung stand, offensichtlich nicht immer „genau genug" zum Ausdruck gebracht werden konnten. Durch die Versprachlichung von „gemeinten" (bildnerischen) Motiven - einem Ausdrucksphänomen, das auch in klinischen Manifestationen häufig zu beobachten ist - wird schon auf der verbalen Ebene unmißverständlich das Thema Sexualität formuliert, das auch in den Bildern dominiert.

Unsere Analyse der bildnerischen Struktur und der Motivorganisation dieser Ereignisse soll mit der Beschreibung von zwei Bildern (Abb. 40a u. 40b) beginnen, die als Reaktionen auf Themenvorschläge im Unterricht realisiert wurden; es handelt sich dabei um die Realisationen der Märchen *Tischlein deck dich* und *Frau Holle*, die im Abstand von ca. einem Monat entstanden sind. Schon in der ersten Märchendarstellung (Abb. 40a) tritt das bildnerische Potential des Zeichners deutlich zu Tage: Das Haus auf der linken Seite des Bildes besteht noch aus einer frühen Kastenform ohne räumliche Konstruktion - auffällig sind die fensterlose Wand, die verschlossene Tür und der (blaue) Kamin, rechtwinklig zum Dach gesetzt, dessen Rauch eine Art Himmelslinie bildet. Zwischen Haus und Figurengruppe „schwebt" der Tisch, dem im Märchen eine besondere Rolle zukommt. In der „Klappbild"-Zeichnung weist er eine Raumkonstruktion auf, die in einer Art Aufsicht den Blick auf die Speisen des *Tischlein deck dich* möglich macht. Die Figurengruppe auf der rechten Seite des Bildes zeigt zunächst den Esel, wie er die Dukaten „scheißt". Sein Körper besteht aus einem kastenförmigen Gebilde, dem vorne ein Glied angesetzt ist; sein Kopf kann, sieht man einmal von den vier Ohren ab, als relativ gegenstandsanaloges Konzept des schwierig darzustellenden Gebildes Eselskopf angesehen werden. In der zweiten Figur rechts am Bildrand ist das Bildinventar zu erkennen, das ARNO zur Realisation seiner Menschdarstellungen einsetzt bzw. das ihm zur Verfügung steht: der Kopf mit deutlich „abstehenden" Haaren, - eine Figuration, die in einigen Bildern bis ins Absurde gesteigert wird - der überlange Hals, die Arme, in der Mitte des Rumpfes angesetzt, die Hände, nach dem Modell der Sonnenhände geformt, der Bauch mit Hodensack und langem Glied, welches die Hakenbeine überragt. Wie in vielen seiner Bilder stehen seine Figurationen nicht auf einem bildhaft definierten Boden, sondern sind in einer manchmal sehr komplizierten Weise in die Bildfläche eingepaßt.

Auch die Figurationen des Märchens *Frau Holle* (Abb. 40b) entsprechen dem angesprochen Bildinventar. In einer witzigen Weise - auch J. BRÖCHER[143] erkennt in den Bildern humorvolle und ironisch-kritische Züge - wird das Schütteln des Bettes in das Körperinnere von Frau Holle verlegt, sie besteht sozusagen aus Flocken, und auch das (schwarze) Pech wirkt wie ins Gesicht und auf den Bauch der (grünen) *Pechmarie* geworfen. Unterhalb dieser Bauchdarstellung taucht noch die Kennzeichnung eines Geschlechtsteils auf, das in kaum einem der Bilder fehlt. Das Zeichenalter der Bilder läßt sich bei der Analyse des morphogenetischen Materials, die in diesem Falle relativ einfach erscheint, in das fünfte bis sechste Lebensjahr legen, so daß also das zeichnerische Repertoire um drei bis vier Jahre retardiert erscheint; Allerdings wird sich in den Analysen der nächsten Bilder zeigen, daß der

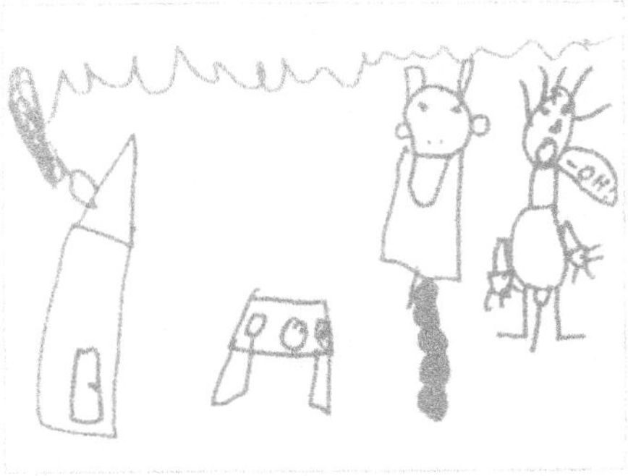

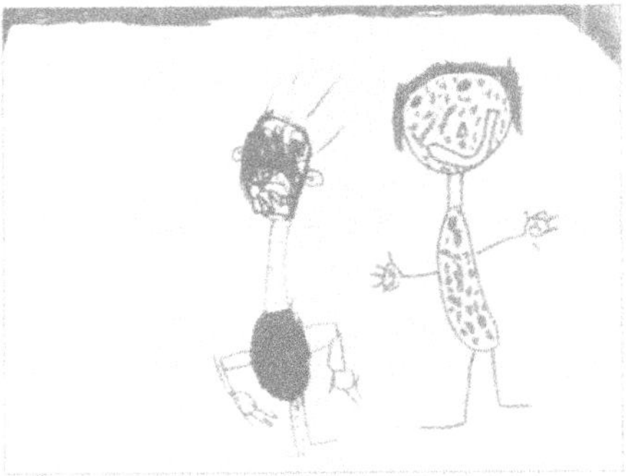

Abbildung 40a **Abbildung 40b**

Junge versucht, mit diesem retardierten Material komplexe Aussagen über sexuelle Geschehnisse zu machen, die sich in diesen beiden Märchendarstellungen noch hinter den vorgegebenen Motiven verstecken lassen.

Mit einer Serie von fünf Zeichnungen soll nun das Motivgeschehen bis zu einem gewissen entlarvenden Höhepunkt verfolgt werden; die Analyse der Bilder orientiert sich dabei nicht an ihrem Entstehungsdatum, sondern an ihren charakteristischen Merkmalen. Wir beginnen unsere Betrachtung mit der Darstellung einer weiblichen Figur (Abb. 40c), zu der es vom selben Tag als fast identisches Pendant eine männliche Persondarstellung gibt, welche auch dieselben eigentümlichen schlauchartige Verlängerung der Augenpartie aufweist, die sich symptomatisch als Auge mit erigiertem Geschlechtsteil kennzeichnen ließe. Wir haben die weibliche Variante dieser Darstellungen ausgewählt, weil sie neben dem phallischen und/oder voyeuristischen „Gierauge" mit der Wiedergabe von aggressiven Zähnen noch eine weitere Eigentümlichkeit aufweist, die in diesem Falle - in anderen Bildbeispielen ist das weniger deutlich - die Frau als aktiv beteiligtes Element in den sexuellen Aktivitäten zeigt. Durch die Ähnlichkeit in der Darstellungsweise soll wohl zum Ausdruck gebracht werden, daß „beide sich in nichts nachstehen".

Eine vergleichbare Zahndarstellung weist auch das zweite Bild auf, das in seinem komplexen Aufbau von Hauptfigur und Nebenhandlung dem *sukzessiv-simultanen Erzähltypus* (LUQUET, vgl. Abb. 35), d.h. der Wiedergabe von zwei zeitlich verschiedenen Erzählsequenzen in einem Bild, entspricht. Es geht weit über die Darstellungsweise des ersten Bildes hinaus und macht den Betrachter in der Häufung von Sexualsymbolen einigermaßen ratlos. Beginnen wir mit dem Einfacheren: Rechts im Bild (Abb. 40d) läßt sich die Darstellung eines laufenden Paares verfolgen, wobei die Frau - gekenn-

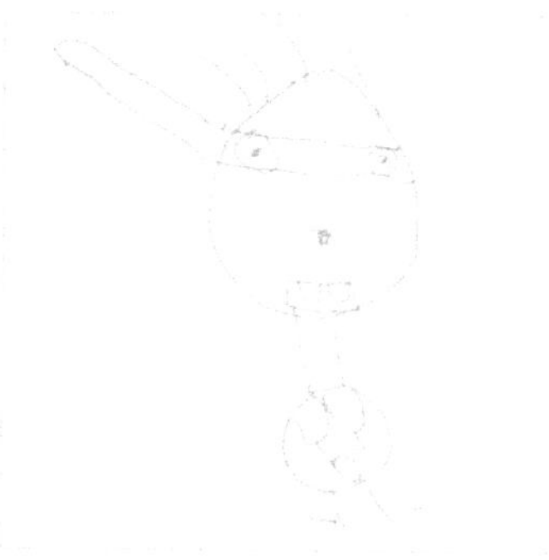

Abbildung 40c

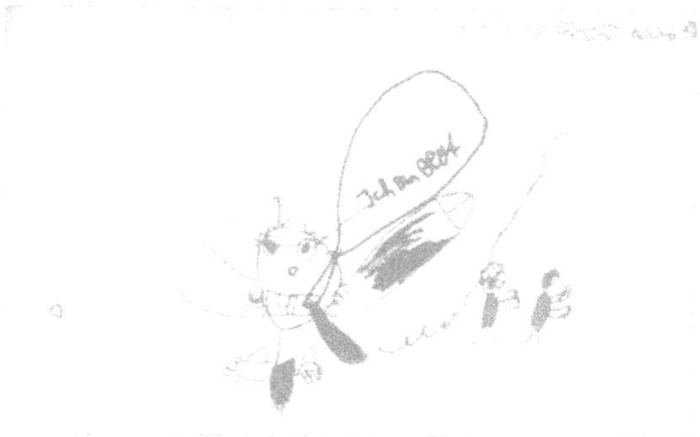

Abbildung 40d

zeichnet durch welliges Haar - mit ausgestreckten Armen einem Mann folgt, der seinerseits die Arme von sich streckt, also wohl eingeholt werden möchte. Die Szene spielt in einer gewissen Raumtiefe und wird so als Nebenhandlung gekennzeichnet. Die Figur, welche das Zentrum des Bildes einnimmt, weist einige Merkmale auf, die uns bereits bekannt sind: die Sonnenhände und -füße, der überlange Hals unter dem übergroßen Kopf, der schraffierte/zugekritzelte Bauch, aus dem ein Material rinnt, das sich in diesem Falle noch nicht deutlich identifizieren läßt. Die anderen bildnerischen Elemente dieser Konfiguration sind schwerer zu bestimmen: zwei große Ohren, von denen das rechte als verschmutzter Penis ausgebildet ist, in den Ohren kleinere Ohren bzw. große Ohrringe, ein weiterer, zugekritzelter Penis endet im übergroßen Mund, - er wird wohl auf einer gegenstandsanalogen Ebene als rauchende Zigarre ausgegeben, weil aus ihm eine Rauchwolke hervorquillt, die sich bis zu dem laufenden Paar hinzieht. Außerdem erkennen wir eine Art Brille mit abstehendem Gestell über kreisförmigen, stark ausgeprägten Augen und auf dem Kopf ein pilzartiges Gewächs. Die Sprechblase, wie alle verkritzelten und damit versteckten und hervorgehobenen Merkmale durch dunkle Filzschreiber-Linien betont, enthält den Satz: *Ich Bin Blöt*.

Die rechte Hälfte der dritten Zeichnung (Abb. 40e), die wir ausgewählt haben, um dem Problem der Identifizierung des Zeichners mit einer dargestellten Person oder Szene näher zu kommen, wird beherrscht von einer Gestalt mit „Sonnenhänden" und „Strahlenhaaren", die von einer linearen Kopfdarstellung mit überbetonten (aktiven, beteiligten) Augen ausgehen. Aus einem aufgerissenen Mund kommt eine Sprechblase mit dem Text: *O bite Fiken*. Unter dem runden, „dicken Hals", als Metapher für Wut deutbar,

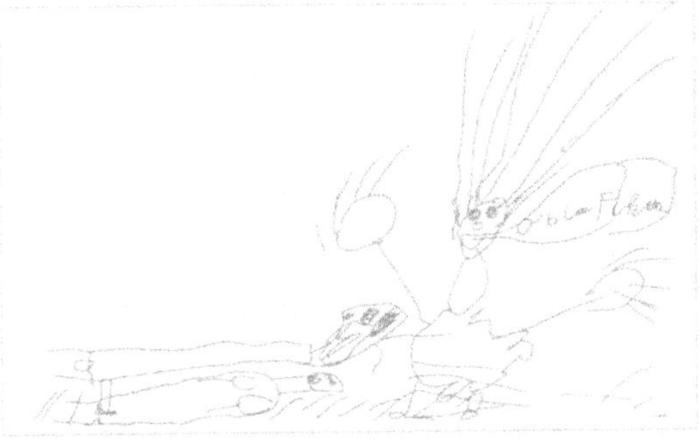

Abbildung 40e

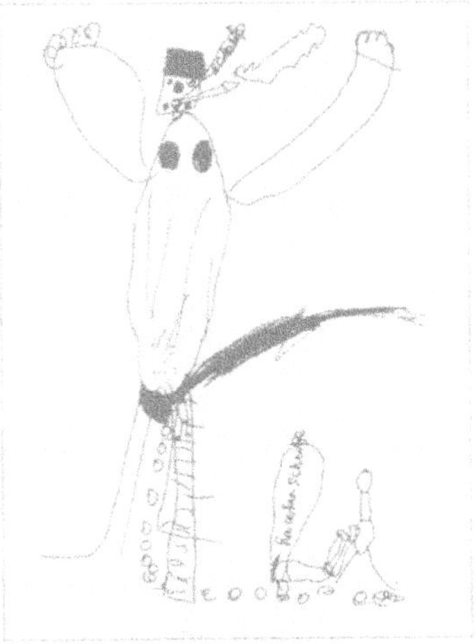

Abbildung 40f

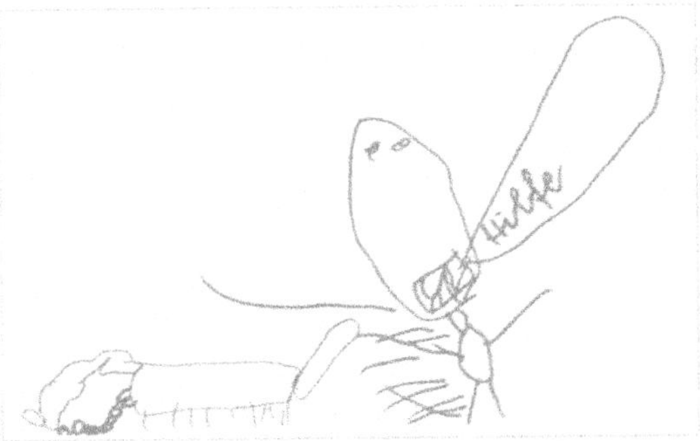

Abbildung 40g

sitzt ein nicht weiter differenzierter „Körperbauch" mit Andeutungen eines Gliedes, der von den verkümmerten (unausgebildeten) Beinen nicht getragen werden könnte. Auf der Höhe der Beine wird die Gestalt durch eine Linienschraffur mit einem liegenden Paar verbunden, das die linke Seite des Bildes einnimmt. Besonders außergewöhnlich ist die Zeichnung der Köpfe dieses Paares: Der glatzköpfige Mann wendet sein Gesicht - mit Augen aus Spiralkritzeln und einem ebenfalls aus Kritzelformen bestehendem Mund - dem Betrachter zu, der wesentlich kleinere Kopf der Frau, gleichermaßen haarlos und mit Kritzeln, welche die Augen und den Mund andeuten, dreht sich nach oben. Diese Kopfdarstellungen lassen sich, zusammen mit den Sonnenhänden der stehenden Figur, auf ein Zeichenalter von etwa drei Jahren beziehen, während die übrigen Konfigurationen, besonders die Wiedergabe der Stellung des kopulierenden Paares Merkmale der Zeichenweise von vier bis fünf Jahre alten Kindern aufweisen. In der Darstellung der Hauptfigur dieser einzigartigen Szene nimmt also das bildnerische Material noch weitergehende regressive Merkmale an, es verändert sich in Richtung auf sehr frühe bildnerische Ereignisse. In der figurativen Konstruktion des Paares fehlen Arme und Hände, also die Vermittler von Berührung und Zärtlichkeit. In der Zeichnung selbst lassen sich demnach auf dem insgesamt stark retardierten Niveau noch Unterschiede im Zeichenalter ausmachen, und diese Unterschiede führen uns zu den Stellen, an denen auch eine Interpretation ansetzen kann.

Die frühesten Bildelemente wie „Sonnenhände" und (die unter Strom stehenden) „Strahlenhaare" der stehenden Figur verweisen auf das Alter der ersten Umstrukturierung, in dem aus minimalisierten und plazierten Kreis-, Leiter- und Linienformen figurative Gefüge mit Darstellungscharakter werden. In eine ähnliche Altersphase gehören auch die Gesichtsmerkmale des liegenden Paares. Diese radikalen Retardierungen drücken in diesem Bildzusammenhang wohl ein frühes, vitales Bedürfnis nach Berührungen, körperlicher Nähe und Anerkennung aus, das in dem „überalterten" Erleben dieses Kindes in Aggressivität (in Form der überlangen Haare, die uns ansonsten in aggressiven Sonnenzeichen begegnen) und Dominanz der sexuellen Motive (Darstellung des Geschlechtsteils) verschoben worden ist. Ähnlich verhält es sich mit den Charakterisierungen der Gesichter: Auch hier dienen die frühen Formen dazu, ambivalente Motive wie Lust, Kraft, Intensität, „Zuneigung" und Unterdrückung, Gier („Gierschlund"), Wut sowie - nicht zuletzt - Angst zu vermitteln. Die „älteren" figurativen Ereignisse in diesem Bild, die wir dem vierten bis fünften Lebensjahr zuordneten, finden sich vor allem in der Darstellung des liegenden Paares, dessen Tätigkeit mit einer gewissen Akribie und mit Kenntnissen über den Geschlechtsakt wiedergegeben wird, die in dieser Form in der frühen Kinderzeichnung sonst nicht zu beobachten sind. Die Spuren der frühkindlichen Zeichenmodi sind in diesem Bildteil in der Beachtung des *Umraumes* (MEYERS) erhalten, d.h. in der Tatsache, daß die beiden Körper, entgegen der Gesamttendenz der Zeichnung, sich nicht berühren, sondern von einer abgrenzenden Zone umgeben sind. Die fehlenden Arme der „Liebenden" tragen noch zu dem Eindruck eines Aktes ohne Zuneigung bei.

Auf dem Hintergrund dieser Einblicke in eine komplizierte, aber auch entlarvende Bildstruktur und Motivorganisation lassen sich auch für die vorausgegangenen Bilder des Heranwachsenden Einsichten formulieren, die über eine Analyse von Formzusammenhängen und Auffälligkeiten auf der Motivebene hinausgehen. So weisen die zwei zuletzt besprochenen Bilder Ähnlichkeiten in der Motivorganisation auf. Auf beiden sind in einer Nebenhandlung Paare zu erkennen, die einander „nahe" sind oder sich verfolgen, und in beiden ist in der zentralen Figur eine Ansammlung von sexuellen Symbolismen zu erkennen - sie reichen von gegenstandsanalogen Wiedergaben von Phalli und phallusähnlichen, symptomatischen Formen - als Augen, Ohren, Haare, Zigarre deklariert (Abb. 40c) -, die sich auch auf den Zeichner selbst beziehen. Wir schließen das aus der Genauigkeit, mit der bei fast allen Figurationen auf den anderen Bildern das Geschlecht einer Person charakterisiert wird, während in der Darstellung der zentralen Figur des zweiten Bildes (Abb. 40d) zwar Geschlechtsmerkmale angehäuft werden, aber eine Zuordnung zu einem Geschlechtstyp fehlt. In der Ausgestaltung der Hauptfiguren in diesen Bildern mitsamt den verbalen Verdeutlichungen kann sowohl eine aggressive Ablehnung (Zahndarstellungen) der sexuellen „Beiwohnungen", der Inanspruchnahme des Kindes als Voyeur (oder mehr) zum Ausdruck gebracht werden, es fehlt aber auch nicht an Hinweisen für die Identifikation des Opfers mit dem Angreifer/der Angreiferin. Besonders deutlich ist diese ambivalente Bedeutung der Figurationen an der Ausgestaltung der Hände im dritten Bild (Abb. 40e) zu erkennen: Sie sind sowohl „übermächtig" wie „ohnmächtig", sollen zugreifen und sind zurückgenommen (retardiert), verweisen auf aggressive Phantasien und „handgreifliche" Wünsche, verharren dabei aber in einer kindlich wirkenden Pose, die alles Zudringliche (Inzestuöse) abzuwehren versucht. Wir haben mit einer Formulierung aus der *Traumdeutung* FREUDs solche Repräsentationen, die Merkmale und Motive mehrerer Personen in sich verbinden, als *Sammelpersonen* bezeichnet, um damit die besondere Form der Verschmelzung vielfacher, antagonistischer, symbolischer Inhalte in einer bildhaft-motivischen Verkörperung zu charakterisieren. Es ist auch, wie unsere Beschreibungen zeigen, durchaus möglich - eine Möglichkeit, von der in der regulären Entwicklung des Ausdrucksmediums kaum Gebrauch gemacht wird - in einer solchen imaginierten Person das bildhafte Material von zeitlich verschiedene Altersphasen zu vereinigen und so die unterschiedlichen emotionalen Reaktionen auf unterschiedlich schwere traumatisierende Erfahrungen zum Ausdruck zu bringen. In unserem Falle verweist das Nebeneinander und Ineinander von Formen aus verschiedenen Zeichenaltern auf eine Spanne von emotionalen Krisen hin, die von frühen Störungen, wie sie z. B. in den „Sonnenhänden", Wulstarmen, Langhälsen o.ä. zum Ausdruck kommen, über traumatisierende Erfahrungen in der mittleren Kindheit bis zu andauernden, zeitgleichen Übergriffen reichen. Auf diese fortdauernden sexuellen Mißbrauchserfahrungen lassen vor allem die bildnerischen Ereignisse (Glied, Scheide, Stellungen) schließen, die als gegenstandsanaloge Darstellungen nahe an beobachtetem/beobachtbarem Geschehen angesiedelt sind.

In einem vierten Bild (Abb. 40f), welches wir nur kurz ansprechen wollen, weil J. BRÖCHER 1997[144] eine ausführliche Interpretation der Motivstruktur dieses Bildes vorgelegt hat, läßt sich eine Auflösung der deutlichen, wenig verschlüsselten, manchmal sogar symptomatisch eindeutigen Zeichen, aber auch der höher verschlüsselten bildnerischen Informationen, die ARNO uns/dem eingeweihten Betrachter vermitteln will, erkennen:

> *Auf dem Hintergrund biographischer Daten* [...] *darf davon ausgegangen werden, daß [ARNO] in seinen Bildern die sicherlich hochgradig sadomasochistische Beziehung seiner Eltern und seinen eigenen Leidensdruck in Zusammenhang mit den exzessiven Vorkommnissen und Szenen thematisiert. Nicht ohne einen gewissen Humor zeigt das Bild einen symbolischen Lösungsversuch: Der Junge (auf der Leiter) legt dem „Alten" eine „Pampers" um, damit dieser sich nicht länger auf den Boden entleert und die Frau* [...] *endlich aufhört, sich die Exkremente ihres Mannes, getrieben von Angst und Lust, Abhängigkeit und Selbstaufgabe, einzuverleiben. Der Kunstgriff als Eingriff in die sadomasochistischen Beziehungsverhältnisse der Eltern mißlingt allerdings. Der Kot des Vaters quillt mit einer solchen Lust hervor, daß die „Pampers" ihm keinen Einhalt gebieten kann.* [...] *Der gesamte Zeichenvorgang und die parallel bzw. anschließend stattfindenden verbalen Erläuterungen, die ARNO gibt, sind gleichermaßen von depressiven wie auch lustvoll-heiter wirkenden Affekten des Jungen begleitet. Was den 9jährigen bedrückt, bereitet ihm auch eine geheime voyeuristische Lust. Er ist längst in die endlosen Angst-Lust-Spiralen seiner Eltern verstrickt, die sich immer wieder prügeln, erniedrigen, sich gegenseitig aussperren, exzessiv beschlafen usw.*

Bei einem Blick auf die strukturelle Organisation des Bildes fällt abermals die Kombination einer detailliert dargestellten, riesengroßen zentralen Figur mit einer wesentlich kleineren Figurengruppe auf, die wiederum eine Nebenhandlung verkörpert. Der Sinn der Aktivitäten dieser Figuren kann in diesem Falle durch die Sprechblase der rechten Figur (*Hm Leker Scheiße*) eindeutig einem bestimmten Geschehen zugeordnet werden. Ohne diese verbale Verdeutlichung ließe sich kaum feststellen, daß die stehende Figur - ohne Hände! - die liegende in einer Art Schubkarrenspiel „durch den Dreck zieht". Die zentrale Figur zeigt erneut Merkmale einer Sammelperson bzw. einer Verdichtung symbolischer Motive: Zwar weisen die erläuternden Bemerkungen des Jungen sowie die (phallusartige) Zigarre mit der Rauchfahne diese Person als männlich aus, aber die wie abgeschnitten wirkenden Brüste zeigen auch ihre weiblichen Anteile. Die Größe dieser Figur sowie die hilflos drohende Gebärde lassen wiederum auf die Ohnmachts- und Allmachtsgefühle schließen, die sich des Jungen bemächtigen, wenn er als Mitwisser in das Geschehen einbezogen wird.

In dem letzten Bild (Abb. 40g) dieser Reihe soll noch einmal auf den „Ernst der Lage" hingewiesen werden, weil sonst der Eindruck entstehen könnte, es handle sich bei den dargestellten Szenen, zu deren unfreiwilligem Zeugen ARNO wird/gezwungen wird, um eine eher komische sexuelle Präferenz der Eltern, die ihren Sohn aus Spaß an ihren „Spielen" teilnehmen lassen. Das Zeichenalter der dargestellten Figuren in diesem Bild liegt bei drei bis vier Jahren, zeigt also eine extreme Radierung - eine weitergehende Regression auch noch gegenüber den beiden letzten Bildern -, die sich in kopffüßlerartigen Figurationen ausdrückt. Aus dem nackten Kopf mit den verkleinerten Augen sticht der aggressiv geöffnete Mund mit den riesigen Zähnen hervor, aus dem sich die Sprechblase mit dem Schrei um Hilfe entfaltet. Das koprophagische Geschehen wird in diesem Falle einem schnell laufenden Tier (mit vielen Beinen), das den schreienden Menschen verfolgt, zugeordnet. In eine verbale Metaphorik übersetzt, würde man die Bedeutung dieser Motive etwa so formulieren können: *Ich kann es nicht mehr sehen, mir platzt der Kopf, ich kann mich nicht mehr gegen die tierische Schweinerei, die mich verfolgt, wehren, obwohl ich es mit aller Kraft versuche; warum hilft mir keiner?*

Versucht man die Verletzungen durch die spezifische Form von sexueller Gewalt, die dem Jungen angetan wurde, einzuschätzen, so lassen diese sich nur aus eher allgemeinen Folgen des sexuellen Mißbrauch ableiten, weil die skizzierte Konstellation des erzwungenen/nicht ferngehaltenen Dritten in den meisten Dunkelfeldstudien nur indirekt angesprochen wird. So läßt sich z. B. in der Untersuchung von B. G. GLOOR/T.P. PFISTER (1996, S. 133ff.) unter den *Arten der sexuellen Ausbeutung* noch am ehesten die Kategorie *3.6 bei Ausbeutung zusehen müssen* zur Kennzeichnung dieses Mißbrauchs heranziehen, während die Kategorie *3.3 voyeuristisches Anschauen* auf den/die erwachsene(n)/ältere(n) Täter/Täterin gegenüber einem jüngeren Opfer Anwendung finden dürfte. Auch in den bei B.G. GLOOR/T.P. PFISTER (1996, S. 144ff.) angeführten parallelen Studien (BANGE

1992) und den bei D.B. BANGE/G.D. DEEGENER (1996, S. 134f.) angegebenen Kategorien sind keine spezifischen Opfer-Täter-Konstellationen aufgeführt, die sich auf das angeführte Beispiel beziehen ließen. In den explorativen Gesprächen, die J. BRÖCHER (1997, S. 67f.) mit dem Schüler geführt hat, wird nicht deutlich, ob und wie umfassend ARNO auch körperlich in die gewaltvollen sexuellen Aktivitäten seiner Angehörigen einbezogen worden ist. Einige Zeichnungen, vgl. besonders Bild 40d mit dem verkritzelten, zugekoteten Penis, welcher der Hauptfigur aus den „Ohren herauskommt", lassen den Verdacht zu, daß die Eltern oder der Vater den Sohn auch aktiv in die koprophag-sexuellen Aktivitäten einbezogen hat und daß der Junge aus Scham gegenüber seinem Lehrer diese Handlungen verschwiegen hat. Es ist auch nicht auszuschließen, daß beide Partner sich gegenüber dem Heranwachsenden sexuell produziert haben und in damit zum mißbrauchten Dritten gemacht haben. Bei D. BANGE/G. DEEGENER (1996, S. 136) wird eine Studie von B. WATKINS/A. BENTOVIM (1992) angeführt, aus der hervorgeht, daß besonders männliche Opfer in *retrospektivischen Befragungen große Widerstände dagegen entwickeln, anale Vergewaltigungen zuzugeben*. Da der Analbereich und die Exkremente (Kopophragie) im vorliegenden Beispiel eine dominierende Rolle spielen und viele der zeichnerischen Aktivitäten im Klassenraum stattfanden, sind auch bei ARNO ähnliche Widerstände zu erwarten, weil er bei einer allzu offenen Preisgabe seines Geheimnisses in den Augen seiner Klassenkameraden seine „Männlichkeit" aufs Spiel gesetzt hätte. Zur Verführung zu solchen sexuellen Aktivitäten genügte es wohl, die in vielen Studien (Übersicht in: JULIUS/BOEHME 1994) angeführten Strategien anzuwenden: *Emotionale Zuwendung* (Drohung mit dem Entzug der emotionalen Zuwendung, H.-G. R.), *Vorspiegelung falscher sexueller Normen, Ausnutzung kindlicher Neugier, Geschenke u.ä.* werden die Gefügigkeit des Kindes bewirkt haben, ohne daß direkte körperliche Gewalt hätte eingesetzt werden müssen. Als generelle Rückwirkungen auf die Einbeziehung des Jungen in die voyeuristisch-sexuellen oder aktiv-sexuellen Praktiken seiner Eltern lassen sich *multiple negative emotionale Reaktionen* wie Wut, Angst und Ärgergefühle, Gefühle von Hilflosigkeit, Ekel und Scham, depressive Verstimmungen und aggressive Verhaltensweisen ermitteln (vgl. JULIUS/BOEHME (1994, S. 215ff.).

O. KRUSE hat (1991, S. 85) darauf hingewiesen, daß besonders das verletzte Schamgefühl geeignet ist, *den Ausdruck anderer Emotionen zu unterdrücken und affektgeladenes Material zu verdrängen*. Auch in einer Studie von SCHACHT et al. (1990, in: JULIUS/BOEHME 1994, S. 214) wird dargestellt, daß sich diese Gefühle den Autoren/Autorinnen erst bei der Analyse ihrer Gegenübertragungen bewußt geworden seien, *die Jungen selbst hätten diese Gefühle dissoziiert.* Auch aus den verschiedenen Zeitebenen – wir konnten ja anhand der realisierenden Bildelemente ein jeweils anderes regressives Zeichenalter erkennen - lassen sich diese Werke einmal als Folge der intensiven und lang andauernden Konfliktsituation, zum anderen aber auch als Manifestationen von verschieden verschlüsseltem (dissoziiertem) psychischen Material verstehen: Sie zeigen, wie entzweit das *emotionale Gesamtsystem* des Jungen ist, weil einige bildnerische Elemente an die schamverletzenden Wahrnehmungen fixiert sind und als abgespaltete Teile der Persönlichkeit erhalten bleiben, während andere den neuen Realitäten - Realitäten, die aus anderen Lebenssituationen erwachsen und bewältigt werden müssen - Rechnung zu tragen versuchen. (Zur theoretischen Differenzierung des Begriffs der Scham vgl. auch O. KRUSE 1991, S.144ff.)

11. Frau N. oder Eine weitere Leidensgeschichte in Bildern

> *...wenn man an ätiologische Faktoren denkt, so ist nicht einer der wichtigsten dieser Darstellung* [...], *daß wir das Bild eines Kindes gewinnen, das, obwohl physisch lebendig, existentiell nicht lebendig wird, sondern daß die Mutter die Situation soweit mißversteht, daß sie sich in der Erinnerung gerade an denjenigen Aspekten des Verhaltens* [...] *erfreut, die am meisten tot waren.*
>
> R. D. LAING 1994, S. 226[145]

> *Ich bin ein Phantom. Eine Täuschung.*
>
> Patientin Frau N. auf einem Wort-Bild-Ensemble, das im nachfolgenden Text erörtert werden soll.

Wir stellen unserer nachfolgenden Darstellung der bildnerischen Reaktionen auf ein Mißbrauchsgeschehen ein Zitat von R. LAING (1960, 1994, S. 219ff.) aus seinem Buch *Das geteilte Selbst* voraus, weil wir deutliche Parallelen sehen zwischen dem Versuch seiner Patientin JULIE, *eine Person zu werden,* wie es dort im Kapitel *Der Geist des Unkrautgartens* beschrieben worden ist, und dem Lebensgeschehen von Frau N., deren Bilder hier vorgestellt werden sollen: Auch die Anstrengungen dieser Frau, die heute etwa 26 Jahre alt ist, waren und sind verzweifelt darauf gerichtet, sich nach Mißbrauchserfahrungen wieder als eine eigene und eigenartige Existenz wahrnehmen zu können. Wir werden im Text mit einem Zitat von W. BLAKE zu zeigen versuchen, wie die gestörte Selbstwahrnehmung als Leitmotiv für das bisherige Leben von Frau N. angesehen werden kann. Da aus vielerlei Gründen, die hier nicht zur Sprache gebracht werden können, eine große Anzahl von Bildern aus den verschiedenen Altersphasen der Patientin erhalten geblieben sind, liegt eine bildnerische Biographie (vgl. RICHTER 1997, S. 291ff.) vor, aus der im Folgenden einzelne (Schlüssel-) Bilder besonders herausgehoben und interpretiert werden sollen.

Die Kindheit und die frühe Jugend dieser Patientin sind gekennzeichnet von Krankheiten und Aufenthalten in Krankenhäusern, die aus den unterschiedlichsten Gründen notwendig wurden. Zuvor war es schon im ersten Lebensjahr wegen Schlaflosigkeit und anhaltender Unruhe zur Verabreichung von Beruhigungsmitteln aus der Gruppe der Benzodiazepine gekommen. Schon früh wurde sie zeitweise in die Obhut einer Verwandten gegeben und fühlte sich von den Eltern, besonders der Mutter, im Stich gelassen. Die Vorstellung, sie könnte ausgesetzt werden, begleitete ihre Kindheit - so fürchtete sie z. B. auch an den Urlaubsorten, die Eltern könnten ohne sie abreisen und sie alleine lassen. Als Reaktion auf diese Ängste versuchte sie, mit den Erwachsenen Abkommen zu schließen, schrie aber auch vor Enttäuschung und Zorn und wurde von der Mutter als jähzornig bezeichnet und dementsprechend behandelt. Ab dem vierten/fünften Lebensjahr litt Frau N. an chronifizierten Blasenentzündungen und verschiedenartigen Allergien. Die angesprochenen Hospitalisierungen erfolgten wegen kleinerer Eingriffe, aber vor allem wegen Knochenbrüchen, die nicht immer sogleich erkannt wurden und daher sehr schmerzhaft waren.

Mit dem frühen Jugendalter setzten Suizidvorstellungen ein, die begleitet wurden von Gedanken über die moralischen Aspekte des Suizids und auch von Schamgefühlen über die Appellfunktion dieser Vorstellungen (und Äußerungen?). Wie die Interpretation der Bilder zeigen wird, kann die Chronifizierung? der Suizidalität auch als Ausdruck einer Entkörperlichung verstanden werden, welche die in diesem besonderen Falle die Patientin zu der Auffassung gelangen ließ, auch physisch aus schlechter Substanz zu bestehen. Im mittleren Jugendalter kamen unspezifische Magenschmerzen hinzu, deren Untersuchungen aber ohne Befund blieben. Zu jener Zeit wurden diese psychosomatischen Beschwerden von den beteiligten Ärzten und den Personen aus ihrem Umfeld eher als Einbildung betrachtet und führten zu Spott und Verachtung, während die Heranwachsende selbst glaubte, es handle sich um eine schwere schleichende Krankheit (Krebs). Nach einer längeren Phase akuter Schmerzen im rechten Unterbauch wurde relativ spät eine akute Blinddarmentzündung diagnostiziert, und der Blinddarm mußte operativ entfernt werden, wobei in der Nachbehandlung Komplikationen auftraten, die mit schockartigen Erlebnissen verbunden waren. Wegen der Schmerzen nach den Nahrungsaufnahmen wechselte die Patientin zu leicht verträglicher Kost und verlor an Gewicht. Dieses Stadium ihres Lebens dürfte, retrospektiv gesehen, schon als Vorläufer der Magersucht (Anorexia nervosa) angesehen werden, die im Jugendalter begann und zu deren Ursachen neben der konfliktbesetzten Körperwahrnehmung auch der grobe, persönlichkeitsverletzende Spott der Familienmitglieder über ihre Figur gehören dürfte. Um die Mitte des Jugendalters unternahm eine Freundin, an die sie sich eng angeschlossen hatte, weil sie in der eigenen Familie keinen Ansprechpartner mehr für ihre Sorgen und Befürchtungen gefunden hatte, einen Suizidversuch. Diese Freundin, zu der Frau N. danach nur heimlich Kontakt halten konnte, mußte wegen einer Hebephrenie klinisch behandelt werden und starb einige Jahre später in einem erneuten Suizidversuch. Am Ende der Adoleszenz mußte auch Frau N. sich in klinische Behandlung begeben: Die dem Aufnahmebericht zu entnehmende Komplexität des Krankheitsbildes (Phobien, Zwangsstörungen, Anorexia, autoaggressive Handlungen, depressive Verstimmungen mit Suizidvorstellungen) gestattet bis heute keine günstige Prognose. Im Folgenden soll versucht werden, die hochkomplizierte Problematik, über deren Hintergründe im biographischen Geschehen und in der pathographischen Entwicklung der Autor ergiebig unterrichtet wurde, anhand der bildnerischen Elemente mit ihrer spezifischen Synthese von realisierenden, individualisierten Motivstrukturen und privatistischen Bedeutungsschemata mit dem Lebensgeschehen und den Leidenserfahrungen der Patientin in Beziehung zu setzten.

Wir beginnen die Betrachtung der Bilder (Abb. 41) mit einer Zeichnung aus einer Gruppe von Darstellungen, die im fünften Lebensjahr der Patientin entstanden ist. Diese Zeichnung haben wir wegen der darin enthaltenen Fülle von „exemplarischen" und deutbaren Symbolismen ausgewählt; andere Zeichnungen dieser Zeit enthalten zwar vergleichbare Symboldarstellungen mit charakterisierenden Details - wie übergroße Sonnen und „verdorrte" Landschaften -, bieten aber nicht so viele narrative Elemente wie die vorliegende Zeichnung. So weist ein anderes Bild mit einer domi-

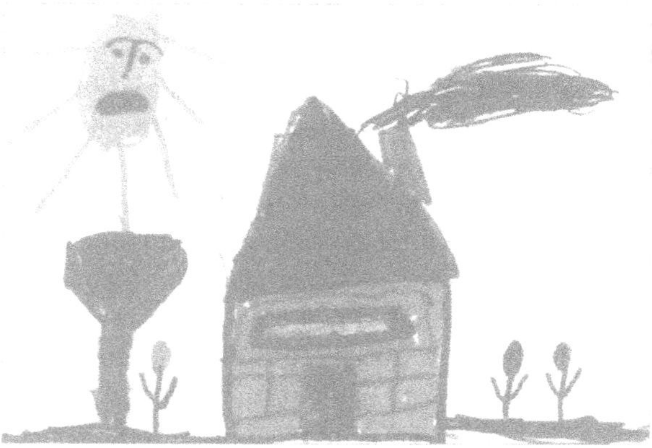

Abbildung 41

nanten, Zweidrittel des Bildes einnehmenden Sonne, in die ein „grimmiges“ Gesicht eingezeichnet ist, auf einer (roten) Standlinie nur ein rotes Kreuz auf und läßt damit eher auf unspezifische Schmerz- und Angsterlebnisse schließen. In diese Zeit gehören aber auch bildhafte Darstellungen und collageartige Objekte, die offensichtlich auf äußere Anregungen hin im Kindergarten und in der Grundschule entstanden sind und wenig Hinweise auf sexuellen Mißbrauch enthalten. Auf der Rückseite anderer „unauffälliger“ Bilder lassen sich Versuche erkennen, mit einfachen graphischen Mitteln männliche Geschlechtsteile wiederzugeben. Unsere vorliegende Zeichnung kann gegenüber diesen beiden anderen Gruppen, den offiziellen und den „geheimen“ Darstellungen als freie Kinderzeichnung angesehen werden, die auf mehreren Ebenen eine Geschichte erzählt.

Im Mittelpunkt dieser Geschichte steht - wie bei vielen Zeichnungen von Frau M. (Abb. 38a-d), aber auch bei den Zeichnungen unbelasteter Kinder - ein Haus, nur daß bei diesem Haus aus einem (rotem) Schornstein eine schwarze Rauchwolke quillt, seine Eingangstür „verriegelt“ erscheint und nur ein Fenster im Querformat einen Blick in das Haus zu gestatten scheint, aber eher verhindert. Die (gelbe) Vorderseite des Hauses wird von einem (roten) gerüstartigen „Gitter“ durchzogen. Unter die Rauchwolke hat Frau N. mit großen Buchstaben ihren Namen gesetzt, der in unserer Wiedergabe gelöscht werden mußte. Die Größe und die Plazierung des Namens führen uns zu der Auffassung, daß damit eine ähnliche *Selbst-Aktion* (Laing) inszeniert werden soll, wir sie schon an anderer Stelle beschrieben haben und die sich in die sprachliche Formulierung übersetzen läßt: *Das bin dennoch ich.* Auf der Standlinie, die alle Bildgegenstände „trägt“, steht links neben dem Haus ein wenig differenzierter, in sich verschlossen-undurchsichtiger Baum mit schwarzen Früchten, über dem eine ungewöhnlich große Sonne mit tief herabreichenden Strahlen plaziert ist. Anstelle des lachenden Mundes - wie wir zu zeigen versucht haben, eine Wiedergabe des appellativen sozialen Lächelns - weist sie einen breiten „Schlund" auf, dessen bedrohlicher Charakter durch die Ausmalung mit schwarzen Kritzelelementen noch verstärkt wird. Unter dem Baum wächst eine vergleichsweise große Blume mit gelber Blüte. Das Ensemble von Gegenstandsdarstellungen - Sonne, Baum, Blume -, die das linke Drittel des Bildes einnehmen, symbolisiert eine deutlich herausgearbeitete Hierarchie von Gewalt und Machtausübung, die von dem Angreifer (Sonne mit ihren angesprochenen charakteristischen Merkmalen) ausgeht, über eine erstarrte, untätige Figuration verläuft, auf die sich wohl der vergebliche (= verdorrte Früchte) Wunsch nach mütterlichem Schutz richtet, und bis hin zum Opfer reicht, dessen gelber „Blütenkopf" die Farbe des Angreifers wieder aufgreift und damit anzeigt, daß er in dieses Geflecht von Abhängigkeiten einbezogen ist.

Das mittlere Drittel des Bildes wird von dem verschlossenen Haus beherrscht, das von dem erwähnten gerüstartigen Gitter zusammengehalten und damit besonders charakterisiert wird: In ihm hat sich ein zu verbergendes Geschehen abgespielt; es muß daher „mit aller Macht" zusammengehalten werden. Auf der rechten Bildseite dominiert die Rauchfahne, der (getilgte) Name, und es sind zwei Blumen auf der Standlinie zu erkennen, die wohl zwei (alliierte?) Personen verbildlichen, die aber nicht unmittelbar an dem Geschehen beteiligt zu sein scheinen. Wir haben es also mit einem deutlichen Gefälle im Sinngehalt der dargestellten Bildelemente zu tun: Dieses Gefälle bewegt sich von den bedeutsamen, hochverschlüsselten, jedoch aufschließbaren Aussagen auf der linken Bildseite, die auf das vorhergehende, aber nicht notwendig vergangene Geschehen verweisen, über die „verschlossenen", im Sinne einer Motivinterpretation fast unzugänglichen Sinnfiguren der Haus- und Fensterdarstellung in der mittleren Bildpartie auf die fast leere rechte Bildseite zu. Diese Bildseite wird beherrscht von der Allegorie (= symptomatische Symbolik) der Rauchfahne und von dem ausgeschriebenen Namen. Beide Sinnfiguren lassen sich als antagonistische, sprachnahe Formulierungen mit (teil-)bewußten Inhalten deuten: Sie kennzeichnen die Versuche, sich gegen die Repressionen und Mißhandlungen, die mit Schmerz, Wut und Angst einhergehen, zu wehren und Selbstbehauptung und Selbstbewußtsein zu entwickeln. Die Leerstellen auf dieser Bildseite könnten verdeutlichen, daß für die Patientin der Ausgang

Abbildung 42

dieses Kampfes ungewiß ist, aber die Zukunft nicht völlig verstellt erscheint. Da Interpretationen immer die Ambivalenz/Polyvalenz solcher Motive berücksichtigen sollten, könnte dieses relative leere Gebiet - Leerstellen gehören zu den Bildmerkmalen, die am schwersten zu deuten sind - auch darauf hinweisen, daß außerhalb des Hauses kein Lebensbereich existiert.

Wir können zur Absicherung unserer Interpretation dieser Kinderzeichnung des fünfjährigen Mädchens auf eine spätere Wort-Bild-Kombination (Abb. 42) der Patientin verweisen, die im Alter von 20/21 Jahren entstanden ist und die auf der linken Seite eine Art verschlossene, unzugängliche Schriftrolle, etwa eine Thora-Rolle zeigt (wie sie zur Dokumentation der mosaischen Gesetze im jüdischen Ritus verwendet wird) und auf der rechten einen Prosatext aufweist, aus dem wir schon zwei Schlüsselsätze in dem Text zitiert haben, der dem Abschnitt vorangestellt ist. (Dieser handschriftliche Text muß hier aus Gründen des Persönlichkeitsschutzes durch einen von mir geschriebenen ersetzt werden.) Text und Bild werden durch zwei Richtungspfeile voneinander und von dem von außen kommendem Unheil getrennt. Dieses Ensemble bietet uns die ungewöhnliche Gelegenheit, die Bedeutungsinhalte einer frühen Zeichnung mit den bildhaften und verbalen selbstdeutenden Reflexionen späterer Äußerungen vergleichend zu überprüfen und damit auch eine Grundidee der gesamten bildnerischen bzw. ästhetischen Manifestationen fixieren zu können.

Auch von einem weiteren Bild aus der Zeit um den Schuleintritt können wir eine Verbindung zwischen den frühen Dokumenten der Mißbrauchserfahrung zu den Bildern der Jugendzeit/des frühen Erwachsenenalters herstellen: Das Bild (Abb. 43) wirkt auf den ersten Blick „abstrakt", läßt aber bei

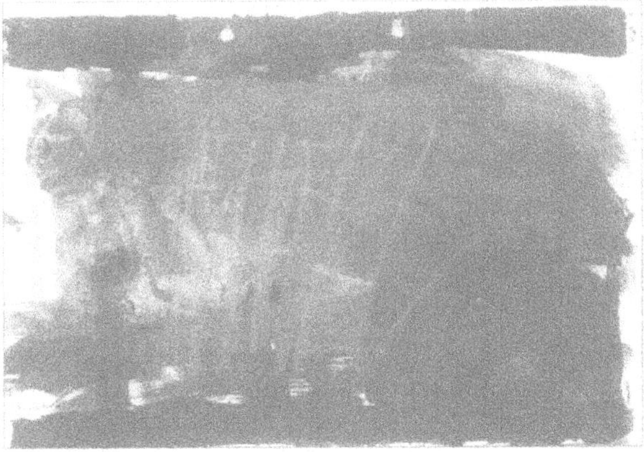

Abbildung 43

genauerem Hinsehen eine zugemalte und überkritzelte Darstellung eines Vogels auf der unteren linken Seite des Bildes erkennen, der von einer roten Flut überspült, begraben oder auch von einem Wesen verschlungen wird, das einem Hai gleicht. Die Stelle, an der sich Vogel und schlangenhafte Welle treffen, wird von einem gelben Netz aus Linien und Flecken „übertüncht" und damit unkenntlich gemacht. Diese scheinbar gegenstandslose Bildorganisation, die ja in diesem Lebensalter in der Regel (Ausnahme: Künstlerkinder) nicht zu beobachten ist, muß als Versuch gewertet werden, in einer bildhaften Fassung zwei gegensätzliche expressiv-emotionale Motivkomplexe zu realisieren: Das unvorstellbare und daher bildnerisch nicht „realistisch" darzustellende Geschehen soll gleichzeitig appellativ wirken, als Anklage oder Hilferuf vorgetragen werden - aber wer verstünde schon die Nachricht einer so radikal regressiven, auf wenige dynamische Formen reduzierten Bildorganisation - und ausgelöscht, getilgt werden. Wir haben in der Betrachtung der Bilder von Frau M. ein Bild mit einer ähnlichen Organisation (Abb. 3) kennengelernt, das in einer klinisch-therapeutischen Phase entstanden ist, aber ebenfalls wegen seiner gegensätzlichen Motive wie Anklage, Wut, Angst und Ungeschehen-machen-wollen, Auslöschen, Tilgen eine vergleichbare bildnerische Struktur aufweist. Auch in diesem Falle ist für den unbefangenen Betrachter die bildhafte Organisation, die aus der Überlagerung von dynamischen, affektiv „gefärbten" Gesten und verdeckenden, zukritzelnden bildnerischen Akten entstanden ist, schwer zu verstehen oder bliebe gar unverständlich, wenn das Wissen um das traumatisierende Geschehen nicht einen Weg in die bildnerische Aufbereitung des Konfliktes zeigen würde.

Wie in den Bildsequenzen von Frau M., in denen sich die Entwicklung von Motiven und Realisationsformen auch über einen Zeitraum von rd. 20 Jahren verfolgen ließ, kann von den bildnerischen Ereignissen des sechsjährigen Mädchens, besonders von dem Ereignis, das wir als letztes angesprochen haben, ebenfalls eine deutliche Entwicklungslinie zu einer Gruppe von Bildern gezogen werden, die während der Adoleszenz entstanden sind. Wir überspringen in der Analyse dieser Entwicklung einige charakteristische Bilder, die aus dem zehnten/elften Lebensjahr der Patientin stammen, weil sie sich aus technischen Gründen nicht für eine schwarzweiß-Reproduktion eignen. Die Fülle des Materials, die dem Autor aus den darauffolgenden Lebensabschnitten zur Verfügung steht, machte es möglich, Haupt- und Nebenwege dieser Entwicklung zu unterscheiden. Wir müssen uns hier mit der Darstellung von zwei Hauptwegen und Hinweisen auf Nebenwege begnügen. Ein Hauptweg ist in den Gestaltungen zu verfolgen, die man als Schlangen-Nest-Bilder bezeichnen könnte. Sie bestehen aus verschlungenen Rundformen bzw. ovalen Formen, bei denen man kaum zwischen Formgebilden, die das Nest bezeichnen sollen und den Schlangenzeichen selbst unterscheiden kann - allenfalls hebt sich der Schlangenkopf, der sich häufig im Zentrum des Bildes identifizieren läßt, von den übrigen Gebilden ab. Wenn der Autor die realisierenden Bildmaterialien der drei Bilder (Abb. 44a-c), die hier vorgestellt werden sollen, richtig einschätzt, so handelt es sich bei den ersten beiden um lasierende Aquarellmalerei und beim dritten um eine Mischtechnik aus deckenden Farben und Kohlezeichnung.

Im ersten Bild (Abb. 44a) wird das Motiv der Schlange/Schlangen, die sich in einem Art Horst eingenistet haben, besonders deutlich herausgearbeitet: In einem grünlichen, nach unten violett-bräunlichen Nest lassen sich zwei blau-violette Schlangenköpfe über kurzen Rumpfteilen ausmachen, von denen der rechte in den Schlund eines zweiten Schlangenkopfes eindringen will, sich ihm jedenfalls nähert, wobei aus dem Schlund eine Art Zunge austritt. Da dieses Bild und auch die beiden nächsten Artefakte auf der Ebene der Identifizierung und Ausdeutung der Motive wenig Widerstand entgegensetzen - das Motivspektrum reicht ja von der „Ursünde", der eine „narzißtisch" getönte Verführung durch die Schlange vorausgeht, über die Schlangensymbolik in den verschiedenen Schöpfungsmythologien bis zu den Symbolismen, die den Penis vertreten - soll auf einer Ebene der Beschreibung der Realisationsmittel versucht werden, spezifische Motivinhalte zu ermitteln. Auf dieser beschreibenden Ebene läßt sich von der Auseinandersetzung zweier, eng miteinander verbundener oder gar teilweise -

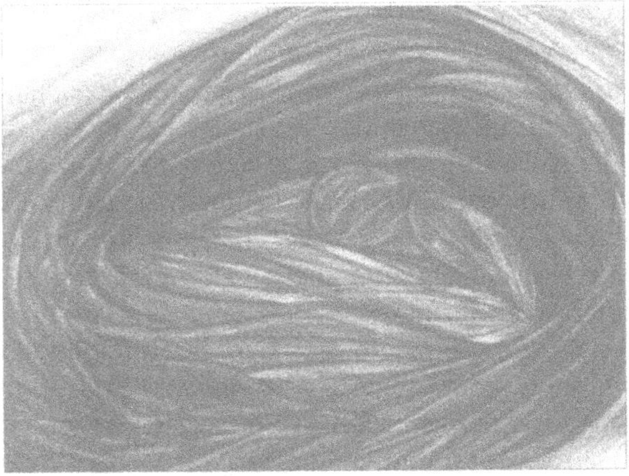

Abbildung 44a

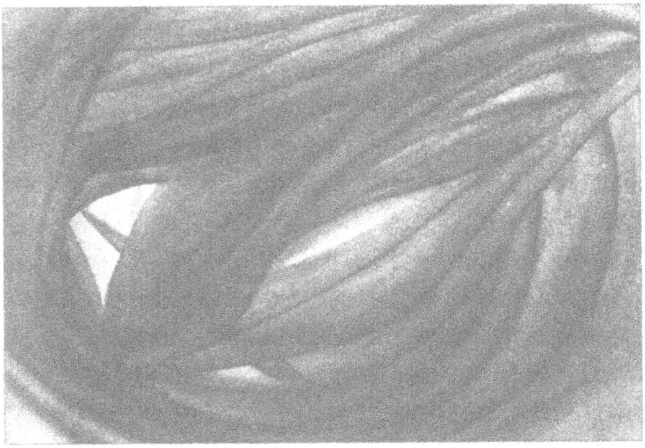

Abbildung 44b

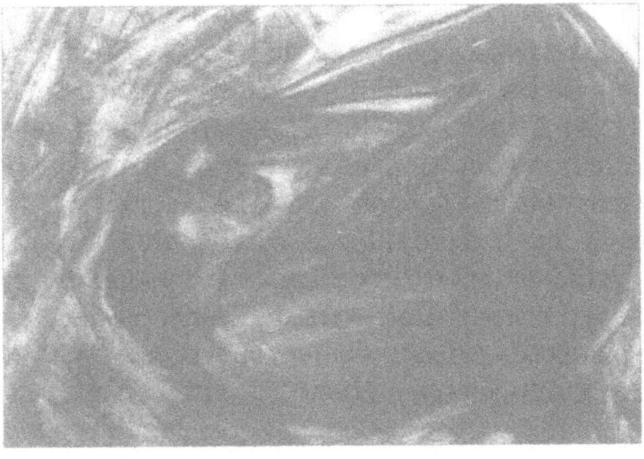

Abbildung 44c

etwa im Bereich der Körper - identischer Schlangen sprechen, die in einem Umfeld ausgetragen wird, das sich in seiner Dynamik kaum von den Tieren unterscheidet, sie sogar in eine Art zentrifugalen Sog einzubeziehen sucht. Diese zentrifugale Bewegung wird sichtbar, weil drei Ecken des Bildes durch hellere türkisblaue bzw. violette Farbtöne von dem „inneren" Geschehen abgehoben werden. Über die vierte Bildecke links unten schwappen dagegen die nestartigen Formelemente, die wir in den beiden im Kapitelteil 5.4. vorgestellten Bildern (Abb. 29 u. 30) schon als blutgefäßartige Proliferationen bezeichnet haben, um auszudrücken, daß es sich um Gegenstandselemente handelt, die man sich als Wucherungen im Köperinneren und nicht an der sichtbaren Oberfläche vorstellen kann. Gegenüber den *Petrifizierungen* (LAING u.a.), die als Merkmale von Verhaltens- und Verständigungsmuster von schizophrenen Patienten auftreten, haben wir es hier mit einer Verflüssigung von menschlichem und naturalem Material zu tun, die alles Feste, Beständige als aufgelöste, röhrenförmige Stoffe erscheinen läßt, in denen ekelerregende Substanzen transportiert werden - wobei Petrifizierung und Verflüssigung wohl nur zwei Seiten einer Ausdrucksproblematik darstellen. J. L. HERMAN zitiert (1993, S. 147) ein ehemaliges Mißbrauchsopfer mit den Worten: *Ich bin voll von schwarzem Schleim. Wenn ich den Mund aufmache, kommt das alles heraus. Ich sehe mich als schlammiges Abwasser, in dem die Schlangen brüten.*

Die Beschreibung der charakteristischen Merkmale des Schlangenmotivs führt zu dem Ergebnis, daß wir es hier mit einem „verschlingenden" Angreifer in einem in sich verschlungenen, schwer zu differenzierenden, engen Beziehungssystem zu tun haben, in dem Angreifer und Widersacher „aus einem Leib" zu sein scheinen und sich beide in einem Strudel von Materie bewegen, in der das Innere nach Außen gekehrt wird, die regulären Verhältnisse pervertiert werden. Das Opfer, das läßt sich aus der Position und der Darstellung der beiden Schlangenköpfen schließen, hat seinen Widerstand nicht völlig aufgegeben, sondern versucht, „sich zu behaupten". Das Nest hat die Funktion einer schützenden Hülle verloren und schnürt nur in vielen Windungen die Aktivitäten von Angreifer und Opfer ein oder führt ihnen gar Nahrung zu. R.D. LAING zitiert (1994, S. 244) in seiner Darstellung und Deutung der Lebensgeschichte seiner Patientin JULIE einen Ausspruch des Malers und Dichters WILLIAM BLAKE, der ja selbst von psychotischer Depersonalisation bedroht war. W.B. BLAKE sprach in einer Beschreibung seiner Spaltungserlebnisse von der Gefahr, *das zu werden, was man wahrnimmt.* Zutreffender läßt sich die existentielle Not nicht darstellen, in die das Selbstsystem der Patientin nach den traumatischen Erfahrungen gerät: Einerseits versucht es durch Dissoziationen, Teile von Bewußtsein und von Elementen anderer Selbstseinheiten zu retten, etwa durch *Doppeldenk*-Systeme (HERMAN nach einem Wort von GEORGE ORWELL), andererseits darf und kann es sich vom eigenen Sozialsystem nicht unterscheiden, fühlt sich davon durchdrungen und vereinnahmt oder identifiziert sich gar mit dem Täter - und das immer „angesichts" dessen, was sie wahrgenommen hat, aber nicht einsehen kann.

In dem zweiten Bild (Abb. 44b) aus dieser Gruppe können wir auf den Sinngehalt der Motive zurückgreifen, die wir im vorausgehenden Abschnitt darzustellen versucht haben. Bei aller Ähnlichkeit mit dem ersten Bild ist dieses Werk einfacher organisiert, man könnte sogar sagen, daß es einen vergrößerten Ausschnitt aus dem Form- und Motivrepertoire des anderen Bildes darstellt. Wir sehen wiederum eine ellipsoide, nestartige Konfiguration, aus der ein Schlangenkopf herausragt oder auch zwei Köpfe hervortreten, denn bei genauem Hinsehen zeigt sich auch ein zweites Kopfzeichen neben dem ersten. Erneut wird deutlich, daß sich Nest und Schlange/Schlangen nicht voneinander trennen lassen, und wir erhalten damit wiederum einen Hinweis auf die enge Bindung von Opfer und Täter. Wie im ersten Bild zeigt der „Kopf" der zweiten Schlange eine Art Mundöffnung - man könnte auch von einem Blumenkelch sprechen -, auf die sich die andere Natter zubewegt. Wir haben damit eine ziemlich offenkundige, wenn auch (leicht) „verschobene", ins analog Tierische oder Pflanzliche übertragene Bedeutungsstruktur, die uns das Mißbrauchsgeschehen deutlich vor Augen führt. Die zwischen einem blauen und einem rötlichen Violett-Ton oszillierende Farbigkeit beider Bilder weist auf eine depressive Grundstimmung hin, die sich in diesem Alter auch schon in Form von psychosomatischen Beschwerden und Suizidgedanken äußerte.

Auch im dritten Bild (Abb. 44c) aus dieser Gruppe läßt sich die angesprochene verschobene Bedeutungsstruktur entdecken, wenn auch das Motivgeschehen jetzt von einem rabenartigen schwarzen Vogel bestimmt wird, der sich auf ein blauschwarzes Gebilde zubewegt, das als Nest gedeutet werden könnte, aber wohl eher als komplementärer Körper eines jüngeren Vogels gelten kann. Vogelmotive spielen in der privaten Ikonographie der Werke von Frau N. eine bedeutende Rolle; als verschobene Repräsentationen verkörpern sie unterschiedliche Sinnfiguren/Bedeutungsschemata - sie reichen etwa vom unerwünschten, untergeschobenen Kind bis zu Darstellungen, in denen sie sich vogelfrei fühlt. Zur Aufklärung der symbolischen

Ebene dieses Motivs sei nur in Erinnerung gerufen, daß der Rabenvogel in vielen Märchen und Mythen als Überbringer von Unheil fungiert, z. B. das Nahen des Todes ankündigt. Aber erst in der Analyse der individuellen Ausgestaltung des Motivs werden wir mit der todbringenden Gewalt, mit der Dunkelheit dieser Szenerie und mit der Verzweiflung konfrontiert, die mit dem Mißbrauch in das biographische Geschehen Einzug gehalten haben. So erfolgt - im Gegensatz zu anderen Bildern dieser Zeit - der Angriff von rechts und versperrt damit jede Möglichkeit dem Angreifer zu entkommen und auch in Zukunft zu entgehen. Auch in diesem Werk erkennen wir die enge Verklammerung von Angreifer und Opfer wieder, die uns für diese Gruppe von Bildern typisch erscheint. In diesem letzten Bild ist die Farbgestaltung so trist, daß man kaum noch zwischen den Abstufungen von Grau bis Schwarz unterscheiden kann. Besonders dieses Werk setzt die Beschreibung des seelischen Zustandes von Mißbrauchsopfern, wie sie von J.L. HERMAN (1993, S. 152) formuliert worden ist, ins Bild:

> *Die Emotionen chronisch mißbrauchter Kinder reichen von einem elementaren Gefühl der Unbehaglichkeit über Zwischenstadien der Angst und Dysphorie bis zu extremer Panik, Wut und Verzweiflung. So überrascht es nicht, daß viele ehemalige Mißbrauchsopfer bis ins Erwachsenenleben unter chronischer Angst und Depression leiden.*

Aus dem zur Verfügung stehendem Bildmaterial stellen wir noch eine Kopfdarstellung (Abb. 45) vor, die sich der Gruppe von Bildern zuordnen läßt, die wir schon im Abschnitt (5.4.) besprochen haben. Die Darstellungen dieser recht großen Gruppe von Bildern der Patientin aus dem späten Jugendalter/dem frühen Erwachsenenalter, die wir jetzt in einen Kontext zu den anderen Bildern bringen können, hat die Demarkationslinien zwischen den abgespaltenen Selbstsystemen und dem äußeren Ego zum Thema; d.h. diese Bilder reflektieren das existentielle Problem der Grenzziehung zwischen den unsichtbaren inneren Abläufen, die dem unfaßbar *Wahrgenommenen* entsprechen, und den präsentablen äußeren Ansichten, die das Opfer von sich bieten mußte, um zu überleben. Mit der Kennzeichnung *reflektieren* haben wir schon anzusprechen versucht, daß in diesen Bildern bei aller „selbstquälerischen" Verstrickung, die von Schuldgefühlen - wenn man das Geschehene als Ausdruck des Bösen in sich selbst betrachtet, kann die Beziehung zum Täter und zu den in die Taten verstrickten Personen eher aufrecht erhalten werden (vgl. HERMAN 1993, S. 145f.) - bis zu Wut und

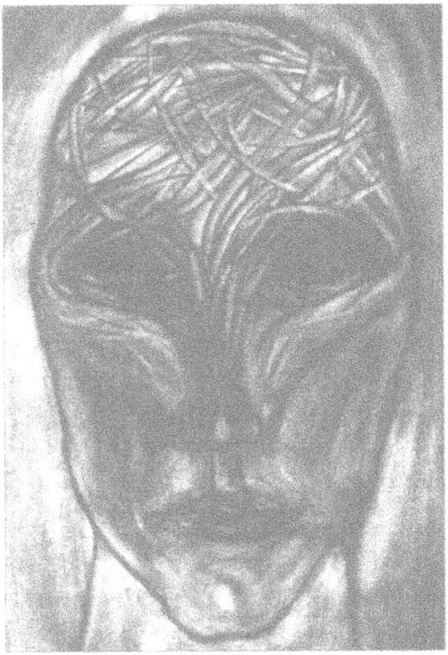

Abbildung 45

Rachegedanken reichen, (auch) eine selbsttherapierende Qualität sichtbar werden könnte.

Wir sehen ein streng geschnittenes Gesicht vor uns, das in eine äußere Ansicht, welche die Mund- und Kinnpartie umfaßt, und eine Schau des inneren Geschehens aufgeteilt ist. Die in scheinbar systematischen Strängen verlaufenden Kapilaren des inneren Gesichtes ziehen sich von der Gehirnpartie um die toten Augen - blind vom Wahrgenommenen - bis zu der Wangenpartie. Mit der Bezeichnung *Kapillaren* versuchen wir wiederum den besonderen Charakter der inneren Elemente zu benennen, der uns auch in der Analyse der anderen Bilder aus diesem Umkreis aufgefallen ist und der, bei aller visuellen Eindeutigkeit, der interpretativen Verdeutlichung große Schwierigkeiten bereitet, weil die bildhaften Manifestationen einer Tiefendimension des Psychischen entstammen, die verbal kaum noch nachzuvollziehen ist. Man könnte sagen: Im Inneren des Kopfes, dort wo der Sitz des Geistes zu vermuten ist, wird etwas Undenkbares in einen Kreislauf gebracht, wird etwas Blutiges, Unsagbares bewegt, das unreflektiert bleiben muß und trotzdem immer wieder Schuldgedanken und aggressiv-expressive Emotionen in den Kreislauf gelangen läßt. Dieses Unverständliche, Rohe umgreift auch die Augen, die dadurch die besondere Fähigkeiten bekommen, nach Innen zu sehen und das Äußere „auszublenden", in den Geist zu verbannen, was außen nicht gesehen und gehört (ohrenlos!) werden darf. Das Gesicht weist in seiner maskenhaften Strenge zudem noch hermaphroditische Züge auf, wie sie auch aus Plastiken der Antike bekannt sind, und dieses Moment von Doppelgeschlechtlichkeit verweist auf eine erzwungene Unsicherheit in der Geschlechtsidentität bzw. ist Teil der umfassenden, *unentwirrbaren Doppeldeutigkeit* (LAING), die damit auch auf diesen zentralen Bereich vitaler Impulse und affektiver Dynamik übergreift. In diesen Zusammenhang gehört

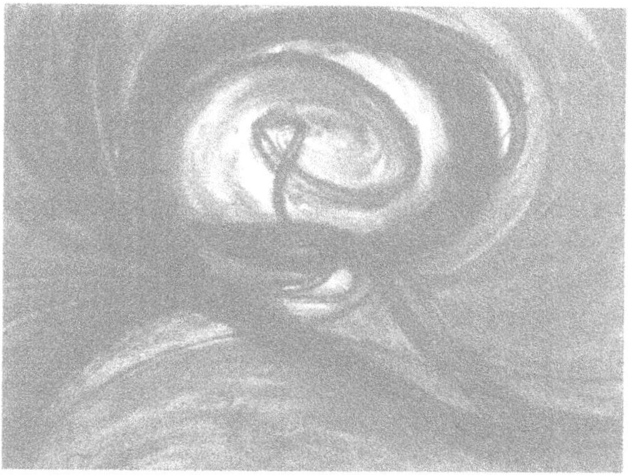

Abbildung 46

auch eine Reihe von Darstellungen schwangerer Frauen, von denen hier keine abgebildet werden kann. Sie verwiesen auf eine Zeugung mit sich selbst, auf eine *Unheilschwangerschaft* (Selbstkommentar), in welcher der Konflikt zwischen der Sehnsucht nach Partner und Kind und den Verboten, die aus den Wahrnehmungen von Sexualität als Entfremdung und Verstümmelung stammen, deutlich wird.

Zum Abschluß dieser umfangreichen Sequenz von Bildern eines Mißbrauchsopfers sollen noch zwei Werke aus der Zeit des ersten Klinikaufenthaltes vorgestellt werden, die innerhalb eines kunsttherapeutischen Settings enstanden sind. Die Bilder sollen zeigen, wie die Hauptwege, von denen wir gesprochen haben, sich unter den veränderten Bedingungen weiterentwickeln. Das erste Bild (Abb. 46) stellt die Reaktion der Patientin auf die vorgegebene Themenstellung *Mein größter Wunsch* dar. Diese Vorgabe kann als beliebtes kunsttherapeutisches Motiv angesehen werden, das in die Reihe metaphorisch-evokatorischer Anregungen gehört, die weniger einer bestimmten, definierten Bildfindung dienen, als eine Beziehung zu dem jeweils individuellen Konfliktpotential herstellen sollen, in diesem Falle zu bildhaften Vorstellungen über die Erwartungen an ein konfliktreduziertes Leben. Wir nehmen dieses Thema ernst, obwohl die Patientin „athematisch" reagiert, also auf eine gegenständliche Darstellung dieser Erwartungen verzichtet hat und sich und die Betrachtenden mit einem Geschehen konfrontiert, das auf den ersten Blick nichts von dem zu verraten scheint, was sie bewegt. Aber schon mit der Formulierung *was sie bewegt*, wird uns ein erster Zugang zu dem bildnerischen Geschehen eröffnet, weil das

Bild von mehreren braun-schwarzen Farbbahnen beherrscht wird, die auf sehr differenzierten, von hellem Ocker nach Purpurrot wechselnden Farbströmen aufruhen. Die dunklen Farbbahnen kommen von links, also aus der Zone, welche die Vergangenheit repräsentiert, Teile der oberen Bahn schwenken in eine ellipsoide Umlaufbahn ein, die ein augenartiges hell grünes Zentrum umranden, die anderen Teile bilden einen nach rechts abfallenden Hügel, der aus einer Reihe gelber und roter Farbströme aufgebaut ist. Besonders im rechten oberen Teil des Bildes drehen sich die roten Farbbahnen so im Einklang mit der ellipsoiden dunklen Bahn, daß man an einen Kometenschweif oder an Bilder von Galaxien erinnert wird.

Wir haben es also auf den ersten Blick mit einem ungegenständlichen Farb-Form-System zu tun, das emotionale Spannungen - etwa den Kontrast zwischen dunklen „Mächten" und den aus Verletzungen stammenden roten (Blut-)Strömen - „thematisiert" und in einer Manier entwirft, die gestalterisch den Vorbildern aus bestimmten Epochen der sog. Modernen Kunst zu folgen versucht. Dort wie hier müßte es bei der beschreibenden Analyse von Farb-Form-Konstellationen und den Mutmaßungen über die inkorporierten Affekte und Emotionen bleiben, wenn wir nicht den biographischen Hintergrund kennen würden, der uns näher an die jeweils subjektive Verwirklichung von bestimmten emotionalen Motiven in solchen „reinen" ästhetischen Konstellationen heranführen würde. Außerdem haben wir im Falle dieses Bildes bisher eine gegenläufige Form außer acht gelassen, die sich von rechts unten in die ellipsoide Form bewegt und die uns aus anderen Bildern der Patientin bekannt ist: Wir haben diese Form dort als Schlange bezeichnet, die in die nestartigen Gebilde eindringt, und wir erkennen hier dieses Motiv wieder, welches die Art und Schwere der Verletzungen auch in anderen Bildern symbolisiert.

Aus der Analyse dieses Bildes können wir jetzt den Schluß ziehen, daß Frau N. für die abgespaltenen Materialien ihres Selbst ein gegenstandsloses - besser: außerhalb der vergegenständlichenden Wahrnehmung konstruiertes - Repräsentationssystem entworfen hat, mit dem sie dem Kampf zwischen Angreifer und Opfer auf dem Hintergrund ihres entkörperlichten Selbst gerecht zu werden versucht. Sie überführt dabei das unaussprechliche Geschehen in eine kosmische oder auch mythologische Dimension, um die Abwehr aufrechtzuerhalten, aber gleichzeitig eine Auseinandersetzung mit dem Geschehen „im großen Stil" führen zu können. Die therapeutisch formulierte Themenstellung, die ja vordergründig nicht erfüllt worden ist, weil kein Wunsch artikuliert wurde, hat eine tiefreichende Auseinanderset-

Abbildung 47

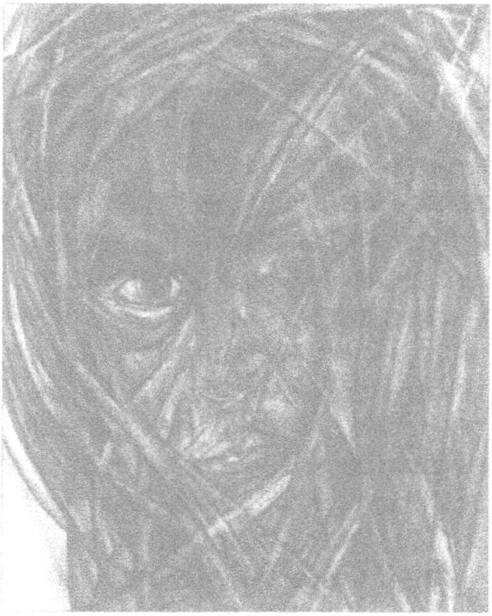

zung der Patientin mit den ihr aufer-zwungenen Anteilen des fremden, „falschen Selbst" provoziert, die sicherlich nicht ohne jeden (selbst-)therapeutischen Effekt ist: Aber wie auch die anderen Werke aus dieser Serie von Bildern zeigen, tragen diese klinischen Objektivationen wohl mehr zu der schwierigen Diagnostik als zur Therapie bei. Allerdings konnte sich die Diagnostik in diesem Falle wiederum nur auf den Krücken der gesamten Sequenz von Bildern, die bis in die Kindheit reichen, und mit Hilfe der biographischen Hinweise zum „realen Kern" des Geschehens vorwärts schleppen. In den anderen Bilder dieser Serie ist das augenartige Zentrum stärker ausgebildet; manche dieser Werke bestehen nur aus einem dynamisch gezeichneten, überdimensionalen Auge und geben damit auch bildnerische Hinweise auf paranoide Halluzinationen.

Die Darstellung des Auges beherrscht auch das letzte Bild (Abb. 47) der Reihe von Werken aus dieser Zeit der klinischen Behandlung, das wir vorstellen wollen. Es weist deutliche Beziehungen zu den Objektivationen aus der Adoleszenz auf, die wir - aus Mangel an zureichenden beschreibenden Begriffen - Bilder mit Proliferationen genannt haben. Auch dieses Bild wird durchzogen von blutgefäßartigen Strängen in blau-violetten Farbtönen, die aber in diesem Falle nicht in ein Gesicht oder in einen Kopf integriert, d.h. als Anteile des fremden Selbst sowohl abgespalten wie „inkorporiert" zu sein scheinen, sondern eine Art Vorhang bilden, aus dem ein Gesicht hervorsieht. Wir haben es also mit dem Bild eines Angreifers und seiner nestartigen Verstecke zu tun, die in früheren Versionen des Motivs in stärker verschobenen, privatistischen Verbildlichungen, etwa in der Gestalt der Schlangen oder des Rabenvogels mitsamt deren Nestern zum Ausdruck gebracht worden sind. Für diese Interpretation spricht auch die Tatsache, daß dieses Bild in einer therapeutischen Phase entstanden ist und damit eine stärkere *Kooperation der Systeme* im Sinne der FREUDSCHEN Auffassung vom Verkehr der beiden Subsysteme Ubw/Vbw und Bw (G.W. X, S. 263ff.) im Falle von gleichsinnigen, ichgerechten Motiven zu erwarten ist. Wir gehen also davon aus, daß sich in diesem Bild, eingeflochten in die Proliferationen, Merkmale der körperlichen Gegenwart des Angreifers, die in der Regel nur unter dem Schutz symbolischer Verfremdungen (*Verschiebungen*) vom Ich zugelassen werden, „materialisiert" haben. Die schwer deutbaren Proliferationen, Kapilaren o.ä. können in diesem Zusammenhang als Versuch der Patientin angesehen werden, das absolut Fremde und Feindselige in köpernahen Funktionen zu erfassen, den Kreislauf des unverständlichen, bösartigen Anderen in ein Bild zu bannen. Wie in fast allen Bildern der Patientin, die wir in Augenschein genommen haben, gibt auch hier die „depressive Farbigkeit" - d.h. die Kombination von blau-violetten und rot-violetten Farbtönen - einen unverstellten Einblick in die Trauer, die Furcht und in die anderen existentiellen Affekte, die das Geschehen ausgelöst hat.

Am Ende dieser Analyse, die in unserer Zusammenfassung im Kapitel 14 wieder aufgegriffen wird, sollten wir die Frage stellen, ob eine solche Ähnlichkeit in den Motiven und Organisationsform von Bildern nicht doch für die Auffassung von R. SCHAFER spricht, die wir im Kapitelteil 7.1. erörtert haben. Wir haben dort skizziert, daß der Analytiker/die Analytikerin die *Handlungsstränge* der angebotenen Geschichten auf häufig wiederkehrende Muster von Erzählungen (*Grundgeschichten*) hin untersuchen und die metaphorischen Geschichten des Klienten/der Klientin als selbstgedeutetes Material wiederum interpretieren solle. In den Bildern von Frau N. zeichnen sich in der Tat einige Grundgeschichten ab, die in einer sehr komplizierten Struktur miteinander verbunden sind. Wenn man die gesamten Bilder vergleichen könnte, was hier aus technischen Gründen nicht möglich ist, würden sich diese thematischen Bereiche und deren innerer Zusammenhang noch deutlicher abzeichnen. Natürlich müssen auch Interpreten wie Therapeuten, die den *Kernkonflikt* einer Kindheit deuten, unter Beweis stellen, daß sie die *erzählerischen Regeln* - im Falle unserer Interpretationen: die Regeln der bildhaft-symbolischen Kommunikation - *der Metapher* (SCHAFER) verstehen, aber unsere Deutungsversuche von Werken der Patientin Frau N. zeigen auch, daß erst eine genaue Kenntnis der biographischen Ereignisse die einzelnen Elemente der komplizierten Struktur bildhafter Metaphern aufzudekken imstande ist. Ohne diese Kenntnisse, die uns ja in einigen anderen Fällen nicht zur Verfügung stehen, hätten wir dem Geflecht von emotionalen Expressionen und persönlichen Sinn- und Bedeutungsschemata als Ausdruck besonderer Leidenserfahrungen nicht gerecht werden können und hätten uns mit der Analyse auffälliger Bildlösungen als Hinweise auf allgemeine Formen der gestörten Selbstentwicklung begnügen müssen. Nur das Wissen um besondere Geschehnisse führt uns über die narrative Struktur der Bilder - als Ereignisse *des erzählten Lebens* - hinaus in eine Richtung die wir mit R. LAING u.a. als Versuch gekennzeichnet haben, der biographischen Wahrheit möglichst nahe zu kommen.

12. Der brennende Dornbusch und Einblicke in eine Kunsttherapie

In Schwarz ist also Licht enthalten.

Frau A. in der 9. Sitzung

In der nachfolgenden Analyse von sechs Bildern einer Patientin[146] mit depressiven und psychosomatischen Symptomen, die wir als Beispiele für die Nachwirkungen schwerer Traumata in bildnerischen Ereignissen von Erwachsenen vorstellen wollen, konnten wir uns auf ein so umfangreiches Bildmaterial stützen, daß die Auswahl nicht leicht fiel. Wir haben uns für eine Gruppierung der Bilder entschieden, die unsere Überlegungen zu der Bildsequenz und dem Ablauf der Kunsttherapie adäquat wiederzugeben scheint, auch wenn diese Anordnung nicht exakt die Chronologie der Entstehung der Bilder wiedergeben wird. Eine chronologische Darstellung dieses Verlaufs mitsamt seinem diffizilen bildnerischen Geschehen hätte den Umfang unserer Darstellung gesprengt. Wie schon in der Überschrift zu diesem Abschnitt angekündigt, konnten wir auch Einblick in einen sorgsam dokumentierten Ablauf einer Therapie mit ästhetischen Materialien nehmen. Diese Therapie verlief unter Rahmenbedingungen, die kurz angesprochen werden müssen, auch wenn wir aus Gründen des Persönlichkeitsschutzes auf genauere Angaben über den Ort und die Zeit verzichten müssen: Die kunsttherapeutische Arbeit im engeren Sinne fand unter der Leitung einer selbständigen Kunsttherpeutin statt. Ihre Arbeit war in ein klinisches Setting eingebettet, zu dem einige anthroposophisch orientierte Ärzte sowie eine Heileurythmistin gehörten. Die Zusammenarbeit innerhalb dieser Gruppe von Therapeuten/Therapeutinnen bestand u.a. darin, daß einmal in der Woche eine Teamsitzung stattfand, in der die Therapieverläufe der Patienten/Patientinnen besprochen wurde. Die *verschiedenen therapeutischen Angebote ermöglichen eine den ganzen Menschen einbezie-*

hende Behandlung im medizinisch-organischen (= körperorientierten) und im seelich-geistigen Bereich, was dem anthroposophischen Begriff von einer ganzheitlich arbeitenden Heilpädagogik entgegenkommt[147].

Frau A. ist zu Beginn der kunsttherapeutischen Förderung ca. 30 Jahre alt, hat zwei Kinder und arbeitet in einem medizinisch-technischen Beruf. Sie heiratete mit Mitte zwanzig, ließ sich aber wenige Jahre später scheiden, weil sie *Probleme hatte, Nähe, Berührungen und Zärtlichkeiten auszuhalten* (Selbstkommentar). Sie hatte als Kleinkind eine Herzmuskelentzündung, die sich seit dem Tode ihres Vaters, der plötzlich an einem Herzinfarkt starb, als sie etwa 23 Jahre alt war, in Herzrhythmusstörungen äußerte. Der Tod des Vaters sei für sie ein schockartiges Erlebnis gewesen. Sie leidet häufig unter Kopfschmerzen, die nach einem Sturz zu Beginn des Jugendalters, wohl als Folge einer Halswirbelverstauchung, zuerst auftraten. Im frühen Jugendalter erkrankte sie an einer Magersucht, die aber nach einigen Jahren abklang. Ihre jüngere Schwester erkrankte später ebenfalls an Magersucht - zu einer Zeit, als sie ihre Krankheit bereits überwunden hatte. In ihrer Kindheit und noch zu Beginn Jugendalters wurde sie von ihrem Vater häufig körperlich mißhandelt. Als sie mit etwa 16 Jahren erkannte, daß ihr Vater erst dann von ihr abließ, wenn sie Schmerzen zeigte und weinte, zog sie sich zurück und versuchte, keine emotionalen Reaktionen auf die Mißhandlungen sichtbar werden zu lassen. In einer Gesprächstherapie, die sie drei Jahre vor der Kunstterapie begann, erinnerte sie sich zum ersten Mal an inzestuöse Übergriffe ihres Vaters. Sie siedelt das Mißbrauchsgeschehen etwa zwischen ihrem vierten und sechsten Lebensjahr an. Ihre Mutter ist nach ihrer Darstellung eine vielbeschäftigte Frau gewesen, die auch heute noch genug mit sich selbst und ihrer Krankheit (Krebs) zu tun habe. Wegen dieser Krankheit habe sie es bis jetzt vermieden, mir ihrer Mutter über die Vorgänge in ihre Kindheit zu sprechen, sie vermute aber, daß die Mutter Bescheid gewußt habe. *Die Mutter hatte keinen Kopf für diese Probleme* (Selbstkommentar). Zur Zeit der Kunsttherapie klagte sie noch über Angstzustände und Schlafstörungen. Sie werde nachts von Alpträumen geplagt und eile dann in die Zimmer ihrer Töchter, um zu sehen, ob alles in Ordnung sei.

Frau A. begann die Kunsttherapie mit der Vorstellung, sich *von der Gesprächstherapie erholen* zu wollen. Sie äußerte, das Thema Mißbrauch sei für sie abgeschlossen und *sie wolle eigentlich nur ein paar schöne Bilder malen* (Selbstkommentar). In dieser Bemerkung ist ein wichtiges Motiv für ihre produktive Tätigkeit in der Kunsttherapie enthalten, denn ihre Bilder sind in der Tat auch für uns „schön" - ohne daß wir jetzt schon genau sagen könnten, worin diese Schönheit besteht. Die Bemerkung läßt aber auch schon erahnen, aus welchen Gründen ein „Bilderkrieg" zwischen ihr und der Kunsttherapeutin ausbrechen wird, den wir am Rande mitverfolgen wollen, weil so auch Einsichten in den Ablauf der bildnerischen Produktion und die Strukturierung/Umstrukturierung der Bilder zu erhalten sind. So schlug die Therapeutin, getreu ihrem anthroposophischen Credo, Frau M. z. B. schon in der ersten Sitzung vor, in einer Naß-in-Naß-Technik ein grünes Bild zu malen, das durch die Mischung von Gelb und Blau entstehen sollte. Doch die Mischung gelang Frau A. nicht, und Gelb und Blau standen auf der Bildfläche unverbunden nebeneinander. Sie sagte zu „ihrem" Bild, daß sie Grün nicht möge und daß Blau ihre Lieblingsfarbe sei. Wir können an dieser Stelle nicht den gesamten Verlauf der ersten Sitzungen skizzieren, die von Mißtrauen und Mißmut auf seiten der Patientin und von den Bemühungen auf seiten der Therapeutin geprägt waren, Frau A. von ihren anthroposophisch geprägten ästhetischen Vorstellungen zu überzeugen, müssen aber noch nachtragen, daß die Therapeutin nach jeder Sitzung Frau A. „Hausaufgaben" stellte, die etwa im Sinne der anthroposophischen Farbenlehre von RUDOLF STEINER[148], aber auch in Anlehnung an Theorieelemente aus der Lehre von C.G. JUNG (*Mandala*) formuliert wurden. In die siebte Sitzung brachte Frau A. (wiederum) ein Bild mit, das diesen Vorstellungen nicht entsprach. Mit diesem Werk (Abb. 48) soll unsere Analyse der ästhetischen Produktion beginnen:

Das Aquarell wird beherrscht von einem mächtigen, schwarzen, blattlosen Baum, der die Bildmitte einnimmt und sich über einen gelb-grünen Boden und vor einem aufgelockerten, „luftigen", blauen Himmel erhebt. Links neben diesem schattenlosen Baum wird das Geäst eines schwarzen Strauches sichtbar, der genau auf halber Strecke zwischen Baumkontur und Blattkante angesiedelt ist. Seine roten Blätter und gelben Blüten (?) verleihen ihm das Aussehen eines brennenden Dornbusches. Das Bild vermittelt in seiner kompromißlosen Darstellung des Motivs vom *Einsamen Baum*, wie es uns etwa aus einem Bild von C.D. FRIEDRICH bekannt ist - schon dort weist der Bildtitel auf die Inkorporation menschlicher Gefühle in dargestellten Landschaftselementen hin - Gefühle von Trauer, von verdorrtem Leben, Einsamkeit und Tod. Diese Skala von Gefühlen wird noch verstärkt durch die Darstellung eines schwarzen Vogels, der am rechten Bildrand in den Himmel hineinzufliegen scheint. Wie in vielen der angesprochenen Werke von C.D. FRIEDRICH kann auch hier die Darstellung des Himmels, der das

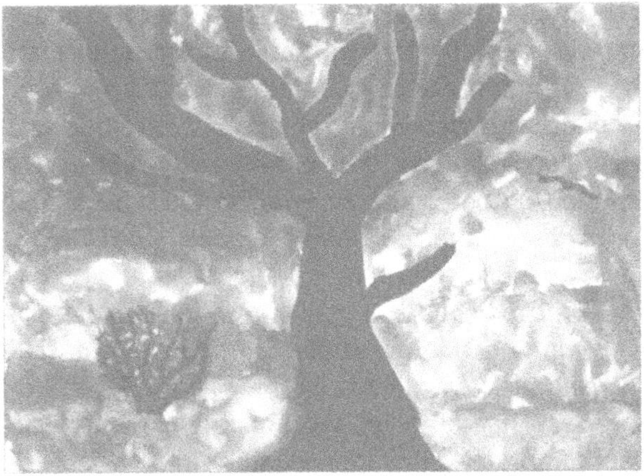

Abbildung 48

Empfinden von luzider Durchlässigkeit vermittelt, als Ausdruck von Hoffnung auf etwas „Überirdisches" angesehen werden, ohne daß sich beim Betrachter sogleich Befürchtungen über versteckte bildnerische Andeutungen von Suizidgedanken einstellen müßten. Diesen übermächtigen Gefühlsinhalte, die ihren bildnerischen Ausdruck in charakteristischen Merkmalen einiger „einfacher" Naturgegenstände finden, steht ein schwer einzuschätzendes Ausdruckselement „zur Seite", das in dem kleinen blühenden/brennenden Busch verkörpert wird. In der Interpretation der nächsten Bilder wird deutlicher, in welcher Weise die kompositionellen Elemente, die bisher zum Vorschein gekommen sind, zur Verbildlichung psychischer Konflikte beitragen.

In der Anzahl und Darstellung von Motiven ähnelt das zweite Bild (Abb. 49), welches auch im Ablauf der Bildserie an nächster Stelle stand, dem vorhergehenden Werk, es ist aber ungleich dynamischer in der Wiedergabe eines stürmischen, wolkenverhangenen Himmels mit einem schräg nach unten fallenden Regenvorhang und einer abschüssigen Bodenzone, die in einem körperhaft geschwungenen Verlauf am unteren Bildrand endet. Der schwarze Baum und der sog. brennende Dornbusch des ersten Bildes verschmelzen hier zu einem verkümmerten, windzerzausten, schwarzen Bäumchen mit roten Blüten/Blättern, das sich am unteren rechten Bildrand - ohne das stützende Wurzelwerk des vorhergehenden Bildes wohl vergeblich - gegen die Gewalt des Sturmes zu behaupten versucht. Die Dynamisierung der Bildelemente, die nicht zuletzt den aktionalen Pinselstrichen zu verdanken ist und u. U. auch das Resultat der therapeutischer Bemühungen

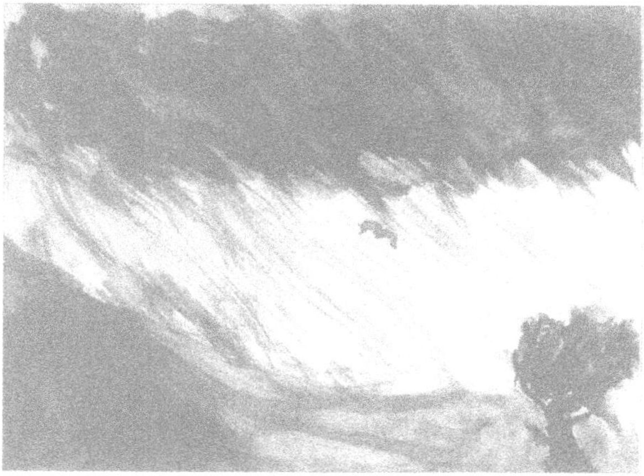

Abbildung 49

um den malerischen Ausdruck der Klientin wiedergibt, macht aus der statuarischen Organisation des ersten Bildes einen Vorgang, der den Betrachter an einem (symbolisch eingekleideten) Geschehen teilnehmen läßt, ohne das Geheimnis (jedermann) zu verraten: Wir sehen eine Landschaftsszenerie, welche auf einer Ebene traditioneller Symbolismen von der Gewalt der Natur, vielleicht auch von der Allmacht „höherer Wesen" spricht, und welche die Ohnmacht des Menschen offenbart, der zu einem „randständigen" Gewächs mit einigen wenigen (blütenartigen oder verbrennenden) Hoffnungszeichen verkümmert ist. Auf dieser Welt - um in der Sprache religiöser Symbolik zu bleiben - hält ihn nichts mehr.

Von dieser Ebene kulturspezifischer Symbolismen führen kaum Brücken zu den vorbewußten und unbewußten Bedeutungen, weil die Menschdarstellungen als bedeutende und bedeutungstragende Bildmotive, denen wir in vielen der vorhergehenden Bildbeispielen begegnet sind und die wir zu Ausgangsorten für unsere Deutungen nehmen konnten, fehlen. In dem gesamten Konvolut der Werke von Frau A. taucht nur in einem Bild (Abb. 50) eine Menschdarstellung auf, die wir hier nur am Rande betrachten wollen: Auf einem gelben Bildhintergrund ist in eine hellblaue, augenartige Form ein dunkelblauer Fleck eingefügt, der eine schwarze, weibliche Figur mit Kind in der Art einer „Madonna mit Kind" zeigt. Beide schwarzen Figuren, en face dargestellt, verfügen nur über Armstümpfe, und der dunkelblaue Fleck ist schwarz umrandet. Die Botschaft dieses einzelnen Bildes, in dem Frau A. offensichtlich das Verhältnis zu ihrer Mutter thematisiert, ist deutlich: Während die Zeichnerin das Verhalten der Mutter, wie wir o. gesehen haben,

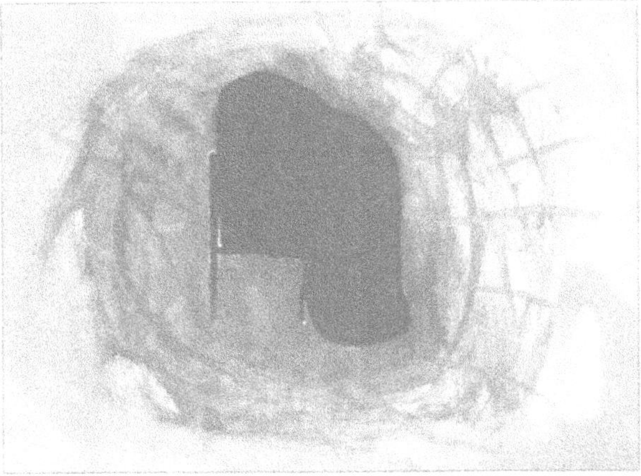

Abbildung 50

verbal zu „entschuldigen" versucht, wird es bildnerisch als traurig, unverständlich, hilflos, verstümmelt gekennzeichnet, oder, wenn man die bildnerische Symbolik in eine sprachliche Metapher zu übersetzen versucht, erscheint ihr im Rückblick die Hilflosigkeit und das Versagen der Mutter als „blinder Fleck" in einem Auge, das seiner „Aufsicht" nicht nachkam.

Im nächsten Werk (Abb. 51) der Bildserie, das in der Zeit nach dem eben angesprochenen Bild mit dem eindrucksvollen Regenmotiv und dem verkümmerten Baum gemalt wurde, wird die bekannte Landschaftszenerie erneut verändert. Obwohl Frau A. im Anschluß an die Sitzung, in der das Regenbild entstand, die „Hausaufgabe" gestellt worden war, anthroposophisch inspirierte Farbflächen/Farblasuren zu gestalten, hatte sie auch in die darauf folgende kunsttherapeutische Sitzung wiederum Landschaftsbilder mitgebracht, von denen das vorliegende näher in Augenschein genommen werden soll: Es zeigt zwei an beiden vertikalen Seiten des Blattes aufragende Berge, die in der Mitte des Bildes einen Ausblick auf ein Meer gewähren, dessen tiefes Blau fast übergangslos in das hellere Blau des Himmel übergeht. Am Fuße der beiden Berge - der linke im Bild besteht aus lasierten Grautönen, während der rechte grau-grüne Farbtöne aufweist - steht am unteren Bildrand der bekannte schwarze Busch mit den roten Blüten unter einem gelben Sonnenball mit einer blutroten Corona. Sonne und Corona nehmen zusammen etwa ein Viertel des Himmels ein. Rechts neben dem brennenden Dornbusch wächst, etwas bergauf, ein schwarzer Strauch, dessen gelbe Tupfer sich wohl eindeutig als Blüten identifizieren lassen.

Gegenüber den beiden vorhergehenden Landschaftsdarstellungen las-

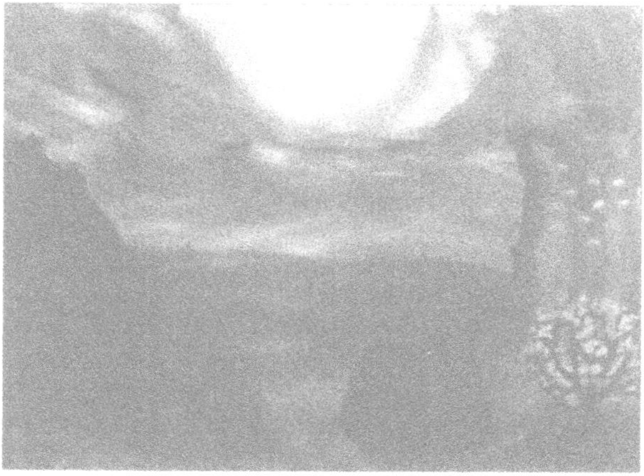

Abbildung 51

sen sich Unterschiede entdecken, die wohl mit einer fortschreitenden bildnerisch formulierten Selbsterkenntnis in Zusammenhang stehen. So läßt die Aufteilung des Motivs Baum/Busch in eine „brennende" und eine blühende Variante darauf schließen, daß sich die Repräsentationen und Emotionen, die als Resultate von Verletzungen, Beschämungen, Zorn und Furcht entstanden sind, von den hoffnungsvollen zu trennen beginnen. Auf eine solche Trennung würde auch die farbliche Wiedergabe der Berge in einen dunklen, leblosen links und einen grünen Hang rechts hinweisen. Die Gestaltung dieser Bergmotive vermittelt aber, im kompositionellen Zusammenhang gesehen, immer noch Gefühle von Einengungen und Zwängen. Die kompositionelle Struktur ruft Erinnerungen an ein Schlüsselbild der deutschen Romantik wach: an *Die Kreidefelsen auf Rügen* von C.D. FRIEDRICH, dessen Ikonographie nicht restlos aufgeklärt ist und mit dem das vorliegende Bild auch die Aussicht auf die „unendliche" Weite von Meer und Himmel gemeinsam hat. Auch die aggressiven, auf die Büsche/den Baum einwirkenden Kräfte werden jetzt in der Gestaltung von Sonne und blutrotem Himmel/Corona deutlicher bezeichnet. Es wird sichtbar, daß die Wiedergaben der verkümmerten, abgestorbenen Lebewesen Baum und Strauch in den vorhergehenden Bildern von (verborgenen) Potenzen ausgehen, die als Symbole für die männliche körperliche Gewalt stehen.

Gegen den „schönen Schein" gelesen, vermitteln die Landschaftsbilder bereits auf der Ebene der traditionellen Motive eine individuelle Auslegung der Natur als Ansammlung düsterer, bedrohlicher Ereignisse. Diese Auslegung wird auf der Ebene der tiefensymbolischen Bedeutungen - wie immer

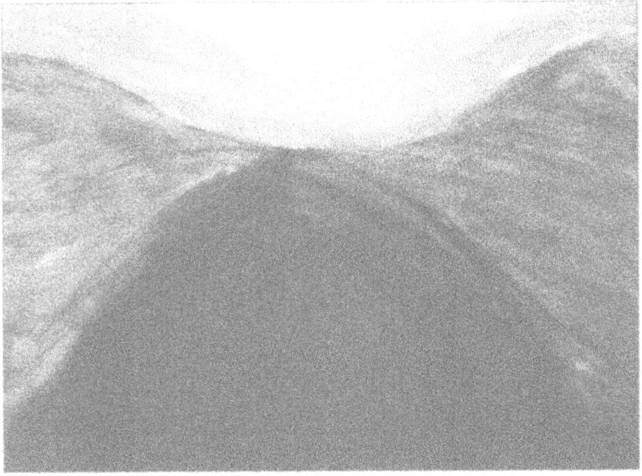

Abbildung 52

auf dem Hintergrund biographischer Geschehnisse - konkreter als Folge von väterlicher Gewalt und sexuellem Mißbrauch und damit deutlicher als Gefährdung der eigenen Subjektivität entlarvt. Auch das Motiv des brennenden, schwarzen Busches läßt sich nun in das symbolisierende Geschehen einfügen: als ambivalentes, sinnbildliches Zeichen gelesen, verrät es, daß sich die Heranwachsende „entflammt" und verdorrt zugleich vorkam, d.h. ein Spektrum von Gefühlen offenbart, das von Wut über Schuldgefühle bis zur Liebe reicht (HIRSCH 1990, S. 75ff.).

An dem Bild (Abb. 52), welches in einer der nächsten Sitzungen entsteht, versuchen wir zu zeigen, wie Frau A., die sich in den Werken, die wir bisher betrachtet haben, den anthroposophisch ausgerichteten kunsttherapeutischen Beeinflussungen zu entziehen versucht hat, nach einer Synthese zwischen den ziemlich aggressiv vorgetragenen, „anregenden" Bildentwürfen der Therapeutin und ihren eigenen Bildvorstellungen sucht. Das Bild zeigt einen blau-grauen, aus lasierenden Farbschichten aufgebauten Berg, der auf seiner Spitze eine fast spiegelbildlich angeordnete gelbe, sonnenartige Sphäre „trägt", die an den beiden Bildseiten auf einer blauen Zone aufliegt. Um das Klima zwischen den Akteuren zu schildern, soll eine etwas längere Passage[149] aus den umfangreichen Aufzeichnungen der teilnehmenden Studentin über die Interaktion, die während des Malvorganges ablief, zitiert werden:

Frau A. arbeitet weiter am gelb grundierten Lasurbild: Sie will als zweite Schicht Blau über das Gelb setzen, mischt ein sehr starkes

Blau an, zeigt offensichtliche Unlust, ist unentschlossen, wie es weiter gehen soll, ob die Blauverdünnung ausreicht. Spannung baut sich zwischen Frau A. und der Therapeutin auf. Die Therapeutin greift ein, drängt Frau A. zu einer Entscheidung bezüglich des Blaus: Als keine Reaktion seitens der Patientin kommt, entscheidet die Therapeutin für sie, daß das Blau gegenüber dem Gelb noch zu stark ist, es „überrennt".

Wir wollen nicht näher auf das eher „untherapeutische" Verhalten der Kunsttherapeutin eingehen, sondern die Auseinandersetzung über die Gestaltung von Bildern, hinter der offensichtlich verschiedene und zwar grundsätzlich andere Auffassungen über den Prozeß einer Therapie mit ästhetischen Mitteln stehen, kurz zu analysieren versuchen. Die Patientin erwartet, wie wir eingangs erwähnten, von der sog. Maltherapie eine Entlastung von der anstrengenden Durcharbeitung ihrer Verletzungen in der Kindheit und den daraus resultierenden Reinszenierungen, und sie versteht es, wie wir zu zeigen versucht haben, ihre Erinnerungen und ihre Verletzungen so zu gestalten, daß die Landschaftszenerien ihre spezifischen Ängste und Hoffnungen widerspiegeln. Die Therapeutin scheint Frau A. nicht darüber aufgeklärt zu haben, daß diese in einer anthroposophisch orientierten Kunsttherapie etwas anderes erwartet: ein strenges, festgelegtes Regelwerk über den Einsatz von bildnerischen Mitteln, Methoden und Motiven, das zur „Gesundung" von Körper und Geist führen soll. Im Kern der Auseinandersetzung steht dabei das Problem der produktiven Vergegenständlichung (Freud: *Verbildlichung*) psychischer Konflikte. Die Patientin erwartet (zu Recht), daß die Kunsttherapeutin ihre beeindruckend ausdrucksstarken, auf künstlerische Befähigung hinweisenden, gegenständlichen Werke ernst nimmt und sie nicht in den Sog einer dogmatisierten Auslegung zieht und sie darüber hinaus sogar aus Gründen ablehnt, die Frau A. unverständlich bleiben.

Betrachtet man die bisher vorgestellten Werke, so werden darin die psychischen Befindlichkeiten von Frau A. in einer spezifischen Symbolik, in der traditionelle und individuell veränderte Momente zusammenwirken, ins Bild gesetzt, zu einer Existenzaussage verdichtet. Man kann, wenn man diese selbstdeutende und reparative bildnerische Symbolik als eigene und eigenartige ästhetische Ausdrucksform anerkennt, auch den Konflikt zwischen Patientin und Therapeutin besser verstehen: Frau A. kann nicht akzeptieren, daß ihr anstelle ihrer persönlichen, mit großer Kraft und Sicherheit vorgetra-

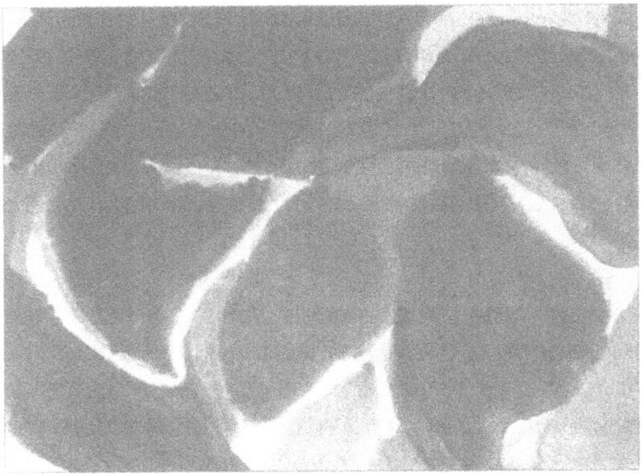

Abbildung 53

genen Bildsprache ein doktrinäres Bildsystem anempfohlen wird, das ihr den Zugang zu ihrem Selbst und seinen therapeutischen Ressourcen verwehrt. Die Therapeutin kann den Widerstand gegen ihre „gutgemeinten" Ratschläge und die „therapeutisch anerkannten" Methoden, die doch so heilsam sind, nicht ertragen. Die positiven Übertragungs- und Gegenübertragungsmöglichkeiten, die im kunsttherapeutischen Prozeß aufgebaut werden können, verkehren sich so in ihr Gegenteil: in Anspannung, Distanz und Kälte.

In einem Bild (Abb. 53), welches in der Reihenfolge der Bilder am Ende eines Zyklus von etwa zehn Bilder steht, der besonders stark von den angesprochenen Auseinandersetzungen geprägt wird, läßt sich eine Form von bildnerischer Kompromißbildung beobachten, wie sie sich sehr wahrscheinlich häufig im kunsttherapeutischen Prozeß ereignet, sich aber selten mit dieser Deutlichkeit verfolgen läßt. Frau A. kommt den Vorstellungen der Therapeutin entgegen und lasiert über eine helle Stelle mehrere Grün- und dunkle Blautöne, die nach Auffassung der Therapeutin eine „schwarze" Form ergeben - in diesem Zusammenhang fällt dann auch der Ausspruch der Patientin, den wir an den Beginn des Kapitelteiles gesetzt haben. Die Patientin verharrt aber auch jetzt auf ihren Bildfindungsmethoden, indem sie den Formen gegenständliche Ausdeutungen gibt und sie zu einem überzeugenden „Naturschauspiel" im Sinne von drohender "Naturgewalt" (männlich) und eher passivem (weiblichen) Widerstand zusammenstellt. Natürlich entsteht durch den lasierenden Umgang mit pigmentierten Farben - an dieser Stelle werden die Auswirkungen einer ideologisch geprägten

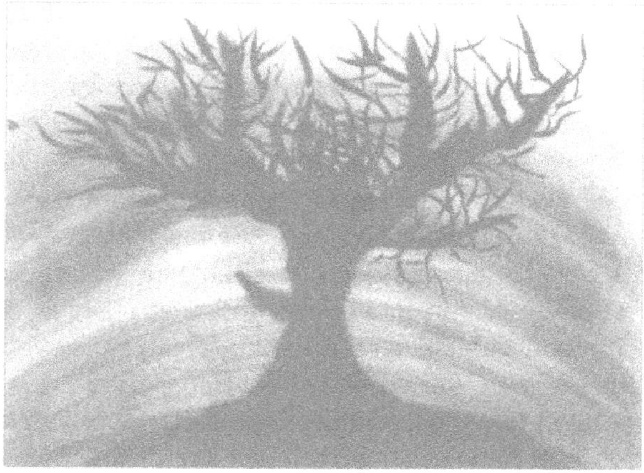

Abbildung 54

anthroposophischen Farbenlehre besonders deutlich - kein Schwarz, sondern ein dunkles Braungrau je nach Qualität und Dichte des aufgetragenen Pigments und seiner Bindungsstoffe. Dieses „tiefe" Braun ist der Patientin vorzüglich gelungen, und es läßt sich von einem Lernerfolg im Bereich der Ausdrucksqualitäten von Farben sprechen.

In dieser Sitzung - und von da an häufiger - tauchen während des Malvorganges auch emotional gefärbte sprachliche Äußerungen auf (gepaart mit Weinen u.ä.), die Erinnerungen an das Mißbrauchsgeschehen und die Situation in der ursprünglichen Familie enthalten. So erzählt Frau A. z. B., daß ihre (mißbrauchte?) Schwester auch heute noch magersüchtig sei und an den Sitzungen einer Selbsthilfegruppe teilnehme. Dort wolle sie auch demnächst ihre Geschichte erzählen. Diese Erinnerungen bestimmen z. B. auch die Diskussion mit der Therapeutin über das gestalterische Phänomen der (Bild-)Mitte: Während die Patientin sich gegen diese Erinnerungen sträubt und ihre Mitte verschlossen halten will, insistiert die Therapeutin auf Motiven und auf Malvorgängen, welche diese Mitte transparent machen sollen. Die Reaktion von Frau A. läßt sich an den weiteren Bildern ablesen, in denen die mehr oder minder suggestiv angebotenen anthroposophisch-künstlerischen „Bewältigungsmöglichkeiten" zurückgewiesen werden. Auch wenn sie sich bei einigen Bildern auf ungegenständliche Kompositionen mit lasierender Farbgebung einläßt, bleibt diese Mitte verstellt, und die Bildstruktur gleicht dann einem Feld von Schollen, die wie schmutzige Eisschollen in unterschiedlichen braungrünen Tönen auf einem hellen, überlasierten Grund zu schwimmen scheinen. Wiederum wird diese Art der

Gestaltung von der Therapeutin als *Schwarzbild* bezeichnet und als Erfolg der „geleiteten" Maltherapie gewürdigt. Aus den Kommentaren der Therapeutin zu diesem und anderen *Schwarzbildern* wird übrigens deutlich, daß sie auf dem zu lasierenden „Schwarz" besteht, weil sie diese Gestaltung für eine angemessene Form der ins Bild zu setzenden Leiden der Patientin hält, das sich besonders in der Körpermitte (Sonnengeflecht) manifestiere.

Mit dem letzten Bild (Abb. 54), das auch in der gesamten Reihe der Bilder ziemlich am Ende steht, schließt die Patientin an das Baummotiv an, das wir schon im ersten Bild betrachtet haben. Die Erfolge des anthroposophisch orientierten Malkurses sind deutlich an der erworbenen Naß-in-Naß-Technik zu erkennen. Außerdem ist der transparent blaue Himmel des ersten Bildes in einen weit gespannten Regenbogen verwandelt worden, ein Motiv, das aus ihrer Beschäftigung mit den ästhetischen Vorstellungen ihrer Therapeutin entstammt, das aber sicher auch ihrer Einschätzung der (etwas hoffnungsvolleren) Zukunft entspricht. Auch die verklammernde Verschmelzung des sich nach unten hin aufspaltenden schwarzen(!) Baumes mit einem blaugrauen Erdhügel - er erinnert an die Darstellung und Gestaltung des Hügels im ersten Bild - weist auf eine bildnerische Weiterentwicklung in Richtung auf eine wiederentdeckte Stabilisierung (im vitalen, tragenden Grund) hin, die sich auch zu dieser Zeit in der gesamten Haltung, so z. B. in den im Gespräch vorgetragenen Äußerungen über ihre psychischen Probleme, offenbart. Es ist aber nicht zu übersehen, daß der zentrale Bildgegenstand, den wir *Schwarzen Baum* genannt haben, aus einer Verschmelzung von körperartigen, allerdings eher knabenhaften menschlichen Figurationen und differenzierten Baumformen mit immer noch blattlosen Ästen besteht. Es ist auch nicht zu übersehen, daß aus der „Mitte" dieses Daphne-Baums[150] ein penisförmiger Ast gewachsen und verdorrt ist. Wir werden damit auf die zentrale Problematik verwiesen, die aber in der Art der bildnerischen Symbolisierung mehrdeutig bleibt: Sie könnte die Wunschvorstellungen oder eine magische Verfluchung der Patientin ausdrücken, die sich etwa so übersetzen ließen: *wäre „er" doch verdorrt, möge er verdorren.* Sie könnte aber auch zugleich ihre gescheiterte sexuelle Beziehung mit einem anderen Mann zur Sprache bringen, die wegen der Mißbrauchserfahrungen „verdorrt" ist.

13. Exkurs: Im Zweifel

Der kurze Exkurs soll zu einigen Fragestellungen überleiten, die auch in den nachfolgenden zusammenfassenden Überlegungen von Bedeutung sein werden: Wir haben bisher nur Bilder von Menschen vorgestellt und gedeutet, deren Mißbrauchserfahrungen belegt sind - mit dem „schwachen" Ausdruck *belegt* wollen wir die unterschiedlichen Informationen kennzeichnen, die über den realen Kern des Geschehens, auf den wir unsere Analysen stützen konnten, vorlagen oder mitgeteilt wurden. In den folgenden Abschnitten sollen zwei Gruppen von Bildern vorgestellt werden, in denen zwar bildnerische Reaktionen auf schwere Traumata zu entdecken sind, diese aber nicht sicher auf sexuellen Mißbrauch oder sexuelle Ausbeutung zurückzuführen sind. Gemeinsam ist diesen Gruppen, daß die Zeichner/innen sich selbst als Opfer von sexuellen Attacken bezeichnet haben und daß ihre Umwelt sowie die angesprochenen „Behörden" auf diese Aussagen unterschiedlich reagiert haben. In der Betrachtung dieser Bilder erörtern wir also schon die Frage nach der Bedeutung dieses Mediums zur Überführung von Sexualstraftätern/-straftäterinnen.

URSULA, von der die erste Gruppe der Bilder stammt, war zum Zeitpunkt der Entstehung ca. 13 Jahre alt und besuchte eine Sonderschule. Sie stammt aus einer Ehe, in der die Mutter ungefähr 30 Jahre jünger war, als der Vater, und die zu diesem Zeitpunkt schon zerbrochen war. Die Mutter lebte bereits mit einem anderen Mann zusammen, mit dem sie weitere Kinder hat. Während der Zeit, als die Mutter die Familie verließ, brachte der Vater, der damals noch berufstätig war, die beiden Kinder - URSULA hat noch einen jüngeren Bruder - in ein Heim. Die Kinder leben jetzt wieder bei ihrem Vater, der inzwischen Rentner wurde. URSULA hatte im Alter von drei Jahren vier/fünf Grand-mal Anfälle, die nach einer medikamentösen Therapie weniger schwer und seltener auftraten. Nach Auskunft des Vaters haben die Auseinandersetzungen zwischen den Eltern zu den Krampfanfällen beigetragen. Nach der verspäteten Einschulung mit sieben Jahren erfolgte mit ca. elf Jahren die Überweisung in die Sonderschule. Mit der Begründung, in der Familie habe es gravierende Vorkommnisse in Form von sexuellem Mißbrauch gegeben, wurde der Schulwechsel aber ausgesetzt, und URSULA wurde eine Klasse zurückversetzt. Sie wohnte für einige Zeit in einem Wohnhaus für akute Fälle des Kinderschutzbundes, ehe ein Jahr später schließlich doch der Wechsel zur Sonderschule erfolgte.

Bei der Überweisung in die Sonderschule werden in den begründenden Gutachten starke reaktive, das inkonsequente und indifferente Erziehungsverhalten der Eltern bzw. des Vaters widerspiegelnde Verhaltensstörungen angegeben, und es werden zudem nicht altersadäquate Wahrnehmungsleistungen und kognitive Fähigkeiten attestiert. Besonders der Konflikt der ehemaligen Partner - in diesem Zusammenhang wurde USULA auch Zeugin von Sexualakten der Mutter mit einem anderen Mann - hatte bei ihr zu der Überzeugung geführt, daß sie mit Verweigerung, „aus dem Felde gehen" o.ä. ihren Willen durchsetzen könne. So funktionierte sie z. B. bei den Testlektionen viele Aufgabenstellungen um und weigerte sich, die Regeln zu befolgen. Dabei zeigte sie in der Spieltherapie, an der sie kurz vor und nach Beginn der Schulzeit teilnahm, und in anderen Spielsituationen eine gute Aufmerksamkeit und eine sprachlich flüssige Gestaltung von Rollen. Thematisch spiegelten sich in den Spielsituationen die (mangelnden) Schutzfunktionen der Eltern gegenüber den Kindern wider, d.h. sie spielte ihre traumatisierten Erlebnisse nach, wobei die betreuende Praktikantin nicht genau differenzieren konnte, inwieweit sie sich dabei hauptsächlich der Sicht des Vaters, etwa über das Verhalten der Mutter (*Nutte*), anschloß. In einem einleitenden Gespräch mit der Praktikantin, welches über einige Wal-Darstellungen von URSULA geführt wurde, vertraute sie dieser an, daß sie von einem älteren Cousin vergewaltigt worden sei. Zu den Abbildungen, die im Folgenden vorgestellt werden, muß noch gesagt werden, daß sie z. T. in kunsttherapeutischen Situationen entstanden sind und therapeutische Absichten wiedergeben. Das kunsttherapeutische Setting führte dabei zu ähnlich widersprüchlichen Situationen wie in dem „Bilderkrieg", den wir im vorhergehenden Kapitel geschildert haben. Vielleicht kommen solche Situationen immer dann zustande, wenn unerfahrene Anfänger/innen mit eigenen Vorstellungen auf etablierte und institutionalisierte Settings treffen, die sich nur noch ungern in Frage stellen lassen.

Wir beginnen die Analyse der Bilder mit einem Werk (Abb. 55), dessen Entstehung sich auf einen situationsspezifischen Anlaß zurückführen läßt, der aber mehr über das Mädchen verrät, als andere, scheinbar tiefgründige Bilder: In einer der kunsttherapeutischen Sitzungen, die von der Studentin im Ablauf, aber auch im Hinblick auf die verschiedenartigen Motivationen, die Übertragungsmechanismen und die bildnerischen Ergebnisse umfassend dokumentiert wurden, sagte URSULA, sie fühle sich nicht gut und habe Kopfschmerzen. Daraufhin sagte die Praktikantin, daß URSULA sich doch mit ihren Kopfschmerzen darstellen solle. Ursula zeichnete sich dann auf der rechten Seite des Blattes als „schönes" puppenhaftes Wesen, ohne Arme, aber mir langem roten Haar und in einem blauen Kleid, welches deutlich Taille und Busen erkennen läßt. Von ihrem Kopf geht eine Art Sprechblase/Denkblase aus, die zuerst aus einem schwarzen Band besteht, um dann in eine Ballung von gelben, roten und grünen Formen zu münden, die wie-

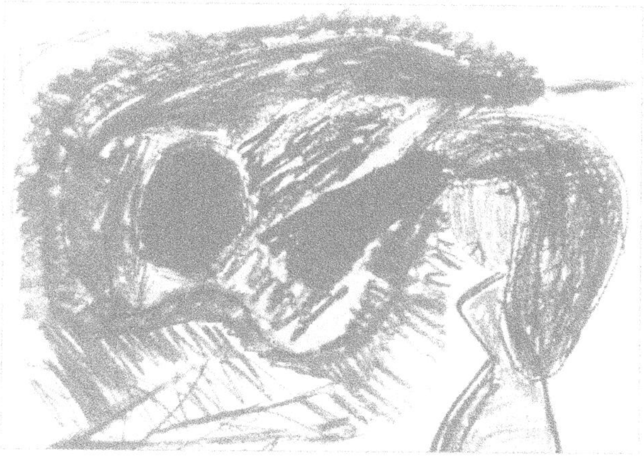

Abbildung 55

derum von einem großen, roten Linienbündel eingefaßt werden. Da wir auch einige ähnliche Bilder zum Vergleich heranziehen können (vgl. RICHTER 1997, S. 399ff.), bewegen wir uns bei der Analyse dieses Bildes auf bekanntem Terrain: URSULA hat die Schmerzen in ihrem Kopf als riesige bedrohliche Wolke dargestellt, die aus vielen Schmerzfeldern besteht, die im einzelnen als stechend, pulsierend, kreisend o.ä. beschrieben werden können und die selbst wiederum von einer alles umhüllenden roten Aura der Schmerzen umgeben sind. Wenn wir die Krampfanfälle, unter denen sie leidet/gelitten hat, in die Analyse einbeziehen, erhalten wir eine Art „Diagramm" ihrer Ängste und der Bedrohungen, die von ihrem Kopf ausgehen. Nicht auszuschließen ist auch, daß sie die Kurven auf den EEGs, die von ihr gemacht wurden, zu Gesicht bekommen hat und in einzelnen Formgruppen wiederzugeben versucht hat, um ihre Krankheit in ein Bild zu fassen. Wir erhalten in dieser unpretentiösen Zeichnung also ihre Auffassung von sich selbst als attraktives Wesen mit weiblichen Attributen, und wir bekommen gleichzeitig Einblicke in die Erfahrungen mit den beängstigenden Geschehnissen in ihrem Kopf.

Die Analyse des nächsten Bildes (Abb. 56), welches wir vorstellen wollen, ist sehr stark abhängig von der Einschätzung der therapeutischen Situation, in der es enstanden ist, d.h. wir bewegen uns dabei in einer Form der Beurteilung von bildnerischen Ereignissen, die ungefähr der Diagnostik bei Zweifelsfällen von Mißbrauch entspricht. Die Praktikantin berichtet, daß URSULA zu Beginn der Sitzung stark regredierte, nachdem sie URSULA einen Arm über die Schulter gelegt hatte. Sie benutzte eine Weile eine Kleinkindsprache

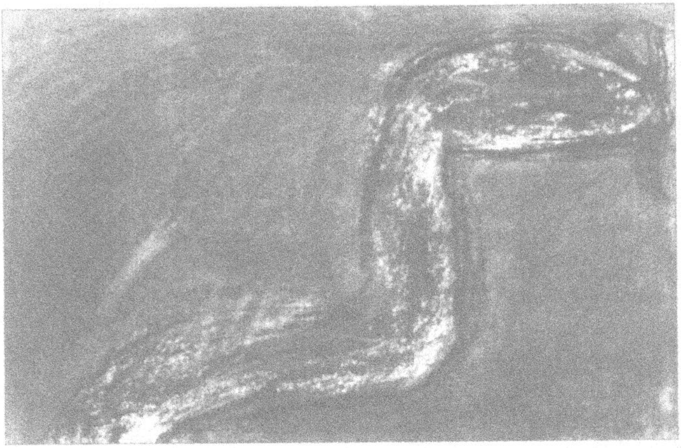

Abbildung 56

(*Ursula auch Stift*) und suchte sich dann Pastellkreiden aus, mit denen sie bisher noch nicht gearbeitet hatte. Sie zeichnete damit zuerst so etwas wie einen hellblauen Fluß/Weg von links unten nach rechts oben, darüber setzte sie mehrere Farbschichten, und es entstand eine Schlange. URSULA sagte, auf ihr Bild angesprochen: *Das ist kein Weg, sondern eine Schlange, und hinter dieser Schlange befindet sich noch eine andere.* Wie in einigen Bildern zuvor, legte URSULA auch in diesem Bild eine Motivgruppe an und veränderte sie dann zeichnerisch und kompositionell. Die Richtung in ihren Darstellungen von Figuren und Szenen verläuft dabei häufig, soviel kann man den Bildern entnehmen, von höher differenzierten Realisations- und Bedeutungsgruppen, in denen auch Wiedergaben des Penis und Andeutungen von Geschlechtsakten aufgenommen werden, zu regressivem, überkritzeltem, unkenntlich gemachtem Material. Im Falle dieses Bildes war ihr die Sinnfigur *Weg* wohl nicht wichtig genug, und sie veränderte das bildnerische Gefüge in Richtung auf eine geheimnisvolle, angstauslösende Schlangen-Gestalt, die in der verbalen Beschreibung zudem noch zu einem (kopulierenden?) Paar gemacht werden. Bei den Prozessen der Übermalung äußerte sich URSULA häufig verbal, aber ähnlich kryptisch wie in ihren Bildern, indem sie z. B. bemerkte, man könne ja mit Zeichnungen mehr sagen als mit Worten. (An dieser Stelle muß daran erinnert werden, daß URSULA eine geübte Testbearbeiterin ist und auch mit explorativen Gesprächen vertraut ist.)

Bei einem Spaziergang auf dem Gelände der Schule, der eigentlich zum Sammeln und Zeichnen von Fundstücken gedacht war, zeichnete URSULA schnell einige Motive auf die mitgebrachten DiN-4-Blätter, von denen wir

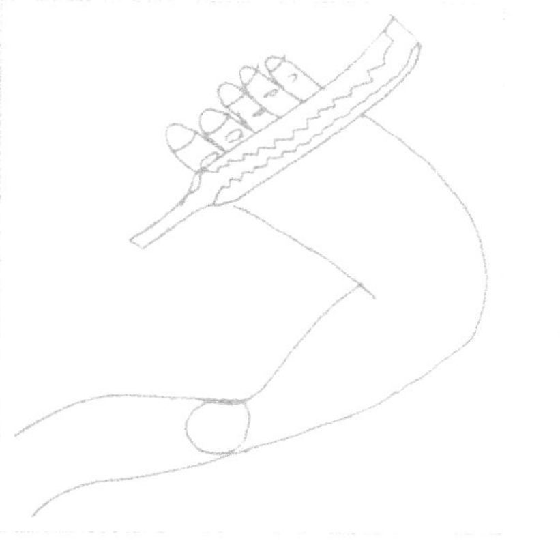

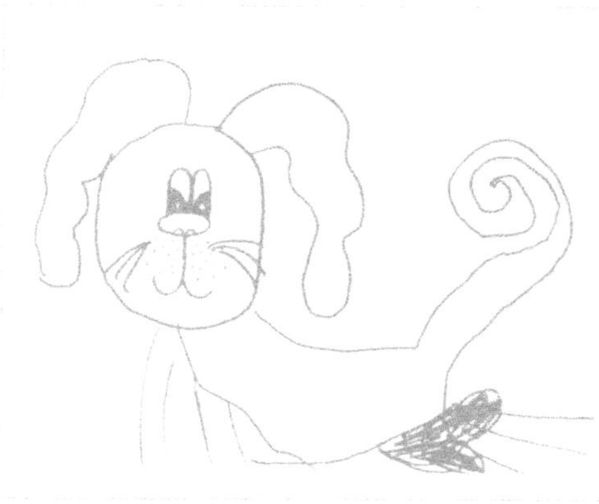

Abbildung 57 **Abbildung 58**

hier zwei vorstellen wollen. Das erste Bild (Abb. 57) zeigt ein bemerkenswertes Motiv: Ein Bein ihres Vaters, der den Fuß bzw. die genau eingezeichneten Hühneraugen mit einer Raspel bearbeitet; das zweite Bild (Abb. 58) zeigt ein Tier (Hund?) mit einem (doppelten?) Penis. Die Darstellungsinhalte des ersten Bildes, die wohl auf Wahrnehmungen im „Vaterhaus" zurückgehen, sind, verglichen mit den unsicheren, verdeckenden Motiven auf den anderen Bildern von großer Prägnanz und Deutlichkeit, aber mit ähnlich kryptischen Bedeutungen versehen. Im Sinne der klassischen Psychoanalyse würde die Darstellung als Kastrationsmotiv aufgefaßt, auch wenn in der Konstellation *Ursula-Vater* keine unmittelbare sexuelle Konkurrenz zu liegen scheint - es sei denn, man würde davon ausgehen, daß Ursula ihre dominierende weibliche Stellung im „Vaterhaus" zu verteidigen versuchte. Aber wir sollten uns daran erinnern, daß Ursula zumindest Zeugin des Geschlechtsverkehrs ihrer Mutter mit einem anderen Mann war und die abwertenden sexualisierten Kommentare ihres Vaters über die Mutter - und sicher auch derartige Äußerungen ihrer Mutter über ihren Vater - lange mit anhören mußte. Außerdem hat sie vielleicht auch von den sexuellen Aktivitäten im Elternhaus mehr wahrgenommen, als sie einräumen möchte oder sich bewußt ist. Sie nimmt also in dieser Konstellation zumindest die Stellung ein, die wir in der Überschrift zu Kapitel 10 den *Mißbrauchten Dritten* genannt haben, - eine Mißbrauchsart, die in schwacher oder starker Form nach den Erfahrungen des Autors relativ häufig anzutreffen ist.

Die Sexualisierung von Lebenssituationen, mit denen Ursula früh konfrontiert wurde und in die sie nun als Jugendliche reinszenierend wieder hineinwächst, ist dann wohl auch im Motiv der zweiten Zeichnung (Abb. 58) zu erkennen, die sich, sprachlich übersetzt, als Darstellung eines „Schweinehundes" kennzeichnen ließe und damit als eine Art Rundumschlag gegen (männliche) Sexualität gedeutet werden kann. Dagegen ist die genaue Darstellung des gezackten Instruments sowie der Zehen und des Fußes in der ersten Zeichnung von einer anderen Qualität. Die Wiedergabe des Fußes war auch für die beobachtende Praktikantin ungewöhnlich, weil sich URSULA einige Zeit vorher geweigert hatte, ein Bild mit einem Fußabdruck zu machen. Die Kombination dieser Darstellungen verweist auf eine besondere Art von aggressiver Dynamik, die man als Feindseligkeit, Wut, vielleicht auch als Lust bezeichnen könnte und die deutlich sexuell gefärbt ist. Da die Biographie URSULAS viele Hinweise auf verschiedene Formen von sexueller Ausbeutung aufweist, ist die Sexualisierung der Bildmotive - so enthalten viele Bilder Penisdarstellungen und in einer Tonplastik über deren Entstehung die Studentin nur berichtet, gestaltet sie einen großen *Pillemann* - auch ohne direkten Mißbrauch, etwa durch den Cousin, zu verstehen; außerdem ist URSULA in einem Alter, in dem versteckt oder offen Fragen nach der Sexualität wichtig werden. Die Zeichnung mit der Hühneraugenraspel hat allerdings, wie wir in der nachfolgenden Zusammenfassung sagen werden, einen gewissen Symptomwert, d.h. sie gibt Hinweise auf unbewußte (verdrängte?) Vorstellungen von sexuellen Aktivitäten, die in diesem Falle als Selbstverletzung - oder wahrscheinlicher: als Phantasien einer aktiven Abwehr von vielfältigen (= Zehen) sexuellen Attacken und Bedrängnissen - verstanden werden können. Bei U. SACHSSE (1997, S. 42) ist eine Fallgeschichte dokumentiert, die mit der Biographie URSULAS, soweit wir sie kennen, viele Gemeinsamkeiten aufweist; vor allem zeigen sich Ähnlichkeiten im Verhalten der Mütter: Auch die dort beschriebene Mutter hat auch ihre Kinder verbal und tatsächlich in ihren *Lebenswandel* einbezogen. Allerdings ist die bei SACHSSE dargestellte Lebensgeschichte um ein Vielfaches belastender und traumatisierender, weil seine Patientin von einem sog. Stiefvater über einen langen Zeitraum (9. bis 16. Lebensjahr) mißbraucht worden ist.

Ließe sich die Sexualisierung der Bildmotive in diesem Beispiel mit einer Vielzahl von persönlichen Motiven in Beziehung bringen, die von der Furcht, *das zu werden, was man wahrnimmt* (BLAKE), ihren Ausgang nehmen und bis zu Kastrationsphantasien reichen können, so haben wir es bei der Analyse der beiden nächsten Bilder mit ungleich schwierigeren Motiven zu tun. Die Bilder wurden - zusammen mit anderen - bei der Aufnahme in eine psychiatrische Tagesklinik von einer Schülerin vorgelegt, die zu der Zeit etwa 17

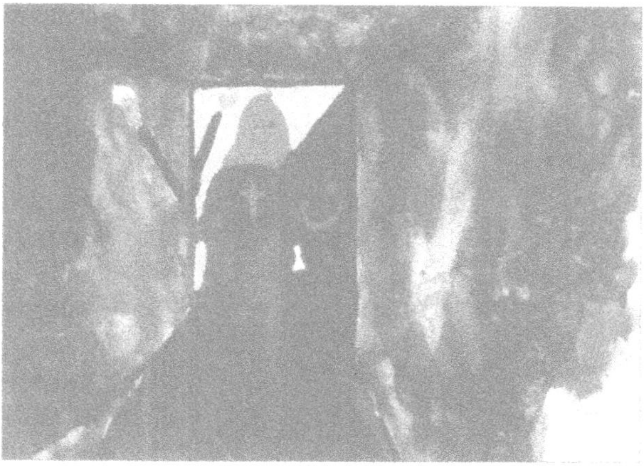

Abbildung 59

Jahre alt war. Sie gab an, zuerst von ihrem Vater mißbraucht und nach dem Tode des Vaters und der Wiederverheiratung der Mutter vom Stiefvater sexuell attackiert worden zu sein. Als Beweis für diese Behauptung zeigte sie Bilder, von denen wir hier zwei vorstellen wollen. An dieser Stelle brechen unsere Informationen über die Patientin und ihr weiteres Lebensgeschehen ab, und wir sind auf die Analyse von wenigen Bildern angewiesen. Wir können nur noch hinzufügen, daß die junge Frau in der Klinik nicht behandelt wurde.

Das erste dieser Bilder (Abb. 59) zeigt eine geheimnisvolle Szenerie: Aus einem gelben Raum, dessen schwarze Tür halb offensteht, tritt ein Mann, dessen rote Kapuze mit Augenschlitzen und dessen schwarz-rotes Gewand ihn als Henker (Klu-Klux-Klan?) ausweisen. Unterhalb der Kapuze ist auf dem Gewand deutlich ein rotes Kreuz zu erkennen. Er trägt in der rechten Hand zwei Fackeln, von denen die vordere einen Teil des Raumes in ein rotes Licht taucht und die hintere mit dem gelben Licht des Raumes verschmilzt, aus dem der Mann kommt. Der vordere Raum verschwimmt in braun-roten Tönen, die keine stabile Orientierung zulassen. Die Motive des zweiten Bildes (Abb. 60) geben sich nicht weniger geheimnisvoll: Eine Prozession von schwarz gekleideten Menschen - drei vorneweg, dann zwei und zuletzt einer, wobei zwei ihrer Umhänge rote Kragen haben und die letzte Gestalt eine rote Haube trägt - wandelt einen braun-schwarzen Berg hinauf, der oben einen kleinen Zipfel aufweist. Rechts hinter diesem Berg erhebt sich eine Art Priester mit maskenhaftem, schwarzen Gesicht, dessen Gewand mit rotem Kragen und weißem Kleid in Form einer Soutane ausgebildet ist, auf der

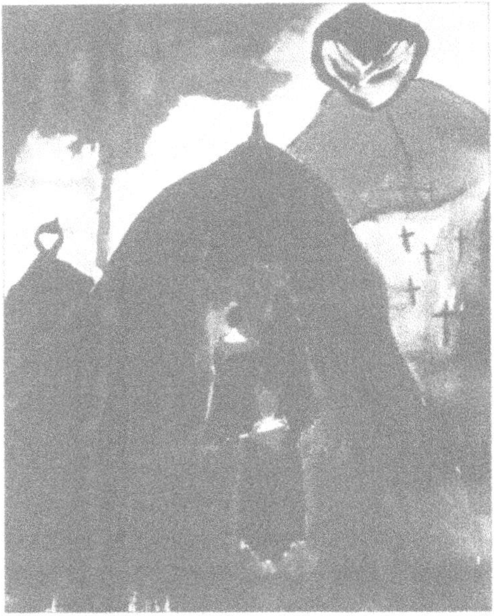

Abbildung 60

sieben Kreuze angebracht sind. Links, etwas oberhalb des Berges, verschmilzt eine rote Wolke, von der eine Farbspur nach unten läuft - ein bekanntes Gestaltungsmerkmal in der Modernen Kunst, welches man in Malerkreisen eine Lauf-Nase nennt - mit einem Stück blauen Himmels. Links neben dem Berg ist eine kleine schwarze Gestalt oder ein weiterer Berg zu sehen.

Wir haben in dem einleitenden Kapitel über die Entwicklung und die Struktur der nicht-professionellen Bildnerei darzulegen versucht, daß die Bildnerei des Jugendalters einerseits als eine Weiterführung der Entwicklungsphasen der Kinderzeichnung in Richtung auf eine Vergegenständlichung der Bildelemente anzusehen ist, andererseits als eine besondere Auseinandersetzung mit medial vermittelten bildnerischen Modellen und Moden gelten kann, zu denen auch surrealistische Bildentwürfe gehören können. Diese Adaptionen von Inhalten und Realisationsformen kultureller sowie subkultureller Vorbilder erschweren die Interpretation von vorklinischen, aber auch klinischen Objektivationen in dieser Lebensspanne ungemein. Zu den Adaptionen der schwer zu identifizierender Vorbilder mitsamt deren Bedeutungen - deren „Ausbeutung" - gesellt sich in diesem Alter noch ein großes, neues Bedeutungsspektrum, das sich aus der Menge von *Entwicklungsaufgaben* in dieser Zeit (HAVIGHURST, THOMAE u.a: Ablösung von den Eltern, Geschlechtsidentität usw.) ergibt, die sich nicht konfliktfrei lösen lassen. Es gehört zu den schwersten Aufgaben bei der Interpretation von nicht-professioneller Bildnerei, in diesem Alter zwischen den konfliktbelasteten, aber „regulären" Darstellungen und denjenigen Wiedergaben von Motiven zu unterscheiden, die auf schwerwiegende psychische Störungen verweisen. Wie schwierig dieses Unterfangen ist, läßt sich an der Analyse der beiden vorliegenden Bildern belegen: Die bedeutungsvollen Motive *Der Henker tritt ein,*

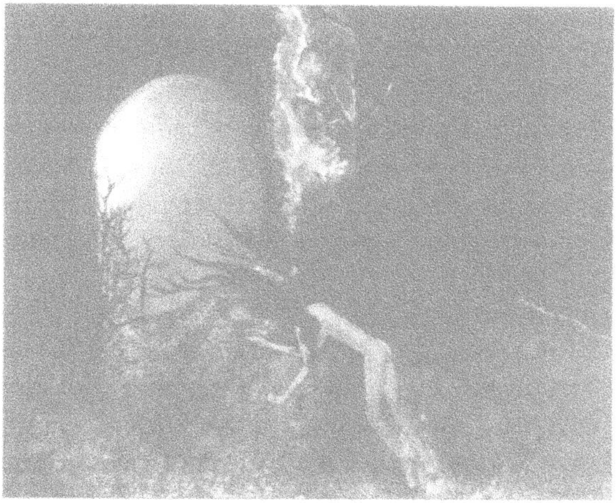

Abbildung 61

Die Prozession auf den heiligen Berg o.ä. werden gekonnt realisiert und vermitteln eine angespannte, düstere (Endzeit-)Stimmung, zu der auch ein religiöses Moment gehört, welches ja ebenfalls den Problemen der Ich- bzw. Selbstentwicklung in dieser Alterssphase zuzurechnen ist. Verglichen mit den bildnerischen Reaktionen auf die belegten Formen von sexuellem Mißbrauch oder sexueller Ausbeutung, die wir in den vorhergehenden Kapiteln betrachtet haben, ist das Motivrepertoire und die Art der Realisation in diesen Bildern nicht spezifisch vom Mißbrauch geprägt; es weist vor allem wenige Anzeichen schwerer psychischer Störungen auf, die sich in der Regel in diesem Alter einstellen, wenn die Mißbrauchserfahrungen reinszeniert werden und in den Bildern als präpsychotische oder psychotische Gestaltungsmerkmale zum Ausdruck gebracht werden. Wir behaupten damit nicht, daß in diesem Falle keinerlei sexuelle Benachteiligung oder Ausbeutung vorgelegen haben, sehen aber in den beiden Bildern andere Motive wirksam, die eher einem übersteigerten religiösen Problembewußtsein oder einer sensiblen Auseinandersetzung mit moralischen Werten zuzurechnen sind - dabei aber keine wahnhaften Züge tragen.

Wie die Bildnerei (Abb. 61) einer fast gleichaltrigen jungen Frau einzuschätzen ist, deren Mißbrauchserfahrungen belegt sind, soll am letzten Bild dieses Kapitels verdeutlicht werden. Es wirft auch ein weiteres Lichts auf dasjenige Repertoire jugendlicher Gestaltungen, welches wir verkürzend als Wiedergabe von Endzeitstimmungen bezeichnet haben, zeigt dazu aber Anzeichen einer schweren depressiven Verstimmung, die sich z. B in der extrem herausgearbeiteten Tunneldarstellung (RICHTER 1997, S. 200ff.) äußert. Diese Gestaltung zeigt an, daß es keinen Ausweg zu geben scheint und nur die Flucht ins „erleuchtete" Jenseits übrig bleibt. Verglichen mit dieser Motivgestaltung (einer suizidgefährdeten Patientin) wirken die Motive auf den beiden vorher angesprochenen Bildern künstlich und geben der Vermutung Raum, daß es sich bei ihnen nicht um bildnerische Reaktionen auf hochtraumatisierende Erfahrungen handelt.

14. Zusammenfassung und Konzeption eines Modells zur Interpretation von Bildern traumatisierter Menschen

Im letzten Kapitel unserer Darstellung sollen die Ergebnisse unserer theoretischen Erörterungen und die Einsichten in die Struktur der bildnerischen Ereignisse von mißbrauchten Persönlichkeiten zusammengeführt werden, soweit dies in den einzelnen Bildanalysen und ihren theoretischen Aufbereitungen noch nicht geschehen ist. In diese Zusammenfassung der Ergebnisse unserer Überlegungen fließen auch Erfahrungen mit bildhaftem Material ein, die der Autor an Bildern gewonnen hat, die nicht zu dem engeren Bereich der Reaktionen auf sexuelle Übergriffe und Mißhandlungen gehören, die aber die Vorstellungen von der nicht-professionellen Bildnerei als Ausdrucksmedium für (hoch-)traumatisierte Persönlichkeiten ergänzen können. Als Abschluß unserer Erörterungen wird am Ende dieses Kapitels ein pragmatisches Modell zur Interpretation von Bildern traumatisierter Menschen vorgestellt, das die komplizierte Struktur des forschungsorientierten Konzepts, welches wir zu Beginn des zweiten Kapitels als Einführung in die theoretische Architektonik (vgl. auch RICHTER 1997, S.11ff. bzw. 403ff.) vorgestellt haben, auf eine überschaubare Anzahl von Schritten reduzieren soll. Bei der zusammenfassenden Differenzierung, die wir in den folgenden Kapitelteilen vorzunehmen versuchen, lassen sich Wiederholungen und Überschneidungen nicht ganz vermeiden, weil die Probleme auf eine vertrackte Art und Weise miteinander verbunden sind. An dieser Stelle angekommen, wünscht man, das Buch neu und anders schreiben zu können.

14.1. Traumata und bildnerisches Geschehen: zeitgleich, zeitversetzt, regressiv, progressiv?

Die Auffassung zur Wirkung des traumatischen Geschehens auf das Verhältnis von Wahrnehmung, interner Repräsentation und bildhaftem Ausdruck, die hier in vielen Bildbeispielen (z .B. im gesamten Kapitel 11) und in einigen theoretischen Rekursen (FREUD; LAING; SACHS-HOMBACH u.a.) erörtert worden ist, soll einleitend in unsere Zusammenfassung mit den Worten von J.L. Herman (1993, S. 249f.) wiedergegeben werden: *Da traumatische Erinnerungen oft als bildhafte Eindrücke oder „Ikonen" festgehalten sind, ermöglichen Zeichnungen oft einen besonders guten, ersten Zugang zu jenen „unauslöschlichen" Bildern.* Bei der Wiedergabe dieses Zitats legen wir die Betonung auf die Formulierungen *bildhafte Eindrücke, „Ikonen"* und *„unauslöschliche Bilder"*, weil wir in unseren Überlegungen nicht auf die therapeutische Qualität von bildnerischen Aktivitäten eingegangen sind, aber die Formen der Erinnerungen und Darstellungen von Mißbrauchserfahrungen betrachtet haben. Die metaphorische Wendung *Ikonen* trifft dabei u. E. die Reduzierungen des Körper-Selbst, die entkörperlichte, entsinnlichte, erstarrte Selbstwahrnehmung als Folge der Mißbrauchserfahrungen recht gut; die Wendung *unauslöschliche Bilder* spricht für sich selbst. Wir gehen also davon aus, daß die bildnerischen Strukturen sich schon während der traumatisierenden Ereignisse sofort und dramatisch verändern und daß die Bildorganisation dabei umstrukturiert wird. Die Veränderungen umfassen sowohl die realisierenden bildnerischen Mittel wie den tradierten Bedeutungsgehalt der Motive und das individualisierte Sinngefüge. Diese Feststellung gilt auch für die schwer deutbaren Frühphasen der prä-figurativen und figurativen zeichnerischen Aktivitäten, in denen sich diese unmerklich/unbemerkt, bzw. in einer nur von einem teilnehmenden Beobachter bemerkbaren Art und Weise verändern.

Diese *destrukturierte Bildorganisation*, wie man den neuen Zustand nennen kann, entspricht nicht genau den Formen der früheren zeichnerischen Regelentwicklung, sondern es führen wie wir mit M.N. Eagle (1988, 182f.) deutlich hervorgehoben haben, auch bildnerische Regressionen nicht zu frühen, morphogenetisch überholten Bildfindungen zurück, vielmehr entsteht eine in jedem Falle eigenartige Synthese von "altem" und "gegenwärtigem" und somit eine neuartige, schwer zu deutende, labile, individualisierte/privatistische Bildsprache, deren Bedeutungsschemata (Eagle u.a.) auch unbewußte Inhalte umfassen. Wir sprechen in diesem Falle bewußt von *labil* und damit von *veränderbar*, weil z. B. in den Bildern von (geistig-)behinderten Persönlichkeiten über einen langen Zeitraum hinweg retardierte (genauer: perseverierende) Bildzeichen auftauchen können, die sich nur langsam auf eine analoge Bildstruktur hin entwickeln, während sich in den Bildern von Mißbrauchsopfern vielfältige Entwicklungsverläufe (Regression - Remission - Regression usw.) abzeichnen. Die regressive Bewegung kann mit Veränderungen einhergehen, deren „Tiefpunkte" deutliche und deutba-

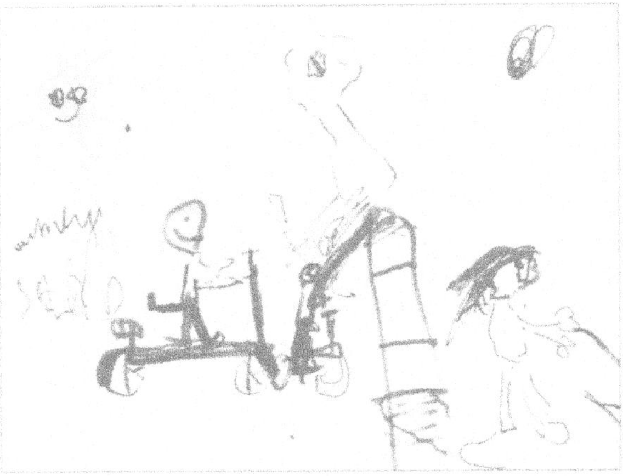

Abbildung 62a

re Ähnlichkeiten mit (prä-)psychotischen Manifestationen haben. Bildverläufe anderer Persönlichkeiten zeigen als Reaktion auf traumatisierende Ereignisse demgegenüber auch dynamisch progressive Bildentwürfe mit hohen Anteilen an expressiv-emotionalen, aber gegenständlichen Bildelementen. Wir haben an zwei Bildern von REBEKKA (Abb. 21 u. 22) zu erläutern versucht, wie man sich eine unmittelbare bildnerische Reaktion auf ein konfliktauslösendes Erlebnis vorzustellen hat, und wir könnten auch weitaus dramatischere Reaktionen präsentieren, uns fehlt aber in der Regel der Nachweis, wie das Kind oder der Heranwachsende sich vor den reaktiven bildnerischen Darstellungen ausgedrückt hat. Wir greifen daher auf ein Bildpaar zurück, welches wir schon an anderer Stelle (RICHTER 1987, S. 214f) publiziert haben, um die *Destrukturierung* des bildnerischen Geschehens als Reaktion auf traumatisierende Ereignisse zu dokumentieren. Dieses eindrucksvolle Beispiel wurde dem Autor mitsamt einiger Anmerkungen zur Biographie der Zeichnerin von einer aufmerksamen Studentin zur Verfügung gestellt.

Das erste Bild (vgl. Abb. 62a) zeigt uns eine Szene auf einem Spielplatz, an der vier Personen beteiligt sind: Zwei größere Mädchen, ein kleiner Junge und ein kleineres Mädchen. Dabei bilden - wie dem Autor aus der Biographie der Zeichnerin bekannt ist - das große Mädchen auf der Rutsche, welches das Bild zeichnete, und der kleine, fast verdeckte Junge auf dem Roller ein Geschwisterpaar, und die beiden anderen Personen - das größere Mädchen auf dem Roller und das seilchenspringende Mädchen am rechten Bildrand - sind ebenfalls Geschwister. Verglichen mit einem alterspezifischen Darstellungsrepertoire (Phase des darstellenden Schemas; vgl. 1.5.)

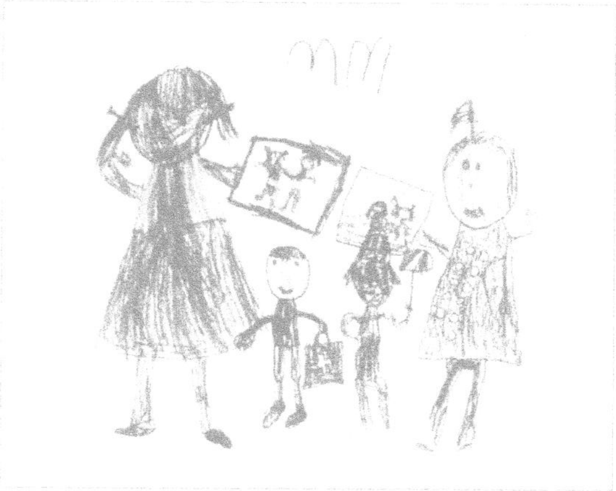

Abbildung 62b

zeigt das Bild eine große Anzahl von Auffälligkeiten wie Kritzelreste und schwärzungen, die z. T. als aktional-gestische Repräsentationen Bewegungsabläufe (Rutschen, Fahren), aber auch Elemente des Menschzeichens repräsentieren sollen. Der zentralen Figur des (zeichnenden!) Mädchens fehlen die Darstellungsformen für Arme, bei den anderen Figuren sind sie nicht altersadäquat ausgebildet. Besonders auffällig im Sinne eines exemplarischen Details ist das „Zyklopenauge" des Mädchens auf der Rutsche, welches wohl aus einer Profildarstellung des Kopfes hervorgegangen ist. Auffällig auch die unsichere Raumkonstruktion mit Überschneidungen, Überlappungen und Schwärzungen, die morphogenetisch schwer einzuordnen ist und in einem deutlichen Kontrast zu den höher entwickelten Formen steht, wie sie etwa Roller und Elemente des seilchenspringenden Mädchens repräsentieren.

Das zweite Bild (Abb. 62b) des gleichen Mädchens zeigt demgegenüber eine altersadäquate, hoch strukturierte Darstellung derselben Geschwisterpaare. Beide große Mädchen sind bunt angezogen, Frisuren und Kleider werden anschaulich charakterisiert. Die „Großen" zeigen Urlaubsbilder vor - übrigens liegt uns hier eine recht seltene Bild-im-Bild-Darstellung in der Kinderzeichnung vor -, auf denen wiederum die Freundinnen in bunten Badeanzügen zu erkennen sind. Auch die kleineren Geschwister sind mit Sonnenschirmen und Badetaschen für den Urlaub ausstaffiert. Die Zuordnungen in der Gruppe sind im Sinne einer fürsorglichen, die „Kleinen" abschirmenden und einrahmenden Bildorganisation klar geregelt. Die Blattkante dient als Bodenlinie, und eine deutlich ausgebildete Himmelszone ergänzt die Darstellung des topologischen Rahmens. Alles in allem: ein unauffälliges, ja, ein fröhliches Urlaubsbild, das mit den Darstellungsmitteln dieser Entwicklungsphase realisiert wird.

Erst die Beachtung der zeitlichen Distanz, in der die beiden Bilder entstanden sind, verwirrt und fordert Aufklärung, denn das erste Bild mit den früheren und unspezifischen Ereignissen ist einen Monat nach dem zweiten mit seinen hoch differenzierten und klaren kompositionellen Strukturen entstanden. Jetzt erst erkennt man, daß die erste Darstellung ein andersartiges, „pathologisches" Formrepertoire vorweist, welches sich in dieser kurzen Zeit z. T. in Rückgriffen auf morphogenetisch ältere, scheinbar überwundene Konfigurationen in Verbindung mit neuen bildnerischen Materialien (Zyklopenauge und ähnliches präpsychotisches Material) gebildet hat, die zusammen die fremdartige, neue bildnerische Synthese erzeugen, die als Reaktion auf das Konfliktgeschehen anzusehen ist. Verständlich wird dieser abrupte Wechsel in den bildnerischen Realisationenstrategien und Sinngebungen, wenn man erfährt, daß die Eltern der Zeichnerin sich in der Zwischenzeit getrennt hatten. Das Thema regressiver vs. progressiver Entwicklungsverlauf wird uns auch in den nächsten Kapitelteilen weiter beschäftigen.

14.2. Repräsentationen und Darstellungen angesichts von Mißbrauchserfahrungen

Wir haben uns in den ersten Teilen des zweiten Kapitels einleitend mit systemtheoretischen Auffassungen von der Eigenart „ästhetischer Kommunikation" beschäftigt, weil einige der dort angewandten Begriffsinhalte zum Verständnis von Bildsequenzen und Einzelbildern beitragen können. So könnte es nützlich sein, bei der Analyse von gestörter bildhafter Kommunikation den Begriffen *Komplexität, Komplexitätsreduktion* und *Emergenz* zu folgen, um die eigentümlichen *Verknüpfungskapazitäten* (LUHMANN) in den kommunikativen Prozessen zu kennzeichnen - etwa als besondere Verknüpfungsdichte/Verknüpfungsverluste o.ä. Wir sind aber dieser Begrifflichkeit und ihren theoretischen Festlegungen aus (mindestens) drei Gründen nicht gefolgt: (1) Mit der Reduktion des Kunstwerks - oder in unserem Falle: des nicht-professionellen Ereignisses - auf hergestellte *Formfestlegungen* wird nicht in Betracht gezogen, daß ein Artefakt in einer Tradition von Motiven, Realisationsformen und Bedeutungen steht und dabei jeweils neu erfunden werden muß, d.h. individualisierte oder gar subjektive Sinnschemata vorweisen muß. (2) Das *Medium Sinn,* um das es auch N. LUHMANN zu tun ist, nicht schon vorausgesetzt werden, weil es erst in den jeweils neuen *Über-*

blendungen (HOFMANN) von Tradiertem und Neuem zu Sinnstiftungen kommt. (3) Der Begriff der Autopoiesis, angewandt auf produktive Ereignisse, ihre Geschichtlichkeit und Subjektivität, bereitet dem Verstehen mehr Schwierigkeiten, als er zu lösen vorgibt. Wir haben daher die ästhetische Mitteilung/Kommunikation von einem Begriffssytem abhängig zu machen versucht, welches u.a. durch die Begriffe *interne Repräsentation* und *repräsentierende Darstellung* bestimmt wird. Wir haben dabei die Leistungen der Wahrnehmungsaktivitäten für die Entwicklung interner Repräsentationen und externer Darstellungen an den theoretischen Positionen von J. PIAGET (in einer Diskussion mit den Auffassungen von E. v. GLASERSFELD), A. PAIVIO, S.M. KOSSLYN/J.R. POMERANTZ, O.R. SCHOLZ u.a. festzumachen versucht. Im Folgenden geht es um die Bewertung ausgewählter Positionen dieser Auffassungen im Hinblick auf die Wahrnehmungsaktivitäten, die Repräsentationsbildungen und die Darstellungen mißbrauchter und damit hochtraumatisierter Menschen.

1. Wir gehen mit O. KRUSE, der (1991, S. 258f.) zu diesem Problem eine Reihe von amerikanischen Studien anführt, davon aus, daß mit vollzogenem sexuellen Mißbrauch und bei andauernder sexueller Ausbeutung eine Viktimisierung des Opfers stattfindet: Das Charakteristische von Gewalt liegt für ihn darin, entlastende *Ärgerreaktionen unmöglich zu machen. Sie lähmt den Willen der Betroffenen, blockiert aggressive Reaktionen und zwingt ihnen Handlungen auf, die ihnen fremd sind.* Gewalttätige Aktionen in Familien - und dazu gehören alle Mißbrauchsgeschehnisse - zeigen seiner Auffassung nach zudem die Besonderheit, daß Täter/innen und Opfer schon vor den traumatisierenden Erfahrungen in einer engen Beziehung zueinander standen und, wie man annehmen darf, schon mit besonderen (in der Regel wohl: negativen) emotionalen Erlebnissen umgehen mußten. Nimmt man noch seine Bemerkung (S. 139ff.) hinzu, daß Kinder mit hohem Selbstwertgefühl früher als andere eine *visuelle Repräsentation des eigenen Selbst* aufzubauen vermögen, so können wir den Ausgangspunkt für unsere Überlegungen zum Aufbau von Selbst- Repräsentationen und externen Manifestationen (Darstellungen) bei Mißbrauchsopfern ungefähr bestimmen. Wir sind bei dieser Ortsbestimmung auf theoretische Substitution angewiesen, weil aus den ersten (beiden) Lebensjahren in der Regel keine (deutbaren) bildhaften Dokumente vorliegen und weil wir auch, wie wir am Beispiel der Bilder von REBEKKA 2;6 und 3;10 (Abb. 21 u. 22) zu zeigen versuchten, bei der Analyse von Zeichnungen aus den nächsten Lebensmonaten auf besondere Beobachtungen während des Zeichenprozesses oder kurz danach angewie-

sen sind. Wir haben herausgearbeitet, daß es bei den bildhaften Reaktionen auf schwere traumatisierende Erlebnisse keine zeitlichen Versetzungen gibt, wie verschiedene Autoren (BACHMANN, MENZEN u.a.) anzunehmen scheinen, sondern daß die frühen Dokumente per se schwer deutbar sind und die Analyse einer frühen, destrukturierten Bildorganisation besonderer Informationen bedarf: Wer kann schon „bildnerisches Schweigen" oder verzögerte Minimalisierungen, veränderte Kopffüßler o.ä. deuten? Natürlich schreitet der Aufbau innerer Repräsentationen/geistiger Bilder während dieser Zeit voran, wenn auch unter anderen interpersonalen und intrapersonalen Bedingungen. Allerdings lassen uns die Kognitionstheorie(n) und die verwandten Wissenschaften ziemlich allein, wenn es um die Überlegungen geht, wie man sich diesen Aufbau vorzustellen hat. Wenn es schon *Zwiespältigkeit* (HOLENSTEIN) in diesen Wissenschaften über den Charakter der Informationsverarbeitung gibt, wie soll man dann die Zwiespältigkeiten einer Wahrnehmung „angesichts" von Gewaltakten zu kennzeichnen versuchen?

2. Wir haben am Beispiel der Auffassungen von S.M. KOSSLYN/J.R. POMERANTZ (1992, S. 172f.) die „schwache" These aufgestellt, daß einmal gebildete Vorstellungen als *Ganzheiten* anzusehen sind, welche die beim Sehen gewonnenen räumlichen Informationen repräsentieren, und daß von einer strukturellen Ähnlichkeit zwischen den Wahrnehmungsinhalten und den internen Repräsentationen auszugehen ist. Zur Bekräftigung dieser Position haben wir auch auf die Untersuchungen von W. WIPPICH (1987) verwiesen, die zu dem Ergebnis kommen, daß bei der Informationsverarbeitung *modalitätsspezifische* (bildhaft und verbal) *semantische Speichersysteme* eine Rolle spielen, auch wenn nach seiner Auffassung dieser duale Ansatz noch um ein besonderes (*konzeptuelles*) Repräsentationssystem erweitert werden müßte. Diese Auffassung von einem „drittem", *amodalen* o.ä. System, wird, wie wir zu zeigen versucht haben, auch von anderen Autoren/Autorinnen vertreten, die sich aus vielerlei Gründen nicht mit der (mehr oder minder) pragmatischen Annahme eines eigenständigen bildhaften Codes und einer dualen Informationsverarbeitung und -speicherung zufrieden geben. Am Beispiel der Interpretationen, die T.B. SEILER (1994) widerum den Auffassungen J. PIAGETS von der Entwicklung der inneren Vorstellungen, Begriffe und Operationen gewidmet hat, sollte herausgestellt werden, daß diese Operationen im Laufe der Entwicklung den *konkreten Gegenständen und Situationen immer weniger verhaftet* sind und sich zu einem konsistenten System zusammenschließen. Dabei zeigen sowohl die angesprochenen Interpretationen wie die Quellen, daß in diesen Erörterungen vorrangig die

Probleme der Enkodierung und der Verarbeitung des begrifflich-operativen Elements der „dualen" Informationsverarbeitung behandelt werden, während die Probleme der Genese des bildhaft-symbolischen Elements auf allen Ebenen der Verarbeitung und der Manifestation weniger Interesse findet. Im Gegensatz zu diesen Theorien über die Informationsverarbeitung, die im allgemeinen auf Resultaten laborartiger Untersuchungsmethoden oder auf kleinen Fallstudien (PIAGET) fußen, ist die Einschätzung der Umstrukturierungen von Wahrnehmungsaktivitäten und bildhaften Repräsentationsbildungen bei traumatisierten Persönlichkeiten auf die Berichte von Opfern angewiesen. So schildern Folteropfer und Mißbrauchsopfer häufig - in den angeführten literarischen Quellen wird nicht immer zwischen (einmaliger) Vergewaltigung und chronischem Mißbrauch unterschieden -, daß ihre Fähigkeiten zur aktiven Auseinandersetzung mit der Umwelt so eingeschränkt gewesen seien, daß sie z. B. nicht mehr in der Lage waren, reflektorisch (*instinktiv*) nach einer Türklinke zu greifen, weil sie in der Gefangenschaft vor jeder Tür stehen bleiben mußten. Gerade dieses banale Beispiel belegt auf anschauliche Weise, wie man sich die Neubewertung, das „Umdenken" eines ehemals alltäglichen Handlungsablaufes vorzustellen hat, das unter dem Druck traumatisierender Erfahrungen zustande gekommen ist. Das Beispiel kann auch für die Umwertung einfacher kindlicher Deutungsschemata stehen und uns veranschaulichen, warum in Zeichnungen jüngerer, mißbrauchter Kinder Fenster und Türen besonders farbig hervorgehoben werden und häufig durch Accessoires (Riegel) als „geschlossen, gefährlich" gekennzeichnet werden, spielen doch diese Gegenstände eine bedeutende Rolle in ihren umgedeuteten Repräsentationsschemata: Denn für einen *chronisch Traumatisierten ist jede Handlung gefährlich. Ihm darf kein Fehler unterlaufen.* So gehört die Beziehung, die dem Opfer *während der Gefangenschaft aufgezwungen wurde,* [...] *nun zum Innenleben des Opfers und beansprucht auch nach der Freilassung seine Aufmerksamkeit* (HERMAN 1993, S. 128f.). J.L. HERMAN berichtet auch, daß mißhandelte Frauen in *beinahe wahnhafte Welten* eingetreten wären, um ihre Beziehung zu den Peinigern als etwas Außergewöhnliches zu rechtfertigen. Diese Erlebnis- und Ausdrucksformen von mißhandelten und gefolterten Menschen lassen sich durchaus auf die Verhaltens- und Ausdrucksweisen von Mißbrauchsopfern übertragen, weil es sich in jedem Falle um bildhafte Erlebnisse und verbildlichte Erfahrungen handelt, die in den Traumata wirksam werden. Sollte es tatsächlich eine Dominanz der Bilder im Vollzug des Denkens geben, wie die Überlegungen von A.R. DAMASIO nahezulegen scheinen, so werden die (als Bilder) wahrgenommenen Gewaltakte überdeutlich zu einem Teil des *Innenlebens der Opfer*, welches sich verselbständigt und die „regulären" Repräsentationen überblendet. Sieht man von dieser extremen These über die Funktion von Bildern im psychischen Apparat ab, so geben auch die eingangs erwähnten Auffassungen von S.M. KOSSLYN/J.R. POMERANTZ genügend Spielraum, um anzunehmen, daß die „mentalen" *Ganzheiten,* welche die beim Sehen gewonnenen Informationen repräsentieren, sich während des Mißbrauchsgeschehens auflösen und daß die strukturellen Ähnlichkeiten zwischen den Wahrnehmungsinhalten und den internen Repräsentationen, auf die unsere Wahrnehmung (*Objektkonstanz*) angewiesen ist, abnehmen.

3. Ironischerweise vermag eine der radikalen Theorien über die Konstruktion der Wirklichkeit, die wir im Zusammenhang mit den Auffassungen von J. PIAGET von der Entwicklung des erkennenden Denkens skizziert und diskutiert haben, eine gewisse Nähe zu den Äußerungen andersartiger Bedeutungsschemata herzustellen, die wir als Resultat der traumatisierenden Erfahrungen annehmen müssen. Es geht dabei um die Auffassung von der *Re-Präsentation* der Wirklichkeit im Sinne von E. v. GLASERSFELD (1994). Wir haben zu zeigen versucht, daß für diesen Theoretiker die Konstruktion der Wirklichkeit aus der Projektion *subjektiver Erfahrungen* besteht, denen aber nichts Eigenständiges anhaftet und die keine *Abbildung der realen Welt* darstellen. Diese Art von monadischer Konstruktion subjektiver Welten, der wir in dem entsprechenden Kapitelteil (3.2.2.) im Sinne der Auffassung von J. PIAGET mit dem Hinweis auf die verbindenden „übersubjektiven" Erfahrungen (Stichwort: *Objektkonstanz*) widersprochen haben, böte eine Möglichkeit, das besondere, privatistische Repräsentationsgeschehen und das Ausdrucksverhalten von chronisch traumatisierten Persönlichkeiten zu verstehen. Allerdings würde sich bei der Applikation dieser theoretischen Position schon sehr bald zeigen, daß sie zwar Phänomene des Repräsentations- und Darstellungsgeschehens nach den traumatisierenden Erfahrungen - im Sinne des Rückzugs der Opfer in die „monadische", abgekapselte Innenwelt - zu kennzeichnen vermöchte, daß aber in der Regel der Aufbau einer regulären oder auch nur rudimentären Objektkonstanz vorausgesetzt werden muß, damit überhaupt für das Individuum selbst und für die Personen seiner soziale Umgebung ein Unterschied zwischen seinen Beziehungen zur Umwelt vor und nach den traumatisierenden Ereignissen festzustellen ist: Wenn jeder Mensch eine Monade wäre, könnten wir nicht erfahren, wie und woran andere Monaden leiden, und wir wären nicht in der

Lage, uns eine Meinung darüber zu bilden, wie wir ihnen helfen könnten. Es wäre zwar reizvoll, aus einer radikal konstruktivistischen Theorie eine Theorie der pathologischen Wirklichkeitskonstruktion abzuleiten, aber man würde damit der Konzeption des Autors, der ja auch die sozialen Gegebenheiten bei der subjektiven Konstruktion von Wirklichkeit zu berücksichtigen versucht, nicht gerecht. Eine solche Theorie hätte nur für Grenzfälle eine gewisse Berechtigung, bei denen von Anfang an die schweren Defizite in der intersubjektiven Bezogenheit auftreten, die wir mit D. STERN als *Nicht-Abstimmung* (*non-attunement*) bezeichnet haben. STERN verweist (1992, S. 286f.), wie wir dargestellt haben, zur Veranschaulichung eines solchen Grenzfalles auf das Beispiel einer psychotischen Mutter, die ihr Kind körperlich übervorsichtig versorgte, aber nicht in der Lage war, emphatisch zu reagieren. Dieses Beispiel veranschaulicht auf besondere Weise, daß bei den angesprochenen Abstimmungen zwischen Kindern und Personen ihres unmittelbaren sozialen Umfeldes auch Konstanzerfahrungen, Erlebnisse von Verläßlichkeit und Dauer vermittelt werden, die zum Aufbau von Intersubjektivität gehören und die sich konstruktivistisch kaum erklären lassen. Die Überlegungen zu dem Repräsentationsgeschehen vor dem Mißbrauch, während der Ereignisse und danach, die wir hier schon skizziert haben, führen uns unmittelbar zu den Fragen nach der Wirkung von Dissoziation und Verdrängung bzw. von kindlicher Amnesie, die wir in einem der folgenden Kapitelteile stellen werden.

14.3. Sich selbst unähnlich? Die Veränderungen im System strukturerhaltender Relationen in den Bildern von traumatisierten Menschen

Im Zusammenhang mit dem Problem des Entwicklungsverlaufs bildnerischer Ereignisse nach oder während traumatisierender Geschehnisse, das wir im vorhergehenden Abschnitt erörtert haben, steht auch die Frage nach der Ähnlichkeit der bildnerischen Struktur mit den entsprechenden empirischen Objekten, in unserem Falle aber besonders mit den altersgleichen Konfigurationen. Wir haben im Kapitelteil 2.3.2. die Auffassungen von G.W. LEIBNIZ über die Repräsentation als Analogie bzw. Relationalität zwischen einem repräsentierenden und einem repräsentierten System skizziert, die man als strukturerhaltend bezeichnen kann, und sie als Ausgangsort für weiterführende Überlegungen zum Phänomen der Darstellung genommen. Dabei haben wir die Kriterien für eine repräsentative Darstellung durch die Feststellungen angereichert, daß *nicht-natürliche* Darstellungen gegenüber anderen Repräsentationsformen eine besondere syntaktische und semantische Dichte aufweisen müssen - wobei mit der Bezeichnung *nicht-natürliche Darstellungen* die Besonderheiten produzierter Objekte gekennzeichnet werden sollten. Da es sich im Falle der Artefakte, die im Rahmen von nicht-professioneller Bildnerei produziert werden, in der Regel um gegenständliche Darstellungen handelt, weisen sie zusätzlich einen hohen Grad von Konventionalität auf. Im Vergleich zu den Gegebenheiten in der Kunst, bei denen Konventionalität etwas schon Vergangenes, aber Nachwirkendes (eher abwertend) etikettiert, kennzeichnet der Begriff der Konventionalität in der nicht-professionellen Bildnerei die Beziehungen der Artefakte zu den allgemeinen Wahrnehmungsinhalten/Repräsentationen, besonders aber zu den altersgleichen Bildsystemen (der selbstentwickelten Symbolik). Wir haben auch mit einer Formulierung von O.R. SCHOLZ darauf verwiesen, daß Bilder im Vergleich zur Sprache *mehr „Fülle" besitzen, schließlich sind Bildsysteme syntaktisch „gedrängter" als andere Symbolsysteme.*

Diese Formulierung von O.R. SCHOLZ führt uns unmittelbar in ein Kernproblem der Bildnerei von mißbrauchten Persönlichkeiten, zu der Frage nämlich, wie sich unter der Last des beginnenden oder des chronischen Traumas die zuvor erreichte Fülle von syntaktischen und semantischen Relationen verändert. Wir versuchen, die Einblicke in solche Veränderungen, die in den Analysen der Bildbeispiele zur Sprache gekommen sind, differenzierend zusammenzufassen:

1. Alle produzierten Artefakte weisen Indizien von Umstrukturierung auf.
2. Diese Umstrukturierungen sind häufig mit einem Verlust an syntaktischer Dichte und semantischer Fülle verbunden, die in der Regelentwicklung erreicht worden wäre. Wir verweisen in diesem Zusammenhang z. B. auf die Bilder, die wir im Kapitelteil 8.2. vorgestellt haben, könnten aber auch viele andere Beispiele anführen.
3. Die Syntax der Bilder besitzt in der Regel weniger strukturelle Beziehungen („Knotenpunkte"), als nach dem Zeichenalter zu erwarten wäre, dafür tauchen aber neue formale Relationen auf, die nach einem anderen Realisationsmodell entwickelt zu sein scheinen: Während wir in den Bildern mit Reaktionen auf induzierten Streß bzw. auf leichte Traumatisierungen (Abb. 36a-f) Formen von Minimalisierungen, Vergrößerungen und von konstruktiven Verzerrungen verfolgen können, die sich wieder zurückbilden, lassen die angesprochenen andersartigen Realisationsmodelle formale Strukturen erkennen, die sich nur schwer mit unseren Kenntnissen von Entwicklungen der Kinderzeichnung bzw. der Jugendbildnerei vereinbaren lassen. Aus diesem Grunde sollten zur Einschätzung der jeweiligen Ent-

wicklung und der Entwicklungsveränderungen Kenntnisse über die Morphogenese der kindlichen und jugendlichen Bildnerei aktiviert werden: Das neuartige, destrukturierte syntaktische System muß in jedem Falle vor einem Hintergrund der traditionellen Entwicklung eingeschätzt werden: Nicht jede gespreizte Hand symbolisiert z. B. eine Abwehrbewegung (vgl. Abb. 38c), sondern das Bildzeichen „Harkenhand" o.ä. gehört auch einer regulären Formentwicklung an und kann überdauert haben, es kann aber auch revitalisiert worden sein, weil das *Doppeldenksystem* auch das bildnerische Umdenken erfordert hat. Die Kunst der Beurteilung von morphogenetischen Ereignissen besteht darin, die auffälligen bildnerischen Geschehnisse in den regulären oder neben den regulären Ausdrucksformen zu entdecken. Es sei nicht verschwiegen, daß es in Zeiten der sog. Medienkindheit (v. HENTIG) immer schwerer wird, eine Kontinuität des Entwicklungsgeschehens und eine Konsistenz der morphogenen Struktur festzustellen, weil die Medien vielfältige Anreize zu individualisierten bildnerischen Aktivitäten geben. In solchen Fällen wird es nötig sein, die individualisierten von den privatistischen Geschehnissen zu unterscheiden.

4. Natürlich lassen sich syntaktische Dichte und semantische Fülle nur unter theoretischen Gesichtspunkten voneinander trennen, im produzierten Artefakt bilden sie eine Einheit, d.h. mit den andersartigen Realisationsmitteln verändert sich auch die Sinnstruktur der bildnerischen Ereignisse - oder umgekehrt. Das neue Sinnmodell entsteht, allgemein gesehen, unter den Zwängen des Konflikts, in unseren Fällen unter den ungleich stärkeren Notwendigkeiten, die widersprechenden Bilder des eigenen Selbst in eine manifestierende Organisation zu zwingen, die z. B. gleichzeitig die Gefühle des Opfers verraten und verbergen sollen. An dieser Stelle unserer Zusammenfassung treffen wir auf eine der vielen Paradoxien und Antagonismen, die für die bildnerischen Äußerungen mißbrauchter Menschen charakteristisch sind. Ehe wir auf diese Problematik näher eingehen, soll an einem Bildbeispiel (Abb. 63), das von einem neunjährigen Jungen in einer therapeutischen Situation produziert worden ist, die Umstrukturierung der syntaktischen und semantischen Strukturebenen mit ihren Konsequenzen für den Sinngehalt des Artefakts veranschaulicht werden. Das Doppelbild entstand als Reaktion auf die Themenstellung: *Mein Weg in die Zukunft*, eine Art von Themenstellung, die wir schon an anderer Stelle als kunsttherapeutisch-evokativ bezeichnet haben. Der Junge, der wegen Verhaltensauffälligkeiten im Zusammenhang mit Trennungserfahrungen in einer Therapie war, reagierte auf die Themenstellung mit der Gestaltung des ersten Bildes. Es wird

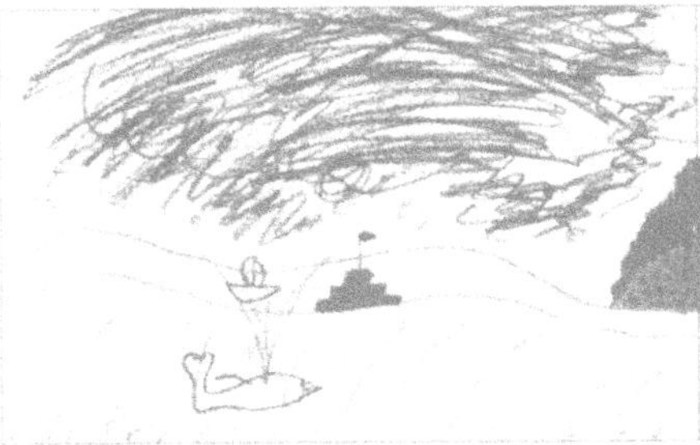

Abbildung 63a

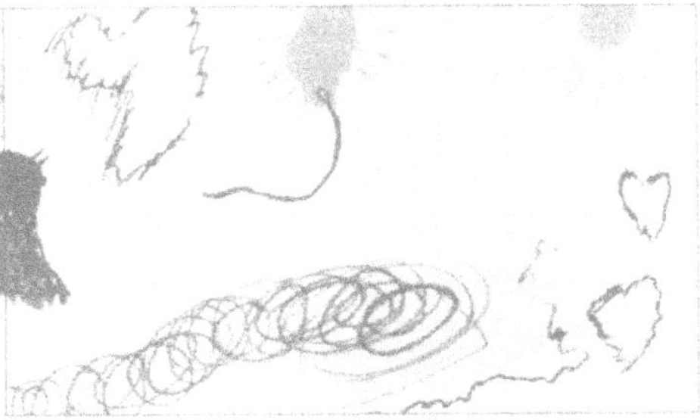

Abbildung 63b

beherrscht von einem bedrohlich wirkenden blau-schwarzen Himmel aus Schwungkritzeln, welcher die Hälfte der Bildfläche einnimmt. Diese Kitzelformen breiten sich über einem schwarzen, pyramidenartigen Gebilde aus, das von dem Jungen als *Fähre* bezeichnet worden ist und Eindrücke von Erlebnissen von einer Urlaubsreise (Selbstkommentar) wiedergibt. Unterhalb der Fähre schwimmt ein großer Walfisch, der Wasser ausbläst und damit ein kleines Segelschiff in Gefahr bringt, welches sich über ihm befindet. Die Kennzeichnung *sich über ihm befindet* soll ausdrücken, daß die Grenze zwischen Wasser, Weg und Himmel nicht genau zu erkennen ist. Der (Wasser-)Weg endet an einem inselartigen Bergmassiv.

Die Beschreibung der formalen und inhaltlichen Gegebenheiten zeigt, daß wir es mit einem Bild zu tun haben, welches eine bestimmte Lebens- und Konfliktsituation wiedergibt, die dem Verständnis kaum Schwierigkeiten bereitet. In unserem Zusammenhang ist aber die Weiterführung von Bedeutung, die der Junge im zweiten Bild auf Druck/Zureden der Therapeutin hin vorgenommen hat - offensichtlich, weil der Weg vor dem (Insel-)Berg abbricht und nicht in die *Zukunft* führt. Er vervollständigt daraufhin den Berg und macht ihn damit zum einzigen festen Gegenstand in der neuen Bildstruktur. Der Rest des Bildes besteht aus einer violetten Spirale, die das Element Wasser des linken Bildes aufgreift, es aber in einer anderen, morphogenetisch früheren Bildorganisation weiterführt. Über diesem langgezogenen Spiralkritzel ist eine Wolke zu erkennen, die durch eine violette Kontur von dem übrigen „Himmel" abgehoben wird, daneben ein luftballonartiges, gelbes Gebilde, welches von dem Jungen als Leuchtturm bezeichnet worden ist. Am rechten Bildrand sind zwei Herzformen zu sehen, die unter einer gelben Sonne schweben. Der Junge sah sich vor die - für ihn unlösbare - Aufgabe gestellt, seine Zukunft in Form eines Bildes zu antizipieren, reagierte mit der Destrukturierung der gesamten Bildorganisation und erfand dabei auch ein neues Bedeutungsschema. Der Prozeß der Umstrukturierung verläuft dabei einmal in Richtung auf die Reaktivierung früher Bildmittel (Spirale, Leuchtturm in Form früher Schemazeichen) und zum anderen in Richtung auf die Adaption bekannter, sprachnaher Symbolismen (Herzen, Sonne), welche wohl die Wunschvorstellung auf Wiedervereinigung der Familie ausdrücken sollen. Wir haben es also im zweiten Bild mit einer privatistischen Synthese aus frühen Figurationen und sprachnahen Elementen zu tun, die ohne die Kenntnis des ersten Bildes, welches noch aus konventionellen Realisationsmitteln mit den entsprechenden Bedeutungen gebildet worden ist, kaum zu verstehen wäre. Es wird bei dem Vergleich der beiden Bilder sehr deutlich, was es heißt, wenn wir sagen, daß mit den andersartigen Bildorganisationen auch ein neues Sinnmodell geschaffen wird - in diesem Falle verweist es auf nicht unmittelbar darstellungsfähige Trennungsängste, depressive Verstimmungen o.ä. angesichts eines Familienkonflikts, im Falle der mißbrauchten Menschen auf ein ungleich komplizierteres, widersprüchliches Selbstkonzept.

5. In manchen Fällen weist die Bildorganisation keinen Verlust an syntaktischer Dichte und semantischer Fülle und damit keine auf den ersten Blick veränderte, andersartige Bedeutungsstruktur auf, sondern es kann sogar, wie wir an den Kinderzeichnungen von Frau M. veranschaulichen konnten, während einer Mißbrauchsphase zu einer Zunahme von syntaktischer Differenzierung und semantischer Konsistenz kommen, die den Bildern den Charakter von progressiven Ereignissen verleihen. Zur Deutung dieser auffallenden Formen von bildnerischen Aktivitäten werden wir in den nachfolgenden Kapitelteilen auf Bewältigungsstrategien verweisen, die hier vorerst als besondere Art der Dissoziation und als besondere kognitive Kompetenz bezeichnet werden sollen.

14.4. Symbolisierung vs. Desymbolisierung?

Die voranstehende Analyse des Doppelbildes kann uns auch unmittelbar zu einem Phänomen der Bildnerei von traumatisierten Menschen führen, das in dem Begriffspaar der Überschrift angesprochen worden ist. Wir haben die theoretischen Positionen von philosophischen, kognitionstheoretischen wie kunstwissenschaftlichen und psychoanalytischen Ansätzen bemüht, um die Formen der Symbolisierung auch für die Ereignisse nichtprofessioneller Bildnerei in Anspruch nehmen zu können. Diese Formen könnte man für diese Artefakte als traditionelle oder *eingekleidete Symbolik*

(PANOFSKY) auch aus dem Grunde bezeichnen, weil Kindern, Heranwachsenden und Erwachsenen im Medienzeitalter permanent Bedeutungen/Bedeutungszusammenhänge in verbildlichter Form „zugespielt" werden, die in einem Bereich traditioneller, kultureller Bedeutungsgebungen angesiedelt sind. Eine Auswahl solcher Symbolismen wird in einem bildnerischen Ereignis integrativ zusammengefügt; und diese spezielle Integration muß auch mit kulturspezifischen Methoden ausgelegt werden. So hängt die „zureichende" Interpretation eines der Schlüsselbilder von Frau M. (Abb. 38c) davon ab, wie der Interpret/die Interpretin die spezifische Ausformung des Baumzeichens bewertet, und wie er/sie damit die entsprechende Inkorporation des Sinngehaltes zu erfassen versucht. Die Konstellation von Baum- und Sonnenzeichen in diesem Bild kann auch als Beispiel für die Ambivalenz symbolischer Ereignisse dienen: Ohne Kenntnis der linken Bildseite, die das „unbehauste Heim" mit spezifischen Merkmalen für Eingeschlossen-Sein, Bedrohung, Angst symbolisiert, könnte diese Konstellation auch von einer lebendigen, ja befruchtenden Beziehung handeln - und in einer pervertierten Weise geht es ja bei dieser Darstellung in der Tat um eine „Liebesbeziehung" -, in diesem Falle drückt sie aber wohl eher den Wunsch nach der Wiederherstellung einer solchen Beziehung aus. (*Warum liebst du mich nicht richtig?*) Im Gegensatz zu diesem Modell der konventionellen Symbolik, das in dem angesprochenen Bild, aber auch im ersten Werk des Doppelbildes, welches wir im vorangehenden Kapitelteil analysiert haben, die Sinnstruktur bestimmt, haben wir in vielen Bildern anderer mißbrauchter Bildner/innen Züge von *Desymbolisierung* angetroffen.

Der Begriff der *Desymbolisierung*, der von G. BENEDETTI (1975; 1987) u.a. zur Charakterisierung der spezifischen Besonderheiten einer gestörten Kommunikation bei schizophrenen Patienten eingeführt wurde, trifft allerdings die Eigenarten der Artefakte mißbrauchter Menschen nicht genau, er bezeichnet treffender die entsinnlichte, „verdinglichte" allgemeine Kommunikationsstruktur der bildnerischen Ereignisse von Schizophrenen. Wir haben im Kapitelteil 1.1.6. in der Abbildung 17 das Bild eines schizophrenen Patienten analysiert, welches als Paradigma einer solchen Kommunikationsstruktur angesehen werden kann. Zwar zeigen Bilder von hoch traumatisierten Menschen häufig auch Merkmale von Entsinnlichung - angesichts der gestörten Selbstwahrnehmung und des mißbrauchten Körper-Selbst ist diese Besonderheit auch zu verstehen -, aber zwischen den Mißbrauchsphasen und einige Zeit nach den Mißbrauchserfahrungen haben wir es mit Artefakten zu tun, die durchaus sinnliche und versinnbildlichende Qualitäten aufweisen können. Erst zu dem Zeitpunkt, an dem die Heranwachsenden oder Erwachsenen eine psychotische Episode durchleben, entwickeln sich bei einigen Patienten/Patientinnen desymbolisierende Bildstrukturen, wie wir an dem Bild (Abb. 39) von Frau M. nachzuweisen versucht haben. Offensichtlich wird diese besondere Art der Kommunikation auch vom Krankheitsbild mit seinen neurobiologischen Substraten und von den Zeitspannen bestimmt, die zwischen der psychotischen Episode und der Produktion von Bildern liegen. Jedenfalls zeigen die Bilder von Frau A., die wir im Kapitel 12 vorgestellt haben, kaum Anzeichen von Desymbolisierung, sondern sie können als „klassische", eingekleidete Symbole angesehen werden, die, vorwiegend in Landschaftsmotiven, über einen längeren Zeitraum hinweg ein depressiv gefärbtes Bedeutungsmodell verwirklichen. Mit den Bezeichnungen *syntaktische Dichte/Leere* und *semantische Fülle/Gehaltlosigkeit* sowie analog, *strukturerhaltend/destrukturierend* haben wir ein Begriffsinventar zur Verfügung, welches die besondere bildnerische Kommunikation hoch traumatisierter Menschen präziser zu kennzeichnen vermag, als das Begriffspaar Symbolisierung/Desymbolisierung.

14.5. Bemerkungen über das Aufspüren von emotionalen Hierarchien in bildnerischen Ereignissen

Wir haben in einem umfangreichen Kapitelteil versucht, die Ontogenese von affektiv-emotionalen Expressionen und ihre Organisation in Hierarchien/Systemen zu beschreiben, sowie ihre Zuordnung zu bestimmten bildhaften Manifestationen vorzunehmen. Bei Bildern mit ausgeprägten Darstellungen von primären Affekten wie Angst und Wut scheint es durchaus möglich zu sein, solche „Leitaffekte" mit einigen Begleitemotionen zu identifizieren und mit biographischen Details in Beziehung zu setzen. Wir bewegen uns mit dieser Argumentation auch auf ein kunstheoretisches Problem zu, das als *Irrationalitätsproblem* (BAEUMLER[151]) bekannt ist und das die Mitteilbarkeit von Gefühlen im Kunstwerk zum Gegenstand von Überlegungen macht. Für beide Gruppen von ästhetischen Objekten, die Kunstwerke und die nicht-professionellen Bildnereien, ist die Frage nach der Art der Vermittlung von Affekten und Gefühlen in solchen Ereignissen ähnlich schwer zu beantworten, denn so wenig bestritten wird, daß solche Vermittlung stattfindet und zur Verfassung des ästhetischen Objekts gehört, so kompliziert erscheint der identifizierende Nachweis solcher affektiv-emotionalen Inhalte.

Die sog. spezielle Emotionstheorie - besonders in der Fassung von C.E. IZARD (1981ff.) - geht davon aus, daß emotionaler Ausdruck, in erster Linie wohl in Form von primären, diskreten Affekten, von anderen Menschen verstanden werden kann, *kommunizierbar* ist. Für IZARD ist diese Kommunikationsform, wie wir zu zeigen versucht haben, universell (*pankulturell*) und gilt damit unabhängig von Kultur, Sprache oder Vorbildung. Affektiv-expressive Muster können aber in der sozialen Interaktion, auch darin folgt IZARD den Auffassungen von C.R. DARWIN und W. WUNDT (1905; vgl. SCHERER/WALLBOTT 1990) durch Willensakte, konventionalisiertes Verhalten u.ä. überdeckt, „maskiert" werden. Wir waren bei den Erörterungen über die Affektstruktur und die Vermittlung von Affekten/Emotionen auch deswegen auf Auffassungen der speziellen Emotionstheorie angewiesen, weil FREUD bekanntlich keine eigene Affekttheorie hinterlassen hat (vgl. GEYER; STEIMER- KRAUSE[152]), die Aussagen darüber enthalten könnte, wie sich Affekte/Affektbündel mit den „Orten" oder den Elementen des psychischen Systems in Beziehung setzen ließen. Die genannten Autoren sehen bei allen Versuchen, Affekte und Emotionen zu differenzieren, aber auch, daß emotionstypische mimische und sicher auch gestische Ausdrucksformen aus Überblendungen (-*blends*) mehrerer Emotionen bestehen können. Diese Überblendungen spielen auch eine besondere Rolle bei der Frage, ob und wie sich emotionale Phänomene in den bildnerischen Ereignissen entdecken lassen, denn da sie vor der Realisation der bildnerischen Ereignisse als Verbindungen, Überlagerungen emotionaler Schemata existieren, lassen sie sich auch in den Objektivationen selbst nicht „rein" auffinden. Überblendungen können also verhindern, daß sich in den „Gestalt gewordenen", objektivierten emotionalen Expressionen eindeutige Zuweisungen von Gefühlen/Gefühlssystemen zu bildnerischen Elementen erkennen lassen. Außerdem sind bei der Entdeckung von Affekten und Emotionen in Bildern auch die medienspezifischen Bedingungen von Gestaltung und Darstellung zu berücksichtigen: So kann Trauer z. B. in der Organisation der Realisationsmittel direkt verkörpert werden - etwa in der Wahl und dem Arrangement der Farben -, aber (gleichzeitig) auch als Motiv und/oder als bildnerischer Gegenstand/Bildelement und/oder als narratives Element im gesamten Bild zum Ausdruck kommen.

D. BANGE/G. DEEGENER haben (1996, S. 171ff.) in einer Studie (mit n = 163 Antworten von 160 Personen) über die Folgen des *intensiven interfamiliären* sexuellen Mißbrauchs, also einer Mißbrauchsform, die weitgehend unseren Beispielen entspricht, eine Art Rangreihe von Gefühlsreaktionen auf solche Erfahrungen aufgestellt. Wir wollen anhand dieser Reihenfolge der Frage nachgehen, ob sich in den Bildern von mißbrauchten Menschen äquivalente emotionale Expressionen nachweisen lassen. Wir gehen also in diesem

Falle von den „realen" Gefühlsreaktionen aus und suchen nach gleichwertigen Reaktionen in den bildnerischen Ereignissen. An der Spitze der genannten (!) Gefühle standen bei Frauen mit 71% (1) Ekel und (2) Verwirrung, es folgen mit 66% bzw. 63% (3) Hilflosigkeit und (4) Scham; (5) Wut und (6) Sprachlosigkeit erhielten Nennungen von 55% bzw. 53%. Die „großen" Affekte (7) Haß, (8) Angst, (9) Trauer und (10) Schuld(gefühle) wurden von weniger Frauen genannt und zwar in absteigender Linie mit 49%, 40%, 39% und 26%. Bei den Männern liegen die Werte weit unter den Nennungen der Frauen - so geben z. B. (1) Ekel nur 28% und auch (7) Angst 27% von ihnen an. Allerdings ist hier die Stichprobe mit n = 27 sehr klein, so daß schon die statistische Auswertung problematisch erscheint. Außerdem sind bei den Männern in der oben genannten Reihenfolge von emotionalen Expressionen nur die Ränge (1) Ekel und (2) Verwirrung vertauscht, im übrigen bleibt aber die genannte Abfolge von emotionalen Reaktionen erhalten. Die Autoren führen die abweichenden Werte bei den Männern auf andere Formen von Mißbrauchserfahrungen zurück und diskutieren auch die Möglichkeit, daß Männer aufgrund der *geschlechtsspezifischen Sozialisation* Probleme haben, ihre Gefühle zu äußern.

Betrachtet man die genannten Gefühle/gefühlsartigen Reaktionen auf ihre Zuordnung zu emotionalen Systemen hin, so gehören die Expressionen (1) Ekel, (3) Scham, (5) Wut, dann Angst, Haß, Trauer, Schuld zu den primären oder kategorialen Affekten, während die emotionalen Phänomene (2) Verwirrung und (6) Sprachlosigkeit eher das *Ungleichgewicht in der emotionalen Balance* (Kruse 1990, S. 86f.) anzeigen, welches als Folge der Mißhandlungen eingetreten ist. Es fällt auf - wir können hier allerdings nicht die methodischen Ursachen für diese Auffälligkeiten in der genannten Studie diskutieren -, daß Gewalt(erleben), Erniedrigung, (Auto-)Aggressivität, Furcht (vor Identifizierung/Verschmelzung mit dem Täter/der Täterin und/oder vor dem Verlassenwerden) sowie Rachegefühle nicht in der genannten Reihenfolge auftauchen, obwohl sie in den uns vorliegenden Biographien von Opfern und auch in der Literatur, etwa bei J.L. Herman (1993, S. 145ff.), häufig genannt werden.

In der Analyse von Bildern, die wir bisher vorgestellt haben, lassen sich in der Regel mehrere dieser Affekte und Emotionen aufspüren, wenn wir in Rechnung stellen, daß Emotionen in bildhaften Darstellungen ja nicht benannt werden und daher selten „rein" in einem Bild „auftauchen", sondern überblendet sind, sich überlagern, sich anlagern und dabei in der Regel symbolisch vermittelt werden müssen. Unter einer „reinen" Emotionsdarstellung könnte man etwa die Wiedergabe der Emotionen Aggression/Wut durch einen Mund mit entblößten Zahnreihen verstehen. Aber auch diese „offene" Darstellung ist natürlich bildhaft vermittelt und jeweils eigenartig realisiert - so kann der Mund rot oder schwarz dargestellt werden und damit auf spezifische emotionale Expressionen hinweisen - und zudem in ein Netz anderer Bildgegenstände und Motive eingebunden, die diese Leitemotionen ergänzen, abmildern oder sogar konterkarieren: So könnte die genannte Munddarstellung Element einer menschlichen Figur sein, bei der die genannten aggressiven Expressionen als Teil einer reduzierten, etwa arm- und handlosen Körperdarstellung zu erkennen sind, und die Gesamtaussage dieses Bildelements, das wiederum in andere Bildgegenstände eingebunden wäre, ließe sich dann etwa als ohnmächtige Aggression/Wut identifizieren.

Wir haben, besonders in den Bildern von Frau A. (Abb. 48-54), innerhalb der konventionellen Symbolik, die dort als Transportmittel für Stimmungen und Emotionen eingesetzt wird, vorrangig die Affekte Trauer, Angst und Wut identifiziert. Allerdings läßt sich anhand dieser Bilder auch belegen, daß es sich bei diesen Expressionen eher um Syndrome für komplexe „unaussprechliche" Empfindungen und Emotionen handelt, weil der Trauer Momente von Hoffnung, der Angst Gefühle von Schuld und Verlassenheit und der Wut wiederum „Entschuldigungen" gegenüber dem Täter usw. beigemischt sind. Auch in den Kinderzeichnungen von Frau M. (Abb. 38a-h) lassen sich „starke" Affekte neben Emotionssyndromen entdecken, wiederum unter der Voraussetzung, daß man die symbolische Einkleidung auf dem Hintergrund der altersadäquaten Darstellungsweise versteht. Wir haben schon darauf verwiesen, daß in den Bildern (Abb. 3 bzw. 39), die während der Zeit ihrer klinischen Behandlung entstanden sind, Reduktionen der bildnerischen Mitteilung auftreten, die sich einmal als Desymbolisierungen zu erkennen geben und zum anderen eine Einbuße an emotionalem Gehalt (vgl. auch Abb. 17) aufweisen, die sich als vorübergehende *Sprachlosigkeit* im Sinne der angeführten Studie von D. Bange/G. Deegener verstehen ließe. In einigen späteren Bildern, die wir hier nicht gezeigt haben, haben sich die Äußerungsformen des emotionalen Systems regeneriert, und in diesen neuen Darstellungen dominieren Wut und andere Formen einer drastischen Auseinandersetzung mit dem biographischen Geschehen. Die Bilder von Frau N. (Abb. 41-47) ließen sich auf ähnliche Leitaffekte hin untersuchen, auch wenn dort sehr komplexe und antagonistisch strukturierte Affekt- und Emotionshierarchien zum Ausdruck kommen. Manche ihrer Bilder aus der Zeit um das 18./19. Lebensjahr enthalten auch Beschriftungen wie *Gewalt* und *Resignation* und zeigen schon mit dieser „dualen" Sinngebung in eine Richtung, die sich, wie wir zu zeigen versucht haben, in bestimmte Haupt- und Nebenmotive und deren jeweils besondere Affekt- und Emotionsstruktur differenzieren lassen.

Zur Veranschaulichung der Frage nach den Möglichkeiten der Identifizierung von Affekten und Emotionen in bildnerischen Mitteilungen sollen zwei Bilder eines Mannes von 27 Jahren vorgestellt werden, die aus einer Zeit stammen, in der er wegen paranoider Störungen in klinisch-psychiatrischer Therapie war. Von dem Patienten sind uns nur zwei biographische Ereignisse bekannt: Einmal war sein Vater seit langem psychisch krank und mußte auch von Zeit zu Zeit klinisch behandelt werden. Wir haben es hier also - vielleicht in abgeschwächter Form - mit dem Phänomen der Nicht-Abstimmung (*non-attunement*) zu tun, das nach der Auffassung vieler klinisch orientierter Theoretiker/innen besonders negative Wirkungen auf den Aufbau der Selbststruktur und die Identitätsentwicklung hat. Zum zweiten war der Junge während der Schulzeit häufig sexuellen Übergriffen von Mitschülern ausgesetzt. Diesen biographischen Ereignissen ließen sich sicher noch andere Konflikterfahrungen zuordnen, von denen wir aber keine Kenntnis erhalten haben; wir haben aber diese Bilder gerade auch deswegen ausgewählt, weil wir von dem Lebensgeschehen des damaligen Patienten so wenig wissen. Das erste Bild (Abb. 64) gehört als zweites zu einer Serie von sechs Bildern, die mit relativ realistischen Darstellungen einer Großstadt mit Hochhäusern und Wohnblocks aus der Vogelperspektive einsetzt - solch „leeren" Allerweltsdarstellungen begegnet man häufig zu Beginn einer (Kunst-)Therapie, weil sich die Patienten mit derartigen Bildern auf sicheres Terrain zurückzuziehen versuchen. Das Bild, um das es hier geht, entspricht einer Reaktion auf die kunsttherapeutische Themenstellung, ein Geschehen aus dem Märchen *Rapunzel* darzustellen, das der Gruppe von Patienten/Patientinnen vorgetragen worden war. Das Bild gibt in einer sehr konzentrierten Weise die Szene wieder, in der das (rot gekleidete) Mädchen, das von der Hexe gefangengehalten wird, sich aus einem Fenster lehnt und seinen Haarzopf heruntergelassen hat. Der Königssohn, der sich in seinem blauen Gewand kaum von dem Hintergrund einer braunen Tür abhebt, wird erdrückt und eingeschlossen von den Mauern eines über Eck stehenden altertümlichen Gebäudes, das den Charakter eines Bauernhofes hat. Dem Gebäude fehlt der Turm, der in der literarischen Fassung des Märchens bei den Gebrüdern Grimm eine bedeutende Rolle spielt. Das Gefängnis, in dem Rapunzel gefangengehalten wird, scheint in der symbolisierenden Verbildli-

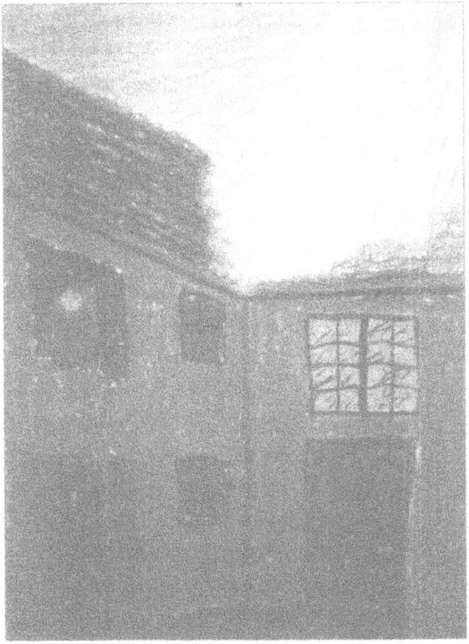

Abbildung 64

chung des Patienten zu einer unbezwingbaren Aufgabe für den winzigen Prinzen geworden zu sein, der nicht aus dem Schatten der Mauern herauszutreten wagt und mit seiner Umgebung verschmilzt. Das auffälligste Element des Bildes ist aber die rechts oben stehende Sonne, die mit ihren Strahlen tief in das Gehöft hinein reicht, aber merkwürdigerweise kein Licht verbreitet und sich lediglich im Kleid und Gesicht von RAPUNZEL widerspiegelt. Die Interpretation dieser Verbildlichung eines bekannten Märchenthemas muß also auch berücksichtigen, welche Szene aus der Geschichte ausgewählt und arrangiert worden ist und was nicht in die darstellende Szenerie aufgenommen wurde, obwohl es charakteristisch für die narrative Struktur der Geschichte und deren Bedeutung ist.

Als leitendes Phänomen der emotionalen Struktur des Bildes läßt sich der Gegensatz zwischen den Ängsten und Bedrohungen, die von der Stellung des Prinzen in dem Gemäuer ausgehen und in vielen möglichen Intensitätsgraden und Kombinationen in dem Bild vertreten sind, sowie den Formen von Erleuchtung/Verklärung ausmachen, die in der Darstellung der blendenden Helligkeit inkorporiert sind: Kalte, abweisende Mauern, verschlossene Fenster und Türen sowie die Konstruktion der Gebäude mitsamt der winzigen Gestalt des Prinzen signalisieren also einerseits einen Komplex von Emotionen, der sich mit (Furcht vor) Ausweglosigkeit übersetzen ließe, andererseits scheint die Sonne mit der Strahlenaura eine Ausflucht und eine Hoffnung zu bieten, die sich auch in der Figur und der Gestaltung von RAPUNZEL materialisiert. Wenn wir außerdem noch die Bedeutung des nicht dargestellten Turmes heranziehen, aus dessen Fenster RAPUNZEL ja im Märchen ihr Haar herunter läßt, um den Königssohn „zu sich zu holen", könnte zu der bisher deklarierten emotionalen Struktur zudem das Element einer abwehrenden Angst vor phallischen Zeichen (Lust, verbotene Lust, Unlust) hinzugefügt werden.

Bei der Identifizierung individualisierter konventioneller Motive und Realisationsformen sowie der Ausdeutung der emotionalen Qualitäten dieser ästhetischen Ereignisse kann man bis zu dieser Stelle gelangen, ohne die besonderen Erscheinungsformen und Erlebnisformen der Erkrankung des Patienten in Rechnung zu stellen. Nun zeigen die Bilder von Paranoikern/Paranoikerinnen aber häufig intensive Sonnen- und Strahlendarstellungen, die als zeichnerische Reaktionen auf die Empfindungen von übersinnlichen Kraftquellen („göttlichen Befehlen", „Gehirnwellen" o.ä.) anzusehen sind, d.h. wir könnten es in der thematisch unmotiviert großen Sonnendarstellung mit ihrem kalten Licht u. U. mit einem spezifischen Ausdrucksphänomen in den Bildern von paranoiden Menschen zu tun haben, das neben oder anstelle der beschriebenen emotionalen Qualitäten von einem Einbruch der Inhalte einer bestimmten Wahnkonstruktion in die Bildorganisation zeugt, den wir hier nicht nachzeichnen können, weil uns die anamnestischen Daten fehlen. In diesem Falle wäre die Sonnendarstellung Teil einer problemlösenden Wahnsystematik und hätte nicht die „aufhellende", hoffnungsvolle Bedeutung, die wir ihr zuerkennen könnten, wenn keine Erscheinungsformen einer paranoiden Erkrankung vorlägen. Allerdings kann ein derartiger Lichteinbruch auch in den Bildern von (nicht nur mißbrauchten) depressiven Patienten/Patientinnen (vgl. Abb. 61) auf eine Hoffnung/Erlösung jenseits der irdischen Welt hinweisen und muß in solchen Fällen als ernst zu nehmender Hinweis auf Suizidvorstellungen wahrgenommen werden.

Die emotionalen Strukturen, die in diesem Bild zum Ausdruck gebracht werden, lassen sich - mit den Einschränkungen, die wir gerade vorgenommen haben - benennen und deuten, weil sie mit den emotionalen Motiven von tradierten Bildgegenständen und deren kompositionellen Strukturen in Beziehung gesetzt werden können und weil damit auch der individualisierte emotionale Gehalt als Umdeutung konventioneller Gefühlszustände ermittelt werden kann. Bei der Interpretation des zweiten Bildes (Abb. 65) können wir uns dagegen nicht mehr an den Wegmarken tradierter Bedeutungsgebungen und „allgemeinverständlicher" Emotionsdarstellungen orientieren. Dieses Werk entstand als Bild einer Reihe von „abstrakten" Gestaltungen, die der Patient nach dem Bild mit der Märchendarstellung anfertigte und zeigt einen Rückzug, eine Form der Regression in eine Zone des Köperinneren, die mit ungegenständlichen Realisationsmitteln visualisiert wird. Wir sehen, wie aus einer mehrfach ummantelten, gelben Ei-Form ein grünes, knospenartiges Gebilde entspringt, das nach unten zu einen Bach aus grünen Wellen anwächst. Allerdings könnte die Fließrichtung des Gewässers auch so gedeutet werden, daß sich aus einem grünen Tümpel eine adernförmige Spur bis in das Zentrum des Eies erstreckt. Diese Deutung würde aber kaum etwas an dem Gesamteindruck des Geschehens und der Verbildlichung der emotionalen Qualitäten ändern. Fast spiegelsymmetrisch zu diesem hellgrünen Gewässer läßt sich über der Ei-Form ein gelber Farbkeil ausmachen, der die äußere rote Schale des Eies durchdringt. Diese gelbe Form erinnert an die Lichterscheinung in der Darstellung des Märchens von RAPUNZEL. Die Ei-Form wird von vier farbige Zonen umfaßt, die von blau-violetten über violette bis zu rosa Farbtönen changieren. Die gesamte Darstellung vermittelt den Eindruck eines Zeugungsvorganges, bei dem sich - in Analogie zur Befruchtung eines Eies durch das Sperma - das „Helle", Überirdische mit dem „Grünen", Irdischen in einer metaphysischen, sonnengelben Zone vermählt. Aus den weiteren Bildern des Patienten, die hier nicht vorgestellt werden können, läßt sich der Wunsch nach einer intensiven Vereinigung mit einer weiblichen Person entnehmen - so malt er sich in diesen Bildern z. B. als Kind, das auf dem ausgestreckten Körper einer Frau liegt. Bei der Identifizierung der Affekt- und Emotionsstruktur dieses „abstrakten" Bildes sind wir auf den Kontext mit anderen Bildern des Patienten und auf Analogieschlüsse angewiesen, die von seinen biographischen Erfahrungen abgesichert werden müssen. Wir gehen davon aus, daß in diesem Bild der Ekel, die Wut, die Trauer über den erlittenen Mißbrauch durch männliche Personen kompensiert wird durch Vereinigungs- und Verschmelzungsphantasien mit dem Weiblichen (der Mutter?), in denen die Lustempfindungen als verdrängte Bedeutungsschemata zugelassen sind. Auf der scheinbar ungegenständlichen Ebene sind die Darstellungen von Empfindungen und Gefühlen erlaubt, die auf der realen Ebene abgespalten werden müssen, um das Überleben zu sichern, und die bisweilen unter dem Schutz märchenhafter Symbolisierungen, also von Symbolisierungen, die per se nicht unmittelbar zugänglich sind - geäußert werden können. Dieser Gedankgang über die Formen von Dissoziation und Verdrängung in Bildern von hochtraumatisierten Menschen wird im nächsten Kapitelteil zusammenfassend zum Thema gemacht.

Zum Problem der Identifizierung von Affekten und Emotionen in den bildnerischen Ereignissen schwer traumatisierter Menschen läßt sich zusam-

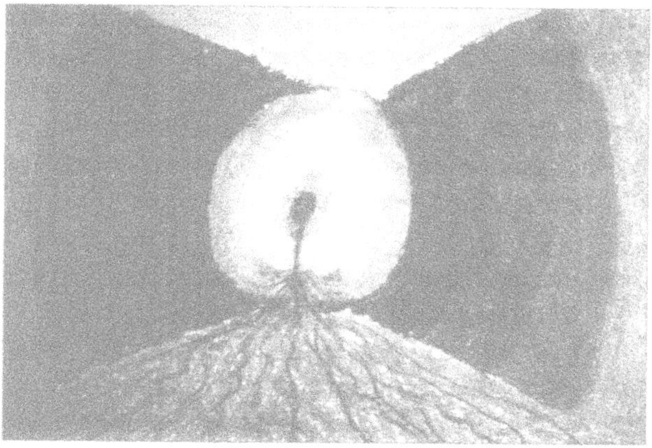

Abbildung 65

menfassend feststellen, daß sich in Analogie zu der Liste von emotionalen Reaktionen der Opfer, die wir o. angeführt haben, eine Rangordnung von verbildlichten Affekten und Emotionen aufstellen ließe, in denen die primären Affekte Angst, Furcht, Wut, Trauer, Haß dominieren würden, weil sie den symbolisierenden Motiven und den realisierenden bildnerischen Organisationen „direkt" und auch einigermaßen wörtlich, d.h. mit angemessenen sprachlichen Ausdrücken, entnommen werden können, während die wichtigen *Intensitätsdimensionen* und die komplizierten Interaktionen (IZARD) der Affekte und Emotionen sich sprachlich nur umschreiben lassen und daher oft einer eher spekulativen Sicht zu entstammen scheinen. Wir haben an den drei umfangreichen Bildsequenzen (von Frau M.: Abb. 38a-h und Abb. 39, von Frau N.: Abb. 41-47 und von Frau A.: Abb. 48-54), die uns zur Verfügung standen, aber zu zeigen versucht, wie wichtig gerade die Intensitätsgrade und die Emotionsinteraktionen sind, weil sie das Individuelle und Unverwechselbare der bildnerischen Biographie von Mißbrauchsopfern (und anderen Opfern von Gewalt) ausmachen. Während die Darstellung von primären Affekten die groben Wegmarken für eine Ausdeutung dieser Werke darstellen, verweisen die Zusammenschlüsse und Interaktionen von speziellen Emotionen auf die persönlichen Leidenserfahrungen und ihre „subjektiven" Verbildlichungen. Es sollte noch einmal hervorgehoben werden, daß im Gegensatz zu den sprachlichen (Be-)Nennungen von Affekten und Emotionen, die als Grundlage vieler Studien dienen, in diesen Verbildlichungen auch medienspezifische Besonderheiten wie Leere, Minimalisierungen, Vergrößerungen/Betonungen, Kritzelformen, dekonstruktive Merkmale und andere kompositionelle Eigentümlichkeiten zum emotionalen

Charakter und damit zum Sinngehalt des Bildes oder der Bildreihe entscheidend beitragen. So lassen sich die Emotionskomplexe (2) *Verwirrung* und (6) *Sprachlosigkeit*, denen von den befragten Frauen in der oben genannten Studie soviel Wert beigemessen worden ist, in den Verbildlichungen eher durch Auslassungen, Verschmelzungen, Überkritzelungen oder ähnliche Gestaltungsmerkmale realisieren.

14.6. Intentionalität und Bewußtheit, Dissoziation und Verdrängung

Wir haben den Themengruppen, die in der Überschrift zu diesem Kapitelteil zusammengefaßt werden, im theoretischen Teil unserer Erörterungen soviel Raum gewidmet, weil sie von zentraler Bedeutung für die Frage sind, ob und wie wir die Darstellungen von hochtraumatisierten Menschen verstehen können: Lesen wir sie als „offene", appellative Manifeste leidender Menschen, in denen uns in einem Motivsystem, einer Gegenstandsorganisation o.ä. absichtsvoll eine Nachricht übermittelt wird, oder deuten wir sie als psychische Piktogramme (FREUD: *Verbildlichungen*), in denen uns auf verschiedenen Ebenen etwas mitgeteilt oder auch etwas zu verheimlichen versucht wird? Und wenn wir sie als mehrschichtige Piktogramme auffassen, wie gelingt es uns dann, einen Zugang zu den „verborgenen" Ebenen zu bekommen? Wir haben diese Fragen an anderer Stelle auch so zu beschreiben versucht, ob in einem Bild verschiedene Formen der Verschlüsselung - oder psychologisch ausgedrückt: Manifestationen verschiedener psychischer Ebenen/Substrukturen - vereint sein können und sich unterscheiden lassen.

1. Es gibt wenige Untersuchungen, die sich mit dem Problem der Intentionalität in bildhaft-symbolischen Äußerungen beschäftigen. Wir haben daher in den Erörterungen über die Grundzüge der epistemologischen Theorie J. PIAGETS auch Antworten auf die Fragen nach den komplizierten Phänomenen der Intentionalität bzw. der Bewußtheit zu formulieren versucht, die sich bei der Produktion und der Analyse von bildnerischen Ereignissen als Relation von beabsichtigten und unbeabsichtigten Bildelementen/Bildebenen und Motivkonfigurationen zu erkennen geben (sollten). Vor allem vermag ein entwicklungspsychologischer Gedankengang J. PIAGETS aus dem Zustand widerstreitender Definitionen von Intentionalität und Bewußtheit herauszuführen und paradigmatisch die Gegebenheiten im bildhaft-symbolischen Prozeß zu kennzeichnen: Mit der Entwicklung der kognitiven Kompetenz bildet sich für J. PIAGET im Individuum ein bewußtseinsfähiges

Zentrum des Denkens und Handelns, ein *Ich-Bewußtsein,* heraus, welches von einem bestimmten Zeitpunkt an von einer *hinreichenden* Bewußtwerdung begleitet wird. Am Ende der Aufbauphasen des erkennenden Denkens entfalten sich operationale Aktivitäten, die, wie wir im Kapitelteil 3.2.2. zu zeigen versucht haben, reflexive Momente, also Momente der Beziehung/Rückbeziehung des Denkens auf sich selbst aufweisen; diese Reflexivität wird von J. PIAGET auch Bewußtsein *zweiten Grades* genannt. Ihm obliegt die strategische Planung (Intentionalität) des Handelns, ihm müßte damit auch die Planung zuzuordnen sein, die dem Zeichenakt vorausgeht oder ihn begleitet. Wie G. KOEPPE (1993) in einer Untersuchung eines Beispiels von medial dokumentierten zeichnerischen Aktivitäten beschrieben hat, muß man sich den Entstehungssprozeß eines Bildes aber als kompliziertes Geschehen von verbal bekundeten/thematisch vorgegebenen Absichten, von Planungen, die relativ häufig „umgeworfen" werden, und von ungeplanten „produktiven" Aktivitäten vorstellen, die sich medienspezifisch einstellen oder auch von einem Wechsel in den emotionalen („irrationalen") Expressionen bestimmt sind. Das produktive Geschehen richtet sich dann nach anderen Darstellungs- und Ausdrucksstrategien; der Richtungswechsel läßt sich aber in den meisten Fällen nur durch begleitende Verbalisationen aufklären - ein klassisches theoretisches Dilemma. Die angesprochenen Umstrukturierungen aufgrund von Umplanungen und/oder Motivations- und Emotionsveränderungen können schon im Regelfall, der bei G. KOEPPE beschrieben wird, die gesamte Bildorganisation erfassen oder doch Teile des Bildes verändern. Wie wird aber die kognitive Planung einer solchen Umorganisation aussehen, wenn die bildnerischen Resultate den Charakter von Destrukturierung annehmen, d.h. wenn im bildnerischen Prozeß von hochtraumatisierten Menschen auffällige Merkmale auftauchen, die sich aber nicht unmittelbar als (prä-)psychotische Besonderheiten zu erkennen geben? Auch für diese Fälle lassen sich Überlegungen von J. PIAGET anführen, in denen bewußte Reflexivität als handlungssteuerndes Prinzip, wie T.B. SEILER (1994, S. 93f.) bemerkt, nur als *Grenzfall* von Bewußtheit angesehen wird und operationales Denken wie symbolisch-bildhaftes Objektivieren auch an die Akte des primären und damit auch an die des *rudimentären* Bewußtseins gebunden bleiben können. In der Tat entdecken wir in den Bildern von traumatisierten Menschen Momente von hinreichendem Bewußtsein, - wenn z. B. im Bild des mißbrauchten Jungen (Abb. 37c) das Zwei-Haus-Motiv im Regen mit zuckenden Blitzen auftaucht, dann ist er sich des „scheußlichen", unwirtlichen Wetters, das er darstellen will, „hinreichend" bewußt, u. U. weiß er sogar, warum er zwei Häuser zeichnet: Er reagiert ja damit auf seine neue unerträgliche Situation in zwei Halbfamilien. Aber die Gesamtaussage des Bildes enthält und verbirgt auch emotional expressive Motive, die sogar außerhalb des rudimentären/primären Bewußtseins liegen. In anderen Bildern - auch dieses Jungen - lassen sich Momente von Reflexion, also Anzeichen von Bewußtsein zweiten Grades auffinden. So haben wir in einem anderen Bild (Abb. 37b) eine deutliche Abschiedsszene wiedergegeben, über deren bildnerische(!) Intentionen und über deren Darstellungsabsichten er sich selbst klar gewesen sein dürfte und uns nicht im Unklaren läßt: Der Junge stellt offenkundig dar, daß er nicht mit dem Mann weggehen möchte und daß er nicht versteht, warum die Frau in der Tür ihn ziehen läßt. Wir werden in einem der nächsten Abschnitte eine solche Abschiedsszene in einem Bild von Frau M. zum Anlaß nehmen, um zu versuchen, die Bildschichten mehreren psychischen Ebenen zuzuordnen. Auch die Hausdarstellung aus dem 9. Lebensjahr von Frau M. (Abb.11) erzählt auf einer bewußten Ebene eine (identifizierbare) Geschichte über die Leere des Elternhauses und die Verfolgung durch einen Mann, aber natürlich - und dies wird häufig übersehen - in einem altersgebundenen Bildrepertoire, welches in einer Parallele zur Entwicklung des operativen, zeichenhaft-sprachlichen Denkens gesehen werden muß. Bei der Interpretation von Bildern jüngerer Kinder darf man daher nur von einem primären oder einem hinreichenden Bewußtsein ausgehen und sollte keine zu hohen Anforderungen an die kognitiven bzw. objektivierten Organisationen stellen, weil diese sich ja erst in Richtung auf logisch-argumentative Strukturen entwickeln. Wir würden mit diesen Feststellungen auch den Auffassungen von D.L. SCHACTER (1967)/E. TULVING (1985) gerecht, in denen ja eine Unterscheidungen zwischen einem *noetischen* und einem *autonoetischen* Bewußtsein getroffen wird: Wir könnten den Prozeß der Aufmerksamkeit, der die bildnerischen Aktivitäten beeinflußt, auch wenn sie von diesen kognitiven Organisationen nicht umfassend gesteuert werden, als *begleitendes Bewußtsein* auffassen und ihn damit als Ausdruck des noetischen Bewußtseins kennzeichnen. Erst bei Zeichenprozessen älterer Kinder kommen auch Momente des autonoetischen Bewußtseins ins Spiel, weil diese Aktivitäten auch Vergangenheitsempfindungen und Veridikalitätsüberzeugungen (vgl. 5.2.) enthalten. In den narrativen Bildelementen der Werke von Mißbrauchsopfern zeigt sich im übrigen häufig auch eine Art von (un-)gebrochenem moralischern Anspruch: Die Zeichnenden sind sich bewußt, daß ihnen Unrecht geschieht, und drücken ihren Abscheu vor den sexuellen Mißhandlungen appellativ/nachvollziehbar aus.

2. Als zentrales Problem jeder mehrebenen-analytischen Interpretation - und zur Einführung in diesen Problemkreis können wir von den angesprochenen Bildern jüngerer Mißbrauchsopfer ausgehen - erweist sich die Aufgabe, zwischen bewußten Motiven der Darstellungsebenen und den Hinweisen auf verdrängte bzw. dissoziierte Bedeutungen zu unterscheiden. Wir sprechen in diesem Zusammenhang ausdrücklich von *Bedeutungen* oder auch von *Bedeutungs- oder Sinnschemata*, weil diese Materialien nach allem, was wir im Kapitel 6 auszuführen versucht haben, als inkorporierte, den Realisations- und Darstellungselementen „einverleibte" Inhalte aufzufassen sind und über keine eigenen Ausdruckswege verfügen. Wir haben zu zeigen versucht, daß auch eine auf morphologischen und kognitionstheoretischen Grundlagen aufgebaute Interpretationstheorie, welche die ausdrückbaren und ausgedrückten Affekte und Emotionen berücksichtigt, zu einem hinreichenden Ergebnis führt, also in die Lage versetzt, Bilder auszulegen. So könnten viele der Bilder von Frau A. (vgl. z. B. Abb. 48 bzw. 49) als individualisierte Themen traditioneller Motive mit entsprechenden Sinnkonstellationen verstanden werden. Im Zusammenhang mit den biographischen Angaben ließen sich viele affektiv-emotionale Umdeutungen und spezielle Bedeutungen in ihren Gestaltungen aufklären. Unser Verständnis würde in diesen wie in anderen Bildbeispielen aber nur bis zum „Naheliegenden" reichen, also einer bestimmten Verknüpfung von konventionellen Bildmitteln und tradierten Motivbedeutungen zu folgen versuchen, die im Verstehensprozeß auf individualistische Züge hin untersucht werden müßten. Im Falle dieser Bildsequenz läßt sich das symbolische Geschehen (außerdem) aber auch als Resultat von Verdrängungsmechanismen verstehen, die eine sehr labile Balance „zurückgelassen" haben zwischen den eigenen sowie den therapiegelenkten Verarbeitungsversuchen und den unausgesprochenen und unaussprechlichen Wahrnehmungen, denen Frau A. ausgesetzt war. Unsere Bemühungen um eine tiefenhermeneutische Auslegung werden aber noch deutlicher, wenn wir uns den Bildern von Frau M. (Abb. 38e-h) zuwenden, die zu Beginn der Grundschulzeit enstanden sind: Ohne psychoanalytisch orientierte Auslegungsversuche blieben sie heitere, vielleicht auch melancholische Wiedergaben eines unauffälligen Kinderlebens.

3. Die angesprochene Bildsequenz von Frau M. und die Kinderzeichnungen von Frau N. sind die frühesten bildhaften Dokumente von Mißbrauchs-

opfern, die dem Autor zur Verfügung standen. Viele dieser Bilder - soweit müssen die bildnerischen Ereignisse mit den biographischen in Einklang gebracht werden - stammen aus der Lebensspanne, in welcher der Mißbrauch, dessen spezielle Formen wir hier nicht erörtern können, begonnen hat und chronisch wurde. Wir haben also einige Dutzend Kinderzeichnungen vor uns, die als Zeugnisse einer beginnenden schweren Traumatisierung anzusehen sind, und wir sehen, auf einer ersten Ebene betrachtet, altersadäquate Darstellungen von alltäglichen Szenerien. Gleichzeitig finden wir bei der Therapeutin J.L. HERMAN (1992, S. 138f.) eine Beschreibung des familiären Umfelds, die davon ausgeht, daß in *Familien, in denen Mißbrauch vorkommt,* [...] *die elterliche Macht willkürlich, launisch und absolut ist* und daß *die Regeln undurchschaubar, widersprüchlich und offen unfair sind.* Auf den ersten Blick ist in den Zeichnungen nichts von dieser bedrohlichen Szenerie zu entdecken, aber da wir nicht an der Charakterisierung der Autorin zweifeln und auch aus Biographien von Mißbrauchsopfern, die wir mit den Zeichnungen einsehen konnten, ähnliche Schlüsse ziehen können, müssen wir nach einer anderen Erklärung für die konstruktiven Bildlösungen suchen. Dabei scheidet der Erklärungsversuch aus, daß es sich bei diesen Bildlösungen um die Resultate von Verdrängungsmechanismen handeln könnte, weil in diesem Falle die Verdrängung mit dem Mißbrauchsgeschehen hätte anfangen und es begleiten müssen. Außerdem würde diese Annahme keine Erklärung dafür bieten, warum in den frühen Bildern beider Persönlichkeiten keine auffälligen Merkmale von inkonstanten Bindungen/Objektbeziehungen zu entdecken sind, wie wir sie z. B. aus Zeichnungen von Scheidungskindern (vgl. Abb. 62a u. b) kennen. Als Lösung für das skizzierte Problem bietet sich nur die Annahme einer partiellen kindlichen Amnesie oder einer Dissoziation im engeren Sinne an. Wir sprechen von einer partiellen kindlichen Amnesie, weil der Lebenslauf keiner der beiden Bildnerinnen Anlaß bietet, von einer umfassenderen Amnesie auszugehen und auch die Bilder keine Hinweise auf „vergessene" Ausdrucksfelder enthalten.

4. Wir sind in unseren Erörterungen der Bedeutungen der Begriffe Verdrängung und Dissoziation auch auf die Wiederbelebung der Auffassungen von P. JANET gestoßen, der schon am Ende des vorigen Jahrhunderts (1889) u.a. von einem *partiellen Automatismus* als Ausdruck eines besonderen psychischen Systems gesprochen hatte, das sich der *Herrschaft des Bewußtseins entzieht und sich selbständig entwickelt* (vgl. auch GRANZOW 1994). Auch in den frühen - und in den späten - Schriften FREUDS lassen sich ähnliche Vorstellungen nachweisen, während in den System-Schriften

Freuds meist von einem *abgespaltenen Verdrängten* die Rede ist, also beide Phänomene zusammen gesehen werden. Dissoziationen sind nach diesen Auffassungen, die im Grundsätzlichen auch von G.S. Klein und M.N. Eagle sowie von E.R. Hilgard und D.L. Schacter/J.F.Kihlstrom (*neodissociationists*) vertreten werden, Abspaltungen der erlebten Bedeutungen von (realen) Vorstellungen und den Repräsentationen dieser Vorstellungen. Diese Bedeutungen werden vom Selbst/Ich nicht akzeptiert, weil sie mit dem Selbstverständnis der Person nicht zu vereinbaren sind. Wir finden in dieser Definition des Dissoziationsbegriffes eine überzeugende Erklärung für bestimmte Formen des bildnerischen Geschehens bei hochtraumatisierten Kindern, wie wir sie in den Bildbeispielen von Frau M. und Frau N. vorfinden. Auch dort geht es im wesentlichen um Bedeutungsverschiebungen in einem Feld realer/realistischer Darstellungen, die „nach außen" hin altersadäquat beibehalten werden und den Beobachter zu dem Schluß verleiten könnten, das System selbst sei von den Gewaltakten nicht affiziert. In diesem Zusammenhang sollte noch darauf verwiesen werden, daß die Auffassung E.R. Hilgards von der horizontalen (Verdrängung) und der vertikalen Spaltung (Dissoziation), die unausgesprochen auch in anderen Ansätzen vertreten wird, im Hinblick auf die frühen bildnerischen Reaktionen mißbrauchter Kinder keinen allgemeinen theoretischen Stellenwert beanspruchen kann, weil damit vorausgesetzt würde, daß diesen Kinder ein (zumindest partieller) Zugriff auf die dissoziierten Bedeutungen möglich wäre. Der lebenserhaltende Sinn der Dissoziation besteht aber u. E. gerade darin, daß die realen Bedeutungen der traumatisierenden Wahrnehmungen und Erlebnisse und deren interne wie externe Repräsentationen nur als abgespaltene Elemente des psychischen Systems (Gedo: *psychotischer Kern des Selbst*) zu ertragen sind. Wir haben in den Erörterungen des Kapitelteils 5.3. auch die Auffassungen von D. Stern u.a. diskutiert, ob man diese Bedeutungsverschiebungen, bzw. die andersartigen Bedeutungsschemata nicht auch als *konfliktbedingte Gedächtnisstörungen* betrachten könnte. Eine Differenzierung der für die pathologische Bildtheorie grundlegenden Begriffe *Dissoziation* und *Gedächtnisstörung* ließe sich nur in einer größeren Untersuchung versuchen; angesichts des uns vorliegenden bildhaften Materials scheint der Begriff der Dissoziation eher geeignet zu sein, die Aufspaltung von realistischen Darstellungsgeschehen und verborgenen Bedeutungen zu charakterisieren.

5. In Bildern anderer (älterer) Mißbrauchsopfer, die hier in den Kapiteln 8 und 10 vorgestellt worden sind, lassen sich Darstellungen verfolgen, die

schon näher an die (eine) klassische Definition von Verdrängung heranreichen, wie wir sie in den Erörterungen von B. PENDLETON JONES vorgefunden haben. Die *postverbale infantile Verdrängung*, wie sie dort genannt wird, setzt voraus, daß die sprachlichen Repräsentationen ausgebildet sind und daß die erlebten Wahrnehmungen und internen Repräsentationen von den sprachlichen Ausdrucksmöglichkeiten abgetrennt, verdrängt werden oder anders ausgedrückt: daß bestimmte ich-dystone Bedeutungen vom Verstehen ausgeschlossen werden (KLEIN). Solche Verdrängungen sind das Resultat von traumatisierenden Ereignissen in der Kindheit, die, wie sich die Aussagen von J.L. HERMAN, die wir im vorangehenden Kapitelteil zitiert haben, verallgemeinernd zusammenfassen lassen, eine aggressive, unregulierte, inkonstante Familienatmosphäre voraussetzen. In dieser Atmosphäre werden auch verbale Äußerungen und die Wahrnehmungen von Gewalt oder von sexuell enthemmten Verhaltensweisen (vgl. die Abb. 55-58 von URSULA) von den Kindern aufgenommen und - im positiven Fall, wenn die aggressiven und/oder sexualisierten Verhaltensmuster abklingen - verdrängt. Solche Erfahrungen werden dann zu dem, was FREUD das verschüttete, aber *unzerstörbare* Material der *Frühentwicklung* genannt hat und dessen pathogene Nachwirkungen er in seiner Theorie(n) der Neurose aufzuzeigen versucht hat. Wir haben in der Abb. 6 ein auffälliges Beispiel für solche Nachwirkungen von Wahrnehmungen sexueller Aktivitäten der Eltern während der Kindheit in den Zeichnungen eines Jugendlichen vorgestellt und zu analysieren versucht. Diese neurotisierten Ausdrucksformen (vgl. auch Abb. 32) können in der Tat als (verschoben) reinszenierte Verbildlichungen verdrängter Wahrnehmungen verstanden werden - im Sinne der FREUDSCHEN Auffassung: auch und besonders von verdrängten akustischen Wahrnehmungen. Im Falle von chronifizierten Mißbrauchserfahrungen während der Kindheit haben wir es dagegen mit „unerhörten" Wahrnehmungen und Repräsentationsschemata zu tun, die über einen längeren Zeitraum wirksam waren und unter Bedingungen, die kaum vorherzusagen sind, der Verdrängung anheimfallen (können). Ob sie als „unverständliche", dissoziierte Bedeutungsschemata des Selbst oder als verdrängte, unbewußte Bedeutungssysteme nachwirken, hängt sicher auch von der Schwere und Dauer des sexuellen Mißbrauchs ab.

6. Wir haben schon im Kapitelteil 14.6. (vgl. auch das gesamte Kapitel 12) am Beispiel der Bilder von Frau A. zu demonstrieren versucht, wie man sich eine „geglückte" Verdrängung mit Anteilen von Verarbeitung im bildnerischen Bereich vorzustellen hat. Voraussetzung für diese Art von Verdrän-

gung ist der Aufbau eines Sprachsystems, das die traumatischen Bedeutungen nicht zur Kenntnis nehmen kann, weil sonst die Existenz des Selbst gefährdet wäre. Das Ausdrucksfeld dieser Art von verschlüsselten Mitteilungen ist die eingekleidete Symbolik, die in diesem Falle von leicht rekonstruierbaren traditionellen Bedeutungszusammenhängen bis zu schwerer deutbaren, individualisierten bildhaften Manifestationen reicht. Im Sinne der psychoanalytischen Theorie geben diese (traditionellen) eingekleideten Symbole/Motivkonstellationen ihrerseits die verbildlichende Fassade für die verdrängten Repräsentanzen mit ihren unzumutbaren Bedeutungsschemata ab und stehen als Bilder in einer besonderen Beziehung zu dem unbewußten Material. Zur Charakterisierung dieser besonderen Beziehung kann man mit der Formulierung von K.R. EISSLER (1975, S. 37ff.) feststellen, daß in der (künstlerischen/bildnerischen) Produktion eine *Aufhebung der intersystemischen Konflikte* erfolgt und dabei die unbewußten Anteile *organisierend* auf die produktiven Ereignisse einwirken. Diese und ähnliche Formulierungen berufen sich auf die Auffassung FREUDS von der *Kooperation der Systeme* bei gleichsinnigen Strebungen, die besonders in bildnerischen Äußerungen vorherrschen, weil die intersystemischen Barrieren (Zensur) weniger wirksam sind. Für FREUD (G.W. X, S. 293) kann diese *Kooperation zwischen einer vorbewußten und einer unbewußten Vorstellung* [...] *zustande kommen, wenn es die Situation ergibt, daß die unbewußte Regelung sich gleichsinnig mit einer der herrschenden Strebungen* entwickelt. Auch zwischen den vorbewußten und bewußten „Strebungen" kann sich nach dieser Auffassung, die von H. MÜLLER-BRAUNSCHWEIG (1984, S. 130 f.) im Sinne von FREUD und K.R. EISSLER weiterentwickelt worden ist, ein Kontinuum ergeben, weil auf der vorbewußten Ebene von *relativ undifferenzierten, aber bereits organisierten Problemlösungsversuchen* auszugehen ist, während auf der dritten, übergeordneten Ebene dann die *bewußte Arbeit an einer Lösung* anzusetzen sein würde. Die Begriffe *Kooperation* und *Kontinuum* und ihre inhaltlichen Explikationen beschreiben die psychoanalytische Antwort auf das Problem der Auslegung von „tiefensymbolischen" Bedeutungen, wie wir sie in den Bildern von Frau A., aber auch in vielen Werken von Frau N., vorgefunden haben.

7. Als wichtigstes Ergebnis unserer Überlegungen zu den in der Überschrift dieses Kapitelteils angegebenen Themenguppen läßt sich also feststellen, daß in einem Bild verschiedene Formen der Verschlüsselung - oder, psychologisch ausgedrückt: Manifestationen verschiedener psychischer Ebenen/Substrukturen - vereint sein können: So lassen sich in einer Kinder-

zeichnung (Abb. 38c) von Frau M. alle angesprochenen Ebenen voneinander trennen, weil die Formen von Bewußtheit bzw. die vorbewußten/unbewußten Bedeutungsschemata sich (eher zufällig) in diesem Bild an kompositorischen Elementen festmachen lassen (vgl. Abb. 66). In der Regel wird ja der Bedeutungs- und Sinngehalt insgesamt in den realisierenden Materialien und in den dargestellten Gegenständen/Motiven inkorporiert, d.h. er ließe sich nur als Auslegung der „Überblendungen" von einer Ebene zur nächst tieferen/höheren erfassen - wobei Kennzeichnungen wie *Überblendungen* und *kompositorische Trennung* nur ziemliche hilflose Beschreibungen des produzierten Bedeutungskontinuums darstellen, welches sich im bildnerischen Prozeß über viele Stationen hin entwickelt. Außerdem weist das bildnerische Ausdruckssystem eine Besonderheit auf, die vorwiegend in psychoanalytisch orientierten Interpretationen häufig vernachlässigt wird: Die Art der bildnerischen Realisierung und der Motivgestaltung hat ihrerseits Rückwirkungen auf den Sinngehalt des Bildes; man kann in diesem Zusammenhang also zu Recht von einer Rückkoppelung von Elementen im Sinne der Systemtheorie sprechen.

In dem Bild (38c), das wir unter dem Gesichtspunkt einer Differenzierung von Sinnebenen betrachten wollen, läßt sich rechts eine Personengruppe erkennen, die zeichnerisch als Mann und Kind ausgewiesen ist und die sich in Richtung auf den rechten Rand des Bildes bewegt. Die gespreizten Hände und die schiefe Haltung des Kindes verweisen auf einen gewissen Widerstand, der überwunden werden muß. Würde man diesen Bildteil isoliert betrachten, könnte man die Szene als Darstellung einer Gruppe von Spaziergängern betrachten, - wenn nicht einige charakteristische Merkmale, wie die blutroten Lippen des Mannes, die in der Reproduktion nicht zur Geltung kommen, dem Eindruck eines Spazierganges zuwiderlaufen würden. Der Mittelteil des Bildes wird beherrscht von einer Sonne, die über einem blühenden Baum steht, der mit einigen Ästen noch an die Pipi Langstrumpf-Frisur des Mädchens heranreicht. In diesem Teil des Bildes, der wenig narrative Elemente aufweist, sehen wir besonders deutlich die Form der symbolischen Aussage des Bildes verwirklicht, die wir mit E. PANOFSKY als *eingekleidete Symbolik* bezeichnet haben. Diese Symbolik wird hier auch in ihrer Ambivalenz vorgeführt, denn wir können nur im Kontext aller Sinnebenen des Bildes und der biographischen Details festzulegen versuchen, daß sich die mögliche „befruchtende" Beziehung zwischen Sonne und blühender Baum umgekehrt hat und in eine Beziehung zwischen männlicher Gewalt und weibliche Empfindungen umgeschlagen ist. Die linke

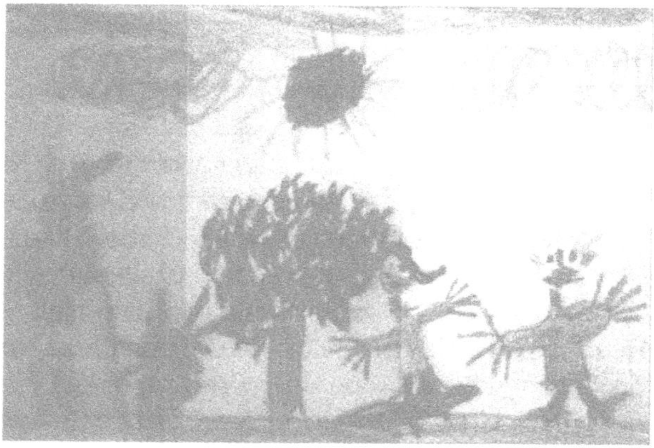

Abbildung 66

Seite des Bildes läßt sich als die „stumme" Seite kennzeichnen, weil sie keine narrativen Elemente mehr aufweist, sondern eine Reihe von Darstellungen mitsamt den Sinnfiguren erkennen läßt, die auf den ersten Blick als Gegenstandsbedeutungen verstanden werden könnten und nur durch die Häufung auffälliger Details - schiefes Haus, das nach links abzufallen droht, verschlossene Tür, einzelnes rotes Fenster, Vogel, der aus dem Nest fliegt - verrät, daß in ihm unrechte, unheimliche Dinge vorgehen. Wir haben also anhand dieses Bildes die Möglichkeit, die narrativ-symbolischen von den „rein" symbolischen Aussagen zu unterscheiden und beide wiederum von den tiefensymbolischen Bedeutungen abzuheben. Allerdings läßt sich an diesem Bild auch herausarbeiten, wie fließend die Grenzen ineinander übergehen bzw. die Sinnebenen „übereinanderliegen" - so haben wir z. B. die symbolische Relation Sonne-Baum auch einer tiefensymbolisch orientierten Deutung unterzogen, die aber von den traditionellen Motivbedeutungen, Sonne/Leben- blühender Baum/Fruchtbarkeit o.ä., ausgeht.

8. Die Auffassungen über die Arten der Speicherung von Informationen in einem *episodischen* und einem *semantischen Gedächtnis*, die wir schon zur Erklärung von schwer deutbaren Phänomenen in den Bildern von psychotischen oder präpsychotischen Persönlichkeiten herangezogen haben (vgl. Kapitelteil 5.2. und Abb. 17 mit entsprechender Analyse), lassen sich auch auf bildnerische Ereignisse anwenden, die nur noch wie rudimentäre Zitate von früheren Darstellungen wirken. So konnten wir in einem Werk von Frau M. (Abb. 39) das Phänomen der Desymbolisierung veranschaulichen oder, mit den Begriffen, die hier erarbeitet worden sind: die Destrukturierung in Form des

Verlustes von syntaktischer Dichte und semantischer Fülle. Wir konnten aber an diesem Bild gleichzeitig eine Linie von den Bildgegenständen früher Kinderzeichnungen, besonders von den dort entwickelten, episodisch-szenischen Motiven wie *Zugfahrt, Kind mit Krone, Blumen,* verfolgen, die in dem Bild aus der Zeit der klinischen Behandlung in ein Netz von ornamentalen Formen, zu denen Blumen und penisartige Gebilde gehören, eingebunden worden sind. Wir haben in der Einleitung zu dem Kapitelteil 5.2. ein Zitat aus den Schriften von P. JANET (1919) vorangestellt, der schon damals eine Konfliktsituation erst dann für ausreichend bewältigt hielt, wenn wir *zu einer inneren Reaktion in Form von an uns selbst gerichteten Worten, einem gegliederten Ereignisbericht an andere und an uns selbst und der Einordnung dieses Berichts in ein Kapitel unserer persönlichen Geschichte* fähig sind.

Nach unseren Erörterungen im Anschluß an diese frühe Auffassung von einem besonderen Gedächtnis, welches Kapitel unserer persönlichen Lebensgeschichte speichert, gehören diese Erinnerungen mit einer deutlichen Beziehung zu Erfahrungen und Erlebnissen der persönlichen Vergangenheit zum episodischen autobiographischen Gedächtnis (Wiedererleben), während Erinnerungen an „gewußte" (noetische) Ereignisse zum semantischen Gedächtnis zu rechnen wären. Wir haben in den angesprochenen Erörterungen auch auf die Parallelen zwischen diesen definierten Formen von Informationsspeicherungen und den kunsttheoretischen Begriffen *Phänomensinn* und *Bedeutungssinn* hingewiesen. Die Bildstruktur des Gesamtwerkes von Frau A., das wir in Kapitel 12 betrachtet haben, legt es dagegen nahe, von einer funktionalen, rückwärts gewandten Gedächtnisstörung (SCHACTER/KIHLSTROM 1989, 209ff.: *functional retrograde amnesia*) zu sprechen, die nach schwer traumatisierenden Ereignissen, wie Vergewaltigungen, auftreten.

D.L. SCHACTER/J.F. KIHLSTROM veranschaulichen eine mildere Form des autobiographischen „Vergessens" am Beispiel eines Jungen, der nach dem Tode und der Beerdigung seines Großvaters in eine solche Amnesie fiel, dabei aber wesentliche Elemente seines semantischen Gedächtnisses behielt.

Diese Deutung des Phänomens der radikalen Destrukturierung im Hinblick auf dieses Bild (Abb. 39) oder vergleichbare Bilder besticht, weil die angesprochene Form der Amnesie reversibel ist und dem Patienten/der Patientin die Möglichkeit erhalten bleibt, später wieder Werke mit autobiographischem Charakter zu produzieren. Die Möglichkeit der Reversibilität von Amnesie-Erscheinungen läßt sich auch in diesem Falle durch eine reiche Produktion von konventionellen und komplexen Bildern belegen, die Frau M. nach dem Klinikaufenthalt geschaffen hat. Wir zögern dennoch, Bilder mit Wahncharakter allgemein diesem Modell *der funktionalen autobiographischen Amnesie* zuzuordnen, weil anhand der Entwicklung bildhafter Objektivationen bisher nicht festgestellt werden konnte, an welcher Stelle der Entwicklung wahnhafter Konstruktionen Bilder dieses Typs produziert werden und wann, in oder nach der psychotischen Phase, wieder Bilder mit narrativ-autobiographischen Inhalten auftauchen (vgl. Abb. 17 u. 18). Die Sicht auf das Problem wird durch den bisher ungeklärten Zusammenhang zwischen Wahninhalten und ihren neurophysiologischen Substraten auf der einen Seite und den biographisch-traumatisierenden Erfahrungen mit ihren Auswirkungen und Rückwirkungen auf die Wahnkonstrukte auf der anderen Seite zusätzlich verstellt[153].

14.7. Symptomatologie und Diagnostik

Zum Abschluß unserer Zusammenfassung wollen wir noch eine Antwort auf die Frage versuchen, welche Möglichkeiten die Kinderzeichnungen und Jugendbildnereien bieten, diagnostisch, d.h. im Sinne der Aufdeckung von Mißbrauchsgeschehen, verwendet zu werden. Als Folgerung aus den vorstehenden Überlegungen läßt sich sagen, daß die bildhaften Ereignisse im Gegensatz zu den „indirekten", blockierten sprachlichen Äußerungen als ein Medium anzusehen sind, das direkt und ohne zeitliche Verzögerung auf traumatisierende Ereignisse reagiert und eine anschauliche Vorstellung von der (emotionalen) „Tiefe" sowie den dissoziativen Besonderheiten dieser Reaktionen vermittelt. Es sollte aber auch deutlich geworden sein, daß diese bildnerischen Reaktionen so unspezifisch sein können, daß ihre Interpretation auf verläßliche biographische Quellen angewiesen ist. Die Bilder und Zeichnungen zeigen sehr zuverlässig an, daß ein Kind leidet, aber nicht unbedingt, woran es leidet. Besonders, wenn im familiären Umfeld der Kinder und Jugendlichen allgemein Formen von traumatisierender Gewalt und Konflikten sowie undurchschaubare Regeln herrschen, wird die Diagnose spezieller Mißbrauchserfahrungen erschwert: Man darf zwar davon ausgehen, daß sie in jedem Falle bildnerisch zum Ausdruck kommen, aber unter den beschriebenen Umständen von den bildnerischen Reaktionen auf andere Konflikterfahrungen überlagert werden. Ein Teil der Bilder, von denen hier die Rede ist, zeigt allerdings eine Reihe von spezifischen symptomatischen Manifestationen, die dem angesprochenen Modell der Verschiebung von vorbewußten/unbewußten Konflikten in eine relativ überschaubare Anzahl von bildhaften Ereignissen mit (verdeckten) Analogien zu Geschlechtsteilen entsprechen. Zu diesen Manifestationen gehören vor allem Rauchfahnen, raketenartige Gebilde, Tore o.ä. In der Regel sind diese Manifestationen aber eingebettet in andersartig verschlüsselte, z. B. erzählende Motive, daher sollten sie in der Auslegung nur die Funktion von Wegmarken haben, die zu einer Gesamtinterpretation des Bildes führen. Es wäre theoretisch unredlich, sich bei der Diagnose eines Bildes nur auf solche symptomatologischen Auffälligkeiten zu stützen. Es gibt solche Motive - besonders in der Kinderzeichnung - in höherer Anzahl, als der Autor vor seiner intensiven Beschäftigung mit den bildnerischen Reaktionen auf Mißbrauchserfahrungen angenommen hat, aber sie sind Elemente einer ungleich komplizierteren bildnerischen Struktur.

14.8. Phasenmodell zu einer Ausdeutung von bildnerischen Reaktionen auf schwere Traumata

Wir stellen zum Ende unserer Überlegungen ein Modell vor (Schema 5), in dem unsere Einsichten in den Ablauf von interpretierenden Zugriffen auf die bildnerischen Formationen und deren Bedeutungs- bzw. Sinnebenen schematisierend nachgebildet werden sollen. Wie in der Beschreibung und der Diskussion der einzelnen Schritte dieses Zuganges deutlich werden wird, unterscheidet sich dieses Phasenmodell nur in der Gewichtung einzelner Unterpunkte – etwa in der inhaltlichen Ausgestaltung der die Phasen 6 und 7 umfassenden Kennzeichnung *Charakter der Ereignisse und Bewertung der Daten* – von einem Modell, das auch der Ausdeutung von bildnerischen Reaktionen auf andere schwere Traumata und Konflikterfahrungen gerecht werden würde. An die Stellen, die in unserem Falle auch durch die präziseren Formulierungen *chronischer Mißbrauch* und *Bewertung der Informationen über das Geschehen* ersetzt werden könnten, ließen sich in den Fällen, in denen Kinder und Heranwachsende anderen körperlichen und seelischen Mißhandlungen ausgesetzt worden sind, auch die entsprechenden Kennzeichnungen einsetzen. Die Struktur des Modells soll noch einmal verdeutlichen, wie sich aus den Positionen unseres theoretischen Entwurfs (Schema 2) und den umfangreichen Erörterungen über die wissenschaftliche Geltung und die praktischen, interpretatorischen Möglichkeiten dieser Positionen das Modell eines Zugangs zu den Bildern von mißbrauchten/mißhandelten Menschen entwickelt hat. Wir sollten nicht vergessen, darauf hinzuweisen, daß sich in dieses Modell auch testartige Beurteilungen der figurativen Struktur einfügen lassen, so könnten z. B. der Mensch-Zeichen-

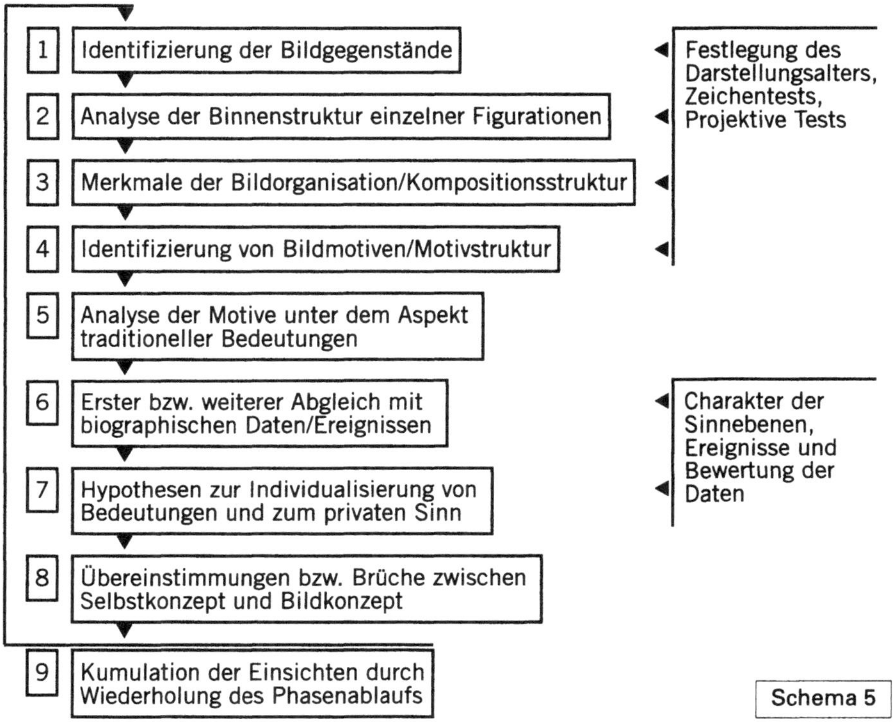

Schema 5

Test (DAM/MZT: Goodenough 1926; Harris 1963; Ziler 1970), aber auch das (halb-) projektive Verfahren von E. Koppitz (1972) oder projektive Zeichentests wie der Baumtest (Koch 1972) und/oder der Familie-in-Tieren-Test (Brem-Gräser 1986[154]) zur Absicherung bestimmter Aussagen, etwa über das Darstellungsalter und die Motivorganisation, herangezogen werden. Wir hatten zu solchen testartigen Absicherungen wenig Gelegenheit – Ausnahme: die Analyse der Bilder aus der Untersuchung von R. Künzler-Knufinke, Kapitelteil 8.1. -, weil wir die Bilder/Bildsequenzen in der Regel längere Zeit nach den Ereignissen mit mehr oder weniger ausführlichen biographischen Angaben erhalten haben und wenig Sinn in einer nachträglichen testorientierten Beurteilung oder Interpretation gesehen haben. In der folgenden Darstellung sollen einige kurze Erläuterungen zu den einzelnen Phasen des Modells vorgetragen werden.

1. Wichtiger Ausgangspunkt für jede Analyse ist die Identifizierung der Bildgegenstände/Bildelemente in den Werken der nicht-professionellen Bild-

ner/innen. In manchen Fällen ist das relativ einfach, - wir denken hier z. B. an die Landschaftsdarstellungen von Frau A. (Kapitel 8) -, weil die dort dargestellten Gegenstände einem konsistenten System von Repräsentationen angehören, das in den einzelnen Bildern variiert wird, sich aber nicht grundsätzlich ändert oder Brüche aufweist. Aber schon bei den Werken von Frau N. kann man über den Darstellungscharakter von bestimmten Gegenständen bzw. von Kombinationen der Gegenstände rätseln, weil deren Beziehungen zu empirischen (analogen) Gegenständen nicht immer eindeutig zu bestimmen waren. In diesem Falle konnten genaue Beschriftungen und eine ausführliche biographische Darstellung diese Zweifel ausräumen. Für Interpreten/Interpretinnen, die mit den Entwicklungsphasen der Kinderzeichnung nicht allzu gut vertraut sind, mag es auch schwierig sein, den Verläufen von zeichnerischen Aktivitäten (Regressionen, Retardierungen, Progressionen, Remissionen usw.) zu folgen. Viele Fehldeutungen oder auch Hypostasierungen von kindlichen „Gestaltungen" gehen auf diese Unkenntnis zurück.

2. In dieser Phase der Ausdeutung soll die Komplexität/Dichte der einzelnen Bildzeichen untersucht werden, um sich ein Bild von der Höhe bzw. den Retardierungen/Perseverationen (= Verharrungen) einzelner Bildelemente - wie Mensch-, Haus- Baumzeichen usw. - zu machen. An dieser Stelle lassen sich auch, zumindest bei den Zeichnungen von Kindern und den Bildnereien des frühen Jugendalters, Zeichentests einsetzen, um das sog. Menschzeichenalter (ZILER) oder das Darstellungsalter zu ermitteln und mit dem Lebensalter in Beziehung zu setzen. Bei den bildhaften Reaktionen auf schwere Traumata kommt es häufig vor, daß die einzelnen Bildelemente unterschiedliche Phasen des Darstellungsalters aufweisen. Dieser Unterschied in der Komplexität der Einzelzeichen gibt dann deutliche Hinweise auf Brüche im Selbst-Konzept, auf Spaltungen und/oder Dissoziationen.

3. Im Zusammenhang mit der Analyse der einzelnen Bildelemente steht die Bewertung der gesamten Bildorganisation/Motivstruktur, die in diesem Unterpunkt angesprochen wird. Es geht dabei um die Einschätzung der Verteilung von bildnerischen Schwerpunkten, von Kompositionsrichtungen sowie um das Verhältnis von Fülle und Leere. Setzt man die Ergebnisse dieser Analyse mit der (4) *Identifizierung von Bildmotiven* in Beziehung, können in der Interpretation auf der Ebene des Phänomensinns erste Aussagen über das Bedeutungskonzept des Bildes und seine Realisationsformen gemacht werden. Im Vergleich mehrerer Bilder aus einer Bildsequenz lassen sich auch Aussagen über die Richtung der Bildinhalte und Bildbedeutungen machen, wie z. B. in der Abfolge der Bilder bei Frau M. und in den Bildern 65 und 66.

4. In Parallele zu der (2) Identifikation der Binnenstruktur einzelner Bildelemente soll an dieser Stelle unseres Deutungsmodells die Identifikation der Bildmotive erfolgen; es wird hier deutlich, daß die Deutungssequenzen, die in dem Modell aus methodischen Gründen hintereinander folgen, in der „realen" Interpretation auch nebeneinander durchgeführt werden können. Die Identifizierung der Bildmotive gehört häufig zu den schwersten Aufgaben im Interpretationsgeschehen, weil zwischen der Produktion der Bilder und der Analyse lange Zwischenräume liegen können oder weil die Motivstruktur der Bilder von einem therapeutischen Setting in einer Klinik, den „Aufgabenstellungen" im Kindergarten, in der Schule usw. beeinflußt werden kann, von Themenvorgaben also, die später nur schwer zu rekonstruieren sind. Diese Schwierigkeiten lassen sich bis zu einem gewissen Maße ausgleichen, wenn in einer weiteren Passage durch die Interpretationssequenzen die individualisierten Merkmale der Kompositionstruktur stärker berücksichtigt werden.

5. Wir haben in unseren Überlegungen zu dem Aspekt der traditionellen/tradierten Motive in den nicht-professionellen Werken auf die Analogien zur ikonographischen Analyse verwiesen. Hier wie dort geht es um die Weitergabe von Bildmotiven und um die Stellung des Motivs/der Motivsequenz im Prozeß der Tradierung kollektiven Wissens. Wir haben in unseren Darstellungen bei fast allen Bildern solche „historischen Hintergründe" von Bildmotiven entdecken können und deren Bedeutungen als Ausgangspunkte für die Umstrukturierung zu individualisierten Bildfindungen und Sinnfiguren nehmen können. Das gilt in der Regel auch für Themenstellungen/thematische Anregungen, die den „Vorbildern" der Modernen Kunst entnommen sind; auch hier lassen sich paradigmatische künstlerische Lösungen für die „abstrakten" individuellen Bildfindungen entdecken. In den Bildsequenzen der Kinderzeichnungen können häufig ebenfalls Beziehungen zu tradierten und gegenwärtigen Bildformationen (in den Medien) ausgemacht werden, außerdem zeichnet sich auch dort nicht selten ein bestimmtes Motivrepertoire im Zusammnenhang mit bestimmten psychischen Störungen – wie z.B. „Zwei-Haus-Darstellungen", „Leere Zimmer-Darstellungen" - ab, die zur Analyse des individualisierten Sinngehaltes beitragen, wenn sie einmal die Aufmerksamkeit des Interpreten/der Interpretin erregt haben und in seinen/ihren Erfahrungsschatz Eingang gefunden haben.

6. Mit dieser Sequenz nähern wir uns dem Kern einer strukturanalytisch-biographischen Interpretationsmethode, wie sie in unseren gesamten Erörterungen vorgestellt worden ist. Wir weisen an dieser Stelle nur daraufhin,

daß in mehreren Durchgängen immer speziellere biographische Ereignisse an die individualisierte Motivstruktur und die Art und Weise der Realisation herangetragen werden können, ohne daß dieser *Abgleich* mit Gewalt stimmig gemacht werden sollte: Im Umgang mit Bildern von traumatisierten Menschen – und nicht nur dort - bleiben immer unaufklärbare Reste, Widersprüche o.ä bestehen, die u.a. auf die subjektiven „Doppeldenk-Methoden", Verarbeitungsstrategien und die besonderen situativen Befindlichkeiten zurückzuführen sind. Aus dieser Konfrontation und dem Vergleich der Bildelemente mit den biographischen Daten ergeben sich

7. erste Hypothesen zur Individualisierung, Privatisierung von Bedeutungen zu Sinnschemata und zu Bedeutungschemata. Mit dem Begriff des Bedeutungsschemas haben wir in unseren Überlegungen die Inhalte zu charakteriseren versucht, die in der Vorstellung der Person von sich selbst dissoziiert sind, also einem unbewußten oder nicht in jedem Falle zugänglichen Bedeutungsbereich angehören, während die Sinnschemata alle zugänglichen Sinnkonstellationen umfassen. Allerdings haben wir in der Darstellung von bestimmten Auffassungen über das Verhältnis von Sinn und Bedeutungsschemata (FREUD, EISSLER, EAGLE u.a.) nachzuweisen versucht, daß es besonders in dem wenig zensierten bildnerischen Ausdrucksgeschehen fließende (*kontinuierliche*) Übergänge zwischen dem Material aus diesen Bereichen gibt.

8. In diesem letzten Abschnitt unseres Interpretationsmodells soll es – nach mehreren Durchgängen - zu Überlegungen über das Verhältnis von ermittelten bildnerischen Strukturen und bestimmten, nicht zu ermittelnden Anteilen des biographischen/autobiographischen Selbst-Konzepts kommen. Auch hier werden Übereinstimmungen, aber ebenfalls Brüche aufreten, die sich mit den Mitteln der hermeneutisch orientierten Bildinterpretation nicht aufklären lassen. Auf der anderen Seite erhalten wir durch diese Analysen Einsichten in das *geteilte Selbst,* die in anderen Medien nicht ausgedrückt werden können.

9. Unter dieser Numerierung wollen wir abschließend auf den allgemeinen Grundsatz hermeneutischer Vorgehensweisen anspielen, daß jeder Durchgang neue Einsichten in die Beziehung von Bild und Persönlichkeit bringen kann. Diese Form des hermeneutischen Verstehens (des hermeneutischen Zirkels) wird neuerdings psychologisch als *iterative* Methode (JÜTTEMANN) bezeichnet, meint aber wohl den gleichen Sachverhalt.

ANMERKUNGEN UND SPEZIELLE LITERATURANGABEN

1 Erschienen im Journal of Education 12/1885 bzw. 1/1886. Zur Entdeckungsgeschichte der Kinderzeichnung vgl. RICHTER 1987, S. 226ff.

2 Von einer Wiederentdeckung läßt sich sprechen, weil es während des 19. Jahrhunderts vereinzelt in den Schriften von A.H. FRANCKE, J.H. PESTALOZZI, F. FRÖBEL u.a. (leicht mißzuverstehende) Hinweise auf das kindliche Zeichnen gibt, das in den Dienst der *Kunstbildung* (PESTALOZZI u.a.) gestellt werden sollte (vgl. RICHTER 1987, S. 226ff.).

3 RICCI, C.: *L'arte dei bambini.* Bologna 1887; deutsch Leipzig 1906.

4 G. KERSCHENSTEINER: *Die Entwicklung der zeichnerischen Begabung.* München 1905.

5 Vgl. den Aufsatz: *Note sur les origines de la function graphique de la tache au trait* von P. NAVILLE in: Enfance 2-4/1950.

6 J.J. GIBSON: *Wahrnehmung und Umwelt.* München 1982, S. 296.

7 Die Ergebnisse dieser Untersuchungen sind z. T. veröffentlicht in den Schriften von H. SCHOENMACKERS 1996 und *G.* KOEPPE-LOKAI 1996.

8 M. DORNES beruft sich bei dieser Argumentation - sie richtet sich gegen die Auffassungen von U. MOSER u.a., daß der *aktivierte Affekt nur aufgrund kognitiver Prozesse bemerkt werden kann* - auf eine Reihe von Autoren wie IZARD/MALAIESIA, DEMOS u.a., die z.T. in unseren Überlegungen zu den Phänomenen Emotionalität und Affektivität herangezogen werden.

9 Überblick über diese Auffassungen in: E. LEMCHE: *Das Körperbild in der psychoanalytischen Entwicklungspsychologie.* Eschborn/Frankfurt/M. 1993.

10 Der heute kaum mehr gebräuchliche Begriff des Sudelns wurde gegen Ende des 18. Jahrhunderts durch die Schriften von G.CH. LICHTENBERG (1742-1799), der seine Aphorismen in *Sudel-, Schmier- oder Gedankenbücher* sammelte, literaturfähig und bekannt.

11 Zu den kognitionspsychologischen Deutungen der Entstehung von frühen Menschzeichen (bes. bei N.H. FREEMAN: *Strategies of representation in young children,* 1980; ders.: *Current problems in the development of representational picture-production,* 1987; ders.: *Drawing: Public Instruments of Representation,* 1993) vgl. H. SCHOENMACKERS: 1996, S. 36ff. Allerdings ist bei vielen dieser Untersuchungen zu berücksichtigen, daß sie auf Ergänzungs- bzw. Abzeichnungsaufgaben aufgebaut sind, also über das sog. freie Zeichnen des Kindes nur wenig aussagen.

12 Die Zeichnung entstammt einer noch unveröffentlichten Untersuchung von A. FRIESKE.

13 J.R. CINICOLA: *Themes of Resistance - The Use of Art Therapy with a Predelinquent Youth as an Effective Counseling Modelity.* UMI Dissertation Service 1990.

14 Schon 1958 hat H. PIEPER (in: *Experimentelle Untersuchungen über die Wirkung eines Darstellungsprinzips auf das zeichnerische Gestalten des Kindes.* Diss. Göttingen 1958, S. 35ff.) dieses von ihm sog. *Darstellungsprinzip* so formuliert (unterstr. Worte i. Original kursiv): *Die Wahl und Anwendung der verschiedenen Darstellungsmomente wird bestimmt werden <u>durch die Tendenz zur größtmöglichen Deutlichkeit der Komposition wie der Konfiguration.</u>*

15 Es ist nicht ganz auszuschließen, daß die Figuration unterhalb des Fensters eine fliehende/enteilende Person darstellen soll.

16 C. BREM-GRÄSER: *Familie in Tieren. Die Familiensituation im Spiegel der Kinderzeichnung.* 5. Aufl. München/Basel 1986.

17 L. DÜSS: *Fabelmethode.* 5. Aufl. Biel 1986.

18 *Die Wirklichkeit der Kinder ist in erster Linie eine mediengeprägte Wirklichkeit geworden,* so schon 1981 K. NEUMANN (Hrsg.): *Kindsein.* Göttingen 1981, S. 92. Vgl. auch B. HURRELMANN/H. POSSBERG/K. NOWITZKY: *Familie und erweitertes Medienangebot.* Bd. 7 der Begleitforschung

des Landes Nordrhein-Westfalen zum Kabelpilotprojekt Dortmund. Hrsg.: Presse und Informationsamt des Landes NRW 1988. N. POSTMAN zitiert (in: *Das Verschwinden der Kindheit.* Frankfurt/M. S. 88) einen Ausspruch von R. ARNHEIM, in dem schon 1935 darauf hingewiesen wird, daß die Bildmedien das Denken, Sprechen, Schreiben und Zeichnen verändern werden.

19 Die Abbildungen sind der Diplomarbeit *Kreativität und Schizophrenie* von U. DAUB, Heilpädagogische Fakultät d. Univ. Köln 1994, entnommen.

20 Vgl. H.GERKE/ I.JARCHOV (Hrsg.): *Die Prinzhornsammlung.* S. 155 bzw. 222 ff.

21 L. NAVRATIL: *Schizophrenie und Kunst.* München 1965; ders.: *Schizophrenie und Sprache.* München 1966.

22 Am Beispiel der Zeichnungen CLAUDES, bes. der ersten, demonstriert der Therapeut (M. PECICCIA) das therapeutische Prinzip: *keine reduktive Interpretation, sondern eine mitfühlende Spiegeldarstellung, die als in sich sinnvolles Bild dem Wahn seinen Wahncharakter wegnimmt* (unterstr. Worte im Original kursiv).

23 Vgl. C. COOPER: *Illustriertes Lexikon der traditionellen Symbole.* Leipzig 1986, S. 145.

24 G. ROLLENHAGENS *Nucleus Emblematum...* erschien o.O. und o.J. (Arnheim 1611). Neuaufl. unter dem Titel *Sinn-Bilder,* hrgg. v. C.-P. WARNCKE. Dortmund 1983.

25 S. D. DE CHAPEAUROUGE: *Einführung in die Wissenschaft christlicher Symbole.* Darmstadt 1984, S.118.

26 Vgl. JOHANNES-Evangelium 15,5 in der Übersetzung von MARTIN LUTHER.

27 Diese Form der Verbalisierung „geheimer" Botschaften treffen wir bei psychisch schwer gestörten Persönlichkeiten häufig an. Vgl. H.-G. RICHTER: *Leidensbilder.* Frankfurt/M. 1997, S. 180ff.

28 Wir folgen hier der Darstellung von B. SCHWECHT (Studentin des Diplomstudienganges Kunsttherapie an der Heilpäd. Fakultät der Univ. Köln), welche die Bilder dieses Mannes während eines Praktikums sammeln konnte.

29 Der weiße Streifen auf der Zeichnung ist bei der Reproduktion entstanden und nicht Element der ursprünglichen Gestaltung.

30 O. WULFF: *Die Kunst des Kindes.* Stuttgart 1927, S. 80.

31 Vgl. dagegen H.-G. RICHTER: *Zum Stil der Kinderzeichnung.* 1987, S. 359ff.

32 W. DILTHEY: *Die drei Epochen der modernen Ästhetik und ihre heutige Aufgabe.* In: *Gesammelte Schriften,* Bd. 6. 5. Aufl. Stuttgart/Göttingen 1968.

33 Vgl. K. BÜHLER: *Die geistige Entwicklung des Kindes* (1918). Jena 1922, S. 288.

34 Zur Literatur vgl. RICHTER 1987, S. 226ff.

35 W. J. RUTTMANN: *Das Kind und die Schule. Ausdruck, Entwicklung, Bildung.* Leipzig o.J. (1914).

36 Mitgeteilt in dem Essay von G. v. RANDOW: *Widerlege dich selbst.* In: DIE ZEIT vom 2. 1. 1998, nicht wörtlich übernommen!

37 Vgl. H. VOLKELT: *Die Prinzipien der Raumdarstellung des Kindes.* Bietigheim/Württemberg 1968. Weitere Literaturangaben zur intensiven Beschäftigung H. VOLKELTs mit Problemen der Kinderzeichnung in: RICHTER 1987.

38 Wir folgen mit der Differenzierung der Termini *Bedeutung,* angewandt auf tradierte, und *Sinn,* angewandt auf individualisierte Konnotationen, einer geläufigen Festlegung der Begriffe.

39 Wir geben an dieser Stelle die Auffassung aus dem *Glossar zu Niklas Luhmanns Theorie sozialer Systeme* (GLU) von C. BARALDI/G. CORSI/E. ESPOSITI, Frankfurt/M. 1997, S. 186ff., wieder, daß *soziale Systeme* - und in diesem Zusammenhang wohl auch: symbolische Mitteilungssysteme - *mit den psychischen Systemen strukturell gekoppelt* sind, ohne auf das Problem der Autopoiesis näher einzugehen.

40 Vgl. H. WILLKE: *Systemtheorie I: Grundlagen.* Stuttgart 5. Aufl. 1995. Vgl. auch *Systemtheorie II* und *III* 1996 bzw. 1995. Wir stehen allerdings vielen Bestimmungen sozialer Systeme in den Darstellungen von H. W. WILLKE äußerst skeptisch gegenüber, weil dort, aber nicht nur dort, permanent zwischen *anorganischen, lebenden und symbolischen Systemen* Parallelen gesehen werden, die wechselseitig(!) begründenden - und nicht etwa nur metaphorisch-analogisierenden - Charakter haben sollen.

41 Vgl. R. BÖSE/G. SCHIEPEK: *Systemische Theorie und Therapie: Ein Handwörterbuch*. Heidelberg, 2. Aufl. 1994, S. 75ff.

42 N. LUHMANN verweist in seiner Schrift *Die Kunst der Gesellschaft* von 1995, die unserer Problemstellung am nächsten kommt, ausdrücklich auf die Vorstellungen von J. PIAGET, H.R. MATURANA, H. V. FOERSTER, um seinen Begriff von Kommunikation abzusichern. Wir werden uns im Kapitelteil 3.2.2. mit dem Phänomen des „subjektiv konstruktiven Bewußtseins" beschäftigen, das z.B. in den Ansichten E. V. GLASERSFELDS den epistemologischen Auffassungen von J. PIAGET unterstellt wird.

43 Vgl. A. NEWEN: Die Entwicklung der Wittgensteinschen Sprachphilosophie. In: Zeitschr. f. philosophische Forschung, 3/1977, S. 427ff.

44 Daneben würdigt auch M. CAVELL (1997, S. 196ff.) den Beitrag von R.D. LAING/A. ESTERTON (*Sanity, Madness and the family*. London 1964) zur Identifizierung schizophrenogener Faktoren.

45 G. BATESON: *Ökologie des Geistes*, S. 275 f.

46 Vgl. z.B. M. MAHLER: *Studien über die drei ersten Lebensjahre*. Frankfurt/M. 1992.

47 Vgl. W. GRÖZINGER: *Kinder kritzeln, zeichnen, malen*. München 1952, 3. unv. Aufl. 1966, und J. JACOBI: *Vom Bilderreich der Seele*. Olten/Freiburg/Brsg. 1969. Darstellung in: H.-G. RICHTER 1987, S. 286ff.

48 Aus: *Der Mann Moses und die monotheistische Religion* (G.W. XVI, S. 182); hier zitiert nach W. BOHLEBER: *Trauma, Identifizierung und historischer Kontext*. In: Psyche 9/10 1997, S. 965.

49 J. *Piaget*: *Das moralische Urteil beim Kinde*. Stuttgart 1983. Vgl. dazu die Schriften von L. KOHLBERG zur moralischen Entwicklung des Kindes. Zusammenstellung und neuere Interpretation in: K. FRANZ: *Handlungstheoretische Überlegungen zum „Sechs-Stufen-Modell des moralischen Urteils" von Lawrence Kohlberg*. Frankfurt/M. usw. 1996.

50 Überblick über neuere Auffassungen und Literatur in: S. GRANZOW 1994.

51 Vgl. die Diplomarbeit von S. SCHÜLERT: *Zur Entwicklung der Kinderzeichnung, veranschaulicht an den Zeichnungen eines Kindes von 3-7 Jahren*. Heilpäd. Fakultät der Uni. Köln 1996.

52 Zum sprachwissenschaftlichen Begriff der Prädikation vgl. W. WELTE: *moderne linguistik: terminologie/bibliographie*, Teilband II. München 1974, S. 446.

53 Vgl. Z.W. PYLYSHYN: *What the mind's eye tells the mind's brain*. In: Psychological Bulletin 80/1973, S. 1-24; ders.: *The symbolic nature of mental repesentations*. In: S. KANEFF/J.F. O'CALLAHAN (Hrsg.): *Objektives and methodologies in artificial intellegence*. New York 1978. Zur Auseinandersetzung mit den Thesen zu einer hermeneutischen Kognitionswissenschaft, der sich Z.W. PYLYSHYN in seinen Schriften von 1980 und 1984 (*Computation and cognition: Issues in the foundations of cognitive science*. In: Behavioral and Brain Sciences 3/1984 oder auch in: *Computation and Kognition*. MIT Press 1984) wieder annähert, vgl. M. KURTHEN 1994.

54 Vgl. A. PAIVIO: *Imagery and verbal processes*. New York 1971; ders.: *Visuelles Vorstellen und verbale symbolische Prozesse*. In: G. STEINER (Hrsg.): *Piaget und die Folgen*. Zürich 1978 (Die Psychologie des 20. Jahrhunderts, Bd. VII).

55 Einblicke in die Diskussion um dieses Konzept in: M. KURTHEN 1994.

56 Aus J. PIAGET: *Theorien und Methoden der modernen Erziehung* (1964). Wien 1972. Hier zitiert nach E. v. GLASERSFELD 1994, S. 25f.

57 Vgl. das umfangreiche Literaturverzeichnis in: T.B. SEILER 1994, S. 99ff.

58 Vgl. I. KANT: *Kritik der Urteilskraft*. Hamburg (Meiner) 1963. S. XXXVI.

59 J. PIAGET: *Die Entwicklung des Erkennens*; Bd. 8-10 der *Gesammelten Werke*, Studienausgabe. Stuttgart 1969-1975.

60 So der Kunsthistoriker K. HERDING in der ZEIT vom 1.10.1998, S. 63.

61 Vgl. besonders: C.E. IZARD: *The face of emotions*. New York 1972 und ders.: *Patterns of emotions: A new analysis of anxiety and depression*. New York 1972.

62 Der Begriff des Affektes kennzeichnet nach der Auffassung von C.E. IZARD (1981, S. 86) auf unspezifische Weise *alle bisher genannten motivationalen Zustände und Prozesse* [...]. *Somit umfaßt der affektive Bereich die fundamentalen Emotionen, Emotionsmuster, Triebe*

und deren Interaktionen. Der affektive Bereich umfaßt auch Zustände und Prozesse, in denen einer der Affekte (Emotionen, Triebe) mit Wahrnehmung verbunden ist oder interagiert. Eine definitorische Unterscheidung mittels Hierarchie-Ebenen bietet M. GUEVARA 1994, S. 21: ***Affekte** sind körperliche Instanziierungen, die direkte (impulsive) Effekte auf das Verhalten ausüben können.* ***Gefühle** (feelings) nennen wir die expliziten Repräsentationen von Affekten.* ***Emotion** ist eine implizite (holistische) Repräsentation von mindestens einem Affekt, die das Ergebnis der kognitiven Prozesse ist, mit denen Affekte identifiziert, verarbeitet, differenziert oder "erklärt" werden.*

63 Unterstr. Worte im Original als Zitate aus einer Schrift von D. SNYGG/A. COMBS (1949) kursiv.

64 Wir trennen hier wie an anderen Stellen zwischen *individuell* als Ausprägung allgemeiner Erfahrungen, Erlebnisse, Persönlichkeitsmerkmale o.ä. und *subjektiv* als *Bedingungen der Möglichkeit von Erkenntnis* (KANT) bzw. von Erfahrung usw.

65 Im Original kursiv, weil wohl das Problem der Teleologie ("Evolutionsziele") angesprochen wird.

66 Vgl. L.A. SROUFE: *Socioemotional development.* In: J.D. OSOFSKY (Ed.): *Handbook of infant development.* New York 1979, S. 462-516. Weitere Literaturangaben in U. GEPPERT/H. HECKHAUSEN 1990.

67 Vgl. z.B. H. LEVENTHAL: *Multilevel process theorie of emotion.* 1987.

68 Vgl. R.B. CATTEL/I.H. SCHEIER: *The meaning and measurment of neuroticism and anxiety.* New York 1961 sowie R.B. CATELL: *Personality and learning theory.* Vol. 1: *The structure of personality in its enviroment.* New York 1997.

69 C.D. SPIELBERGER et al.: *Manual for the State-Trait-Anxiety-Inventory.* Palo Alto 1970; ders.: *Anxiety as an emotional state.* In: Ders. (Hrsg.): *Anxiety. Current trends in theory and resurch,* (Vol. 1). New York 1972.

70 Eine ausführliche Auseinandersetzung mit den verwandten, aber methodisch doch unterschiedlichen Ansätzen von R.B. CATELL und C.D. SPIELBERGER in: P. SCHWENKMEZGER 1985, S. 42ff.

71 Vgl. P. SCHWENKMEZGER 1985, S. 91ff.

72 Zu dem Problem vgl. auch E. BRÜGEL: *Das Motiv Angst in der Kinderzeichnung.* In: O. SCHOLZ/A. KARÁRPÁTI (Hrsg.): *Anxiety and Fear in Children`s Art Works.* Berlin 1995. Die eindrucksvollen Bilder stammen offensichtlich aus Familien, deren Mitglieder mit dem Autor befreundet waren.

73 Vgl. zum Lebenslauf und zu den Bildern auch J. BRÖCHER: *Bilddiagnostik und Kunsttherapie im Kontext der lebensweltorientierten Didaktik.* In: Musik, Tanz und Kunsttherapie 8/1997a, S. 1ff.; ders: *Lebenswelt und Didaktik. Unterricht mit verhaltensauffälligen Schülern* [...]. Heidelberg 1997b.Vgl. auch H.-G. RICHTER: *Leidensbilder.* Frankfurt/M., 1997 S. 100ff.

74 Vgl. z. B. die berühmte „dunkle" Stelle in der Traumdeutung (G.W. II/III, S. 530) vom Nabel des Traums, in der die unendliche Interpretation angesprochen wird.

75 Meine Überlegungen zum Wert der biographischen Methode bei der Analyse von Werken nicht-professioneller Bildner/innen profitieren in diesen Abschnitten von der Diplomarbeit *Kunsttherapie und Autobiographie,* EZW-Fak. der Univ. Köln 1997, von C. JANNOTT.

76 JOHANN GOTTLIEB HERDER: *Werke, Bd. 4.* Frankfurt/M. 1994.

77 H. LEITNER: *Lebenslauf und Identität. Die kulturelle Konstruktion von Zeit in der Biographik.* Frankfurt/M. usw. 1982, S. 144f.

78 Übersicht in: J.D. PARKER/W.S. ENDER: *Coping with coping assessment: a critical review.* In: European Journal of Personality Psychology 6/1992, S. 321ff.

79 Vgl. die Darstellung dieser Daseinsthematiken und ihrer Bedeutung für die Untersuchung der Bildnerei von Jugendlichen bei U. WIELAND: *Identitätsbildung im Spiegel der Jugendzeichnung.* Essen 1995.

80 So z.B. das ICONCLASS-System in Leiden, Holland. Vgl. ROELOF VAN STRATEN: *Einführung in die Ikonographie* (1985). Berlin 1989.

81 Wir geben die Formulierung von R. WITTKOWER genau wieder, obwohl man sich unter einer "rein" thematischen Bedeutung nur schwer etwas vorstellen kann.

82 Die Bezeichnung *objektiv,* die hier als Gegensatz zu *subjektiv* benutzt wird, wollen wir als

sachlogisch, d.h. im Hinblick auf die Anwendung von zeitgeschichtlichen *künstlerischen Problemen* (WIND) und deren Bedeutungen, verstehen.

83 Zitiert nach der Ausgabe des Aufbau-Verlages, Berlin 1955.

84 Aus einer Besprechung des Buches: *Erich Mielke. Der Mann, der die Stasi war,* von HERIBERT SCHWAN. München 1997, in: DIE ZEIT vom 19.12. 1997.

85 S.H. FILIPP: *Selbstkonzeptforschung.* Suttgart 1979.

86 A.G. GREENWALD: *The totalitarian ego.* In: Americ. Psychology, 35/1980, S. 603ff.

87 U. NEISSER: *John Dean's memory. A case Study.* In: Cognition 9/1981, S. 1ff.

88 U. NEISSER spielt hier auf den Begriff der *Deckerinnerung* bei FREUD an. Unter rhapsodisch (*rhapsodic*) wird die Wiederholung von bestimmten Passagen verstanden, die an eine ungewollte Wiederaufnahme von Melodien oder Liedzeilen erinnert. Die zitierte Passage aus: JÜTTEMANN/THOMAE 1987, S. 157, wurde von mir, H.-G. R., übersetzt.

89 Aus: P. JANET: *Les médications psychologique.* Paris 1919, zitiert nach J.L. HERMAN 1993, S. 59.

90 Vgl. D.L. SCHACTER: *Implicid Memory. History and current status.* In: Journ. of Experimental Psychology, 13/1987, S. 13ff. und E. TULVING: *Memory and consciousness.* In: Canadian Psychology 26/1985.

91 Das Korsakow-Syndrom ist als Untergruppe von dementen hirnorganischen Prozessen anzusehen, *bei denen die Gedächtnisstörung Leitsymptom ist: Werden die Gedächtnislükken mit Einfällen („Konfabulationen") ausgefüllt, um die bedrohte Erlebniskontinuität mit diesem Kunstgriff aufrechtzuerhalten, spricht man vom Korsakow-Syndrom - bei Alkoholiker-Demenz häufig, weil Alkoholiker ein jahrzehntelanges Konfabulationstraining haben: das Erfinden von Gründen für das Trinken.* (DÖRNER/PLOG 1996, 356f.)

92 Vgl. G.S. KLEIN: *Psychoanalytic theorie.* New York 1976. Die unvollständige Schrift wurde nach dem Tode des Autors redaktionell überarbeitet und von M. GILL u. L. GOLDBERGER herausgegeben (vgl. GRÜNBAUM 1988, S. 146; dort auch eine Kritik an dem reduktionistischen, auf physikalischen Entitäten beruhenden Wissenschaftsverständnis von G.S. KLEIN).

93 *Zur Ätiologie der Neurosen.* In: G.W. I.

94 Vgl. C. DARWIN: *Der Ausdruck der Gemüthsbewegungen bei Menschen und Thieren, S. 20ff.*

95 Vgl. J. GEDO: *The Artists and the emotoinal World.* New York 1996.

96 K. NELSON/J.M. GREUNDEL: *From personal episode to social script.* Zitiert nach D. STERN 1992, S. 138f. K. NELSON/J.M. GREUNDEL: *Generalized event repräsenations: Basic building blocks of cognitive development.* In: M.E. LAMB/A.L. BROWN (ed.): *Advances in development psychology,* Vol. 1. Hillsdale, N.J. 1981.

97 RAYMOND DE SAUSSURE in: S. VOLKMANN-RAUE (Hrsg.): *Jean Piaget: Drei frühe Schriften.* Freiburg/Brsg. 1993, S.19f.

98 Schon 1975 hat P.H. WOLFF (in: *The Developmental Psychologies of Jean Piaget and Psychoanalysis,* hier angeführt aus: S. VOLKMANN-RAUE, S.11) auf die teilweise komplementären Auffassungen von FREUD und PIAGET hingewiesen. Zu den späteren Auffassungen über *Die Beziehungen zwischen Piagets und Freuds Entwicklungstheorien* vgl. den gleichnamigen Aufsatz von R.S. PETERS in: *Piaget und die Folgen,* Bd. VII der Psychologie des 20. Jhdts. Zürich 1978, S. 387ff.

99 Wir schließen uns in den nachfolgenden Überlegungen den Erörterungen über die Möglichkeiten einer tiefenhermeneutischen Interpretation an, den wir in dem Buch *Leidensbilder* (1997) ausführlich entwickelt haben - ohne allerdings auf die methodologischen Probleme, etwa auf das Verhältnis von *Grundsprache* (FREUD) und manifestierendem Material einzugehen, die dort angesprochen werden.

100 Umfassende Darstellung in O. MARQUARD: *Transzendentaler Idealismus, romantische Naturphilosophie, Psychoanalyse.* Köln 1987; vgl. dazu auch L. WIESMANN: *Die Wiederentdeckung des Traums in der Romantik. Novalis, Hoffmann, Eichendorff.* In: T. WAGNER-SIMON/G. BENEDETTI: *Traum und Träumen.* Göttingen 1984, S. 102ff. Vgl. auch M. ZENTNER 1995.

101 E. GOMBRICH spricht z.B. (1978, S. 66) von der Analogie zwischen Kunstwerk und Traum, die in den psychoanalytisch orientierten Untersuchungen über die Kunst ihren Ort habe,

stellt aber dann das Traumhafte in den Bildern von GOYA, BLAKE und FÜßLI heraus. Anstatt den analogen Mechanismen in den Spielarten der Imagination nachzugehen, wird damit ein Vergleich zwischen den Motiventwürfen in der traditionellen und modernen Kunst zum Gegenstand der Betrachtung gemacht. Vgl. auch F. STRUNZ: *Zum Verhältnis von Kunst und Traum.* In: Kunst & Therapie, H. 17/1991, S. 117ff.

102 Zur methodologischen Valenz dieses Begriffes im System der Psychoanalyse vgl. H. THOMÄ/H. KÄCHELE 1973, S. 332ff.

103 Vgl. *Traumdeutung,* G.W. II/III, S. 600ff.

104 Die Abbildung stammt aus der Diplomarbeit von S. SCHÜLERT: *Zur Entwicklung der Kinderzeichnung, veranschaulicht an den Zeichnungen eines Kindes von 3-7 Jahren.* Heilpäd. Fakultät der Univ. Köln 1996.

105 Vgl. zur Geschichte der psychoanalytischen Ich-Psychologie H. HARTMANN: *Die Entwicklung des Ich-Begriffs bei FREUD.* In: *Ich-Psychologie* (1964). Stuttgart 1972, S. 261ff.

106 Zur Entwicklung der Triebtheorie FREUDS s. M.N. EAGLE 1988, S. 7ff.

107 Vgl. R.J. BUTZER/R. BURKHOLZ: *Urvater und Eiszeit* und G. KIMMERLE: *Die Verleugnung des Weiblichen in Freuds Mythologie des Begehrens.* In: Luzifer-Amor, H. 8/1991 S. 28ff. bzw. 150ff.

108 FREUDS Formulierung vom *inneren Ausland* ist ja häufig aufgegriffen worden (z.B. bei J. HABERMAS: *Erkenntnis und Interesse.* Frankfurt/M. 1973, S. 276 f.), aber in ihrer Beziehung zum „äußeren" Ausland erkenntnistheoretisch kaum bedacht worden.

109 Vgl. zu dem Problem der Ich-Autonomie in der Psychoanalyse *Ein Stückchen Selbständigkeit* von J. WHITEBOOK. In: Psyche 46, 1/1992.

110 Vgl. S. FREUD/J. BREUER: *Studien über Hysterie* (1895). In: G.W. I, S. 268. Vgl. auch W. LOCH: *Dekonstruktion und Neuanfang im psychoanalytischen Prozeß.* Tübingen 1993, S.15.

111 Wie A. EHRENZWEIG in *Ordnung im Chaos* (z.B. S. 88) unter Berufung auf die psychoanalytische Theorie zu der Behauptung kommen kann, der *Originaltraum* habe *augenscheinlich die zusammenhanglose und chaotische Gestalt des Primärprozesses,* und daraus Schlußfolgerungen über die *undifferenzierbare* Struktur künstlerischer Motive ziehen kann, bleibt angesichts der dargestellten Auffassungen FREUDS u.v.a. unverständlich.

112 Vgl. bes. G.W. XIII, S. 258f. Für L. WURMSER (in: *Flucht vor dem Gewissen,* Berlin 1987, S. 313) umfaßt das, was Freud hier unter Identifizierung mitverstanden hat, ganz besonders auch die im Über-Ich niedergelegten Introjektionen.

113 Vgl. G.W. VIII, S. 211ff.

114 Zur neueren Auseinandersetzung um FREUDS Leonardo-Studie s. das gleichnamige Heft von Luzifer-Amor 10/1992 und dort bes. G. KIMMERLE: *Freuds Leonardo-Studie. Eine methodologische Erörterung,* S. 135ff.; zur älteren vgl. K.R. EISSLER: *Leonardo da Vinci* (1961), in dem auch die intensive Diskussion der psychoanalytisch orientierten Autoren mit den Auffassungen des Kunsthistorikers MEYER SCHAPIRO (*Leonardo and Freud: An Art-Historical Study.* In: Journal of the History of Ideas 17/1956, S. 147ff.) dokumentiert und weitergeführt wird. Die deutsche Ausgabe des Buches von K.R. EISSLER (1992) enthält ein erweitertes Literaturverzeichnis.

115 Vgl. G. KIMMERLE: *Freuds Leonardo-Studie. Eine methodologische Erörterung.* sowie A. KLIER: *Leonardo zwischen Wunsch und Wissen.* In: *Freuds Leonardo-Studie.* Luzifer-Amor 5. Jahrg., H. 10/1992, S. 135ff. bzw. S. 125ff.

116 Gemeint sind die Bilder *Der gelbe Stuhl* (Tate Gallery, London) und *Gauguins Stuhl* (Van Gogh-Museum, Amsterdam) von 1888.

117 So spricht auch J. BIALOSTOCKI (in: *Stil und Ikonographie,* S. 264) vom *leeren Stuhl als dem Symbol der Abwesenheit eines Menschen, mit dem man sich nahe verbunden fühlt* und sieht dieses Motiv in einer Linie mit der *älteren mittelalterlichen und noch älteren symbolischen Überlieferung,* ohne allerdings eine solche ikonographische Linie herzuleiten. Vgl. auch A.J. WESTERMANN HOLSTIJN: *Die psychologische Entwicklung Vincent van Goghs.* In: Imago X/1924, S. 398ff.

118 A. Adler: Traum und Traumdeutung. In: Zentralblatt f. Psychoanalyse III/1912, S. 574ff. Ferner H. Silberer: Der Traum (1919). Amsterdam 1966.

119 Die Formulierung betont die Parallele zu den sekundären, ich-syntonen Leistungen des psychischen Apparates; vgl. G.W. II/III, S. 585.

120 Man muß von einer Dogmatisierung dieses Elements der psychoanalytischen Traumtheorie sprechen, da Freud trotz vieler Selbstzweifel und begründeter anderer Auffassungen bis zuletzt an diesem *Traumziel* festgehalten hat. Dabei hatte schon A. Maeder 1913 (bes. S. 67 ff.) in einer Analyse der angstauslösenden und befreienden Träume von Peter Rosegger (mitgeteilt in dessen *Waldheimat*), die auch in der *Traumdeutung* (vgl. G.W. II/III, S. 476 ff.) wiederum als Beispiele für eine Form der *Wunscherfüllung* herhalten müssen, von einem *autosymbolischen Ausdruck eines Stückes Entwicklung der moralischen Persönlichkeit des Dichters* gesprochen und war damit der Komplexität und der existentiellen Bedeutung dieser und vergleichbarer Träume eher gerecht geworden. Vgl. auch G. Benedetti: *Über die Objektivität des Traumverstehens.* In: T. Wagner-Simon/G. Benedetti 1984. S. 242ff.

121 Zu vergleichbaren frühen Auffassungen über die Dramaturgie des Traums s. P. Federn (*Ich-Psychologie und die Psychosen* (1932 u. 1934). Frankfurt/M. 1978, S. 59ff.) und C.G. Jung: *Allgemeine Gesichtspunkte zur Psychologie des Traums.* In: Ders.: *Traum und Traumdeutung* München. 1990, S. 118ff.

122 Das Bild stammt aus der Diplomarbeit von S. Schülert: *Zur Entwicklung der Kinderzeichnung, veranschaulicht an den Zeichnungen eines Kindes von 3-7 Jahren.* Heilpäd. Fakultät der Univ. Köln 1996.

123 Zitiert nach R.D. Laing 1994, S. 219.

124 R.D. Laing bezieht sich in seinen Überlegungen zum *geteilten Selbst* ausdrücklich auf Aussagen von S. Kierkegaard, M. Heidegger, J.P. Sartre u.a. „existentialistische" Autoren.

125 Neben einer Darstellung von Ansätzen zur Ontogenese des Selbst gelten die Überlegungen von F.-W. Deneke (*Das Selbst-System* in: Psyche 7/1989, S. 577ff.) einem integrativen Modell psychischer Inhalte und Abläufe, das er, wie andere, Selbst-System nennt. Er verbindet bei der Grundlegung dieses Systems, bei dem alle Elemente (*Teile*), die das Selbst *konstituieren*, miteinander verknüpft werden sollen und dessen *virtueller Mittelpunkt* die *Ich-Position* oder auch die *Ich-Perspektive* sein soll, bekannte Positionen der Ich-Psychologie (A. Freud, Hartmann, Jacobson, Kernberg u.a.) mit Grundgedanken der Systemtheorie (L. v. Bertalanffy; Bateson; Simon), nach der die Organisation von Systemen bestimmten Mechanismen (in diesem Falle: Verknüpfung aller Teilsysteme untereinander, Rückbezüglichkeit, Autoregulation) unterliegt. Das Gesamtsystem *Selbst* stellt für F.-W. Deneke (1989, S. 591ff.) das *organisierte persönliche Weltmodell eines Menschen* dar, *einschließlich aller Regulationsvorgänge, die an seiner Organisation teilhaben.* Es entwickelt sich von den episodischen über besondere prototypische Repräsentanzen zu hierarchisch „höheren" Verdichtungsformen, die es dem Subjekt erlauben, den Zusammenhang von *Selbst und Kontext (also Situation, Objekt, Interaktion, affektiver Bewertung)* mehr und mehr zu lockern.

126 Auch andere Argumentationen von P. Federn lesen sich wie ins Psychologisch-Psychiatrische gewendete transzendentalphilosophische Bestimmungen, so wenn er z.B. (1978, S. 87) sagt: *Das Bewußtsein ist eine der im Ich vom Ich vereinten Funktionen. Das Ich ist demnach beides, Träger und Gegenstand des Bewußtseins.*

127 So spricht H. Hartmann in: *Ich-Psychologie und Anpassungsproblem* (S. 12) von einem *unbewußten, vorbewußten und bewußten Ich.*

128 E. Federn (Hrsg.): Freud im Gespräch mit seinen Mitarbeitern. Frankfurt/M. 1984, S. 186f.

129 Vgl. U. Hoffmann-Richter: *Das Verschwinden der Biographie in der Krankengeschichte.* In: Zeitschr. für Biographieforschung 8/1995, S. 204ff.

130 M. Stingelin hat in einem Artikel in der FAZ vom 30.7.97 auf dem Hintergrund der neueren Literatur (Z. Lothane 1992; D. Drevreese: *Anatomy of soul murder*, in: The Psychoanalytic Review 83/1996, S. 109ff.) die Herkunft und die Bedeutung des Begriffes/der Metapher *Seelenmord*, der/die aus Schrebers *Denkwürdigkeiten* und den Bemerkungen Freuds über

den Fall SCHREBER bekannt wurde, diskutiert und kommt zu dem Schluß, daß der Begriff wohl in einer Streitschrift von MARTIN LUTHER zum ersten Mal in der deutschen Sprache auftauchte und daß SCHREBER in der (Wieder-)Aufnahme dieses Begriffes die *theologischen, juristischen und die psychologischen Aspekte* seines Falles *miteinander zu verbinden versucht* habe: *Schreber konnte nur als Christus, Luther, und* (Kaspar*) Hauser in einem angemessen verstanden werden.* Neue Ausgabe von DANIEL PAUL SCHREBERS *Denkwürdigkeiten eines Nervenkranken* im Kadmos Verlag: Berlin 1995. Wir halten auch in den Fällen von Kindesmißbrauch eine existentielle Bedeutung dieser Metapher für angemessen.

131 Aus Gründen des Persönlichkeitsschutzes, der in diesem Falle besonders streng eingehalten werden soll, werden alle Zeitangaben nur als ungefähre Notierungen wiedergegeben, obwohl sie bei der Analyse der Bilder eine wichtige Rolle spielen. Auch der von dem Jungen selbst deutlich/übergroß eingezeichnete Vorname wurde gelöscht: Die Namensgebung als besonderes Mitteilungsmittel hat hier wohl auch, wie in vielen anderen Beispielen die Bedeutung: *Das bin - trotz allem - ich.*

132 Vgl. R. SUCHENWIRTH: *Abbau der grapischen Leistung. Zeichen- und Schreibversuche als Hilfsmittel bei der neuropsychiatrischen Untersuchung.* Stuttgart 1967.

133 Der Kurvenverlauf gibt sozusagen die „idealtypische" Entwicklungslinie wieder, denn es läßt sich natürlich nicht ausschließen, daß in der zur Rede stehenden Zeit noch andere Bilder entstanden sind, die dem einen oder anderen Pol zugeordnet werden müßten.

134 Da es schon lange keine Dampflokomotiven mehr gibt, muß das Motiv durch die Medien, bes. wohl durch Kinderbücher, tradiert worden sein; das gleiche gilt für rauchende Schornsteine, die allgemein als Zeichen für bewohnte Häuser stehen.

135 An dieser Stelle der Überlegungen wird deutlich, warum wir uns so gegen den Begriff der narrativen biographischen Rekonstruktion im Sinne von R. SCHAFER ausgesprochen haben.

136 Vgl. F. ZIMMERMANN: *Freuds Bewertung des manifesten Traums.* In: Psyche, H. 11/1991.

137 Wir verweisen hier auf die Argumentation FREUDS (in: G.W. X, S. 293), welche die Kooperation der psychischen Systeme und sogar eine ichgerechte „Zurichtung" der unbewußten Inhalte für den Fall vorsieht, daß die unbewußte Regung *gleichsinnig* mit einer der herrschenden Strebungen wirken kann.

138 Die offensichtliche Begeisterung FREUDS, z.B. in der Traumdeutung, aber auch in den späteren Schriften, „hinter" den unterschiedlichsten visuellen Konfigurationen immer ähnliche libidinöse/triebdynamische Strebungen und/oder Geschlechtsmerkmale zu entdecken, hat ihre Vorläufer in einer Vielzahl von ethnologischen, kulturanthropologischen o.ä. Auffassungen des 19. Jahrhunderts, in denen einer verborgenen oder offensichtlichen Sexualsymbolik, z.B. den Phallussymbolen in frühen Kulturen, nachgespürt wurde. A. DE GUBERNATIS z.B. verstieg sich dabei (1872 bzw. 1878) zu einer Theorie der universellen Sexualsymbolik; Belege dazu bei H.F. ELLENBERGER: *Die Entdeckung des Unbewußten II*, Bern 1973 S. 700ff. Dort auch eine Darstellung des Einflusses, den das Werk von K.-A. SCHERNER: *Das Leben des Traums.* Berlin 1861(!), auf diese symptomatologischen Deutungen FREUDS hatte.

139 In vielen Bildern, bes. von älteren Mißbrauchsopfern, tauchen im Gegensatz zu der vorliegenden Darstellung schwarze, entlaubte, tote Baumformen auf.

140 Wir haben in Kapitelteil 1.1.4. (Abb 11) versucht die besonderen stilistischen Merkmale und das einzigartige Sinngefüge dieses Bildes herauszuarbeiten.

141 Vgl. E. SPOERRI: *Adolf Wölfli...* in: I. BRUGGER u.a: *Kunst und Wahn.* Köln 1997, S. 169ff.

142 Vgl. zum Lebenslauf und zu den Bildern auch: J. *BRÖCHER: Bilddiagnostik und Kunsttherapie im Kontext der lebensweltorientierten Didaktik.* In: Musik-, Tanz- und Kunsttherapie 8/1997a, S. 1ff.; ders: *Lebenswelt und Didaktik. Unterricht mit verhaltensauffälligen Schülern* [...]. Heidelberg 1997b. Vgl. ferner: H.-G. RICHTER: Leidensbilder. Frankfurt/M., S. 100ff.

143 Vgl. J. BRÖCHER: *Zur heuristischen Funktion kunsttherapeutischer Verfahren für den sonderpädagogischen Bereich.* In: Musik-, Tanz- und Kunsttherapie 8/1997c, S. 80ff.

144 Vgl. J. BRÖCHER 1997a, S. 6ff.

145 Übersetzung leicht verändert, um den Text verständlicher zu gestalten.

146 Ich stütze mich bei der Analyse der Bilder und der Beschreibung der Lebensgeschichte auf die informative Diplomarbeit von D. THYSSEN: *Möglichkeiten und Grenzen einer anthroposophischen Maltherapie. Wiedergabe einer Einzelfalltherapie mit einer erwachsenen Inzestpatientin.* Heilpäd. Fakultät der Univ. Köln 1995.

147 Vgl. D. THYSSEN: *Möglichkeiten und Grenzen* [...], S. 83f.

148 Wir können an dieser Stelle nicht allen Positionen der Lehre R. STEINERS. und seiner Schüler und Anhänger nachgehen; wir sehen vor allem davon ab, über Krankheitsfolgen und ihre therapeutische Beeinflussung nachzudenken, die durch eine *Reinkarnation* in eine *unvollständig entwickelte Individualität* (STEINER) gelangt sind, aber wir wollen doch einige Elemente der Lehre von R. STEINER darstellen, um den komplizierten Entstehungszusammenhang, der den Werken der nächsten Bildbeispiele zugrunde liegt, aufzudecken. Dieser Aufdeckungsprozeß läßt sich an dieser Reihe von Bildern, die von einer streitbaren, „unwilligen" Patientin stammen, einigermaßen zuverlässig nachvollziehen, während die Ergebnisse vergleichbarer ideologisch bestimmter kunsttherapeutischer Maßnahmen sich in der Regel „hinter" den „schönen" Bildern verbergen. Wir beginnen mit einem Zitat aus einem mehrfach aufgelegten *Entwurf einer geisteswissenschaftlich orientierten Medizin* von E. HUSEMANN/O. WOLFF (Bd. 2, 5. Aufl. Stuttgart 1991, S. 250f.) in dem die Problematik des Menschen als Naturwesen und als ichbestimmtes Geistwesen angesprochen und im Sinne der Lehre von R. STEINER gelöst werden soll:

Der menschliche Organismus entsteht durch das Zusammenwirken irdischer und kosmischer Kräfte. Aus der schweren Erdenmaterie formen kosmisch-ätherische Kräfte die menschliche Gestalt. Die ursprüngliche Kugelgestalt wird in der Richtung Oben-Unten in der Weise differenziert, daß in der Gestaltung des unteren Organismus die Kräfte der Schwere, in der des oberen die des Lichtes hervortreten. So gestaltet sich das Knochensystem in der unteren als Erden-Stützorgan, in der oberen als Hülle für Sinnesorgane und Gehirn, die selbst ganz Ausdruck der kosmischen Kräfte sind. Und wie die Erdenkräfte den Organismus in die Schwere hineinziehen, so entreißen ihn die kosmischen Kräfte deren Wirksamkeit. Aber [...] *die kosmischen Antriebskräfte greifen nicht in die fertige Organisation ein, sondern in die Bildeprozesse. Die ganze Architektonik des menschlichen Organismus ist ein Ausdruck dieses Zusammenspiels irdischer und kosmischer Kräfte.*

Diese Passage aus einem medizinischen Lehrbuch verdeutlicht, was R. STEINER (1927, vgl. *Anthroposophie. Eine Zusammenfassung nach einundzwanzig Jahren.* Dornach 1994, S. 43ff.) unter dem *Übergang vom gewöhnlichen Wissen zur Initiationserkenntnis* verstanden hat, eine Erkenntnisform, von der er annimmt, daß sie von jedem Menschen, *der nur vorurteilslos* ist, nachvollzogen werden kann. Dieser besonderen Art der Erkenntnis mit ihren Einblicken in die Beziehungen zwischen dem Mikrokosmos und dem Makrokosmos, dem Erdenleben und dem Ätherischen, entspricht auch, folgt man ihnen nur lange genug in die Geschichte der Menschheit zurück, eine *Urweisheit*, die z.B. davon gewußt hat, daß es Lebewesen auf der Erde gab, die nicht an den menschlichen Leib gebunden waren und die sich heute als Wesen in eine *Mondenkolonie* zurückgezogen haben. Diesen Wesen begegnen wir heute nur noch im vorirdischen Dasein, in dem *Dasein zwischen dem Tode und einer neuen Geburt.*

Spürt man den Quellen dieser Lehre nach, so stößt man rasch auf Elemente der Naturphilosophie von C.G. CARUS, z.B. auf die *Zwölf Briefe über das Erdleben* von 1841, denen die angesprochenen Lehrstücke von R. STEINER und seiner Schüler bis in die Wortwahl gleichen - obwohl die Inhalte der *Briefe* ungleich näher an den wissenschaftlichen Erkenntnissen zu Beginn/in der Mitte des 19. Jahrhunderts angesiedelt sind. Diese Festellung läßt sich mit einem Blick in das Inhaltsverzeichnis des *Erdenlebens* belegen. Es geht bei C.G. CARUS (z.B. im *Zwölften Brief*) auch um die *Elektrizität, die Polarlichter*, den *Magnetismus der Erde* usw. Über die Kugelgestalt der Erde z.B. lesen wir dort:

Erinnern wir uns, wenn wir die Gestaltung organischer Körper betrachten wollen, an das was über (das) Gestaltungsprinzip des Makrokosmos ich Dir [...] *nachzuweisen versucht habe, erinnern wir uns, daß bei der Unendlichkeit der Natur die völlige Gleichheit ihrer Durchmesser und somit das Wesentliche und Charakteristische der Kugelgestalt aner-*

kannt werden mußte, so erkennst Du auch sogleich hierin die entscheidende Nötigung (= Notwendigkeit, H.-G. R.*) warum also die Urgestalt jedes besonderen Organismus eine mehr oder weniger vollkommene Wiederholung jener Gestaltungseigentümlichkeit des Makrokosmos, nämlich unendlich viele unter sich selbst gleiche Durchmesser zu haben, gefordert wird; mit einem Wort, warum jeglichem organischen Einzelwesen die Gestalt der Kugel als früheste Grundform seines Daseins zukommen muß* (C.G. CARUS 1986, S. 67, unterstrichene Wörter im Original kursiv). Dieses Zitat, das sich durch viele andere Hinweise auf die Nähe zwischen den kosmologischen und evolutionistischen Anschauungen in den Schriften von R. STEINER und den naturphilosophischen Auffassungen von C.G. Carus ergänzen ließe, spricht für sich selbst. E. MEFFERT hat (1986, S. 176ff.) nachzuweisen versucht, daß R. STEINER zu Anfang (1888/1890) in vielen Gedankengängen durchaus dem Wissen seiner Zeit, z.B. über die naturwissenschaftliche Geologie (LYELL), zu folgen scheint, um dann aber eine neue Sichtweise dieser geologisch-kosmologischen Erkenntnisse einzuführen: die *okkult-hellsichtige.* Mit diesen Feststellungen versucht er, den Naturwissenschaftler/Geologen STEINER von dem Okkultisten und „Geisteswissenschaftler" zu trennen, wie er den Wissenschaftler (Arzt, Psychologen, Geologen usw.) CARUS von dem Morphologen, dem Organiker, dem ganzheitlichen Seher abzuheben versucht: Diese Versuche, zwei Ebenen in der Betrachtung von naturwissenschaftlichen Erkenntnissen einzuführen, sollen den vielen Mißverständnissen und Fehldeutungen in den vergleichbaren Lehren beider Persönlichkeiten entgegenwirken. Gleichzeitig versucht E. MEFFERT, ihre Anschauungen von der Sichtweise des großen Morphologen GOETHE abzuleiten, als ob mit dieser Patenschaft den naturwissenschaftlichen Irrtümern - den verzeihlichen und den unverzeihlichen (unverzeihlich: z.B. die Behauptungen von den Spiralbewegungen der Planeten unseres Sonnensystems bei CARUS oder den Mondwesen bei STEINER) - eine neuartige, wissenschaftlich-hellsichtige Originalität zugewiesen werden könnte. Bei vielen Äußerungen von C.G. CARUS über das Kosmologische und das Erdenleben bleibt dem skeptischen Betrachter immer noch die Möglichkeit, diese „Hellsichtigkeiten" als Metaphern für literarisch-religiöse Grenzerlebnisse zu verstehen. So schließt er z.B. seine *Briefe* (1986, S. 244f.) mit Versen aus der *Göttlichen Komödie* von DANTE über *Die Ordnung der Dinge unter sich* [...] und *das Weltall als Ebenbild der Gottheit: Diese* [Ordnung] *ist es, welche das Feuer zum Monde trägt, diese ist die Bewegende im Herzen der Sterblichen, diese ist es, welche die Erde in sich festigt und eint* (Vers 115). Diese Möglichkeit einer Flucht in die literarische oder bildhaft-künstlerische Symbolik wird dem Leser der geheimwissenschaftlichen Traktate von R. STEINER verwehrt, weil die darin vorgetragenen „Einsichten" in den Kosmos und den menschlichen Organismus mit dem Gestus der absoluten wissenschaftlichen Realität vorgetragen werden.

149 D. THYSSEN, vgl. Fußnote 148, S. 108.

150 Zur Daphne-Symbolik vgl. P. PRESTON: Darmstadt 1997.

151 Vgl. A. BAEUMLER: *Das Irrationalitätsproblem in der Logik und Ästhetik des 18. Jahrhunderts bis zur Kritik der Urteilskraft* (1923). Darmstadt 1967, bes. S. 202ff.

152 T. Geyer: *Angst als psychische und soziale Realität.* Frankfurt/M. usw. 1998. Vgl. auch E. STEIMER–KRAUSE: *Übertragung, Affekt und Beziehung.* Frankfurt/M. usw. 1996, S. 88: Die Autorin ist der Auffassung, *daß der psychoanalytische Triebbegriff besser durch neuere ethologisch definierte Instinktverhaltenssysteme abgelöst werden sollte* (...) *Die Freudsche Auffassung von Affekten ist aber nicht nur aufgrund ihrer Ableitung aus dem „revisionsbedürftigen" Triebbegriff unzureichend, sondern auch, weil sie in quantitativen Vorstellungen und dem Abfuhrmodell verharrte.*

153 Zu der Problematik vgl. B. ENGELMANN: *Neuronales Selbst und szenischer Affekt.* Frankfurt/M. usw. 1997.

154 Zur Literatur vgl. RICHTER 1987, SCHOENMACKERS 1996.

LITERATUR

ALLPORT, G.W.: Persönlichkeit. Stuttgart 1949.

BACHMANN, H.: Malen als Lebensspur. Stuttgart 1985.

BANGE, D./DEEGENER, G.: Sexueller Mißbrauch an Kindern. Dortmund 1996

BARALDI, C./CORSI, G./ESPOSITI, E.: Glossar zu Niklas Luhmanns Theorie sozialer Systeme (GLU). Frankfurt/M. 1997.

BATESON, G.: Ökologie des Geistes (1972). Frankfurt/M. 1996.

BATESON, G.: Geist und Natur - eine notwendige Einheit. 4. Aufl. Frankfurt/M. 1995.

BATTACCHI, M. W./SUSLOW, T./RENNA, M.: Emotion und Sprache. Frankfurt/M. usw. 1996.

BAUMGARTEN, F.: Die Hauszeichnungen von Kindern als Nachwirkungen der Massenzerstörung im Kriege. In: Zeitschr. f. Kinderpsychiatrie, XVI. Jahrg. 1949/1950.

BECHTHOLD, G.: Ein deutsches Kindertagebuch in Bildern. 1933-1945. Freiburg/Brsg. 1997.

BELAND, H.: Die unbewußte Phantasie - Kontroversen um ein Konzept. In: H.-V. Werthmann (Hrsg.): Unbewußte Phantasien. München 1989.

BENEDETTI, G.: Psychiatrische Aspekte des Schöpferischen und schöpferische Aspekte der Psychiatrie. Göttingen 1975.

BENEDETTI, G.: Todeslandschaften der Seele (1983). 2. Aufl. Göttingen 1987.

BENEDETTI, G.: Psychotherapie als existentielle Herausforderung. Göttingen 1992.

BENEDETTI, G.: Über die Objektivität des Traumverstehens. In: T. Wagner-Simon/G. Benedetti: Traum und Träumen. Göttingen 1984.

BIALOSTOCKI, J.: Skizze einer beabsichtigten und einer interpretierenden Ikonologie. In: E. Kaemmerling 1984, S. 15ff.

BIALOSTOCKI, J.: Stil und Ikonographie. Köln 1981.

BISCHOF, N.: Emotionale Verwirrungen. Oder: Von den Schwierigkeiten im Umgang mit der Biologie. In: Psychologische Rundschau 40/1989, S. 188ff.

BÖSE, R./SCHIEPEK, G.: Systemische Theorie und Therapie. Ein Handwörterbuch. 2. Aufl. Heidelberg 1994

BOHNSACK, R.: Dokumentarische Methode und die Analyse kollektiver Biographien. In: Jüttemann/Thomae 1998; S. 213ff.

BREM-GRÄSER, C.: Die Familiensituation im Spiegel der Kinderzeichnung. 5. Aufl. München/Basel. 1986.

BRÖCHER, J.: Bilddiagnostik und Kunsttherapie im Kontext der lebensweltorientierten Didaktik. In: Musik-, Tanz-, und Kunsttherapie 8/1997.

BRÖCHER, J.: Lebenswelt und Didaktik. Unterricht mit verhaltensauffälligen Jugendlichen [...]. Heidelberg 1997.

BRÖCHER, J.: Bilder einer zerissenen Welt. Heidelberg 1998.

BRÜGEL, L.E.: Das Motiv Angst in der Kinderzeichnung. In: O. Scholz/A. Karárpáti (Hrsg.): Anxiety and Fear in Children's Art Works. Berlin 1995.

BÜHLER, K.: Ausdruckstheorie. 2. Aufl. Stuttgart 1968.

BÜHLER, K.: Die geistige Entwicklung des Kindes (1918). 3. Aufl. Jena 1922.

BÜHLER, K.: Abriß der geistigen Entwicklung des Kleinkindes (1958). In Zusammenarbeit mit L. Schenk-Danzinger. 9. erw. Aufl. Heidelberg 1967.

BUTZER, R.J./ BURKHOLZ, R.: Urvater und Eiszeit. In: Luzifer-Amor, 4. Jahrg. H. 8/1991.

CASSIRER, E.: Wesen und Wirkung des Symbolbegriffs. Darmstadt 1956/1965.

CASSIRER, E.: Das Erkenntnisproblem in der Philosophie und der Wissenschaft der neueren Zeit (1906f.). Darmstadt 1971f.

CATTELL, R.B.: Personality and learning theory. Vol. 1: The structure of personality in its enviroment. New York 1997.

CATTELL, R.B./ SCHEIER H.I.: The meaning and measurment of neuroticism and anxiety. New York 1961.

CAVELL, M.: Freud und die analytische Philosophie des Geistes. Stuttgart 1997.

CHAPEAUROUGE, S. D. DE: Einführung in die Wissenschaft christlicher Symbole. Darmstadt 1984.

COOPER, C.: Illustriertes Lexikon der traditionellen Symbole. Leipzig. 1986.

DAMASIO, R.A.: Descartes` Irrtum. Fühlen, Denken und das menschliche Gehirn. München 1997.

DARWIN, C.R.: Der Ausdruck der Gemüthsbewegungen bei Menschen und Thieren (1872). 2. deutsche Aufl. Stuttgart 1874.

DENEKE, F.-W.: Das Selbst-System. In: Psyche 7/1989, S. 577ff.

DIERSTEIN, J.: Mentale Repräsentation aus intentionalistischer Sicht. In: Sprache & Kognition 16/1997, S. 78ff.

DITTMANN, L.: Zur Kritik der kunstwissenschaftlichen Symboltheorie. In: E. Kaemmerling 1984, S. 329ff.

DORNES, M.: Der kompetente Säugling. Frankfurt/M. 1993.

DÜSS, L.: Fabelmethode. 5.Aufl. Biel. 1986.

EAGLE, M.N.: Neuere Entwicklungen in der Psychoanalyse. Wien 1988, 2. Aufl. Stuttgart 1994.

ECO, U.: Einführung in die Semiotik. München 1972.

EGEN, H.: Kinderzeichnungen und Umwelt (1967). Bonn 1977.

EHRENZWEIG, A.: Ordnung im Chaos. Das Unbewußte in der Kunst (1967). München 1974.

EISSLER, K.R.: Prinzipielles zur Psychoanalyse des Genies. In: Jahrbuch d. Psychoanalyse, Bd. 8/1975.

EISSLER, K.R.: Leonardo da Vinci (1961). Frankfurt/M. 1992.

ELLENBERGER, H.F.: Die Entdeckung des Unbewußten. 2 Bände, Bern usw. 1973.

EMDE, R.: Die endliche und die unendliche Entwicklung I und II. In: Psyche 9/1991, S. 745ff, bzw. 10/1991, S. 890ff.

ENGELMANN, B.: Neuronales Selbst und szenischer Affekt. Frankfurt/M. 1997.

ERIKSON, E.H.: Identität und Lebenszyklus (1959). 7. Aufl. Frankfurt/M. 1981.

ERIKSON, E.H.: Das Traummuster der Psychoanalyse. In: Jürgen vom Scheidt (Hrsg.): Der unbekannte Freud. München 1974.

FEDERN, P.: Ichpsychologie und Psychoanalyse (1926). Frankfurt/M. 1978.

FILIPP, S.H. (HRSG.): Selbstkonzeptforschung. Stuttgart 1979.

FILIPP, S.H. (HRSG.): Kritische Lebensereignisse. 2. erw. Aufl. München 1990.

FORSSMAN, E.: Ikonologie und allgemeine Kunstgeschichte. In: Kaemmerling 1984, S. 257ff.

Franz, K.: Handlungstheoretische Überlegungen zum „Sechs-Stufen-Modell" des moralischen Urteils von Lawrence Kohlberg. Frankfurt/M. 1996.

Freeman, N.H.: Current problems in the development of representional picture-production. 1987.

Freeman, N.H.: Drawing: Public Instruments of representation. In: C. Prat/A.F. Garton (Hrsg.): Systems of Representation in children. Development and use. Chichester 1993.

Freud, A.: Das Ich und die Abwehrmechanismen (1936). Frankfurt/M. 1984.

Freud, S./Breuer, J.: Studien über Hysterie (1895): In: Freud, S.: Zur Ätiologie der Hysterie. In: Gesammelte Werke (G.W. in 17 Bd., hrsgg. v. A. Freud, E. Bibring, W. Hofer, E. Kris, O. Isakower; London 1941ff., seit 1960 bei S. Fischer: Frankfurt/M.) G.W. Bd. I, 4. Aufl. 1972, S. 423ff.

Freud, S.: Die Traumdeutung (1900). Über den Traum (1901). In: G. W., Bd. II/III. 5. Aufl. Frankfurt/M. 1973.

Freud, S.: Drei Abhandlungen zur Sexualtheorie (1905). In: G. W., Bd. V. 5. Aufl. Frankfurt/M. 1972, S. 27ff.

Freud, S.: Der Wahn und die Träume in W. Jensens „Gradiva". In: G. W., Bd. VII, 5. Aufl. Frankfurt/M. 1972, S. 29ff.

Freud, S.: Freud, S.: Eine Kindheitserinnerung des Leonardo da Vinci (1910). In: G. W., Bd. VIII, 6. Aufl. Frankfurt/M. 1973, S. 127ff. Freud, S.: Der Dichter und das Phantasieren (1908). In: G. W., Bd. VII, 5. Aufl. Frankfurt/M. 1972, S. 211ff.

Freud, S.: Analyse der Phobie eines fünfjährigen Knaben (1909). In: G. W., Bd. XII, 5. Aufl. Frankfurt/M. 1973.

Freud, S.: Über den Gegensinn der Urworte. In: G. W., Bd. VIII, 6. Aufl. Frankfurt/m. 1973, S. 213ff.

Freud, S.: Das Ich und das Es (1923). In: G. W., Bd. XIII, 5. Aufl. 1972, S. 235ff.

Freud, S.: Einige Bemerkungen über den Begriff des Unbewußten. In: G. W, Bd. VIII, 6. Aufl. Frankfurt/M. 1973, S. 429ff.

Freud, S.: Die Verdrängung (1915). In: G. W., Bd. X, 6. Aufl. Frankfurt/M. 1973, S. 248ff.

Freud, S.: Das Unbewußte (1915). In: G. W., Bd. X, 6. Aufl. Frankfurt/M. 1973, S. 263ff.

Freud, S.: Die Symbolik im Traum. In: G. W., Bd. XI, 6. Aufl. Frankfurt/M. 1973, S. 150ff.

Freud, S.: Der Mann Moses und die monotheistische Religion (1934-1938). In: G. W., Bd. XVI, 4. Aufl. Frankfurt/M.1972, S. 101ff.

Freud, S.: Konstruktionen in der Analyse. In: G. W., Bd. XVI, 4. Aufl. Frankfurt/M. 1972, S. 43ff.

Freud, S.: Die Ichspaltung im Abwehrvorgang. In: G. W., Bd. XVII, 5. Aufl. Frankfurt/M. 1972, S. 57ff.

Freud, S.: Abriß der Psychoanalyse. In: G. W., Bd. XVII, 5. Aufl. Frankfurt/M. 1972, S. 63ff.

Freud, S.: Über Träume und Traumdeutung (1911-1920). In: G. W., Nachtragsband. Frankfurt/M. 1987, S. 573ff.

Forssman: Ikonologie und allgemeine Kunstgeschichte. In: E. Kaemmerling (Hrsg.) 1984.

Frommer, J/. Langenbach, M.: Fallstudien in der Psychoanalyse. In: Jüttemann/Thomae 1998, S. 383ff.

Fuchs, W.: Biographische Forschung. Eine Einführung in Praxis und Methoden. Opladen 1984.

Fuchs-Heinritz, W.: Soziologische Biographieforschung: Überblick und Verhältnis zur Allgemeinen Soziologie. In: Jüttemann/Thomae 1998, S. 3ff.

GEDO, J.E.: Das wahre oder falsche, das gesunde oder verrückte Selbst. In: Psyche 7/1997, S. 665ff.

GEPPERT,U. /HECKHAUSEN, H.: Ontogenese der Emotionen. In: Enzyklopädie der Psychologie. Themenbereich C, Serie IV (Motivation und Emotion) Bd. 3., Göttingen 1990.

GIBSON, J.J.: Wahrnehmung und Umwelt. München 1982.

GINZBURG, C: Der Käse und die Würmer. Frankfurt/M. 1983.

GINZBURG, C.: Freud, der Wolfsmann und die Werwölfe. In M. FRANK/A. HAVERKAMP (Hrsg.): Individualität. München 1988.

GLASERSFELD, E.V.: Piagets konstruktivistisches Modell. In: D. RUSCH/S.J. SCHMIDT (Hrsg.): Piaget und der radikale Konstruktivismus. Frankfurt/M. 1994.

GOLLER, H.: Emotionspsychologie und Leib-Seele-Problem. Stuttgart usw. 1992.

GOODENOUGH, F.L.: Measurement of intelligence by drawings (1926). New York 1995.

GOODMAN, N.: Sprachen der Kunst. Ein Ansatz zu einer Symboltheorie. Frankfurt/M. 1973.

GOLOMB, C.: The child`s creation of a pictoral world. Berkeley 1992.

GRANZOW, S.: Das autobiographische Gedächtnis. Berlin/München 1994.

GREENWALD, A.G.: The totalitarian ego. Americ. Psychology, 35/1980.

GRÖZINGER, W.: Kinder kritzeln, zeichnen, malen. München 1952. 3. unv. Aufl. 1966.

GRÜNBAUM, A.: Die Grundlagen der Psychoanalyse. Stuttgart 1988.

GUBERNATIS DE, A.: 1872 bzw. 1878 In: ELLENBERGER, H. F.: Die Entdeckung des Unbewußten II.

GUEVARA, M: Alienation und Selbstkontrolle: Das Ignorieren eigener Gefühle. Frankfurt/M. usw. 1994.

HABERMAS, J.: Erkenntnis und Interesse. Frankfurt/M. 1973.

HAMMER, E.F.: Expressive aspects of projective drawings. 6. Aufl. 1980.

HARRIS, D.B.: Children's drawings as measures of intellectual maturity. New York usw. 1963.

HARTLAUB, G.F.: Der Genius im Kinde (1922). 2. erw. Aufl. Breslau 1930.

HARTMANN, H.: Ich-Psychologie. Studien zur psychoanalytischen Theorie. Stuttgart 1972.

HECKHAUSEN, H./ROELOFSEN, J.: Anfänge und Entwicklung der Leistungsmotivation. Psychol. Forschung 26/1962, S. 313ff.

HECKHAUSEN, H.: Emotionen im Leistungsverhalten aus ontogenetischer Sicht. In: C. Eggers (Hrsg.): Emotionalität und Motivation im Kindes- und Jugendalter. Frankfurt/M. 1985, S. 95ff.

HERDER, J.G.: Vom Erkennen und Empfinden der menschlichen Seele (1778). Werke, Bd. 4. Frankfurt/M. 1994.

HERMAN., J.L.: Die Narben der Gewalt. München 1993.

HERRMANN., T.: Mentale Repräsentation - ein erläuterungswürdiger Begriff. In: Sprache & Kognition 7/1988, S. 162ff.

HILGARD, E.R.: Divided Consciousness and Dissociation. In: Consciousness and Cognition 1/192, S. 16ff.

HIRSCH, M.: Realer Inzest. 2.Aufl. Berlin 1990.

HOLENSTEIN, E.: Mentale Gebilde. In D. MÜNCH (Hrsg.): Kognitionswissenschaft. Frankfurt/M. 1992.

HURRELMANN, B./POSSBERG, H./NOWITZKY, K.: Familie und erweitertes Medienangebot. Bd.7 der Begleitforschung des Landes NRW zum Kabelpilotprojekt Dortmund. Hrsg. Presse- und Informationsamt des Landes NRW. 1988.

IZARD, C.E.: Die Emotionen des Menschen (1977). Weinheim und Basel 1981.

JACOBI, J.: Vom Bilderreich der Seele. Olten/Freiburg/Brsg. 1969.

JACOBSON, E.: Das Selbst und die Welt der Objekte (1964). 4. Aufl. Frankfurt/M. 1992.

JOHN-WINDE, H./ROTH-BOJADZHIEV, G.: Kinder, Jugendliche, Erwachsene zeichnen. Hohengehren 1993.

JÜTTEMANN, G./THOMAE, H. (HRSG.): Biographie und Psychologie. Berlin usw. 1987.

JÜTTEMANN, G.: Komparative Kasuistik. Heidelberg 1990.

JÜTTEMANN, G.: Genetische Persönlichkeitstheorie und komparative Kasuistik. In: G, Jüttemann/ H. Thomae: Biographische Methoden in den Humanwissenschaften. Weinheim 1998.

JÜTTEMANN, G./THOMAE, H.: Biographische Methoden in den Humanwissenschaften. Weinheim 1998.

JULIUS, H./ BOEHME, U.: Sexueller Mißbrauch an Jungen: Eine kritische Analyse des Forschungsstandes. Bibliotheks- und Informationssystem der Universität Oldenburg. Oldenburg 1994.

KAEMMERLING, E. (HRSG.): Bildende Kunst als Zeichensystem 1: Ikonographie und Ikonologie. Köln, 3. überarb. Aufl. 1984.

KANT, I.: Kritik der Urteilskraft. Meiner-Ausgabe, Hamburg 1964.

KERNBERG, O.F.: Borderline-Störungen und pathologischer Narzißmus. Frankfurt/M. 1987.

KERNBERG, O.F.: Objektbeziehung und Praxis der Psychoanalyse (1976). Stuttgart 1981.

KERNBERG, O.F.: Borderline-Störungen und pathologischer Narzismus. Frankfurt/M. 1987.

KERSCHENSTEINER, G.: Die Entwicklung der zeichnerischen Begabung. München 1905.

KIMMERLE, G.: Freuds Leonardo-Studie. Eine methodologische Erörterung. In: Luzifer-Amor 10/1992.

KLIER, A.: Leonardo zwischen Wunsch und Wissen. In: Freuds Leonardo-Studie. Luzifer-Amor, H. 10/1992.

KLOTTER, C./REUTER, T.: Ansätze zu einer historisch-philosophischen Biographieforschung: Sartre und Foucault. In: G. Jüttemann/H. Thomae 1998.

KOCH, K.: Der Baumtest (1949). Bern usw. 1972.

KOEPPE, G.: Prozeßorientierte Diagnostik in der Kunsttherapie. In: B. Wichelhaus (Hersg.) 1993, S. 228ff.

KOEPPE-LOKAI, G.: Der Prozeß des Zeichnens. Empirische Analysen der graphischen Abläufe bei der Menschdarstellung durch vier- bis sechsjährige Kinder. Münster 1996.

KOHUT, H.: Die Heilung des Selbst. Frankfurt/M. 1977.

KORZENIK, D.: Children`s drawings: Changes in Representation between the ages of five and seven. Diss. Graduate School of Education of Harvard University 1972.

KOSSLYN, S.M./POMERANTZ, J.R.: Bildliche Vorstellungen, Propositionen und die Form interner Repräsentation. In: D. Münch (Hrsg.): Kognitionswissenschaft. Frankfurt/M. 1992.

KOPPITZ, E. M.: Die Menschdarstellung in Kinderzeichnungen und ihre psychologische Auswertung (1986). Stuttgart 1972.

KRÄMER, S.: „Bewußtsein" als theoretische Fiktion und als Prinzip des Personalverstehens. In: Ders. (Hrsg.): Bewußtsein. Philosophische Beiträge. 2. Aufl. Frankfurt/M. 1996.

KRAPPMANN, L./OSWALD, H.: Vorwort in: J. YOUNISS: Soziale Konstruktion und psychische Entwicklung. Frankfurt/M. 1994.

KRIS, E.: Die ästhetische Illusion: Phänomene der Kunst in der Sicht der Psychoanalyse (1952). Frankfurt/M. 1977.

KRUSE, O.: Emotionsdynamik und Psychotherapie. Weinheim und Basel 1985.

KRUSE, O: Emotionsentwicklung und Neurosenentstehung. Stuttgart 1991.

KÜNZLER-KNUFINKE, R.: Die Auswirkungen von kurzfristigen Angst- und Belastungssituationen auf die Entwicklung und Struktur der Kinderzeichnung. Essen 1991.

KÜNZLER-KNUFINKE, R.: Auswirkungen von kurzfristigen Angst- und Belastungssituationen auf die Struktur der Kinderzeichnung. In: B. Wichelhaus (Hrsg.) 1993.

KURTHEN, M.: Hermeneutische Kognitionswissenschaft. Bonn 1994.

LAING, R.D.: Das geteilte Selbst (1960). Köln 1994.

LANGER, S.K.: Philosophie auf neuen Wegen (1948). Frankfurt/M. 1965.

LEHR, U.: Erträgnisse biographischer Forschung in der Entwicklungspsychologie. In: G. Jüttemann/H. Thomae 1987, S. 217ff.

LEMCHE, E.: Das Körperbild in der psychoanalytischen Entwicklungsspsychologie. Eschborn/Frankfurt/M. 1993.

LEITNER, H: Lebenslauf und Identität. Die kulturelle Konstruktion von Zeit in der Biographik. Frankfurt/M. usw. 1982.

LICHTENBERG, J.D.: Psychoanalyse und Säuglingsforschung. Berlin 1991.

LIMBERG, R.: Der Einfluß von Angstbereitschaft auf die Verarbeitung visueller Informationen. Weinheim/Basel 1982.

LOCH, W.: Dekonstruktion und Neuanfang im psychoanalytischen Prozeß. Tübingen 1993.

LUHMANN, N: Die Kunst der Gesellschaft. Frankfurt/M. 1995.

LUQUET, G.-H.: Le dessin enfantin. Paris 1927. Neuaufl. Neuchatel 1967 bzw. Lausanne/ Paris usw. 1977.

MAEDER, A.: Zur Frage der teleologischen Traumfunktion. In: Jahrb. f. psychoanal. und psychopathol. Forschung, V/1913.

MAHLER, M.: Studien über die drei ersten Lebensjahre. Frankfurt/M. 1992.

MATTHEWS, J.: Children drawing. In: Early Child Development and Care. 18/1984, S. 1ff.

MEILI-DWORETZKI, G.: Das Bild des Menschen in der Darstellung und Vorstellung des Kleinkindes. Bern/Stuttgart 1957.

MEILI-SCHNEEBELI, E.: Wenn Kinder zeichnen. Bedeutung, Entwicklung und Verlust des bildnerischen Ausdrucks. Zürich 1993.

MELTZER, D.: Traumleben. Eine Überprüfung der psychoanalytischen Theorie und Technik (1984). München/Wien 1988.

METZINGER, T.: Niemand sein. Kann man eine naturalistische Perspektive auf die Subjektivität des Mentalen einnehmen? In: S. Krämer (Hrsg.): Bewußtsein. Frankfurt/M. 1996.

METZINGER, T.(HRSG.): Bewußtsein - Beiträge aus der Gegenwartsphilosophie. Paderborn 1995.:

MENTZOS, S.: Neurotische Konfliktverarbeitung (1984). München 1991.

MENTZOS, S. (HRSG.): Psychose und Konflikt. Göttingen 1992.

MEYERS, H.: Die Welt der kindlichen Bildnerei (1957). 4. unveränd. Aufl. Witten 1971.

MORMANN, T.: Ist der Begriff der Repräsentation obsolet? In: Zeitschr. f. philosophische Forschung, 3/1997, S. 349ff.

MÜHLE, G.: Die Entwicklungsspychologie des zeichnerischen Gestaltens (1955). 3. Aufl. Frankfurt/M. 1971.

MÜNCH, D. (HRSG.): Kognitionswissenschaft. Frankfurt/M. 1992.

MÜLLER-BRAUNSCHWEIG, H.: Aspekte einer psychoanalytischen Kreativitätstheorie. In: H. Kraft: Psychoanalyse, Kunst und Kreativität heute. Köln 1984.

NAGERA, H.: Vincent van Gogh. Psychoanlytische Deutung seines Lebens anhand seiner Briefe (1967). München/Basel 1973.

NAVRATIL, L.: Schizophrenie und Kunst. München 1965.

NAVRATIL, L.: Schizophrenie und Sprache. München 1966

PAIVIO, A.: Imagery and verbal processes. New York 1971.

PAIVIO, A.: Visuelles Vorstellen und verbale symbolische Prozesse. In: G. Steiner (Hrsg.): Piaget und die Folgen. Zürich 1978 (Die Psychologie des 20. Jahrhunderts, Bd. VII.)

PANOFSKY, E: Sinn und Deutung in der bildenden Kunst (1957). Köln 1975.

PARKER, J.D./ENDER, W.S.: Coping with coping assessment: a critical review. In: European Journal of Personality Psychology 6/1992.

PENDLETON JONES, B.: The evaluation of a psychoanalytic concept from the 1890`s to 1990`s. In: Jour. of the American Psychoanalytic Association, 1/1993, S. 63ff.

PIAGET, J.: Die Entwicklung des Erkennens; Bd. 8-10 der Gesammelten Werke, Studienausgabe. Stuttgart 1969-1975.

PIAGET, J.: Nachahmung, Spiel und Traum (1945). Stuttgart 1969/1971.

PIAGET, J./INHELDER, B.: Die Entwicklung des räumlichen Denkens beim Kinde. Stuttgart 1971.

PONTALIS, J.-B.: Die allgemeine Verführungstheorie und andere Aufsätze. Tübingen 1988.

PONTALIS, J.-B.: Zwischen Traum und Schmerz. Frankfurt/M. 1998.

PRINZHORN, H.: Die Bildnerei der Geisteskranken (1922). Berlin 1968.

RAMIN, G. (HRSG.): Inzest und sexueller Mißbrauch. Beratung und Therapie. Paderborn 1993.

RENNERT, H.: Die Merkmale der schizophrenen Bildnerei(1962). 2. erw. Aufl. 1966.

RICHTER, H.-G.: Pädagogische Kunsttherapie. Düsseldorf 1984.

RICHTER, H.-G.: Die Kinderzeichnung. Düsseldorf 1987.

RICHTER, H.-G.: Leidensbilder. Psychopathische Werke und nicht-professionelle Bildnerei. Frankfurt/M. usw. 1997.

RICHTER, H.-G.: Zur Bildnerei geistigbehinderter Menschen. In: G. Theunissen (Hrsg.): Kunst, ästhetische Praxis und geistige Behinderung. Bad Heilbrunn 1997.

RICOEUR, P.: Die Interpretation. Ein Versuch über Freud (1965). Frankfurt/M. 1974.

RICOEUR, P.: Hermeneutik und Psychoanalyse (1969). München 1974.

RICOEUR, P.: Die lebendige Metapher. München 1986.

RHODE-DACHSER, C.: Das Borderline-Syndrom. Bern usw. 1987.

ROLLENHAGEN, G.: Nucleus Emblematum. o.O. und o.J. (Arnheim 1611). Neuaufl. unter dem Titel: Sinnbilder. Dortmund 1983.

ROTH, G./PRINZ, W.: Kopf-Arbeit. Heidelberg 1996.

RUESCH, J./BATESON, G.: Kommunikation: Die soziale Matrix der Psychiatrie. (1968). Heidelberg1995.

SACHS-HOMBACH, K.: Piktorale Einstellungen. In: Ders. (Hrsg.): Bilder im Geiste. Amsterdam 1995, S. 195ff.

SACHSSE, U.: Selbstverletzendes Verhalten. Psychodynamik - Psychotherapie. 4. Aufl. Göttingen 1997.

SAIGH, P.A. (HRSG.): Posttraumatische Belastungsstörung. Bern usw. 1995.

SANDLER, J./ ROSENBLATT, B.: Der Begriff der Vorstellungswelt. In: Psyche 38/1962, S. 235ff.

SAUSSURE DE, F.: Grundfragen der Sprachwissenschaft (1916). 2. Aufl. Berlin 1967.

SCHACTER, D.L.: Implicid Memory. History and current status. In: Journ. of Experimental Psychology, 13/1987.

SCHACTER, D.L./KIHLSTROM, J.F.: Functional amnesia. In: L. Squire/G.Gainotti (ed.): Handbook of Neuropsychology. Vol. 3. Amsterdam usw. 1989.

SCHAFER, R.: Erzähltes Leben. Narration und Dialog in der Psychoanalyse. München 1995.

SCHAPIRO, M(EYER): Leonardo and Freud: An Art-Historical Study. In Jour. of the History of Ideas. 17/1956, S. 147ff.

SCHELP, T./KEMMLER, L.: Emotion und Psychotherapie. Bern usw. 1988.

SCHERER, K.R.: Theorien und aktuelle Probleme der Emotionspsychologie. In: Enzyklopädie der Psychologie. Themenbereich C, Serie IV (Motivation und Emotion) Bd. 3. Göttingen 1990.

SCHERER, K.R./WALLBOTT, H.G.: Ausdruck von Emotionen. In: Enzyklopädie der Psychologie. Themenbereich C, Serie IV (Motivation und Emotion), Bd.3. Göttingen 1990.

SCHOENMACKERS, H.: Menschzeichnung dreijähriger Kinder. Frankfurt/M usw. 1996.

SCHOLZ, O.R.: Bild, Darstellung, Zeichen. Freiburg/ Brsg./München 1991.

SCHOPPE, A.: Kinderzeichnung und Lebenswelt. Herne 1991.

SCHREBER, P.: Denkwürdigkeiten eines Nervenkranken (1903). Berlin 1995.

SCHÜTZ, N.: Die Raumdarstellung in der Kinderzeichnung. Essen 1990.

SCHUSTER, M.: Die Psychologie der Kinderzeichnung. Berlin usw. 1989.

SCHUSTER, M.: Kinderzeichnungen. Wie sie entstehen, was sie bedeuten. Berlin 1994.

SCHWENKMEZGER, P.: Modelle der Eigenschafts- und Zustandsangst. Göttingen usw. 1985.

SEHRINGER, W.: Zeichnen und Spielen als Instrumente der psychologischen Forschung. Heidelberg 1983.

SEHRINGER, W.: Prinzipien der psychodiagnostischen Analyse von Kinderzeichnungen. In: Zeitschrift für Menschenkunde, Heft 2 und 3/1994, S.66ff.

SEILER, T.B.: Ist Jean Piagets strukturgenetische Erklärung des Denkens eine konstruktivistische Theorie? In: G. Rusch/S.J. Schmidt (Hrsg.): Piaget und der radikale Konstruktivismus. Frankfurt/M. 1994.

SILBERER, H.: Der Traum (1919). Amsterdam 1966.

STERN, D.: Die Lebenserfahrung des Säuglings (1986). Stuttgart 1992.

STRUBE, G./WEINERT, F.E.: Autobiographisches Gedächtnis. Mentale Repräsentation der individuellen Biographie. In G. Jüttemann/H. Thomae 1987, S. 151ff.

THOMAE, H.: Das Individuum und seine Welt, 2. Aufl. Göttingen 1988.

THOMAE, H.: Psychologische Biographik. Theoretische und methodische Grundlagen. In: G. Jüttemann/H. Thomae 1998.

G. JÜTTEMANN/H. THOMAE: Biographische Methoden in den Humanwissenschaften. Weinheim 1998.

THOMÄ, H./KÄCHELE, H.: Wissensschaftstheoretische und methodologische Probleme der klinisch-analytischen Forschung. Teil I u. II In Psyche, H. 1 bzw. 2/1973.

TULVING, E.: Memory and consciousness. Canadian Psychology, 26/1985.

VOLKELT, H.: Die Prinzipien der Raumdarstellung des Kindes. Bietigheim/Württemberg 1968.

WAGNER-SIMON, T./BENEDETTI, G. (HRSG.): Traum und Träumen. Göttingen 1984.

WICHELHAUS, B. (HRSG.): Kunsttheorie, Kunstpsychologie, Kunsttherapie. Berlin 1993.

WIDLÖCHER, D: Was eine Kinderzeichnung verrät (1965). München 1974.

WIELAND, U.: Identitätsbildung im Spiegel der Jugendzeichnung. Essen 1995.

WIESMANN, L.: Die Wiederentdeckung des Traums in der Romantik. Novalis, Hoffmann, Eichendorff. In: T. Wagner-Simon/G. Benedetti 1984.

WILLKE, H.: Systemtheorie I: Grundlagen. Stuttgart, 5. Aufl. 1995, Systemtheorie II und III, ebd. 1995 bzw. 1996.

WINNICOTT, D.: The Depressive Position in Normal Emotional Development (1954). In: Ders.: Collected Papers. London 1958.

WIPPICH, W.: Untersuchungen zur Integration bildlicher und sprachlicher Informationen. In: Sprache & Kognition 1/1987, S. 23ff.

WITTKOWER, R: Die Interpretation visueller Symbole in der Kunst (1979). In: Kaemmerling 1984, S. 329ff.

ZELNICK, L.N./BUCHHOLZ, E.S.: Der Begriff der inneren Repräsentanz im Lichte der neueren Säuglingsforschung. In: Psyche 9/1991, S. 810ff.

ZILER, H.: Der Mann-Zeichen-Test in detailstatistischer Auswertung. 3. Aufl. Münster 1970.

ZIMMER, H.D.: Von Repräsentationen, Modalitäten und Modulen. In: Sprache & Kognition. 11/1992, S. 65ff.

Peter Lang · Europäischer Verlag der Wissenschaften

Hans-Günther Richter

Leidensbilder

Psychopathische Werke und nicht-professionelle Bildnerei

Frankfurt/M., Berlin, Bern, New York, Paris, Wien, 1997.
IV, 492 S., zahlr. Abb.
ISBN 3-631-30947-3 · br. DM 69.--*

In der Literatur über Bildwerke von psychisch gestörten Menschen (*Leidensbilder*) herrscht bis heute eine medizinisch-diagnostizierende Betrachtungsweise vor. In der Psychoanalyse wird zudem in der Nachfolge S. Freuds das Gestalten dieser Persönlichkeiten noch immer mit Werken herausragender Künstler (Leonardo da Vinci) verglichen. Demgegenüber werden die psychopathischen Werke in dieser Untersuchung konsequent als besonderer Teil einer nicht-professionellen Bildnerei verstanden. Zu diesem Zweck wird im Schlußteil versucht, auf der Grundlage der vorangegangenen Analysen eine vorläufige Ästhetik der nicht-professionellen Bildnerei zu formulieren. Im Zentrum der Untersuchung stehen aber umfassende Interpretationen der *Leidensbilder* und die theoretischen Schritte, die solche Interpretationen begründen. Dabei werden bildhafte Äußerungen leidender Menschen von der Kinderzeichnung über die Jugendbildnerei bis zum Gestalten von Erwachsenen in die Analysen einbezogen.

Aus dem Inhalt: Bildnerische Mitteilungen über Verlassenheitsängste · Sexueller Mißbrauch und Kinderzeichnung · Ein jugendliches Weltbild – samt seinen Parallelen in der Kunstgeschichte · Bilder einer Borderline-Persönlichkeit · Wahn-Sinn-Bilder · Bildtraditionen und private Bildkonzepte · Ästhetische Qualitäten von Leidensbildern

www.ingramcontent.com/pod-product-compliance
Ingram Content Group UK Ltd.
Pitfield, Milton Keynes, MK11 3LW, UK
UKHW021130041026
8980IPUK00034B/1493

9 783631 349779